데이터 · 연습문제 제공

데이터: 도서출판 집현재(www.jhjbook.co.kr) 게시판 → 자료실에서 다운로드

SPSS 25를 이용한

BASIC SPSS 매뉴얼

Statistical Package for the Social Sciences

이학식 · 임지훈

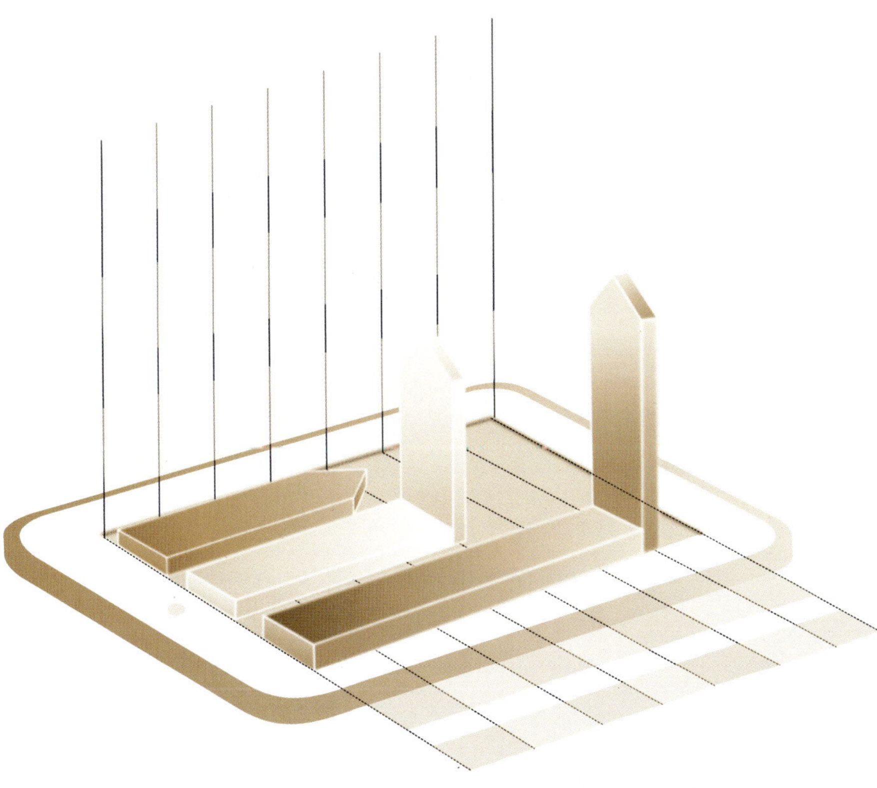

집현재

| 서 문 |

본서의 집필 동기

SPSS는 사회과학 연구를 위해 그리고 실무적 분석을 위해 사용자 친화적으로 (user friendly) 가장 널리 사용되는 통계프로그램 패키지이다. 본 저자들은 2005년 SPSS 버전 12에 대한 매뉴얼을 책으로 낸 후 지금껏 버전 14, 16, 18, 20, 22, 24, 그리고 New UI 매뉴얼을 출판하였다. 본 저자들의 매뉴얼이 지속적으로 update될 수 있었던 것은 그만큼 여러 독자들로부터 좋은 평가가 있었기 때문이다. 기존의 매뉴얼은 자료입력방법부터 상당 수준의 분석방법을 포함하는 비교적 종합적 매뉴얼이라고 할 수 있다. 본 저자들은 기존의 매뉴얼로써 나름대로 독자들의 자료분석에 도움을 주었다고 생각하지만 현실적으로 초급수준의 분석방법만을 알기를 원하는 독자층이 상당히 많다는 것을 알게 되었다. 이에 본 저자들은 기존의 매뉴얼에서 중·고급 수준에 해당하는 분석방법을 제외하고 기초적인 내용만을 원하는 독자들을 위하여 2012년에 버전 20에 대한 Basic SPSS 매뉴얼을 출판하였다. 그 후 몇 차례 버전 update가 있었으며, 이에 따라 버전 25에 맞추어 본서를 출판하게 되었다.

본서의 내용

본서는 모두 4부 12장으로 구성되어 있다. Part 1은 자료분석을 위한 준비단계로서 변수 및 데이터 다루기를 설명한다. Part 2는 기초분석으로 기술통계와 표 및 도표 다루기, 그리고 통계학의 기초지식을 그 내용으로 한다. 통계분석의 내용은 크게 나누어 볼 때 차이분석과 관계분석으로 분류할 수 있다. 이 중 차이분석은 Part 3에서 다루는데 평균(차이)검증과 비율(차이)검증, 그리고 분산분석(ANOVA)을 그 내용으로 한다. Part 4는 관계분석으로, 독립성 및 적합도검증, 상관분석, 회귀분석, 그리고 신뢰성분석 및 요인분석을 포함한다.

본서의 차별적 특징

본서는 기존의 다른 SPSS 사용지침서와는 다음과 같은 점에서 차별성을 갖는다.

첫째, 각 분석방법에 따라 분석을 진행하는 과정에서 독자는 많은 옵션을 접하게 된다. 이 때 대부분의 다른 지침서들은 각 옵션마다 간략한 해설을 제시하고 있다. 그러나 여기서 독자가 직면하는 문제는 상당한 통계적 지식을 가지고 있더라도 간략한 해설을 읽고서는 이해하기 어렵다는 것이다. 본 저자들은 이러한 문제에서 탈피하기 위하여 드물게 사용되거나 거의 사용되지 않는 옵션들에 대한 해설은 생략하는 대신, 자주 혹은 가끔 사용되는 옵션들은 독자가 이해할 수 있도록 구체적으로 설명하였다.

둘째, 본서는 다른 지침서들과 마찬가지로 각 분석방법을 설명하기 위해 예제를 사용할 뿐만 아니라 독자가 해당 장의 분석방법을 연습할 수 있도록 각 장의 끝에 연습문제를 제시하였다. 각 장의 예제와 연습문제의 데이터 파일은 다음의 사이트에서 다운로드 받을 수 있다: **도서출판 집현재(www.jhjbook.co.kr) 게시판 → 자료실**. 데이터 파일의 이름에는 그 파일이 몇 장에 관련된 것인지 숫자로 표기되어 있다(예: (2)변수는 2장에 관한 것). 그러나 데이터를 입력할 줄 아는 것은 SPSS 분석을 위해 매우 중요하므로 문제에 표본자료가 주어진 경우 스스로 입력하고 분석하여 그 결과를 제시된 분석결과와 비교해보는 것이 권장된다.

셋째, 각 예제와 관련하여 연구가설 혹은 연구문제를 기술하였다. 이에 따라 독자는 각각의 분석방법에 적절한 연구문제가 구체적으로 어떤 것인지를 알 수 있다. 각 예제의 분석결과 중 핵심적인 부분을 연구가설 혹은 연구문제에 대응시켜 해설하고 독자가 이 부분을 쉽게 식별할 수 있도록 갈색으로 표현하였다.

넷째, 본서는 SPSS 사용지침서의 범위를 넘어 분석을 진행하거나 해설하는 데 필요한 통계적 내용들을 비교적 상세히 서술하고 있다. 특히 각 분석방법의 서두에 그 분석방법의 개념, 필요한 자료와 가정 등을 서술하였다. 독자는 다른 통계학 책을 참조하지 않고 본서만을 이용해도 상당 수준의 통계지식을 습득할 수 있을 것이다.

다섯째, 전통적으로 통계분석 결과를 해석할 때 통계적 유의성에 초점을 맞추어 해석하는 경향이 있었다. 그러나 점차 심리학을 비롯한 여러 사회과학에서 분석 결과가 통계적으로 유의적인지 뿐만 아니라 **효과크기**(effect size)를 보고해야 한다는 주장이 받아들여지고 있다. SPSS는 분석 종류에 따라 필요한 효과크기를 옵션으로 선택하면 이를 도출해낸다. 이에 따라 본서에서는 효과크기 값을 산출하고 해석하는 것을 보여준다.

본서의 독자

SPSS는 Statistical Package for the Social Sciences의 약어로서 오랫동안 논리경험주의에 입각한 사회과학 연구를 위하여 수집된 자료를 분석하는 데 널리 이용되어 왔다. 본서는 경영학과, 심리학과, 사회학과, 교육학과 등 사회과학분야의 대학원생들이 SPSS를 이용하여 기초적 자료분석을 하기 위한 지침서로 사용될 수 있다. 또한 대학원의 여러 학과들에서는 통계분석방법과 관련된 과목이 개설되므로 본서는 이러한 과목을 수업하는 데 주교재 혹은 부교재로 사용될 수 있다. 최근 리서치회사들이 수행하는 마케팅조사와 사회조사의 가치가 점차 크게 인정받고 있다. 통계청에서 주관하는 사회조사분석사 제도는 이를 반영하는 것이라 하겠다. 본서는 리서치회사에서 자료분석을 담당하는 연구원들과 앞으로 이 분야에서 일하고자 하는 사회조사분석사 수험생들에게 유용한 지침서가 될 수 있다.

감사의 글

끝으로 본 저자들은 본서의 출판을 흔쾌히 수용해주신 집현재의 위호준 사장님과 높은 수준의 편집력으로 본서의 완성도를 높여주신 전충영 상무님, 그리고 모던한 표지 디자인을 해주신 다우디자인의 임연선 실장님과 조판을 담당해 주신 홍익 m&b의 김상희 과장님께 감사드린다.

2019년 8월

李 學 湜

林 志 勳

| 차례 요약 |

|제 1 부| 분석을 위한 준비

|제 2 부| 분석의 기초

|제 3 부| 차이분석

|제 4 부| 관계분석

차 례

제1부 분석을 위한 준비

제1장 SPSS의 이해

제2장 SPSS 분석준비단계(1) – 변수다루기

제 3 장 SPSS 분석준비단계(2) – 데이터다루기

제 2 부 분석의 기초

BASIC SPSS

제 4 장 기술통계량과 결과물 다루기

제3부 차이분석

제4부 관계분석

제12장 신뢰성분석과 요인분석

부록: 통계표

제 1 부

분석을 위한 준비

BASIC SPSS

제 1 부에서는

SPSS는 통계분석을 위한 여러 가지 프로그램들 중 하나로, 사용자 인터페이스는 스프레드시트와 유사하다. 따라서 SPSS를 능숙하게 사용하기 위해서는 메뉴, 도구모음, 아이콘 등의 구성과 각각의 기능을 이해해야 한다. 또한 스프레드시트를 구성하는 변수와 케이스의 처리를 이해해야 한다.

제 1 부는 SPSS 프로그램의 구성 및 인터페이스에 대해 개괄적으로 설명한다. 또한 분석을 위한 사전단계로 데이터다루기에 대해 설명한다. 연구자가 원하는 분석을 실시하기 위해서는 변수와 케이스로 구성된 데이터의 입력 및 변환을 이해하는 것이 필수적이다. 그러나 이미 SPSS를 사용한 경험이 있거나 어느 정도의 기본지식을 가지고 있는 독자는 제 1 부를 생략하거나 필요한 부분만 찾아서 읽으면 된다.

제 1 장
SPSS의 이해

본 장에서는

- SPSS와 그 구성에 대해 설명한다.
- SPSS 메뉴와 도구모음 사용법에 대해 설명한다.
- 분석대화상자의 사용법에 대해 설명한다.
- 분석대상 변수를 선택하는 방법에 대해 설명한다.

1.1 SPSS는 무엇인가?

SPSS는 Statistical Package for the Social Sciences의 약자로 SAS(Statistical Analysis System)와 더불어 사회과학분야의 자료분석에 가장 많이 사용되는 통계패키지이다. SPSS는 그 이름과 같이 경영학, 경제학, 사회학, 교육학, 심리학 등 사회과학분야의 자료분석을 위해 많이 사용되지만 물리학, 의학 등 자연과학분야의 자료분석에도 사용된다. SPSS는 1968년 처음 출시된 이후 계속적으로 SPSS라는 이름을 사용하였으나 2009년 9월 출시된 version 17.0.3부터는 **PASW**(Predictive Analytic SoftWare)라는 이름을 사용하였다. 이는 SPSS의 활용분야가 사회과학분야에 한정되지 않는다는 것을 강조하기 위함이었다. 그러나 2009년 SPSS를 인수한 IBM社는 SPSS의 브랜드인지도를 활용하기 위해 version 19부터는 다시 SPSS라는 이름을 사용하기로 결정하였다.

1.2 SPSS의 구성

1. SPSS의 창 종류

SPSS는 Data Editor 창, Viewer 창, 피벗표 창, 도표 편집기 창, 텍스트 출력 창, Syntax Editor 창, Script Editor 창 등의 다양한 창들(windows)로 구성되어 있다. 이 중 Data Editor 창과 Viewer 창이 가장 많이 이용된다.

(1) Data Editor

[그림 1.1]과 같은 Data Editor 창은 SPSS 초기 실행시 나타나는 기본화면으로, 여기서 데이터의 입력, 편집 등을 할 수 있다.

그림 1.1 Data Editor 창

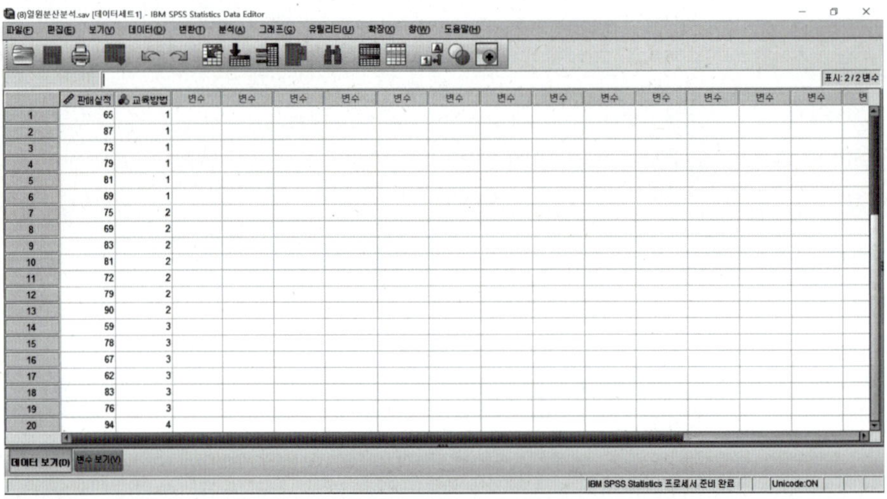

(2) Viewer

[그림 1.2]와 같은 Viewer 창은 SPSS 분석결과가 나타나는 창이다.

그림 1.2 Viewer 창

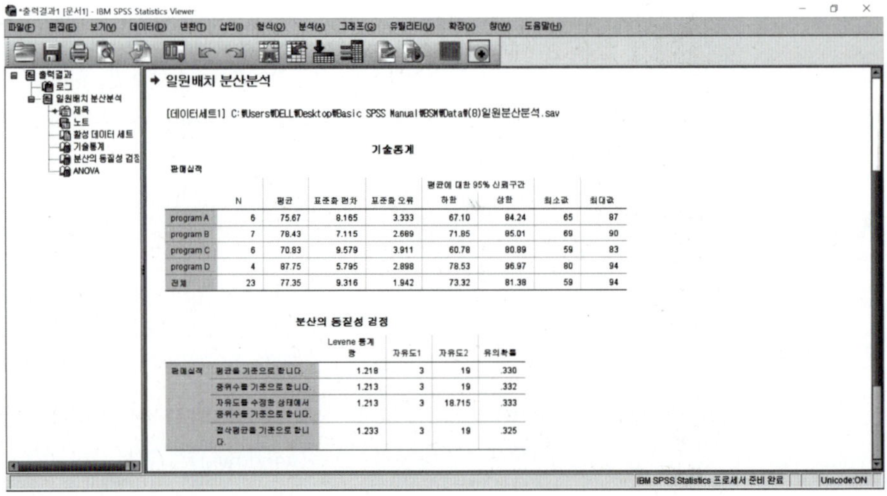

(3) 피벗표

[그림 1.3]의 피벗표 창은 분석결과 중 피벗표 형태로 제시되는 출력물을 편집, 수정할 때 사용하는 창이다.

그림 1.3 피벗표 창

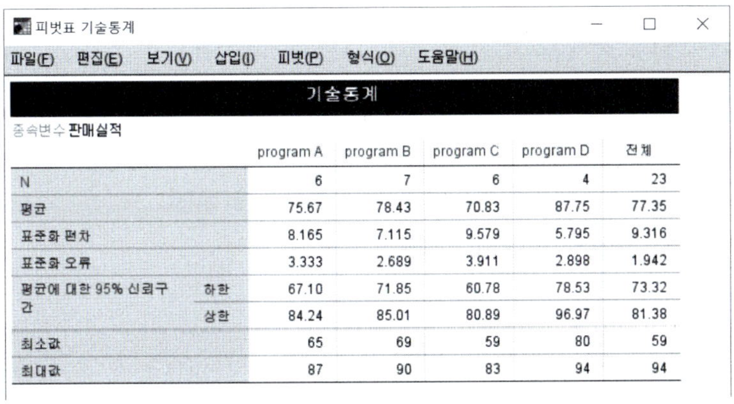

		program A	program B	program C	program D	전체
N		6	7	6	4	23
평균		75.67	78.43	70.83	87.75	77.35
표준화 편차		8.165	7.115	9.579	5.795	9.316
표준화 오류		3.333	2.689	3.911	2.898	1.942
평균에 대한 95% 신뢰구간	하한	67.10	71.85	60.78	78.53	73.32
	상한	84.24	85.01	80.89	96.97	81.38
최소값		65	69	59	80	59
최대값		87	90	83	94	94

(4) 도표 편집기

[그림 1.4]의 도표 편집기 창은 분석결과 중 도표 형태로 제시되는 출력물을 편집, 수정할 때 사용하는 창이다.

그림 1.4 도표 편집기 창

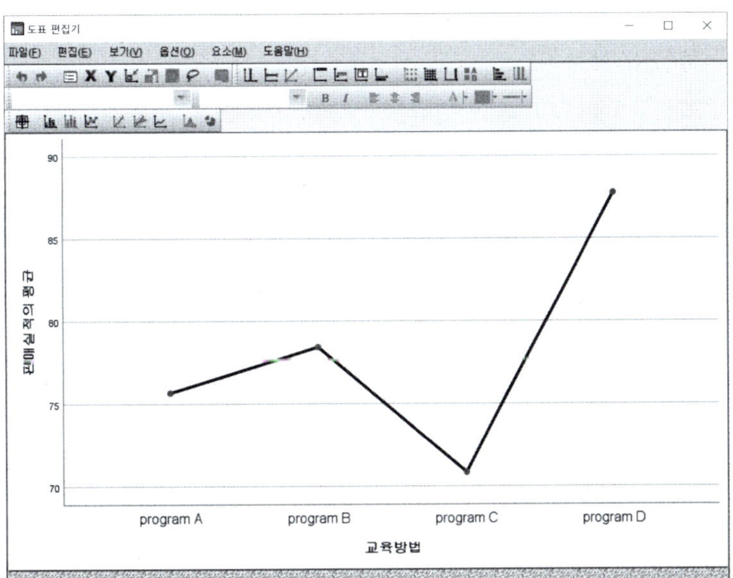

(5) 텍스트 출력

[그림 1.5]의 텍스트 출력 창은 분석결과 중 피벗표나 도표 형태로 제시되는 출력물을 제외한 텍스트 형태로 표현된 출력물을 편집, 수정할 때 사용하는 창이다.

그림 1.5 텍스트 출력 창

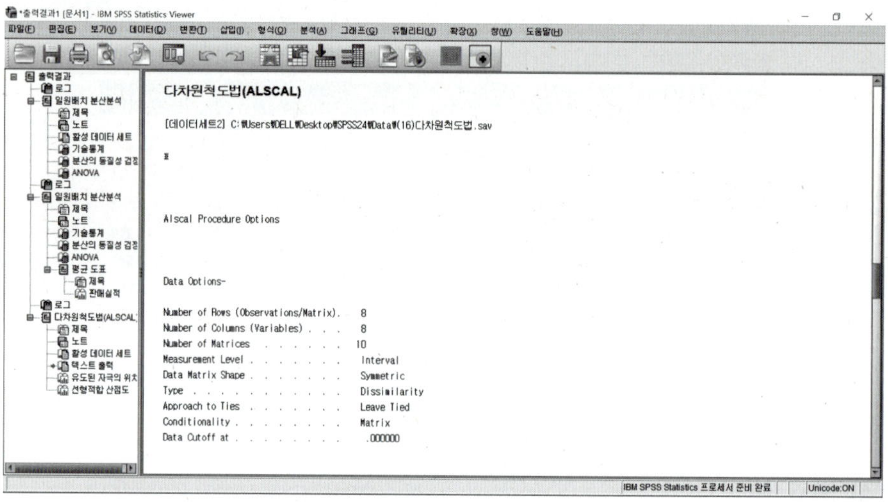

(6) Syntax Editor

[그림 1.6]의 Syntax Editor 창은 분석절차를 명령문으로 작성하여 수행하고자 할 때 사용하는 창으로, 명령문의 작성, 편집, 실행 등을 할 수 있다.

그림 1.6 Syntax Editor 창

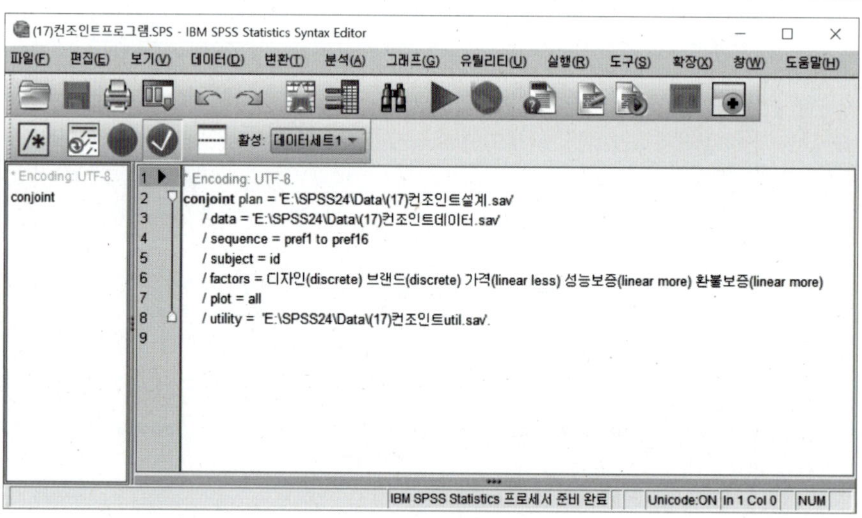

(7) Script Editor

[그림 1.7]의 Script Editor 창은 작업을 사용자의 편의대로 자동적으로 수행되게 하는 스크립트를 작성, 수정하는 창이다.

그림 1.7 Script Editor 창

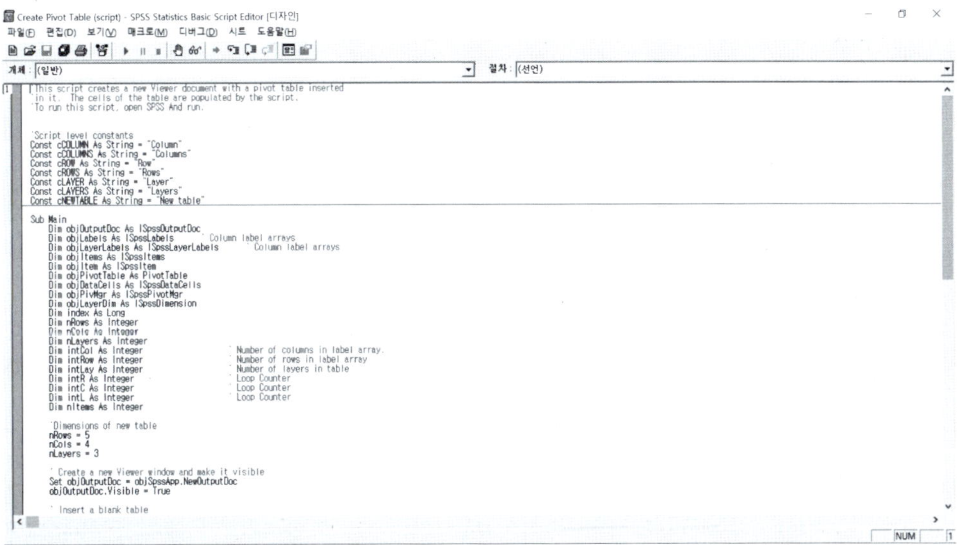

2. SPSS 파일 종류

SPSS에서 사용되는 파일(file)은 데이터 파일, 결과물 파일, 도표 파일, 명령문 파일 등 종류가 다양하다. 이 중 많이 사용되는 파일은 데이터 파일과 결과물 파일이다.

(1) 데이터 파일

데이터 파일은 Data Editor 창에서 사용되는 파일로 확장자는 *.sav 형태이다.

(2) 결과물 파일

결과물 파일은 Viewer 창에서 사용되는 파일로 확장자는 *.spv 형태이다. 16 이전 versions에서는 결과물 파일의 확장자로 *.spo가 사용되었으나 16부터는 확장자가 *.spv로 변경되었다. 16 이후 versions에서 16 이전 versions의 결과물 파일을 불러올 때에는 Legacy Viewer라는 별도의 프로그램을 설치해야 하며, 이는 SPSS Korea 홈페이지(www.spss.co.kr)에서 다운로드 받을 수 있다.

1.3 SPSS 메뉴와 도구모음 사용하기

1. SPSS 메뉴 사용하기

SPSS의 메뉴 바(menu bar)에는 [그림 1.8]과 같은 11개의 주요 메뉴(main menu)가 제시되어 있다.

그림 1.8 SPSS 메뉴 바와 주요 메뉴

(1) 파일(F) 메뉴

SPSS에서 사용되는 다양한 유형의 파일을 불러오거나 저장할 때 사용한다. 또한 작업 중인 파일을 인쇄하거나, SPSS를 종료할 때에도 사용한다.

(2) 편집(E) 메뉴

데이터나 결과물의 내용을 편집할 때 사용한다. 또한 데이터 내에서 특정한 값을 찾는 데에도 사용할 수 있다.

(3) 보기(V) 메뉴

상태표시줄(status bar)이나 도구모음(toolbar) 등을 숨기거나 나타낼 때 사용한다. 또한 글꼴 등을 조정하거나, Data Editor의 셀에 변수값 설명이 나타나도록 할 때에도 사용할 수 있다.

(4) 데이터(D) 메뉴

변수나 케이스를 다루는 모든 작업을 할 때 사용한다.

(5) 변환(T) 메뉴

기존 변수로부터 새로운 변수를 생성하거나 코딩변경을 하는 등 데이터를 가공할 때 사용한다.

(6) 분석(A) 메뉴

분석과 관련된 모든 작업을 할 때 사용한다.

(7) 그래프(G) 메뉴

분석결과를 다양한 그래프 종류로 표시할 때 사용한다.

(8) 유틸리티(U) 메뉴

변수나 파일의 정보를 찾거나 변수군을 정의·사용할 때 사용한다. 또한 스크립트를 실행하거나 메뉴를 편집할 때에도 사용한다.

(9) 확장(X) 메뉴

기존 SPSS 프로그램에 연동할 수 있는 R패키지를 다운로드할 때 사용한다.

(10) 창(W) 메뉴

창 간의 이동이나 창의 크기를 최소화/최대화할 때 사용한다.

(11) 도움말(H) 메뉴

항목, SPSS 포럼 연결, 제품정보, 커뮤니티 연결 등의 기능이 제시되어 있다.

2. SPSS 도구모음 사용하기

대부분의 Windows 기반 프로그램들과 마찬가지로 SPSS에도 도구모음(toolbar)이 있다. 도구모음은 자주 사용하는 기능들을 아이콘(icon)으로 만들어 놓은 것이다. 도구모음의 제어는 주요 메뉴 [보기(V)]의 [도구모음(T)]을 이용하여 할 수 있는데, [보기(V)] → [도구모음(T)] → [사용자 정의(C)...]를 클릭하면 [그림 1.9]와 같은 도구모음 표시 대화상자가 나타난다.

그림 1.9 도구모음 표시 대화상자

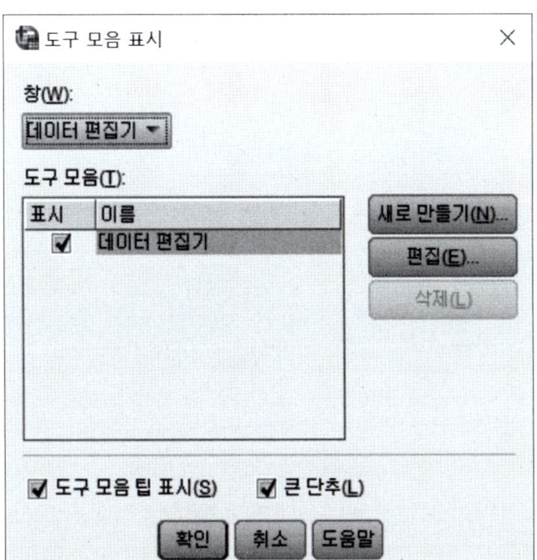

[그림 1.9]의 [창(W)]에서 데이터 편집기, 명령문, 출력결과, 혹은 모두를 콤보버튼으로 결정하고, [도구모음(T)]에서 표시에 ✔를 한다. ✔를 지우면 도구모음이 사라진다. 그 밖의 도구모음에 대한 제어는 다른 Windows用 프로그램들과 동일하다. 〈표 1.1〉은 도구모음에 있는 아이콘들과 이에 대한 설명들이다.

표 1.1 도구모음

아이콘	제 목	아이콘 사용용도
	데이터 문서 열기	기존의 데이터 파일을 열 때 사용
	이 문서 저장	파일을 저장할 때 사용
	인쇄	인쇄할 때 사용
	최근 사용한 대화상자 다시 호출	가장 최근에 사용한 대화상자를 다시 불러올 때 사용
	사용자 작업 실행 취소	이전에 했던 작업을 취소할 때 사용
	사용자 작업 다시 실행	취소했던 작업을 다시 실행할 때 사용
	케이스로 이동	해당 검색 케이스로 이동할 때 사용
	변수로 이동	해당 검색 변수로 이동할 때 사용
	변수	변수와 관련된 정보를 확인할 때 사용
	기술통계량 실행	선택한 변수의 기술통계분석을 실시할 때 사용
	찾기	특정 조건의 데이터를 찾을 때 사용
	파일분할	특정 변수를 기준으로 파일을 분할할 때 사용
	케이스 선택	특정 기준을 사용하여 케이스 셋(case set)을 찾을 때 사용
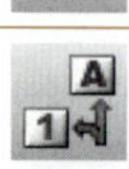	값 레이블	데이터에 변수값 설명을 나타내거나 나타내지 않을 때 사용
	변수군 사용	Data Editor 창에 숨기거나 표시할 변수를 선택할 때 사용
	도구모음 사용자 정의	사용자 정의할 도구모음을 선택하고 편집할 때 사용

1.4 분석대화상자 사용하기

SPSS의 주요 메뉴에서 [분석(A)] 메뉴를 사용하면 다양한 종류의 분석을 실시할 수 있다. 분석을 실시하기 위해서는 분석대화상자(analysis dialogue box)를 사용해야 하는데, 일반적으로 분석대화상자는 [그림 1.10]과 같이 네 부분으로 구성되어 있다. 분석대화상자는 분석의 종류에 따라 그 모양이 달라지지만 일반적으로는 그 구성이 변수상자, 분석변수상자, 분석옵션 아이콘, 실행/취소 아이콘으로 되어 있다.

그림 1.10 분석대화상자의 구성요소

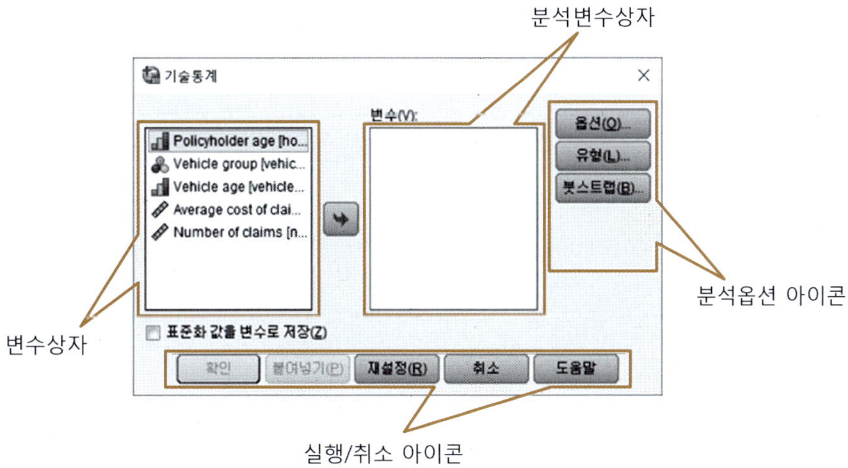

1. 변수상자

변수상자는 분석대화상자의 왼쪽에 위치하며, 분석 중인 데이터 파일의 모든 변수 목록을 제시한다. Data Editor에서 각 변수에 대한 설명을 입력한 경우에는 '설명[변수명]'의 형태로 제시되며, 변수설명을 입력하지 않은 경우에는 '변수명'만 제시된다.

2. 분석변수상자

분석변수상자는 분석대화상자의 오른쪽에 위치하며, 분석을 실시할 변수를 제시한다. 변수상자에서 분석할 변수를 분석변수상자로 옮기기 위해서는 변수상자에서 분석하고자 하는 변수를 선택한 후 ➡를 클릭하면 된다. 반대로 분석변수상자에 있는 특정 변수의 분석을 제외하고자 할 때는 그 변수를 선택한 후 ⬅를 클릭하면 된다. 변수상자에 있는 특정 변수를 선택하면 버튼이 활성화되고, 분석변수상자에 있는 특정 변수를 선택하면 버튼이 활성화된다.

3. 분석옵션 아이콘

분석내용에 따라 옵션을 선택할 때 사용하는 아이콘이다. 보통 분석대화상자의 우측에 위치한다.

4. 실행/취소 아이콘

분석대화상자의 하단에 위치하며 [확인], [붙여넣기(P)], [재설정(R)], [취소], [도움말] 등의 버튼이 있다. [확인]은 분석을 실행할 때 사용하며, [붙여넣기(P)]는 분석 프로그램을 작성하거나 분석을 실행할 때 사용한다. [재설정(R)]은 이미 선택한 모든 내용을 취소하고 새로 시작할 때 사용하며, [취소]는 분석을 실시하지 않고자 할 때 사용한다. [도움말]은 분석과 관련된 도움말을 볼 때 사용한다. 이 밖에도 분석에 따라 실행/취소 아이콘에는 여러 종류의 버튼이 추가된다.

1.5 분석대상 변수선택

1. 한 개 변수 선택하기

변수상자에서 한 개 변수를 선택하여 분석을 원하는 경우에는 해당변수를 마우스로 선택한 후 를 클릭하면 분석변수상자로 이동한다. 변수상자에서 변수를 선택하면 버튼이 활성화된다. 다른 방법으로, 변수상자에서 분석하고자 하는 변수를 빠르게 더블 클릭하면 분석변수상자로 이동한다.

2. 여러 개 변수 선택하기

(1) 연속된 여러 개의 변수 선택하기

연속된 여러 개의 변수들을 선택할 때에는 분석대상 변수의 첫 번째 변수를 클릭한 상태에서 마지막 변수까지 드래그(drag)하여 변수를 선택한 후 버튼을 클릭하여 분석변수상자로 보낸다. 혹은, 선택해야 할 변수들 중 첫 번째 변수를 클릭하고 Shift key를 누른 상태에서 마지막 변수를 클릭하면 첫 변수와 마지막 변수 사이의 모든 변

수들이 선택된다. 그 후에 버튼을 클릭하여 분석변수상자로 보낸다.

(2) 연속되지 않은 여러 개의 변수 선택하기

연속되지 않은 여러 개의 변수들을 선택하는 경우에는 Ctrl key를 누른 상태에서 원하는 변수들을 클릭한 후 버튼을 클릭하여 분석변수상자로 보낸다.

제 2 장

SPSS 분석준비단계(1) - 변수다루기

본 장에서는

- SPSS를 시작하는 방법에 대해 설명한다.
- 파일을 여는 방법에 대해 설명한다.
- 변수 정의 방법을 설명한다.
- 연습문제를 통해 학습내용을 복습한다.

2.1 시작하기

SPSS를 시작하기 위해서는 시작메뉴에 등록된 'IBM SPSS Statistics'에서 'IBM SPSS Statistics 25'를 클릭한다.[1] 이러한 방법을 통해 SPSS를 시작하면 [그림 2.1]과 같이 초기화면으로 Data Editor 창이 활성화된다. 창은 Excel과 같은 spreadsheet의 모습이다.

그림 2.1 SPSS 초기화면

1) 본서는 SPSS 25를 기준으로 작성되었다. Version에 따라 시작메뉴에 제시된 문구가 다를 수 있지만 사용방법은 크게 다르지 않다.

SPSS의 초기화면에서 가장 하단에 **'IBM SPSS Statistics 프로세서 준비 완료'**라는 표시가 있는 부분을 **상태표시줄**(status bar)이라고 한다. 상태표시줄에 'IBM SPSS Statistics 프로세서 준비 완료'라는 표시가 있으면 정상적으로 SPSS를 사용할 수 있는 상태임을 의미한다. 만약 정상적인 사용대기 상태가 아니라면 다른 경고 메시지들이 표시된다. Data Editor에서는 새로운 데이터 파일을 만들어서 작업을 수행하거나, 혹은 기존의 파일을 불러와서 작업을 수행할 수 있다.

2.2 파일 열기

1. 파일 불러오기

제 1 장에서 설명한 것과 같이 SPSS에서 사용되는 파일은 다양한 종류가 있다. 파일의 불러오기는 메뉴 바 혹은 도구모음의 아이콘을 이용해서 할 수 있다.

(1) 메뉴 바를 이용한 파일 불러오기

메인 메뉴의 [파일(F)] 메뉴를 클릭하면 [열기(O)] 메뉴가 있다. 여기에 마우스를 갖다 대면 [그림 2.2]와 같이 다양한 파일종류를 선택할 수 있다.

그림 2.2 메뉴 바를 이용한 파일 불러오기

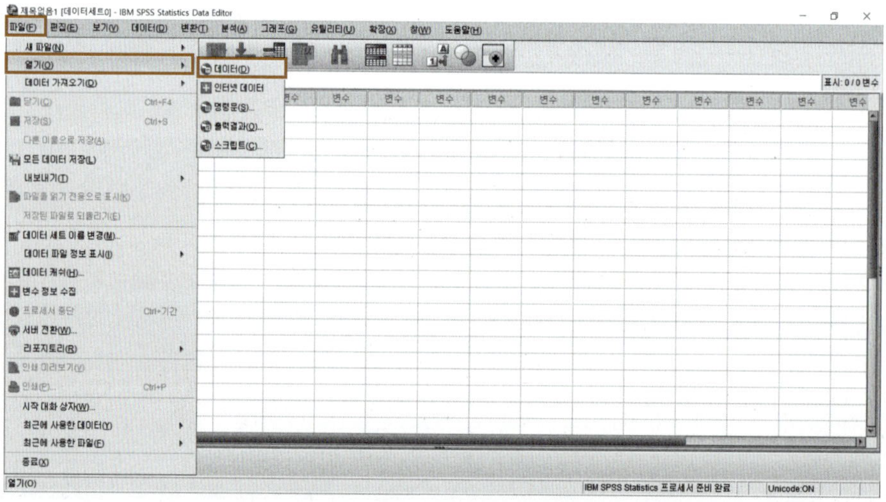

[그림 2.2]에서 원하는 종류의 파일을 선택하면 데이터 열기 대화상자가 활성화된다. 여기서는 데이터 파일을 선택하도록 한다. [열기(O)]에서 [데이터(D)]를 선택하면

[그림 2.3]과 같은 데이터 열기 대화상자가 활성화된다.

그림 2.3 데이터 열기 대화상자

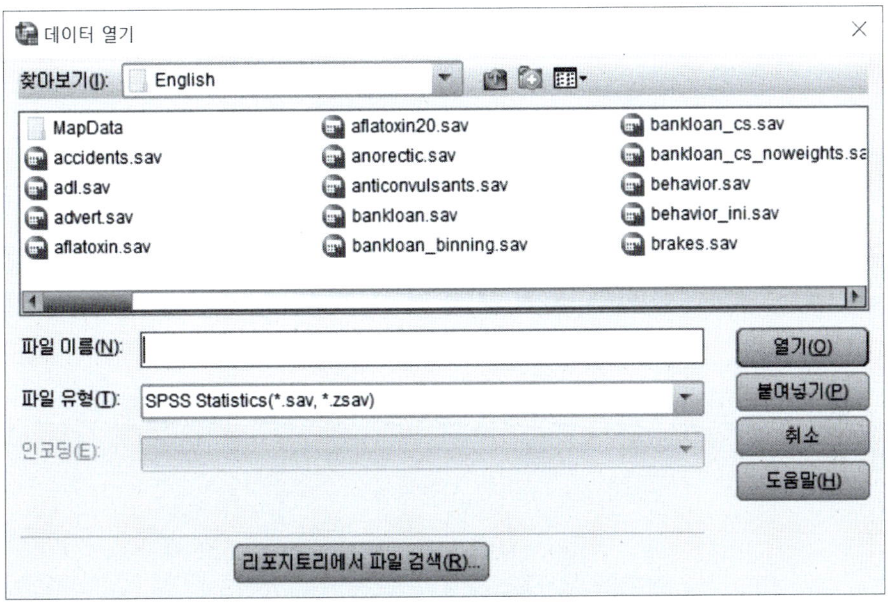

[그림 2.3]의 데이터 열기 대화상자에는 *.sav나 *.zsav의 확장자를 갖는 데이터 파일이 제시되어 있다. SPSS 데이터 파일의 기본 확장자는 *.sav이지만 최근 SPSS를 이용한 빅데이터 분석이 많이 이루어지기 때문에 *.sav 파일과 동일한 포맷을 갖지만 파일크기를 압축한 *.zsav 파일도 사용된다. *.zsav 파일은 version 21 이후부터 사용 가능하다. 여기서 원하는 파일을 선택한 후 [열기(O)]를 클릭하거나 선택하고자 하는 파일을 더블 클릭하면 파일을 열 수 있다. 메뉴 바를 이용하여 파일을 열고자 하는 경우에는 다른 페이지에서 활성화되는 파일을 열 수 있다는 장점이 있다. 예를 들어, 결과물 파일은 Viewer 창에서 활성화되는 파일이지만 주요 메뉴를 이용하여 파일을 열 때에는 Data Editor 창이나 Syntax Editor 창에서도 결과물 파일을 열 수 있다.

(2) 도구모음 아이콘을 이용한 파일 열기

도구모음 상자에서  모양의 아이콘을 클릭하면 파일 열기를 할 수 있다. 도구모음 상자에서 데이터 문서 열기 아이콘을 클릭하면 데이터 열기 대화상자가 나타난다. 그러나 메뉴 바를 이용한 파일 열기와는 다르게 데이터 문서 열기 아이콘을 이용하여 파일을 여는 경우에는 다른 창에서 활성화되는 파일을 열지 못한다. 예를 들어, Data Editor 창에서 데이터 문서 열기 아이콘을 클릭하면 Data Editor 창에서 활성화될 수 있는 파일만 선택할 수 있으며 결과물 파일은 선택할 수 없다.

2. 다른 프로그램에서 코딩한 파일 불러오기

SPSS에서는 Data Editor에서 작업한 파일을 불러올 수도 있지만 Excel과 같은 spreadsheet의 자료나 워드프로세서에서 작업한 text 파일 자료 등도 불러올 수 있다.

(1) Excel 파일 불러오기

Data Editor에서 Excel 파일을 불러오는 방법은 다음과 같다.

❶ '(2)학부모학력.xls'에는 [그림 2.4]와 같은 내용이 저장되어 있다.

그림 2.4 '(2)학부모학력.xls'의 저장내용

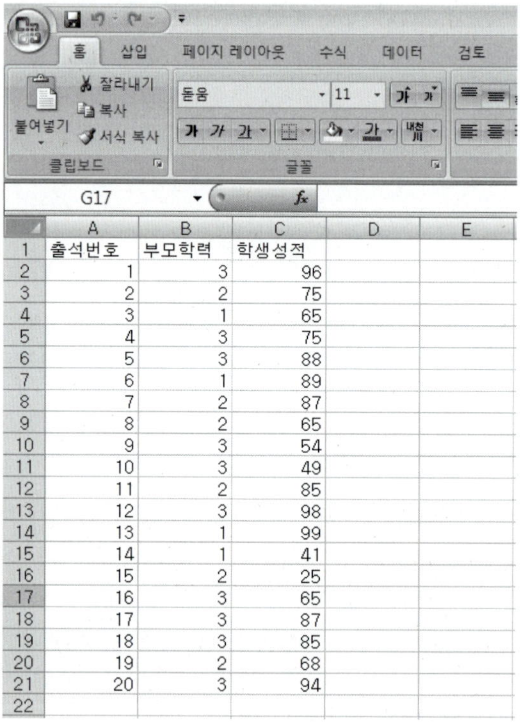

	A	B	C	D	E
1	출석번호	부모학력	학생성적		
2	1	3	96		
3	2	2	75		
4	3	1	65		
5	4	3	75		
6	5	3	88		
7	6	1	89		
8	7	2	87		
9	8	2	65		
10	9	3	54		
11	10	3	49		
12	11	2	85		
13	12	3	98		
14	13	1	99		
15	14	1	41		
16	15	2	25		
17	16	3	65		
18	17	3	87		
19	18	3	85		
20	19	2	68		
21	20	3	94		
22					

❷ Data Editor에서 데이터 문서 열기 아이콘을 클릭하면 데이터 열기 대화상자가 나타난다. 여기서 [그림 2.5]와 같이 파일 유형의 콤보버튼을 이용하여 Excel(*.xls, *.xlsx, *.xlsm)을 선택하면 제공된 데이터(도서출판 집현재 게시판 → 자료실)에서 '(2)학부모학력.xls'를 확인할 수 있다.

그림 2.5 데이터 열기 대화상자

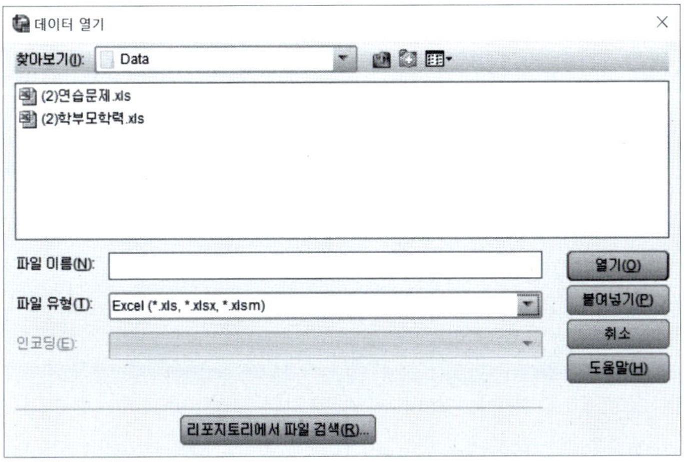

❸ '(2)학부모학력.xls'를 선택하면 [그림 2.6]과 같은 Excel 파일 읽기 대화상자가 활성화된다.

그림 2.6 Excel 파일 읽기 대화상자

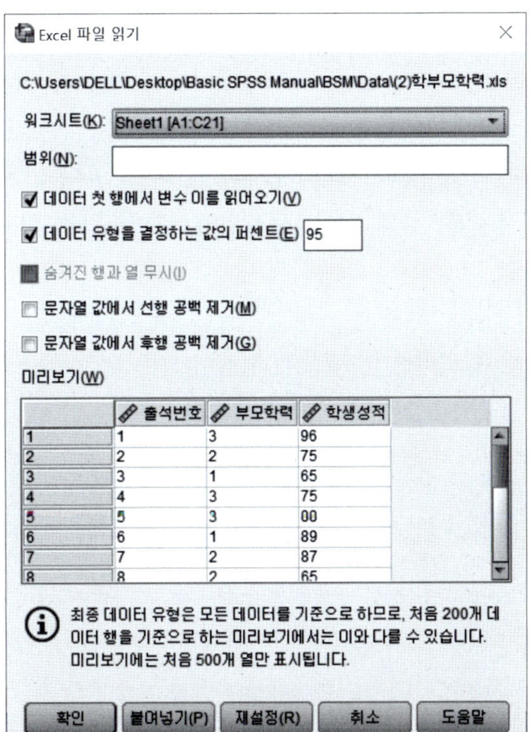

☞ Excel 파일 읽기의 선택사항들은 다음의 의미를 갖는다.

- **워크시트**: 불러올 Excel 파일에 여러 워크시트가 있는 경우 콤보버튼을 클릭하여 해당 워크시트를 선택할 수 있다. 본 예의 '(2)학부모학력.xls' 데이터에는 하나의 워크시트만 있으므로 자동으로 Sheet1이 선택된다.
- **범위**: 워크시트 중 일부분만 불러올 때 범위를 지정한다. 범위를 지정할 때는 콜론(:)을 사용하는데, 예를 들어 A2:D10이라고 범위를 지정하면 A2 cell과 D10 cell을 대각선으로 하는 사각형 범위의 영역을 의미한다.
- **데이터 첫 행에서 변수 이름 읽어오기**: 불러올 Excel 데이터의 첫 행이 변수이름이면 이를 선택하고 그렇지 않으면 선택하지 않는다.
- **데이터 유형을 결정하는 값의 퍼센트(기본설정: 95)**: 한 변수에 두 개 이상의 데이터 유형(예: 문자와 숫자)이 존재할 경우 그 변수를 어떤 데이터 유형으로 결정할지의 기준이다. 예를 들어, 한 변수에 100개의 케이스가 있는데 이 중 97개의 케이스는 숫자, 3개의 케이스는 문자라고 가정하자. 이 경우 숫자케이스가 기본설정인 95퍼센트 이상으로 나타났기 때문에 해당 변수는 숫자유형의 변수로 정의되고, 문자케이스는 결측값으로 처리된다. 만약 100개 케이스에서 숫자케이스가 93개, 문자케이스가 7개라면 숫자와 문자 모두 기본설정인 95퍼센트를 충족시키지 못하기 때문에 해당변수는 문자로 정의되며 결측값은 존재하지 않는다. 그러나 이 기능은 일반적으로 한 변수에는 하나의 데이터 유형을 사용하기 때문에 많이 사용되지는 않는다.
- **문자열 값에서 선행 공백 제거**: 문자열 값에 맨 앞의 빈 공간을 제거한다.
- **문자열 값에서 후행 공백 제거**: 문자열 값에 맨 뒤의 빈 공간을 제거한다. 정확한 변수너비를 결정할 때 필요하다.

❹ 여기서 [확인]을 클릭하면 [그림 2.7]과 같이 Data Editor에 Excel 파일의 데이터가 나타난다.

그림 2.7 Data Editor에 나타난 Excel 파일의 자료

	출석번호	부모학력	학생성적	변수
1	1	3	96	
2	2	2	75	
3	3	1	65	
4	4	3	75	
5	5	3	88	
6	6	1	89	
7	7	2	87	
8	8	2	65	
9	9	3	54	
10	10	3	49	
11	11	2	85	
12	12	3	98	
13	13	1	99	
14	14	1	41	
15	15	2	25	
16	16	3	65	
17	17	3	87	
18	18	3	85	
19	19	2	68	
20	20	3	94	

(2) Text 파일 불러오기

Data Editor에서 text 파일을 불러오는 방법은 다음과 같다.

❶ 흔글 프로그램에서 [그림 2.8]과 같이 코딩한다.

그림 2.8 흔글 프로그램에서의 코딩내용

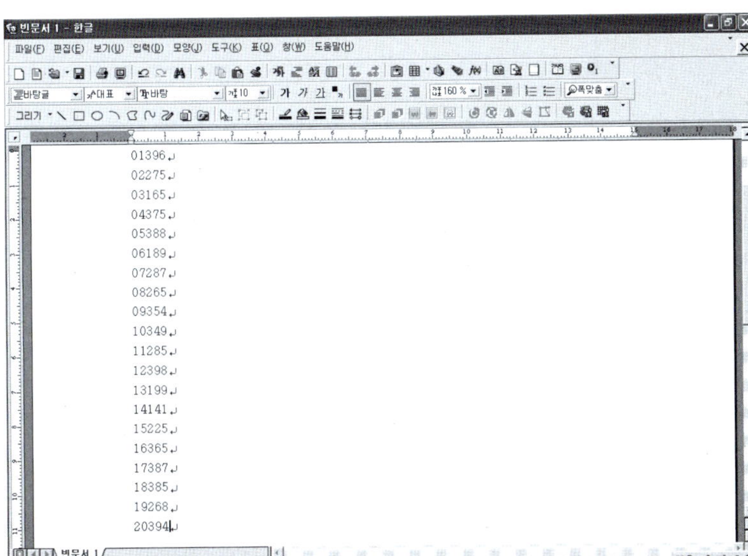

01396
02275
03165
04375
05388
06189
07287
08265
09354
10349
11285
12398
13199
14141
15225
16365
17387
18385
19268
20394

❷ [그림 2.8]의 내용을 '(2)학부모학력.txt'로 저장한다.

❸ Data Editor에서 데이터 문서 열기 아이콘을 클릭하면 데이터 열기 대화상자가 나타난다. 여기서 [그림 2.9]와 같이 파일 유형의 콤보버튼을 이용하여 텍스트(*.txt, *.dat, *.csv, *.tab)를 선택하면 '(2)학부모학력.txt'를 확인할 수 있다.

그림 2.9 데이터 열기 대화상자

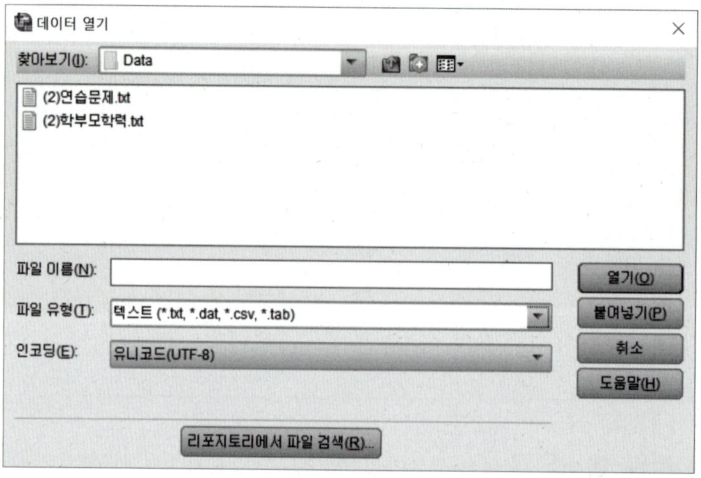

❹ '(2)학부모학력.txt'를 선택하면 [그림 2.10]과 같은 텍스트 가져오기 마법사 여섯 단계 중 1단계 대화상자가 나타난다.

그림 2.10 텍스트 가져오기 마법사 여섯 단계 중 1단계 대화상자

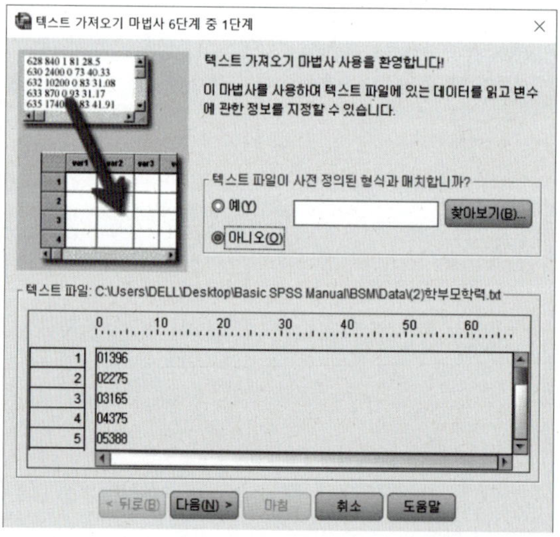

❺ 여기서 [다음(N)>]을 클릭하면 [그림 2.11]과 같은 2단계 대화상자가 나타난다.

그림 2.11 텍스트 가져오기 마법사 2단계 대화상자

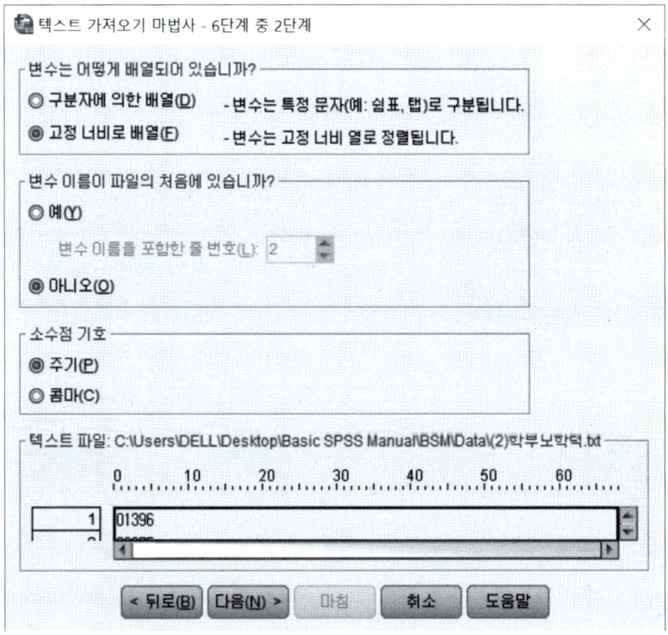

☞ [그림 2.11]의 선택사항은 다음과 같다.

[변수는 어떻게 배열되어 있습니까?]

- **구분자에 의한 배열:** 흔글에서 데이터 코딩 시 응답값들 사이에 쉼표나 탭으로 구분지은 경우에 선택한다.
- **고정 너비로 배열:** 연속적 코딩의 경우에 선택한다(**기본설정**).

[변수 이름이 파일의 처음에 있습니까?]

- **예:** 파일의 첫줄에 변수명이 있을 때 선택한다.
- **아니오:** 파일의 첫줄에 변수명이 없을 때 선택한다. 대부분의 text 파일은 여기에 해당한다(**기본설정**).

❻ 여기서 [다음(N)>]을 클릭하면 [그림 2.12]와 같은 3단계 대화상자가 나타난다. 본 예에서는 기본설정을 유지한다.

그림 2.12 텍스트 가져오기 마법사 3단계 대화상자

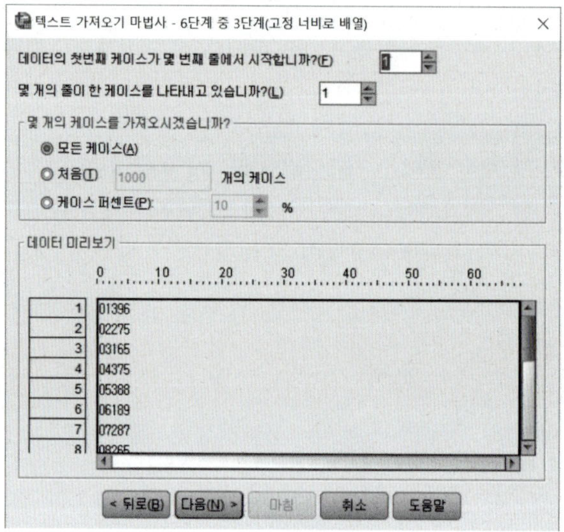

❼ 여기서 [다음(N) >]을 클릭하면 [그림 2.13]과 같은 4단계 대화상자가 나타난다. 4단계 대화상자에서는 수직화살표를 이용하여 변수를 구분해준다. 본 예에서 앞의 두 자리는 출석번호를, 세 번째 자리는 부모학력을, 네 번째와 다섯 번째 자리는 학생성적을 의미하므로 세 개의 수직화살표를 사용하여 [그림 2.13]과 같이 변수를 구분한다.

그림 2.13 텍스트 가져오기 마법사 4단계 대화상자

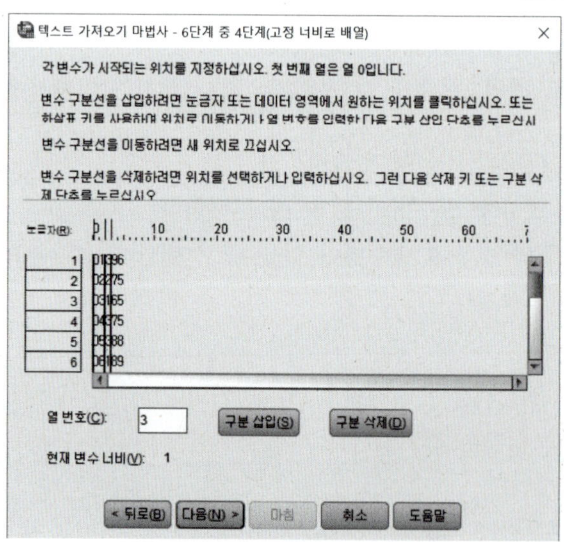

❽ 여기서 [다음(N)>]을 클릭하면 5단계 대화상자가 나타난다. 이 대화상자에서 [그림 2.14]와 같이 [변수 이름(V)]에는 각각의 변수명(출석번호, 부모학력, 학생성적)을 입력하고 각 변수의 [데이터 형식(D)]을 결정한다. 본 예에서는 모두 숫자 데이터 형식을 설정한다.

그림 2.14 텍스트 가져오기 마법사 5단계 대화상자

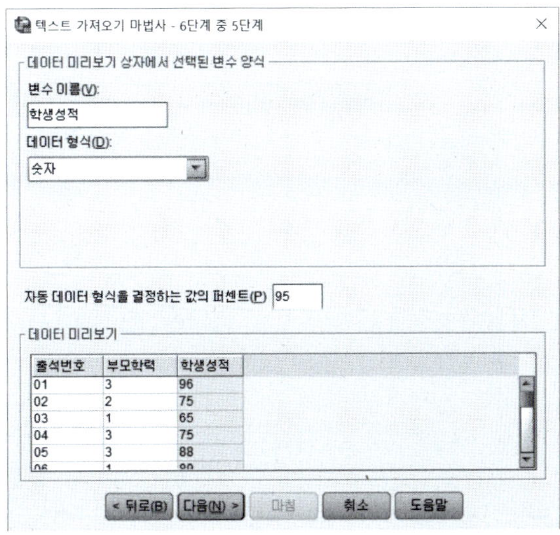

❾ 여기서 [다음(N)>]을 클릭하면 [그림 2.15]와 같이 6단계 대화상자가 나타난다.

그림 2.15 텍스트 가져오기 마법사 6단계 대화상자

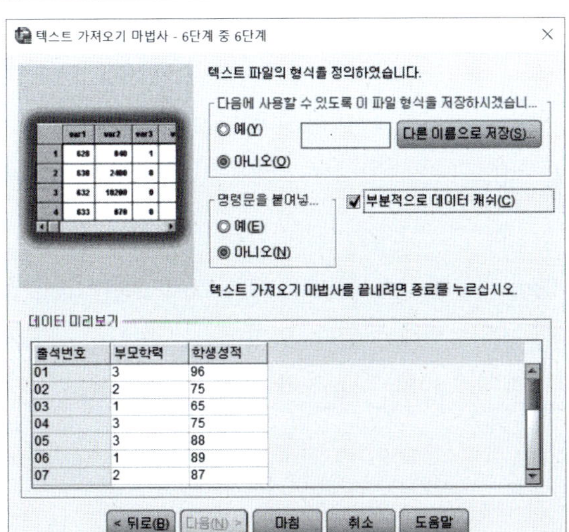

⑩ 여기서 [마침]을 클릭하면 [그림 2.16]과 같이 Data Editor에 text 파일 데이터가 나타난다.

그림 2.16 Data Editor에 나타난 text 파일의 자료

	출석번호	부모학력	학생성적	변수
1	1	3	96	
2	2	2	75	
3	3	1	65	
4	4	3	75	
5	5	3	88	
6	6	1	89	
7	7	2	87	
8	8	2	65	
9	9	3	54	
10	10	3	49	
11	11	2	85	
12	12	3	98	
13	13	1	99	
14	14	1	41	
15	15	2	25	
16	16	3	65	
17	17	3	87	
18	18	3	85	
19	19	2	68	
20	20	3	94	

2.3 변수 정의

Data Editor에서 자료를 코딩하거나 다른 프로그램(Excel, 훈글 등)에서 자료를 불러온 경우 먼저 변수를 정의해야 된다. 이하에서는 데이터 편집기에서 자료를 코딩하는 경우를 가정하고 〈예제 2.1〉을 이용하여 변수 정의를 설명한다.

예제 2.1 자료의 코딩과 변수 정의

패스트푸드점을 이용한 10명 응답자의 성별, 나이, 만족도, 점포태도를 조사한 결과는 〈표 2.1〉과 같다. 각각의 설문문항은 다음과 같이 측정되었다.

– 성별: 남자(1), 여자(2)
– 연령: _____ 세
– 만족도: 이 패스트푸드점을 이용한 결과 전혀 만족스럽지 않다(1) / 매우 만족스럽다(5)
– 점포태도: 이 패스트푸드점은 전혀 마음에 들지 않는다(1) / 매우 마음에 든다(7)

표 2.1 패스트푸드점 이용자의 응답자료

id	성별	나이	만족도	점포태도
1	1	26	5	7
2	1	33	4	5
3	2	24	4	5
4	1	25	5	4
5	2	35	4	3
6	2	45	5	7
7	2	22	3	3
8	2	18	2	2
9	1	17	5	5
10	2	25	4	4

1. 이름(변수명)의 설정

[그림 2.1]과 같은 Data Editor를 보면 좌측하단에 '데이터 보기(D)'와 '변수 보기(V)'의 두 가지 탭이 있다. '데이터 보기(D)'의 탭을 눌렀을 때 나타나는 화면에서는 데이터를 입력하고 편집할 수 있으며, '변수 보기(V)'의 탭을 눌렀을 때 나타나는 화면에서는 변수 이름(name), 변수 유형(type), 변수의 너비(width), 소수점 이하 자리(decimals), 변수 설명(label), 변수값(values), 결측값(missing value) 등을 결정할 수 있다. '변수 보기(V)' 탭을 눌렀을 때 나타나는 화면은 [그림 2.17]과 같다.

그림 2.17 변수 보기를 눌렀을 때 나타나는 화면

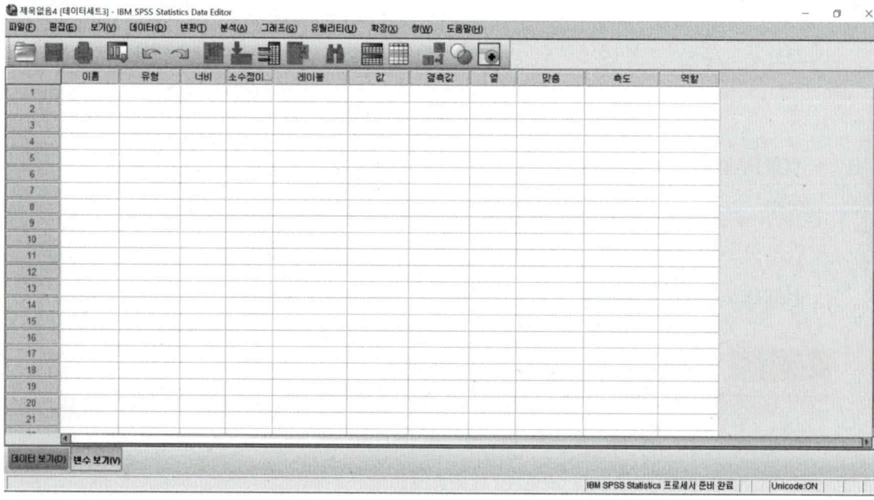

[그림 2.17]에서 '이름'은 변수명을 설정하는 곳이다. 변수명은 영문 64자, 한글 32자까지 입력하는 것이 가능하다. 그러나 변수명이 너무 길 경우 간단하게 축약해서 입력하고 구체적인 내용은 '레이블(label)'에서 입력한다. 변수명을 입력할 때에는 빈칸이나 특수문자를 사용할 수 없다는 점에 주의한다. 본 예에서는 다섯 가지 변수(id, 성별, 나이, 만족도, 점포태도)가 사용되었는데 이를 Data Editor에 입력하면 [그림 2.18]과 같다.

그림 2.18 변수명의 입력

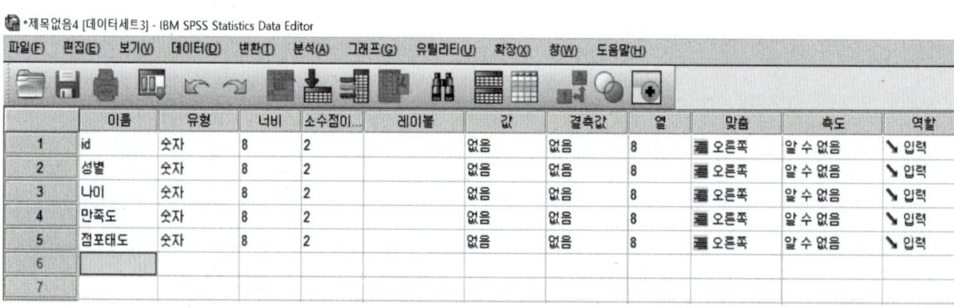

	이름	유형	너비	소수점이...	레이블	값	결측값	열	맞춤	측도	역할
1	id	숫자	8	2		없음	없음	8	오른쪽	알 수 없음	입력
2	성별	숫자	8	2		없음	없음	8	오른쪽	알 수 없음	입력
3	나이	숫자	8	2		없음	없음	8	오른쪽	알 수 없음	입력
4	만족도	숫자	8	2		없음	없음	8	오른쪽	알 수 없음	입력
5	점포태도	숫자	8	2		없음	없음	8	오른쪽	알 수 없음	입력
6											
7											

2. 유형(변수 유형)의 설정

[그림 2.18]의 유형은 변수의 유형을 의미한다. SPSS에서는 숫자, 날짜, 달러, 문자열 등의 변수 유형을 사용할 수 있다. 그러나 가장 많이 사용하는 변수 유형은 숫

자(**기본설정**)이므로 이를 중심으로 설명한다. 변수명이 입력된 부분의 '유형' cell을 클릭하면 버튼이 나타나는데, 이를 클릭하면 [그림 2.19]와 같은 변수 유형 대화상자가 나타난다.

그림 2.19 변수 유형 대화상자

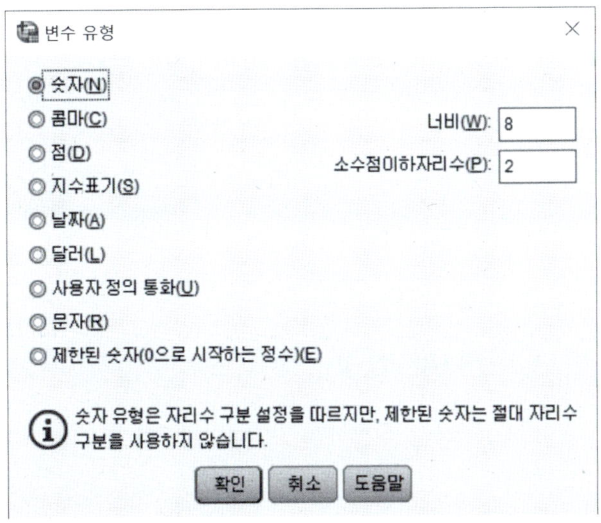

변수 유형 대화상자에서 각 변수의 성격에 맞게 변수 유형을 지정해준다. 변수 유형에 따라 변수 유형 대화상자의 오른쪽 부분 모양이 달라지는데, [숫자(N)]의 경우에는 [너비(W)]와 [소수점이하자리수(P)]가 나타난다. [너비(W)]는 해당 변수의 cell에 입력될 수 있는 데이터의 자리수를 의미하며, [소수점이하자리수(P)]는 해당 변수의 cell에 입력될 수 있는 데이터의 소수점 이하 자리수를 의미한다. [그림 2.19]의 변수 유형 대화상자를 보면 어떤 변수의 cell에 8자리 숫자가 입력될 수 있으며, 소수점 이하로는 2자리까지 입력될 수 있음을 의미한다. 변수 유형이 숫자인 경우 변수 유형 대화상자에서 자리수와 소수점 이하 자리수를 결정할 수도 있지만 [그림 2.18]의 '너비'나 '소수점이하자리'에서 결정할 수도 있다. 본 예에서 사용된 변수들은 모두 변수 유형이 숫자이므로 기본설정된 상태를 유지한다.

3. 자리수와 소수점 이하 자리의 설정

앞에서 설명한 것과 같이 변수의 유형이 숫자인 경우, 변수 유형 대화상자에서도 자리수와 소수점 이하 자리수를 결정할 수 있지만, Data Editor 상에서 너비나 소수점 이하자리를 이용하여 이를 별도로 설정할 수도 있다. 본 예에서는 응답값이 모두 정수(integer)의 형태로 나타나므로 소수점이하자리를 '0'으로 설정할 수 있다. 너비의 경우, 다른 변수는 모두 한 자리이지만 id와 나이는 두 자리로 설정해야 한다. 본 예의 너비와 소수점이하자리를 설정하면 [그림 2.20]과 같다.

그림 2.20 너비와 소수점이하자리의 설정

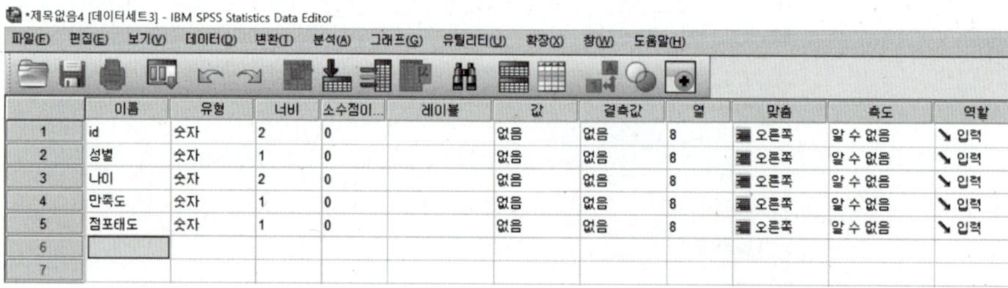

	이름	유형	너비	소수점이...	레이블	값	결측값	열	맞춤	측도	역할
1	id	숫자	2	0		없음	없음	8	오른쪽	알 수 없음	입력
2	성별	숫자	1	0		없음	없음	8	오른쪽	알 수 없음	입력
3	나이	숫자	2	0		없음	없음	8	오른쪽	알 수 없음	입력
4	만족도	숫자	1	0		없음	없음	8	오른쪽	알 수 없음	입력
5	점포태도	숫자	1	0		없음	없음	8	오른쪽	알 수 없음	입력
6											
7											

4. 레이블(변수 설명)의 설정

앞에서 설명한 것과 같이 이름에는 영문 64자, 한글 32자까지만 입력할 수 있다. 그러나 변수명이 지나치게 긴 경우에는 분석결과를 보는 것이 불편할 수 있다. 이러한 경우 일반적으로 이름에는 축약해서 입력하고 레이블에서 부연설명을 한다. 본 예에 사용된 변수들의 구체적인 레이블을 제시하면 [그림 2.21]과 같다.

그림 2.21 레이블의 입력

	이름	유형	너비	소수점이...	레이블	값	결측값	열	맞춤	측도	역할
1	id	숫자	2	0	응답자 구분	없음	없음	8	오른쪽	알 수 없음	입력
2	성별	숫자	1	0	응답자 성별	없음	없음	8	오른쪽	알 수 없음	입력
3	나이	숫자	2	0	응답자 나이	없음	없음	8	오른쪽	알 수 없음	입력
4	만족도	숫자	1	0	점포에 대한 만...	없음	없음	8	오른쪽	알 수 없음	입력
5	점포태도	숫자	1	0	점포에 대한 태도	없음	없음	8	오른쪽	알 수 없음	입력
6											
7											

5. 변수값의 설정

〈예제 2.1〉의 설문항목들을 Data Editor에서 코딩하기 위해서는 숫자를 입력해야 한다(그림 2.21의 유형 참조). 그런데 Data Editor에 코딩된 숫자의 의미가 무엇인지를 표시하기 위해서는 변수값을 입력해야 한다. 여기서는 '성별' 변수의 변수값을 설정하는 방법을 알아보기로 한다. 성별의 변수값을 설정하기 위해서는 먼저 [그림 2.21]의 성별이 입력된 행에 있는 값 cell을 클릭한다. 그러면 … 버튼이 나타나는데, 이를 누르면 [그림 2.22]와 같은 값 레이블 대화상자가 나타난다.

그림 2.22 값 레이블 대화상자

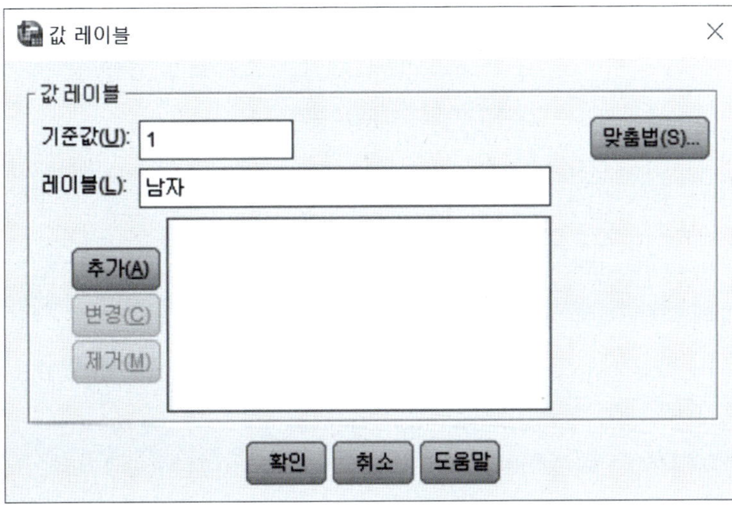

본 예의 설문항목에서 남자는 1, 여자는 2로 측정하였으므로 먼저 [기준값(U)]에 1을 입력하고 [레이블(L)]에는 남자를 입력한 후 [추가(A)]를 클릭한다. 그러면 [그림 2.23]과 같이 변수값이 입력된다.

그림 2.23 변수값이 입력된 모습

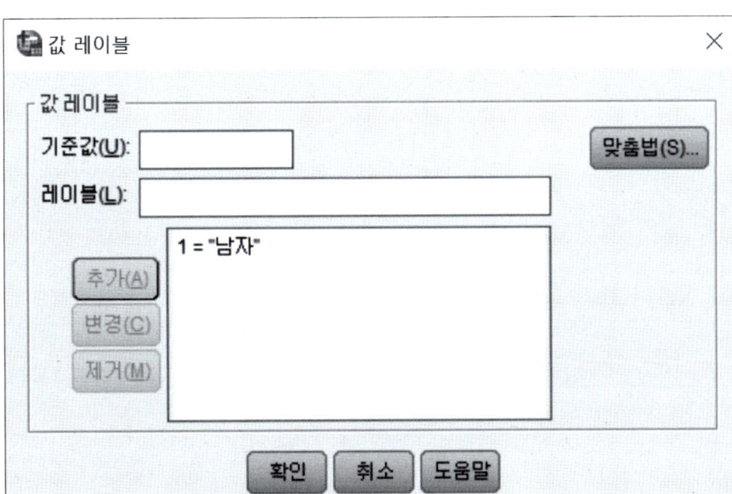

동일한 방법으로 여자를 입력한 후의 모습은 [그림 2.24]와 같다.

그림 2.24 모든 변수값이 입력된 모습

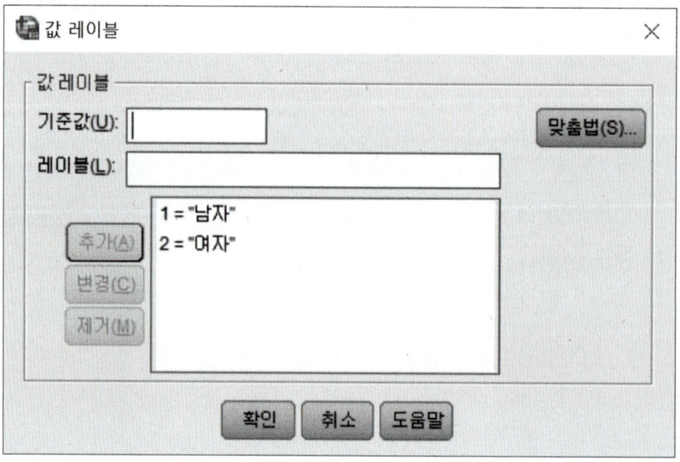

여기서 [확인]을 클릭하면 [그림 2.25]와 같이 Data Editor에 변수값이 입력되어 나타난다.

그림 2.25 Data Editor에 변수값이 입력된 모습

동일한 방법으로 만족도와 점포태도의 변수값 레이블을 입력하면 최종적으로 [그림 2.26]과 같이 된다.

그림 2.26 성별, 만족도, 그리고 점포태도의 변수값 레이블이 입력된 모습

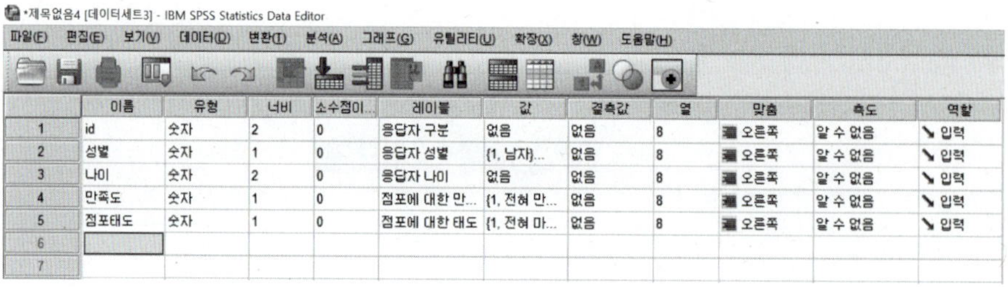

6. 결측값의 처리

데이터 수집과정에서 일부 항목에 대해 응답이 누락된 경우가 있을 수 있다. 이 경우 누락된 응답을 **결측값**(missing value)으로 처리한다. 결측값 처리방법에는 (1) Data Editor에서 해당 cell을 비워두는 방법과, (2) 응답에서 얻을 수 없는 특정한 값을 결측값으로 설정하는 방법이 있다. 그런데, 해당 cell을 비워두는 방법으로 결측값을 처리할 경우, 실제 응답이 존재하지만 코딩과정에서 실수로 자료를 입력하지 않은 경우도 결측값으로 처리되어 혼란의 여지가 있다. 따라서 바람직한 방법은 특정한 값을 결측값으로 처리하는 방법이다.

특정한 값을 결측값으로 처리하기 위해서는 결측값 설정을 이용하면 된다. 본 예에서는 응답자가 성별에 대해 답을 하지 않은 경우 결측값 설정을 이용하여 결측값으로 처리하는 방법에 대해 알아본다. 결측값 설정을 이용하는 방법은 다음과 같다. 먼저, [그림 2.26]의 성별이 입력된 행에 있는 결측값 cell을 클릭한다. 그러면 ... 버튼이 나타나는데, 이를 누르면 [그림 2.27]과 같은 결측값 대화상자가 나타난다.

그림 2.27 결측값 대화상자

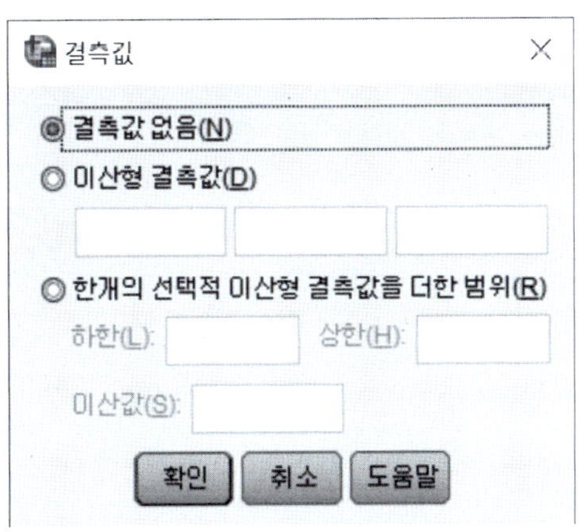

결측값은 응답이 1~5와 같이 한 자리수 경우에는 일반적으로 '9'로, 나이와 같은 두 자리수 경우에는 '99'로 입력한다. 본 예의 성별 항목은 한 자리수이므로 '9'를 사용한다. 결측값 대화상자를 사용하여 이를 처리하기 위해서는 [그림 2.28]과 같이 [이산형 결측값(D)]을 선택하고 '9'를 입력한다. 그런데 응답값 자체가 9 혹은 99와 같은 것을 포함한다면 응답값이 될 수 없는 전혀 다른 값을 사용하면 된다. 예를 들어, 응답값이 1~9인 경우 결측값을 나타내기 위해 '11'을 사용할 수 있다.

그림 2.28 이산형 결측값의 입력

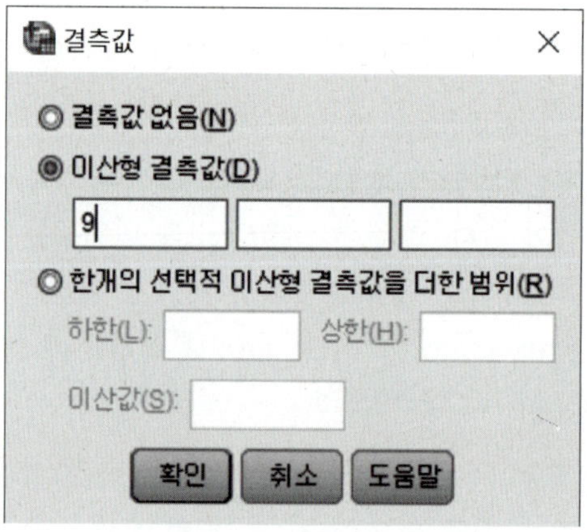

동일한 방법으로 나이, 만족도, 점포태도에 대한 결측값을 입력할 수 있다. 나이의 경우 '99'로, 그리고 만족도와 점포태도의 경우 '9'를 설정한다. 모든 변수에 대해 결측값을 처리하면 [그림 2.29]와 같이 설정된 결측값이 Data Editor에 나타난다.

그림 2.29 설정된 결측값이 Data Editor에 나타난 모습

7. 측도의 결정

척도(scale)는 변수나 construct를 측정하는 도구를 의미하는데 SPSS에서는 이를 측도로 표현하고 있다. 어떤 측도를 사용하여 측정하였는가에 의해 조사자가 획득하는 정보의 양이 달라지며, 사용할 수 있는 분석방법이 달라지기 때문에 측도의 결정은 매우 중요하다. SPSS에서는 변수를 정의할 때, 조사자가 사용한 측도를 '척도,' '순서형,' '명목형'으로 표시할 수 있도록 하고 있다. 이때 '척도'는 제 4 장에서 설명하는 척도의 유형 중 **간격척도**와 **비율척도**를 의미하는 것이며, '순서형'은 **서열척도**를, 그리고 '명목형'은 **명목척도**를 의미한다. 여기서는 성별의 측도를 설정하는 방법에 대해 알아본다. 이를 위해서는 [그림 2.29]의 성별이 입력된 행에 있는 측도 cell을 클릭한다. 그러

면 콤보버튼이 나타나는데 [그림 2.30]과 같이 '명목형'을 선택한다.

그림 2.30 성별변수의 측도를 설정한 모습

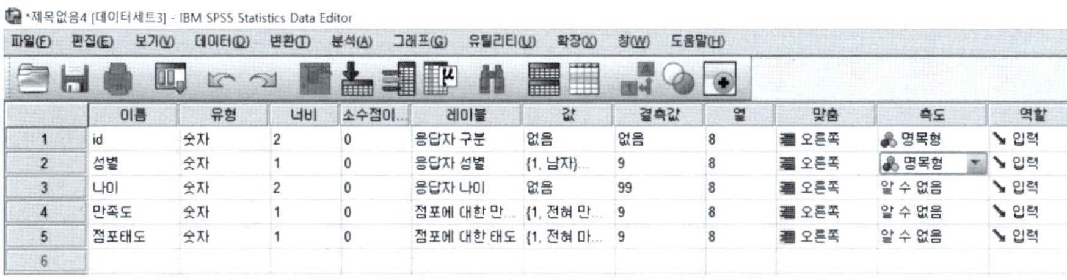

*제목없음4 [데이터세트3] - IBM SPSS Statistics Data Editor

파일(F) 편집(E) 보기(V) 데이터(D) 변환(T) 분석(A) 그래프(G) 유틸리티(U) 확장(X) 창(W) 도움말(H)

	이름	유형	너비	소수점이...	레이블	값	결측값	열	맞춤	측도	역할
1	id	숫자	2	0	응답자 구분	없음	없음	8	오른쪽	명목형	입력
2	성별	숫자	1	0	응답자 성별	{1, 남자}...	9	8	오른쪽	명목형	입력
3	나이	숫자	2	0	응답자 나이	없음	99	8	오른쪽	알 수 없음	입력
4	만족도	숫자	1	0	점포에 대한 만...	{1, 전혀 만...	9	8	오른쪽	알 수 없음	입력
5	점포태도	숫자	1	0	점포에 대한 태도	{1, 전혀 마...	9	8	오른쪽	알 수 없음	입력
6											

동일한 방법으로 다른 변수들의 측도를 설정하면 [그림 2.31]과 같다.

그림 2.31 모든 변수들의 측도를 설정한 모습

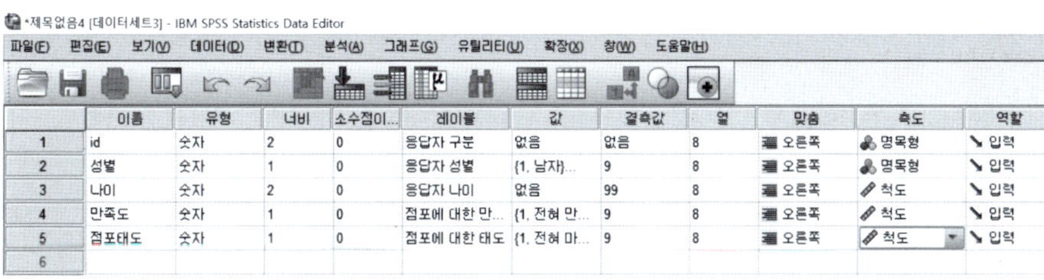

*제목없음4 [데이터세트3] - IBM SPSS Statistics Data Editor

파일(F) 편집(E) 보기(V) 데이터(D) 변환(T) 분석(A) 그래프(G) 유틸리티(U) 확장(X) 창(W) 도움말(H)

	이름	유형	너비	소수점이...	레이블	값	결측값	열	맞춤	측도	역할
1	id	숫자	2	0	응답자 구분	없음	없음	8	오른쪽	명목형	입력
2	성별	숫자	1	0	응답자 성별	{1, 남자}...	9	8	오른쪽	명목형	입력
3	나이	숫자	2	0	응답자 나이	없음	99	8	오른쪽	척도	입력
4	만족도	숫자	1	0	점포에 대한 만...	{1, 전혀 만...	9	8	오른쪽	척도	입력
5	점포태도	숫자	1	0	점포에 대한 태도	{1, 전혀 마...	9	8	오른쪽	척도	입력
6											

변수정의 과정에서 설정된 측도는 분석시 대화상자 내의 변수명 앞에 다음과 같은 아이콘으로 표시된다: – 명목형, – 순서형, – 척도. 대부분의 SPSS 분석에서는 변수를 어떤 측도로 설정하더라도 분석결과는 동일하게 나타난다(see 10.2 Spearman 서열상관분석). 그러나 일부 분석에서는 측도의 설정에 따라 제시되는 옵션의 형태가 다르게 나타난다.[2] 따라서 올바른 분석을 하기 위해서는 측도를 정확하게 설정해야 된다.

8. 변수 정의 완료

이상의 절차를 통해 변수 정의가 완료되면 응답값을 코딩할 준비가 모두 끝났다. 응답값을 코딩하기 위해서는 먼저 Data Editor 하단의 데이터 보기 탭을 클릭한다. 그러면 [그림 2.32]와 같이 변수입력이 모두 끝나 코딩 대기상태의 Data Editor가 나타난다.

2) 제 5 장에서는 주요 메뉴의 [표(B)]와 [그래프(G)]를 사용한 분석을 소개한다. 그런데 어떤 측도를 설정했는가에 따라 [표(B)]의 경우 통계표 작성 대화상자, [그래프(G)]의 경우 도표 작성기 대화상자의 모양이 달라진다.

그림 2.32 코딩 대기상태의 Data Editor

[그림 2.32]에 〈표 2.1〉의 자료를 입력한 모습은 [그림 2.33]과 같다.

그림 2.33 자료입력이 끝난 Data Editor 모습

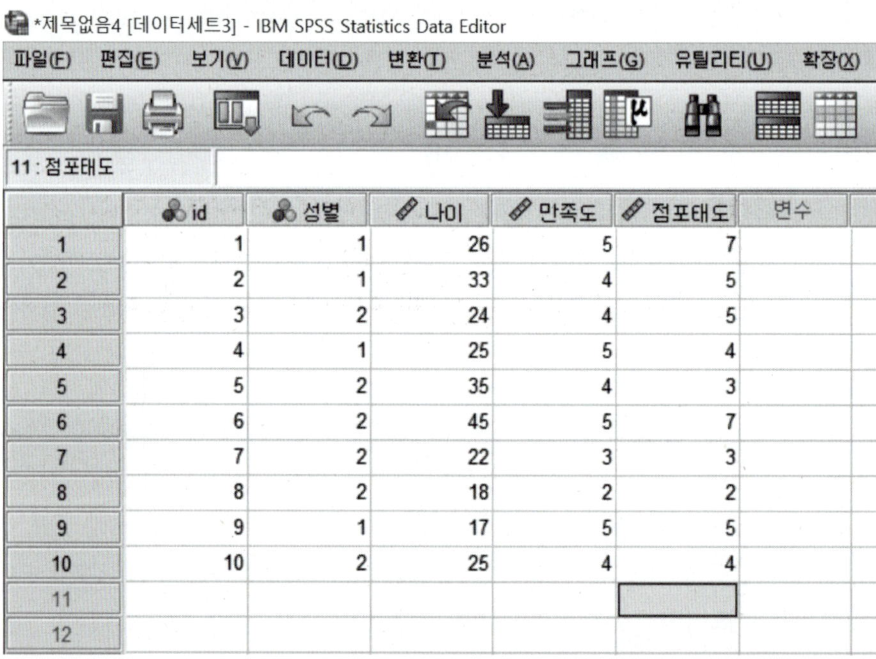

	id	성별	나이	만족도	점포태도	변수
1	1	1	26	5	7	
2	2	1	33	4	5	
3	3	2	24	4	5	
4	4	1	25	5	4	
5	5	2	35	4	3	
6	6	2	45	5	7	
7	7	2	22	3	3	
8	8	2	18	2	2	
9	9	1	17	5	5	
10	10	2	25	4	4	
11						
12						

연 / 습 / 문 / 제

호텔의 서비스관리자는 10명의 호텔 이용고객들로부터 성별, 지각된 서비스품질, 지각된 서비스가치, 재방문의도를 조사하고자 한다.

각각의 설문항목은 다음과 같이 측정되었다.

- 성별: 남자(1), 여자(2)
- 서비스품질: 이 호텔의 서비스품질은 매우 나쁘다(1) ~ 매우 좋다(7).
- 서비스가치: 비용을 고려할 때, 이 호텔의 서비스품질은 매우 나쁘다(1) ~ 매우 좋다(7).
- 재방문의도: 나는 다음에 이 호텔을 다시 이용할 것이다: 전혀 그렇지 않다(1) ~ 매우 그렇다(7).

다음은 10명의 호텔 이용고객들로부터 수집한 자료이다.

응답자	성별	서비스품질	서비스가치	재방문의도
1	2	4	3	1
2	1	5	4	4
3	1	7	6	6
4	1	5	4	7
5	2	4	3	6
6	2	3	2	3
7	1	5	4	4
8	2	5	4	4
9	2	4	3	3
10	2	1	1	1

1. 응답자들의 응답결과를 Excel과 워드프로세서에 코딩하고 '(2)연습문제'라는 이름으로 저장하시오.

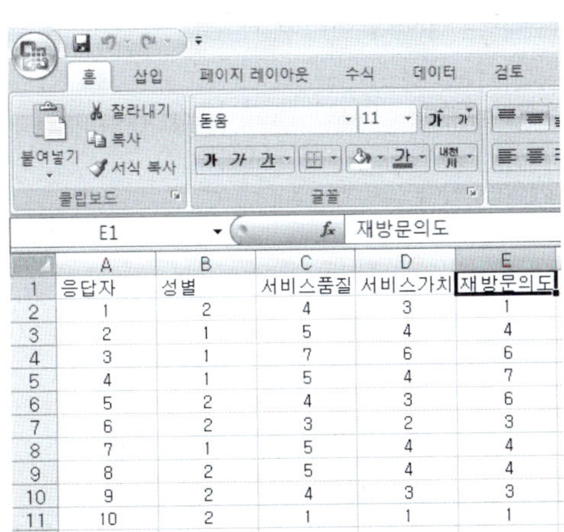

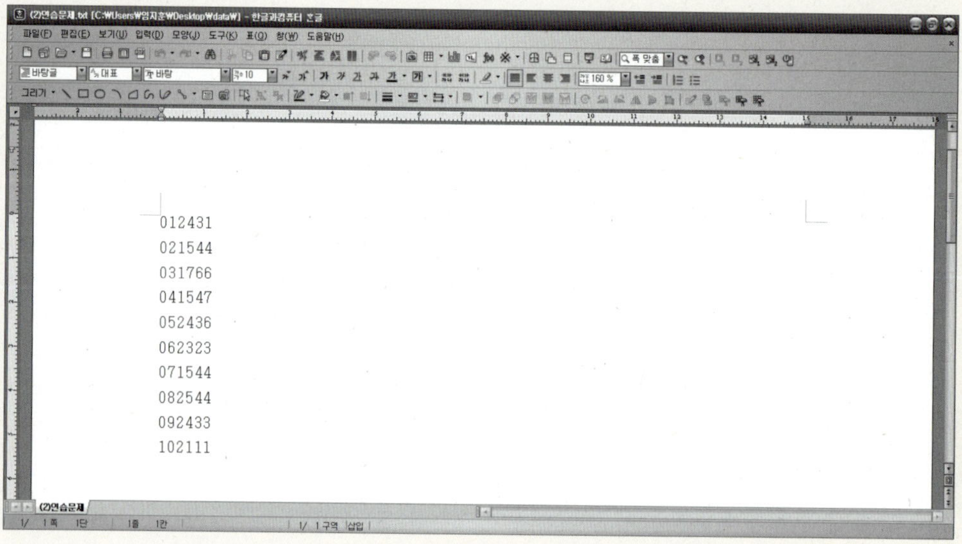

```
012431
021544
031766
041547
052436
062323
071544
082544
092433
102111
```

2. (2)연습문제.xls 파일을 SPSS로 불러오고, '(2)연습문제-xls.sav'로 저장하시오.

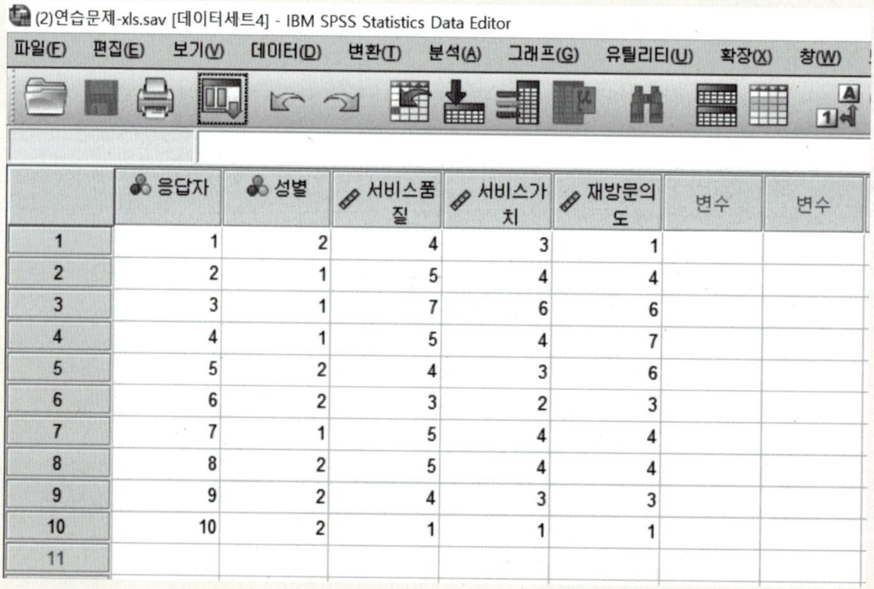

(2)연습문제-xls.sav [데이터세트4] - IBM SPSS Statistics Data Editor

	응답자	성별	서비스품질	서비스가치	재방문의도	변수	변수
1	1	2	4	3	1		
2	2	1	5	4	4		
3	3	1	7	6	6		
4	4	1	5	4	7		
5	5	2	4	3	6		
6	6	2	3	2	3		
7	7	1	5	4	4		
8	8	2	5	4	4		
9	9	2	4	3	3		
10	10	2	1	1	1		
11							

3. (2)연습문제.txt 파일을 SPSS로 불러오고, '(2)연습문제-txt.sav'로 저장하시오.

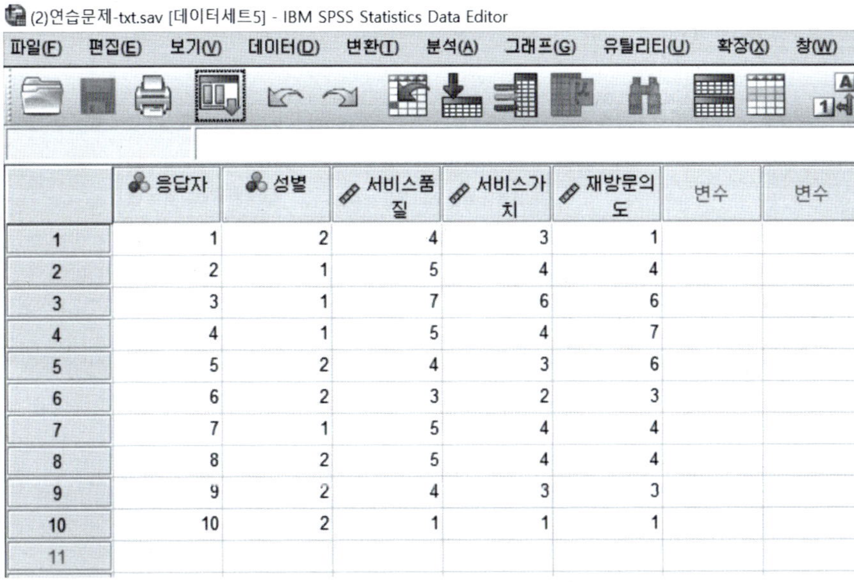

(2)연습문제-txt.sav [데이터세트5] - IBM SPSS Statistics Data Editor

파일(F) 편집(E) 보기(V) 데이터(D) 변환(T) 분석(A) 그래프(G) 유틸리티(U) 확장(X) 창(W)

	응답자	성별	서비스품질	서비스가치	재방문의도	변수	변수
1	1	2	4	3	1		
2	2	1	5	4	4		
3	3	1	7	6	6		
4	4	1	5	4	7		
5	5	2	4	3	6		
6	6	2	3	2	3		
7	7	1	5	4	4		
8	8	2	5	4	4		
9	9	2	4	3	3		
10	10	2	1	1	1		
11							

4. '(2)연습문제-txt.sav'에서 설문항목측정을 참고로 변수 정의를 하시오.

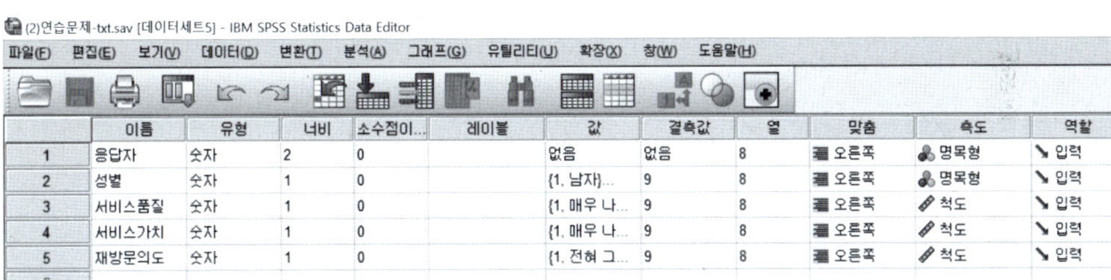

(2)연습문제-txt.sav [데이터세트5] - IBM SPSS Statistics Data Editor

파일(F) 편집(E) 보기(V) 데이터(D) 변환(T) 분석(A) 그래프(G) 유틸리티(U) 확장(X) 창(W) 도움말(H)

	이름	유형	너비	소수점이...	레이블	값	결측값	열	맞춤	측도	역할
1	응답자	숫자	2	0		없음	없음	8	오른쪽	명목형	입력
2	성별	숫자	1	0		{1, 남자}...	9	8	오른쪽	명목형	입력
3	서비스품질	숫자	1	0		{1, 매우 나...	9	8	오른쪽	척도	입력
4	서비스가치	숫자	1	0		{1, 매우 나...	9	8	오른쪽	척도	입력
5	재방문의도	숫자	1	0		{1, 전혀 그...	9	8	오른쪽	척도	입력
6											

제 3 장

SPSS 분석준비단계(2) - 데이터다루기

본 장에서는

- 데이터 파일의 구성요소에 대해 설명한다.
- 새로운 데이터 파일을 여는 방법에 대해 설명한다.
- 자료의 코딩방법에 대해 설명한다.
- 데이터를 다루는 다양한 방법에 대해 설명한다.
- 연습문제를 통해 학습내용을 복습한다.

3.1 데이터 파일의 구성요소

SPSS를 이용한 분석을 실시하기 위해서는 먼저 응답자들의 응답결과를 데이터 파일로 작성해야 한다. 데이터 파일의 작성 및 편집은 Data Editor 창에서 이루어지는데 데이터 파일은 다음의 요소들로 구성되어 있다.

- **행**(row): 각 행에 있는 값들은 해당 케이스의 변수값들을 나타낸다.
- **열**(column): 각 열에 있는 값들은 해당 변수의 케이스값들을 나타낸다.
- **셀**(cell): 행과 열이 교차하는 부분으로서 특정 케이스(응답자)가 특정 변수에 대해 응답한 값이 입력된다.

3.2 새로운 데이터 파일 열기

응답값을 Data Editor 장에서 입력하기 위해서는 먼저 새로운 데이터 파일을 열어야 한다. 그 방법에는 두 가지가 있다. 첫째, SPSS를 새로 시작하는 방법이다. SPSS를 시작하면 제 2 장의 [그림 2.1]과 같이 초기화면이 나타나는데 여기에 응답값을 입력할 수 있다. 둘째, 주요 메뉴를 이용하는 방법이다. 이 방법은 Data Editor 상에 다른 데이터 파일이 열려 있는 경우에 사용하는데 주요 메뉴 [파일(F)]의 [새 파일(N)]에서 [데이터(D)]를 클릭한다. 예를 들어, (3)변수-1.sav 파일이 열려 있는 상황에서 새로운 데이터 파일을 열면 [그림 3.1]의 Windows 작업표시줄에 표시된 것과 같이 두 개의 데이터 파일을 동시에 작업할 수 있다.

그림 3.1 두 개의 데이터 파일을 동시에 열어둔 모습

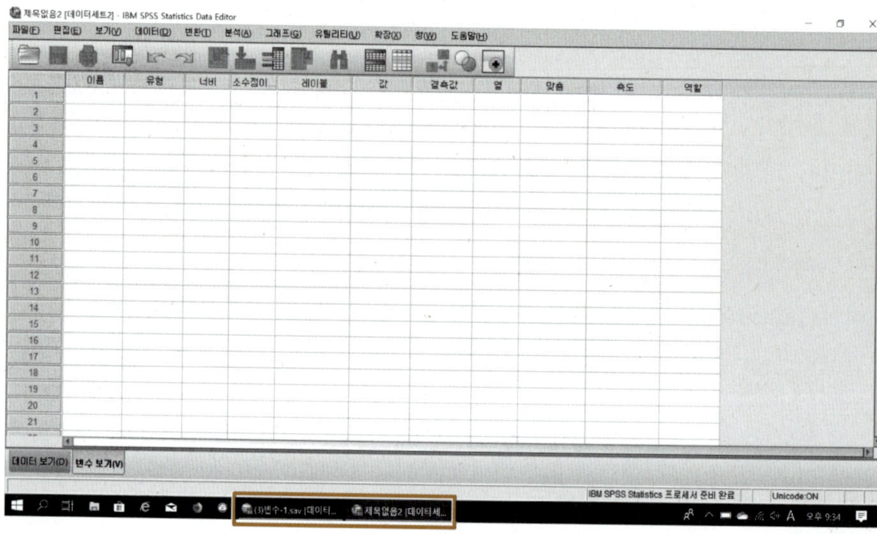

3.3 자료의 코딩

1. 자료코딩의 개요

자료의 코딩(coding)은 수집된 응답자료를 Data Editor에 입력하기 위하여 숫자로 표현하는 것이다. 코딩은 분석방법에 따라 다르게 해야 한다. 따라서 자료를 코딩할 때 매우 중요한 사실은 분석방법을 먼저 생각하고 그에 맞추어 코딩해야 한다는 것이다. 그러므로 설문지-코딩-분석이 연계성을 갖도록 설문지가 개발되어야 한다. 다음은 코딩 기법에 관한 기술이다.

(1) ID 부여

코딩의 첫 부분에는 개인별로 ID(identification number)를 기입한다.

(2) 단일 응답 혹은 복수 응답

한 질문에 하나의 응답만이 요구되는 경우와 복수의 응답대안이 요구되는 경우의 코딩방법은 다르다. 다음의 예를 보자.

다음의 골프장 중 가장 많이 이용해보신 경험이 있는 것은 어느 것입니까? 하나만 표시해주십시오.
_____88CC _____레이크우드CC _____아시아나CC _____일동레이크GC
_____해비치CC _____뉴서울CC _____파인크리크CC _____그린힐CC
_____레이크사이드CC _____경험 없음

이 질문에 대한 응답은 응답대안이 10개이므로 1~10 중 한 번호로 코딩한다. 예를 들어, 응답자가 레이크우드CC에 표시했다면 2로 코딩한다. 그러나 위와 다르게 다음의 질문을 보자.

다음의 골프장 중 직접 이용해보신 경험이 있는 것은 어떤 것들입니까? 해당 난에 모두 표시해주십시오.
_____88CC _____레이크우드CC _____아시아나CC _____일동레이크GC
_____해비치CC _____뉴서울CC _____파인크리크CC _____그린힐CC
_____레이크사이드CC

위의 질문의 경우 각 골프장별로 하나씩의 칼럼에 코딩하며 이용경험이 있으면 1, 없으면 0으로 코딩한다. 그러므로 전체 9개 칼럼을 사용한다.

(3) 개방형 질문

개방형 질문(open-ended questions)의 경우 코딩방법에 대한 사전 지침을 매우 구체적으로 마련해야 한다. 이를 위하여 응답자들의 응답을 개략적으로 살펴보고 몇 가지 유형으로 나누어 범주를 정한다. 예를 들어, 특정 패스트푸드점을 자주 방문하는 이유에 대해 여러 가지 응답이 있을 수 있는데, '좋은 음식품질'은 1, '저렴한 가격'은 2, '편리한 위치'는 3, '기타' 4와 같이 범주를 정할 수 있다. 필요에 따라 코딩을 진행하면서 범주대안을 추가할 수도 있다. 이때 '기타' 범주에 너무 많이 분류되지 않도록 한다. 많은 응답들이 기타에 분류되면 분석결과의 가치가 떨어지기 때문이다.

(4) 결측값

결측값(missing values) 처리시 변수의 값이 가질 수 있는 대안 이외의 값을 부여한다. 예를 들어, 응답대안이 1~5이면 9를, 그리고 응답대안이 01~15이면 99를 부여한다(구체적인 내용은 2.3 변수 정의의 결측값 부분을 참조).

(5) 부여하는 값의 크기

응답이 정도 혹은 긍정/부정의 형태인 경우, 정도가 많을수록 혹은 보다 긍정적일수록 높은 값을 부여하면 분석결과의 해석이 용이하다. 예를 들어, 중요도 측정을 위한

5점 척도의 경우 '전혀 중요하지 않다'를 1점, '매우 중요하다'를 5점으로, 그리고 태도 측정을 위한 5점 척도의 경우 '매우 싫다'를 1점, '매우 좋다'를 5점으로 하는 것이다. 한편, **역척도**(reversed scale)인 경우 그대로 코딩하고 코딩변경(recoding)을 이용하여 값을 변환시켜 주면 된다(예: 1→5, 2→4, …, 5→1). 코딩변경에 관한 구체적인 내용은 3.4 데이터 다루기를 참고하면 된다.

2. 자료코딩의 예

이하에서는 Cable TV Shopping에서 구매경험이 있는 소비자들에게 의견을 조사하는 〈표 3.1〉의 설문지로 수집한 자료를 코딩하는 방법을 예시한다.

표 3.1 Cable TV Shopping 구매경험 소비자 대상 설문지

(1) 귀하는 ×× cable TV shopping에서 금년에 제품을 구매한 적이 있습니까?

_____ 금년에 구매한 적이 없다.
_____ 금년에 구매한 적이 있다.

(2) 귀하가 금년이나 그전에 구매한 제품은 다음 중 어느 것입니까? 해당란에 모두 표시해 주십시오.

_____ 식품 _____ 의류 _____ 운동기구 _____ 가전제품 _____ 기타

(3) 귀하가 ×× cable TV shopping에서 구매한 후의 전체적인 만족도는 어느 정도입니까?

_____	_____	_____	_____	_____
매우 불만족	불만족	보통	만족	매우 만족

(4) 귀하는 앞으로 ×× cable TV shopping에서 구매할 의사가 있습니까?

_____	_____	_____	_____	_____
절대로 구매 하지 않겠다	구매하지 않겠다	모르겠다	구매하겠다	반드시 구매하겠다

(5) 귀하는 다른 사람에게 ×× cable TV shopping에서 구매하도록 추천하시겠습니까?

_____	_____	_____	_____	_____
절대로 추천 하지 않겠다	추천하지 않겠다	모르겠다	추천하겠다	반드시 추천하겠다

(6) 귀하의 성별은?

_____ 남 _____ 여

(7) 귀하의 연령은? (2019 – 출생연도)

_____ 20세 미만
_____ 20세 이상 ~ 30세 미만
_____ 30세 이상 ~ 40세 미만
_____ 40세 이상 ~ 50세 미만
_____ 50세 이상 ~ 60세 미만
_____ 60세 이상

〈표 3.1〉의 설문지로써 200명의 소비자를 대상으로 설문조사를 하였다면 코딩을 위한 지침은 〈표 3.2〉와 같다.

표 3.2 코딩지침[1)]

column	질문번호	변 수	코딩방법
1 – 3	–	ID 번호(V1)	001에서 시작
4	1	구매경험(V2)	0 = 금년에 구매한 적이 없다. 1 = 금년에 구매한 적이 있다.
5 – 9	2	식품구매(V3) 의류구매(V4) 운동기구구매(V5) 가전제품구매(V6) 기타구매(V7)	0 = 구매한 적이 없다 1 = 구매한 적이 있다
10	3	만족도(V8)	1 = 매우 불만족 2 = 불만족 3 = 보통 4 = 만족 5 = 매우 만족
11	4	구매의도(V9)	1 = 절대 구매하지 않음 2 = 구매하지 않음 3 = 모르겠다 4 = 구매함 5 = 반드시 구매함
12	5	추천의도(V10)	1 = 절대 추천하지 않음 2 = 추천하지 않음 3 = 모르겠다 4 = 추천함 5 = 반드시 추천함
13	6	성별(V11)	1 = 남 2 = 여
14	7	연령(V12)	1 = 20세 미만 2 = 20세 이상 ~ 30세 미만 3 = 30세 이상 ~ 40세 미만 4 = 40세 이상 ~ 50세 미만 5 = 50세 이상 ~ 60세 미만 6 = 60세 이상

이 경우 코딩결과는 〈표 3.3〉과 같이 나타난다.

1) ID번호는 흔글 등 wordprocessor에서 코딩할 경우에는 필요하나 Data Editor에 직접 입력하는 경우에는 ID번호를 코딩하지 않아도 된다. 그러나 Data Cleaning 과정을 통해 일부 케이스가 삭제된 이후에는 Data Editor에 표시되는 케이스번호와 ID번호가 일치하지 않게 되므로 가급적 ID번호를 함께 코딩하는 것이 바람직하다.

표 3.3 코딩결과의 예

1	2	3	4	5	6	7	8	9	10	11	12	13	14
0	0	1	1	0	1	1	0	0	5	5	4	1	3
0	0	2	1	1	1	0	0	0	3	3	2	2	4
0	0	3	0	1	0	0	1	0	4	4	3	2	2
0	0	4	0	1	0	0	0	1	3	3	2	2	5
.	.	.	.	.	.	.	.	.	.	.	.	.	.
.	.	.	.	.	.	.	.	.	.	.	.	.	.
.	.	.	.	.	.	.	.	.	.	.	.	.	.
2	0	0	1	0	1	1	0	0	1	1	1	1	4

3.4 데이터 다루기

분석준비를 위해 응답값을 입력하는 과정에서는 여러 가지 지식이 필요하다. 이하에서는 데이터 입력과정에서 중요한 사항들에 대해 설명한다.

1. 변수와 케이스의 삽입 및 삭제

먼저 [그림 3.2]와 같이 '(2)변수.sav' 파일을 연다.

그림 3.2 (2)변수.sav 파일

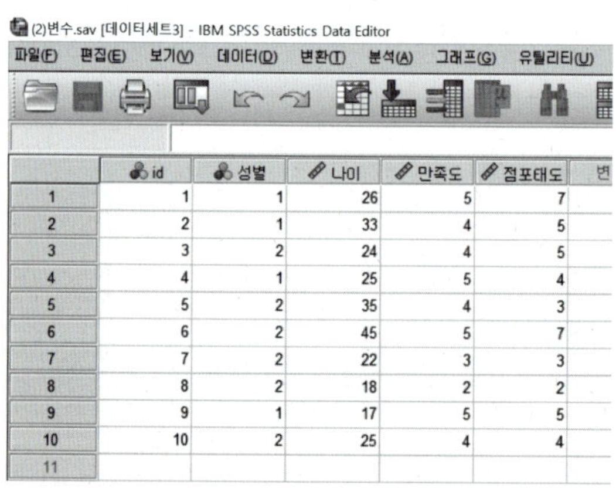

	id	성별	나이	만족도	점포태도
1	1	1	26	5	7
2	2	1	33	4	5
3	3	2	24	4	5
4	4	1	25	5	4
5	5	2	35	4	3
6	6	2	45	5	7
7	7	2	22	3	3
8	8	2	18	2	2
9	9	1	17	5	5
10	10	2	25	4	4
11					

(1) 변수 삽입

기존 데이터 파일에 변수를 추가로 삽입하고자 하는 경우에는 삽입하고자 하는 위치에 있는 변수의 변수명을 클릭한다. 예를 들어, [그림 3.2]에서 '나이' 변수 다음에 변수를 삽입하고자 하는 경우, 삽입하고자 하는 위치에 있는 '만족도' 변수명을 클릭한다.

그러면 [그림 3.3]과 같이 '만족도' 변수 전체가 선택된다.

그림 3.3 변수 블록설정

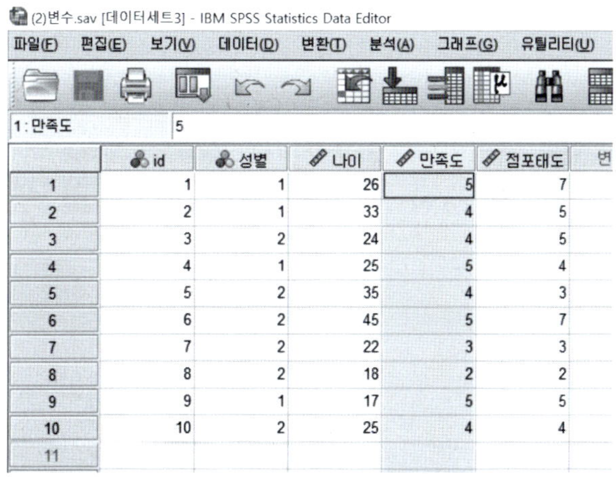

이후에 변수를 삽입하기 위해 **마우스 오른쪽 버튼**을 이용한다. [그림 3.3]과 같이 원하는 위치에 있는 변수의 변수명을 클릭한 상태에서 마우스 오른쪽 버튼을 누르면 [그림 3.4]와 같이 사용가능한 메뉴가 나타난다. 이 중에 [변수 삽입(A)]을 클릭하면 [그림 3.5]와 같이 된다.

그림 3.4 마우스 오른쪽 버튼을 이용한 변수 삽입

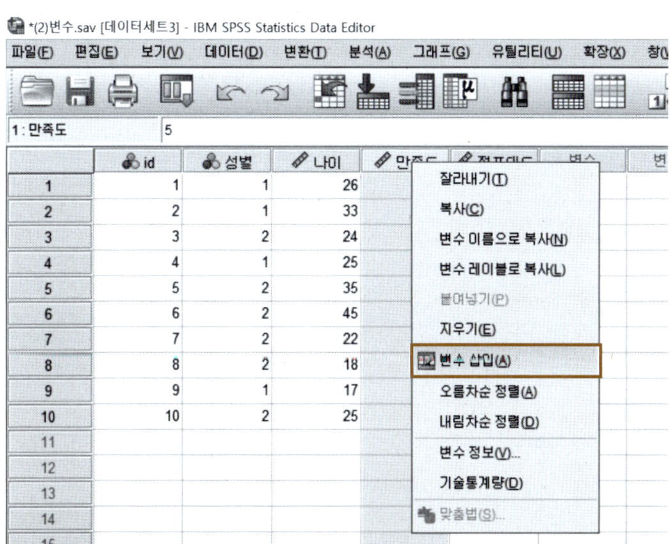

그림 3.5 변수가 삽입된 모습

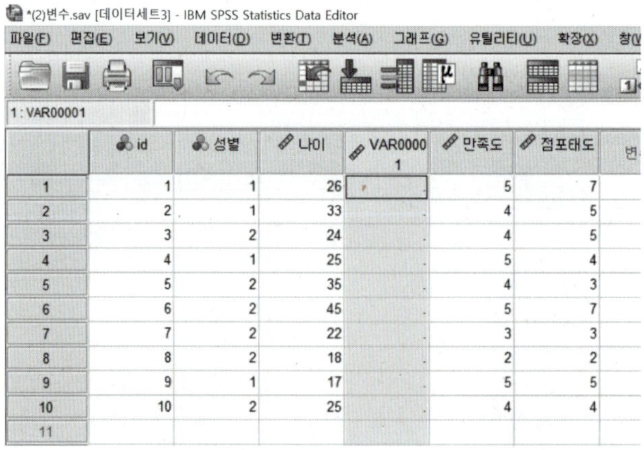

*(2)변수.sav [데이터세트3] - IBM SPSS Statistics Data Editor

파일(F) 편집(E) 보기(V) 데이터(D) 변환(T) 분석(A) 그래프(G) 유틸리티(U) 확장(X) 창(W)

1 : VAR00001

	id	성별	나이	VAR00001	만족도	점포태도
1	1	1	26		5	7
2	2	1	33	.	4	5
3	3	2	24	.	4	5
4	4	1	25	.	5	4
5	5	2	35	.	4	3
6	6	2	45	.	5	7
7	7	2	22	.	3	3
8	8	2	18	.	2	2
9	9	1	17	.	5	5
10	10	2	25	.	4	4
11						

(2) 변수 삭제

기존의 데이터 파일에서 변수를 삭제하고자 할 때는 먼저 삭제할 변수를 블럭설정한다. [그림 3.5]에서 삭제할 변수 'VAR00001'을 선택한 후 마우스 오른쪽 버튼을 눌러 [지우기(E)]를 클릭하면 [그림 3.6]과 같이 변수가 삭제된다.

그림 3.6 'VAR00001' 변수가 삭제된 모습

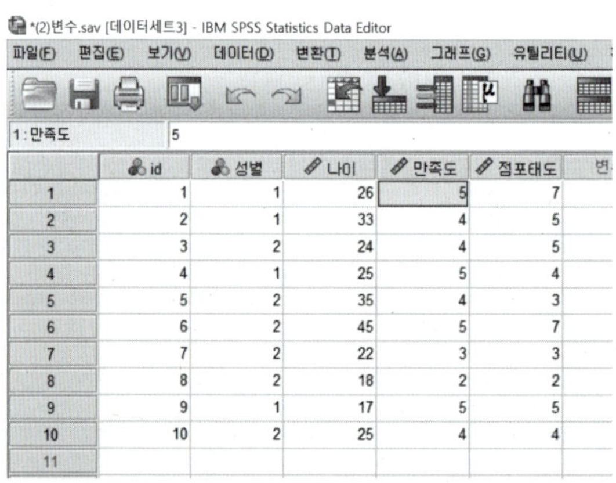

*(2)변수.sav [데이터세트3] - IBM SPSS Statistics Data Editor

파일(F) 편집(E) 보기(V) 데이터(D) 변환(T) 분석(A) 그래프(G) 유틸리티(U)

1 : 만족도 5

	id	성별	나이	만족도	점포태도
1	1	1	26	5	7
2	2	1	33	4	5
3	3	2	24	4	5
4	4	1	25	5	4
5	5	2	35	4	3
6	6	2	45	5	7
7	7	2	22	3	3
8	8	2	18	2	2
9	9	1	17	5	5
10	10	2	25	4	4
11					

(3) 케이스 삽입

케이스 삽입은 변수 삽입의 절차와 매우 유사하다. 기존 데이터 파일에 케이스를 추가로 삽입하고자 하는 경우에는 삽입하고자 하는 위치에 있는 케이스의 케이스번호를 클릭한다. 예를 들어, [그림 3.6]에서 9번 케이스 다음에 새로운 케이스를 삽입하고자 하는 경우, 삽입하고자 하는 위치에 있는 10번 케이스를 클릭한다. 그러면 [그림

3.7]과 같이 10번 케이스 전체가 선택된다.

그림 3.7 케이스 블록설정

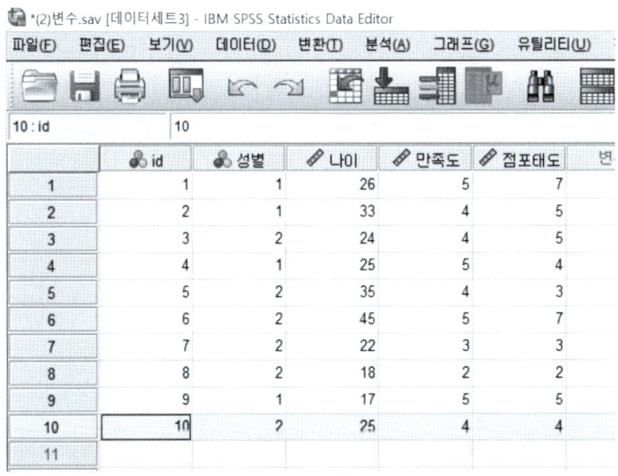

이후에 마우스 오른쪽 버튼을 누르면 [그림 3.8]과 같이 사용가능한 메뉴가 나타난다. 이 중에 [케이스 삽입(I)]을 클릭하면 [그림 3.9]와 같이 된다.

그림 3.8 마우스 오른쪽 버튼을 이용한 케이스 삽입

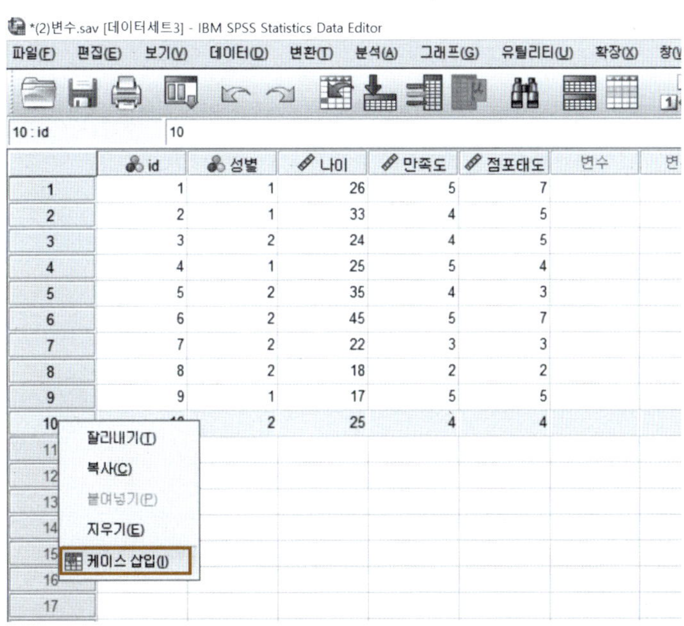

그림 3.9 케이스가 삽입된 모습

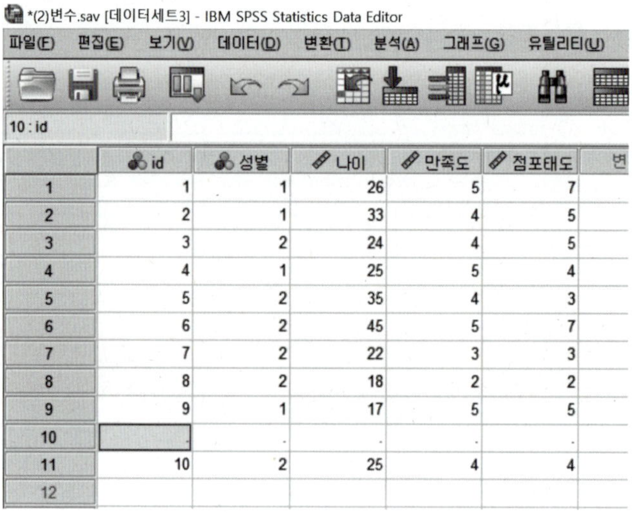

	id	성별	나이	만족도	점포태도
1	1	1	26	5	7
2	2	1	33	4	5
3	3	2	24	4	5
4	4	1	25	5	4
5	5	2	35	4	3
6	6	2	45	5	7
7	7	2	22	3	3
8	8	2	18	2	2
9	9	1	17	5	5
10		.	.	.	.
11	10	2	25	4	4
12					

(4) 케이스 삭제

기존의 데이터 파일에서 케이스를 삭제하고자 할 때는 [그림 3.9]에서 삭제할 케이스 '10'을 선택한 후 마우스 오른쪽 버튼을 눌러 [지우기(E)]를 클릭한다.

2. 코딩변경

원자료의 입력값 중에서 필요에 따라 일부 입력값들을 다른 값으로 변환해야 하는 경우가 있다. 이러한 경우로는 분류(sorting)나 **역척도**(reversed scale)의 코딩 등이 있다. 코딩변경(recoding)에는 기존 변수명을 유지한 상태로 입력값들을 수정하는 방법과 새로운 변수를 만들어서 변경하는 방법이 있다. 이하에서는 '(2)변수.sav' 파일을 사용하여 코딩변경을 설명한다.

(1) 같은 변수명으로 코딩변경

'(2)변수.sav' 파일에서 '점포태도' 변수가 역척도로 측정되었다고 가정하자. 이 경우 같은 변수명으로 코딩변경하는 방법은 다음과 같다.

❶ '(2)변수.sav' 파일을 연다(그림 3.2 참조).

❷ 주요 메뉴 [변환(T)]의 [같은 변수로 코딩변경(S)...]을 클릭한다. 그러면 [그림 3.10]의 같은 변수로 코딩변경 대화상자가 나타난다.

그림 3.10 같은 변수로 코딩변경 대화상자

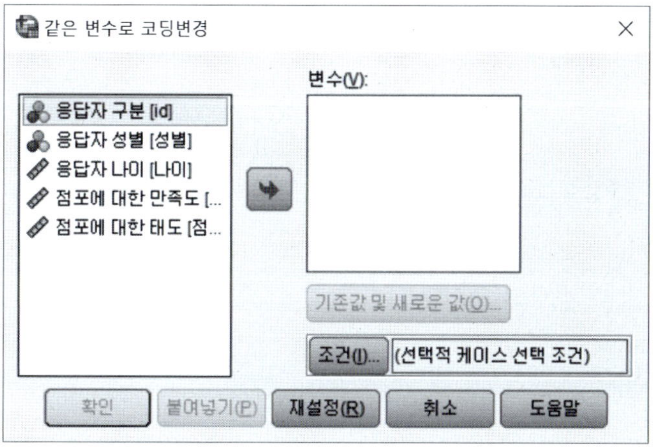

❸ 여기서 [그림 3.11]과 같이 코딩변경할 변수(점포태도)를 선택한 후 ➡를 클릭하여 [변수(V)] 상자로 보낸다.

그림 3.11 코딩변경할 변수의 선택

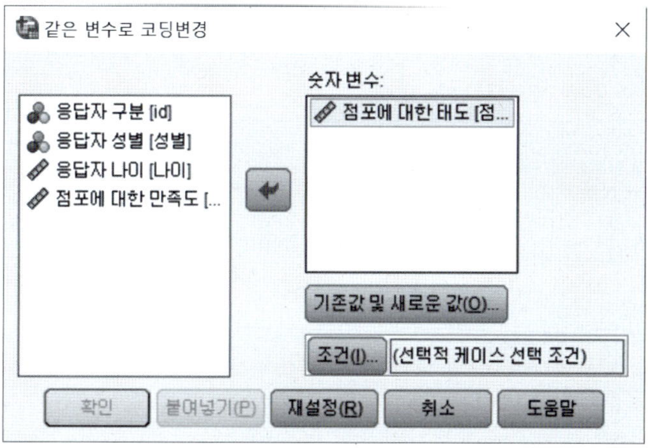

❹ [그림 3.11]에서 [기존값 및 새로운 값(O)...]을 클릭하면 [그림 3.12]와 같이 기존값 및 새로운 값 대화상자가 나타난다.

그림 3.12 기존값 및 새로운 값 대화상자

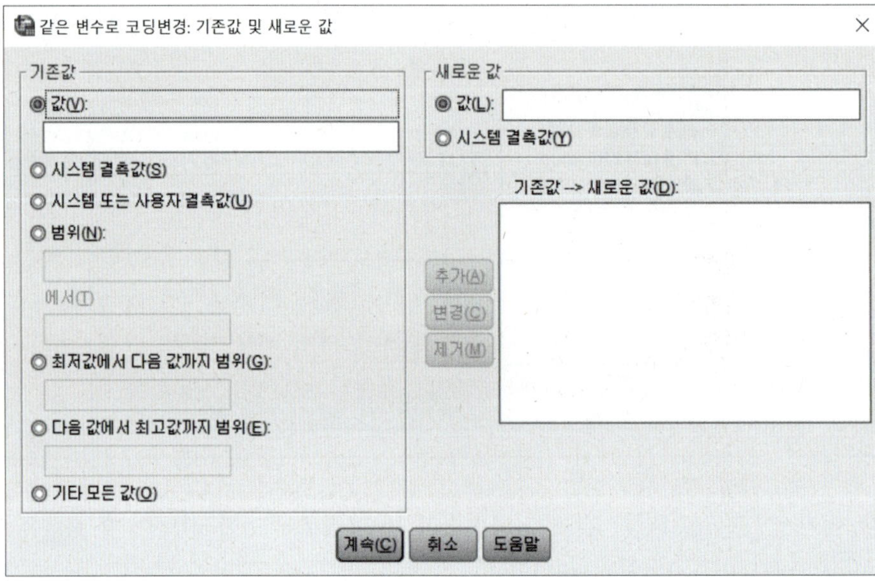

❺ [그림 3.12]에서 [그림 3.13]과 같이 기존값의 [값(V)]에 1을 입력하고, 새로운 값의 [값(L)]에 7을 입력한다.

그림 3.13 기존값 및 새로운 값의 입력

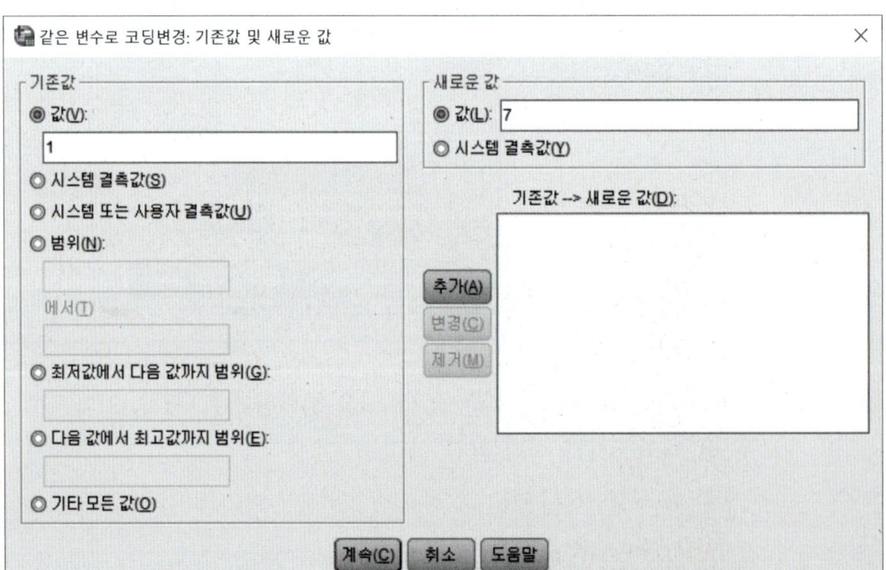

❻ [그림 3.13]과 같이 기존값 및 새로운 값을 입력하면 [추가(A)]가 활성화된다. [그림 3.13]에서 [추가(A)]를 클릭하면 [그림 3.14]와 같이 [기존값 → 새로운 값(D)] 대화상자에 내용이 입력된다.

그림 3.14 기존값과 새로운 값이 입력된 모습

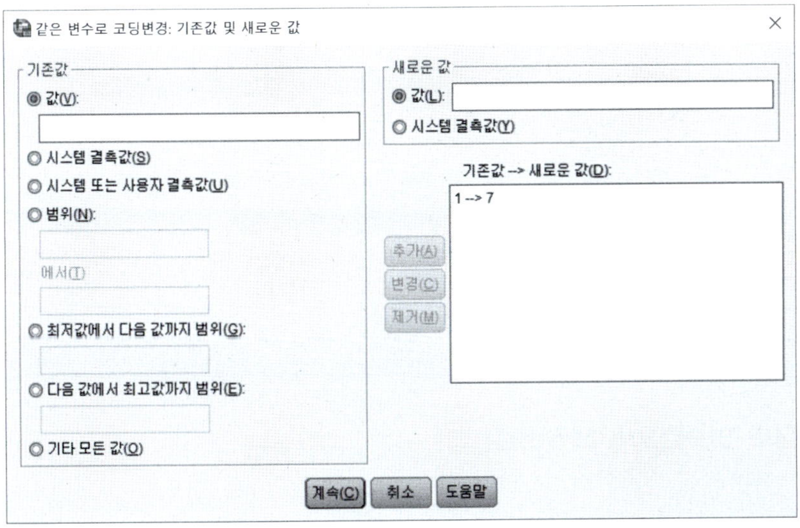

❼ 동일한 방법으로 나머지 값들의 코딩변경(2 → 6; 3 → 5; 4 → 4; 5 → 3; 6 → 2; 7 → 1)을 실시하면 [그림 3.15]와 같이 된다.

그림 3.15 나머지 값들의 코딩변경

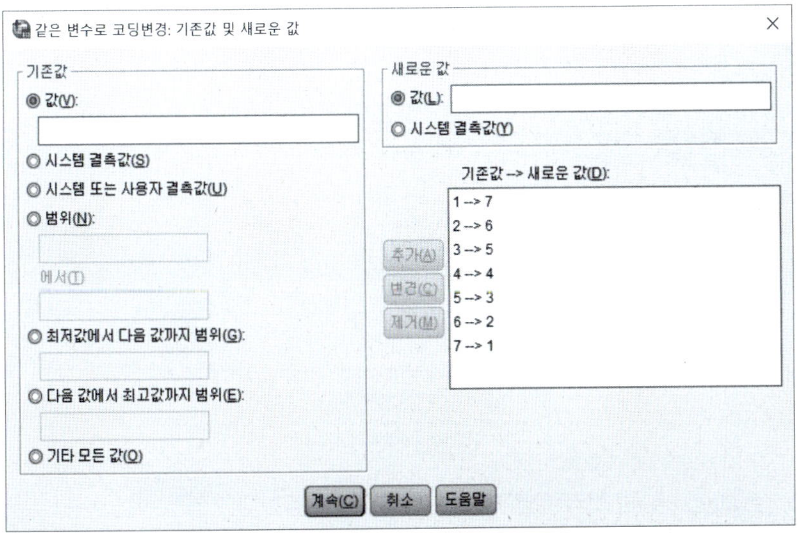

❽ [그림 3.15]에서 [계속(C)]을 클릭하고 이어서 [확인]을 클릭한다. 그러면 [그림 3.2]의 '(2)변수.sav' 파일이 [그림 3.16]과 같이 변경되어 나타난다.

그림 3.16 '(2)변수.sav' 파일의 점포태도가 같은 변수로 코딩변경된 모습

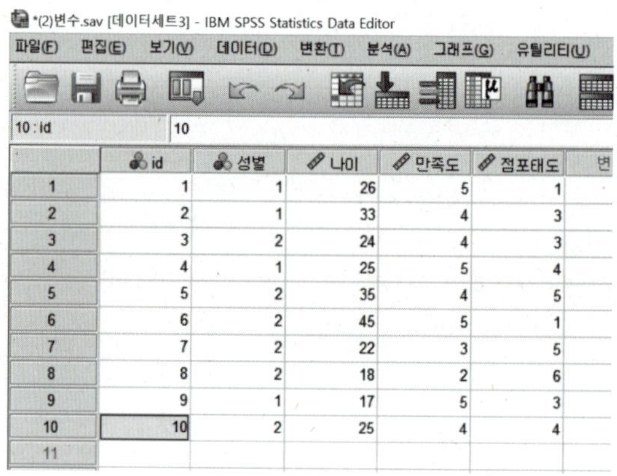

	id	성별	나이	만족도	점포태도
1	1	1	26	5	1
2	2	1	33	4	3
3	3	2	24	4	3
4	4	1	25	5	4
5	5	2	35	4	5
6	6	2	45	5	1
7	7	2	22	3	5
8	8	2	18	2	6
9	9	1	17	5	3
10	10	2	25	4	4
11					

(2) 다른 변수명으로 코딩변경

'(2)변수.sav' 파일의 점포태도를 'Astore'라는 다른 변수로 코딩변경하는 방법은 다음과 같다.

❶ '(2)변수.sav' 파일을 연다.

❷ 주요 메뉴 [변환(T)]의 [다른 변수로 코딩변경(R)...]을 클릭한다. 그러면 [그림 3.17]의 다른 변수로 코딩변경 대화상자가 나타난다.

그림 3.17 다른 변수로 코딩변경 대화상자

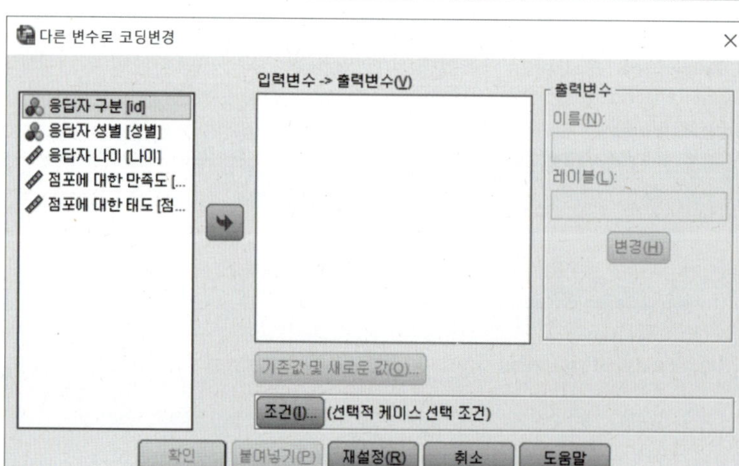

❸ [그림 3.17]의 변수상자에서 [그림 3.18]과 같이 점포태도를 선택한 후 를 클릭하여 [숫자변수 → 출력변수] 대화상자로 보낸다. 또한 출력변수의 [이름(N)]에 Astore를 입력한다.

그림 3.18 코딩변경 변수의 선정

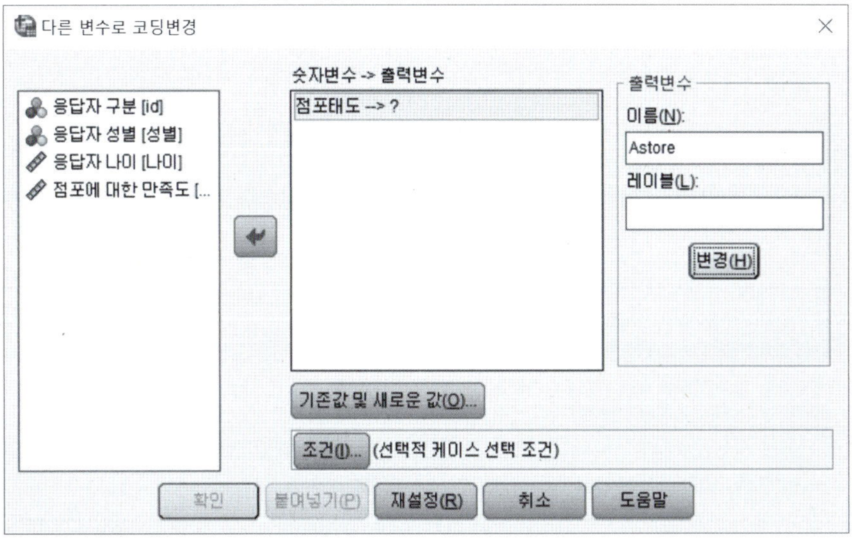

❹ [그림 3.18]에서 [변경(H)]을 클릭하면 [그림 3.19]와 같이 된다.

그림 3.19 출력변수의 설정

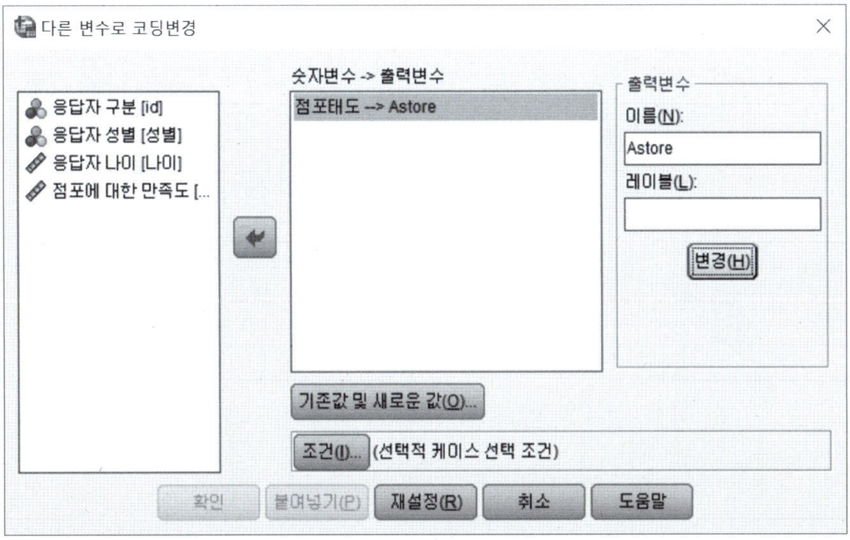

❺ [그림 3.19]에서 [기존값 및 새로운 값(O)...]을 클릭하면 [그림 3.20]의 기존값 및 새로운 값 대화상자가 나타난다. 이후의 절차는 '같은 변수로 코딩변경'의 내용과 동일하다.

그림 3.20 기존값 및 새로운 값 대화상자

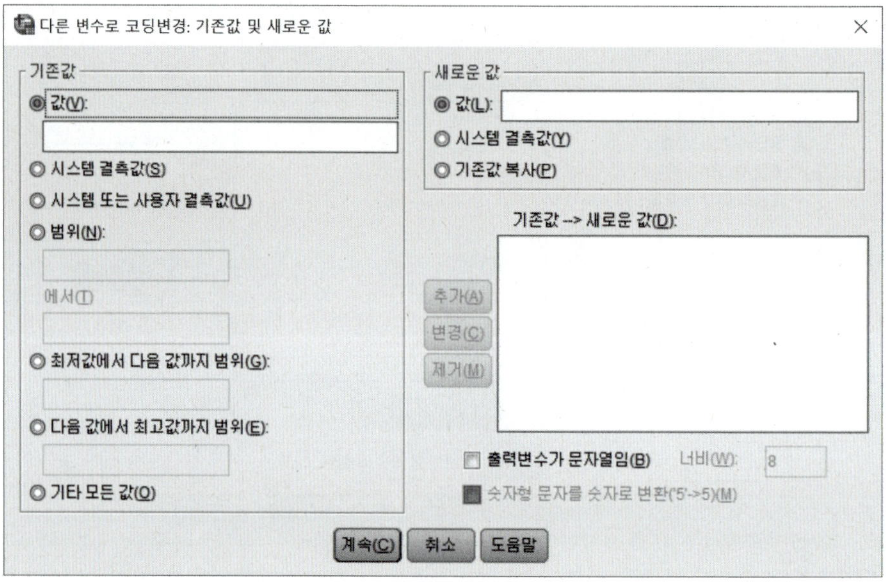

❻ 다른 변수로 코딩변경한 결과는 [그림 3.21]과 같다.

그림 3.21 다른 변수로 코딩변경한 결과

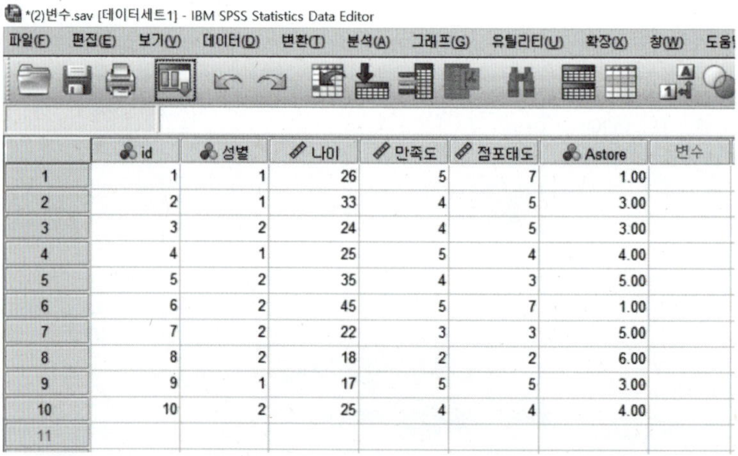

	id	성별	나이	만족도	점포태도	Astore	변수
1	1	1	26	5	7	1.00	
2	2	1	33	4	5	3.00	
3	3	2	24	4	5	3.00	
4	4	1	25	5	4	4.00	
5	5	2	35	4	3	5.00	
6	6	2	45	5	7	1.00	
7	7	2	22	3	3	5.00	
8	8	2	18	2	2	6.00	
9	9	1	17	5	5	3.00	
10	10	2	25	4	4	4.00	
11							

3. 변수 생성

분석을 위해 경우에 따라서는 원자료의 변수를 이용하여 새로운 변수를 생성할 필요가 있다. 이러한 변수 생성의 대표적인 예로는 순위변수 생성과 빈도변수 생성이 있다.

(1) 순위변수 생성

비모수 통계분석 중에는 서열자료를 이용한 여러 가지가 있다(예: Mann-Whitney U 검증, Kruskal-Wallis H 검증, Friedman 검증, Kendall W 검증 등). 이러한 분석을 위해서는 자료가 처음부터 서열자료로 수집되거나, 간격척도나 비율척도로 수집된 자료를 서열자료로 변화시켜야 한다. 이하에서는 비율척도로 수집된 자료를 서열자료로 변환하여 새로운 변수를 생성시키는 것에 대해 설명한다.

표 3.4 2018년 국내 프로야구 투수의 승수

이름	소속팀	승수	이름	소속팀	승수
린드블럼	두산	15	박종훈	SK	14
윌슨	LG	9	니퍼트	KT	8
소사	LG	9	피어밴드	KT	8
이용찬	두산	15	문승원	SK	8
후랭코프	두산	18	헥터	기아	11
브리검	넥센	11	샘슨	한화	13
켈리	SK	12	레일리	롯데	11
양현종	기아	13	이재학	NC	5

〈표 3.4〉에는 2018년 국내 프로야구 주요 투수들의 승수가 제시되어 있으며 이는 '(3)승수.sav' 파일로 저장되어 있다. 투수들의 승수를 토대로 다승순위변수를 생성하는 절차는 다음과 같다.

❶ '(3)승수.sav' 파일을 연다.

❷ 주요 메뉴 [변환(T)]의 [순위변수 생성(K)...]을 클릭한다. 그러면 [그림 3.22]의 순위변수 생성 대화상자가 나타난다.

그림 3.22 순위변수 생성 대화상자

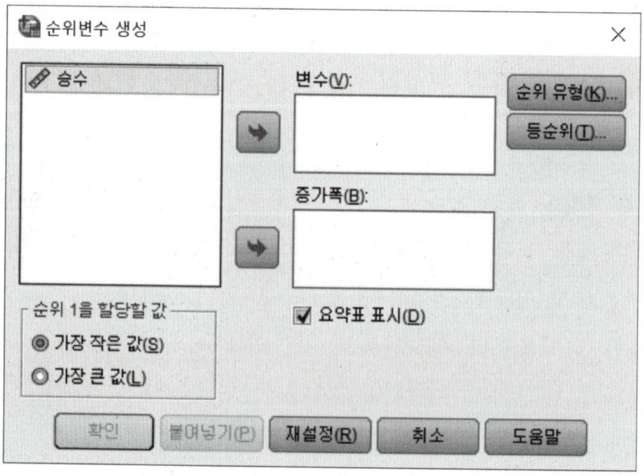

❸ [그림 3.23]과 같이 순위변수 생성을 위해 사용할 변수로 승수를 선택하여 [변수(V)] 상자로 보낸다. 순위 1을 할당할 값으로 [가장 큰 값(L)]을 선택하며, [요약표 표시(D)]는 선택하지 않는다.

그림 3.23 순위변수 생성을 위한 변수의 선택

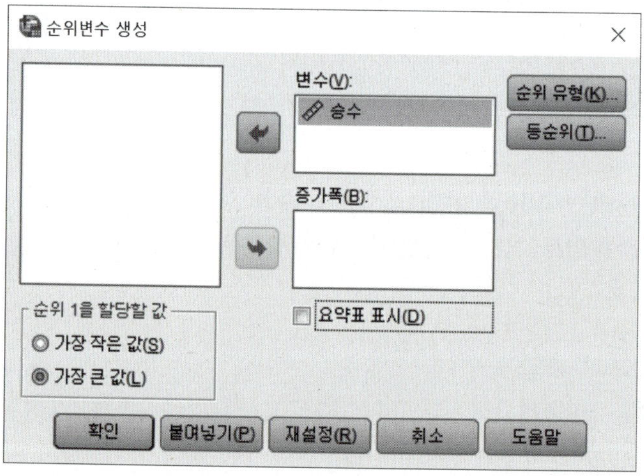

☞ 순위변수 생성 설정의 의미는 다음과 같다.

- **순위 1을 할당할 값:** 가장 큰 값과 작은 값 중 어느 쪽에 1순위를 할당할 것인지를 선택한다. 본 예의 경우 [가장 큰 값(L)]을 선택한다.
- **요약표 표시:** 순위변수 생성 결과를 Viewer 창에 표시할 것인지의 여부를 결정한다.

❹ [그림 3.23]에서 [순위 유형(K)...]을 클릭하면 [그림 3.24]의 유형 대화상자가 나타난다. 여기에서 기본설정된 [순위(R)]를 유지하고 [계속(C)]을 클릭한다.

그림 3.24 유형 대화상자

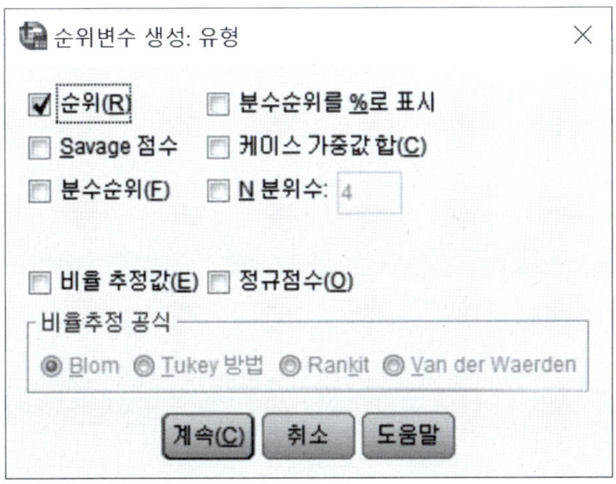

❺ [그림 3.23]에서 [등순위(T)...]를 클릭하면 등순위 대화상자가 나타난다. 여기서 [그림 3.25]와 같이 등순위에 부여되는 순위로 [낮음(L)]을 설정한 후 [계속(C)]을 클릭하고 이어서 [확인]을 클릭한다.

그림 3.25 등순위 대화상자

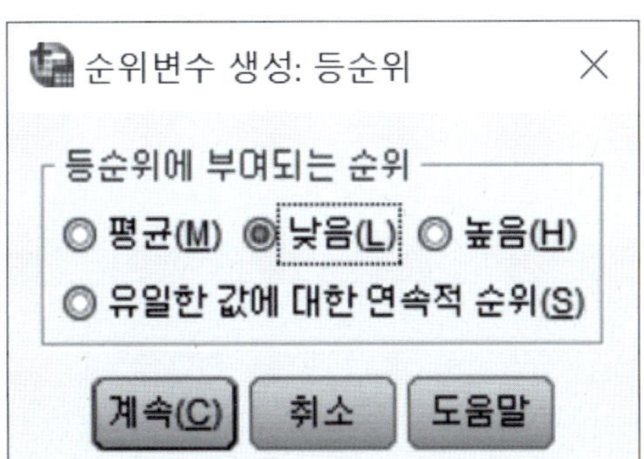

☞ 등순위 대화상자 설정의 의미는 다음과 같다.

- **평균**: 동률인 관측치 순위의 평균값이 순위로 지정된다.
- **낮음**: 동률인 관측치의 순위 중 낮은 순위로 지정된다.
- **높음**: 동률인 관측치의 순위 중 높은 순위로 지정된다.
- **유일한 값에 대한 연속적 순위**: 동률인 관측치의 순위를 하나로 지정하고 이후 다른 관측치에 연속적인 순위를 부여한다.

등순위 대화상자의 설정을 달리하여 순위를 부여한 결과는 〈표 3.5〉와 같다.

표 3.5 등순위 대화상자의 설정을 달리하여 순위를 부여한 결과

이름	소속팀	승수	평균	낮음	높음	유일한 값에 대한 연속적 순위
린드블럼	두산	15	2.5	2	3	2
윌슨	LG	9	11.5	11	12	7
소사	LG	9	11.5	11	12	7
이용찬	두산	15	2.5	2	3	2
후랭코프	두산	18	1	1	1	1
브리검	넥센	11	9	8	10	6
켈리	SK	12	7	7	7	5
양현종	기아	13	5.5	5	6	4
박종훈	SK	14	4	4	4	3
니퍼트	KT	8	14	13	15	8
피어밴드	KT	8	14	13	15	8
문승원	SK	8	14	13	15	8
헥터	기아	11	9	8	10	6
샘슨	한화	13	5.5	5	6	4
레일리	롯데	11	9	8	10	6
이재학	NC	5	16	16	16	9

❻ 순위변수 생성의 결과 [그림 3.26]과 같이 Data Editor에 'R승수'라는 변수가 제시되어 있다. Data Editor에 생성되는 순위변수는 순위기준 변수명 앞에 'R'이 붙어있는 형태이다.

그림 3.26 Data Editor에 순위변수가 생성된 모습

*(3)승수.sav [데이터세트2] - IBM SPSS Statistics Data Editor

	투수명	소속팀	승수	R승수	변수	변수
1	린드블럼	두산	15	2.000		
2	윌슨	LG	9	11.000		
3	소사	LG	9	11.000		
4	이용찬	두산	15	2.000		
5	후랭코프	두산	18	1.000		
6	브리검	넥센	11	8.000		
7	켈리	SK	12	7.000		
8	양현종	기아	13	5.000		
9	박종훈	SK	14	4.000		
10	니퍼트	KT	8	13.000		
11	피어밴드	KT	8	13.000		
12	문승원	SK	8	13.000		
13	헥터	기아	11	8.000		
14	샘슨	한화	13	5.000		
15	레일리	롯데	11	8.000		
16	이재학	NC	5	16.000		
17						

(2) 빈도변수 생성

여러 변수에 걸쳐 동일한 값이 나타나는 빈도를 계산해서 변수로 저장해야 하는 경우가 있다. 이하에서는 이러한 경우에 사용할 수 있는 빈도변수 생성에 대해 설명한다.

표 3.6 멀리뛰기 결선 결과

ID	1차 시기	2차 시기	3차 시기	4차 시기	5차 시기	6차 시기
1	P	F	F	P	P	F
2	F	P	P	P	F	F
3	P	P	P	F	F	F
4	P	F	F	P	P	P
5	P	F	F	P	F	F

〈표 3.6〉에는 육상 멀리뛰기 대회의 결선에 참가한 다섯 명 선수의 6차례에 걸친 기록이다. 표에서 P는 유효시기를, F는 무효시기를 의미하며 이는 '(3)Trial.sav' 파일로 저장되어 있다. 파일의 변수값에서 P는 1로, F는 0으로 입력되어 있다. 멀리뛰기 결선 결과를 토대로 유효시기의 빈도변수 생성을 하는 절차는 다음과 같다.

❶ '(3)Trial.sav' 파일을 연다.

❷ 주요 메뉴 [변환(T)]의 [케이스 내의 값 빈도(O)...]를 클릭한다. 그러면 [그림 3.27]의 케이스 내의 값 빈도 대화상자가 나타난다.

그림 3.27 케이스 내의 값 빈도 대화상자

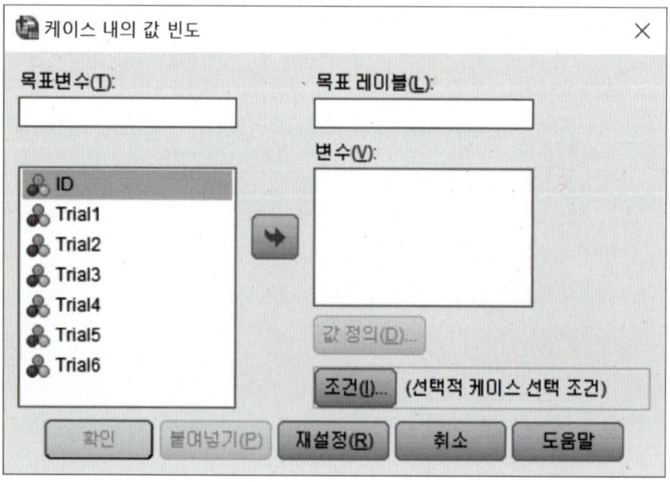

❸ [그림 3.28]과 같이 [목표변수(T)]에 새로 생성될 빈도변수명으로 'TCount'를 입력하고, [목표 레이블(L)]에 '유효시기수'를 입력한다. 변수상자에서 빈도를 나타낼 변수들(Trial1, Trial2, Trial3, Trial4, Trial5, Trial6)을 선택하여 [변수(V)]로 보낸다. 이때 해당변수들은 모두 같은 형태(문자, 숫자 등)이어야 한다.

그림 3.28 빈도변수 생성 대상변수의 선정

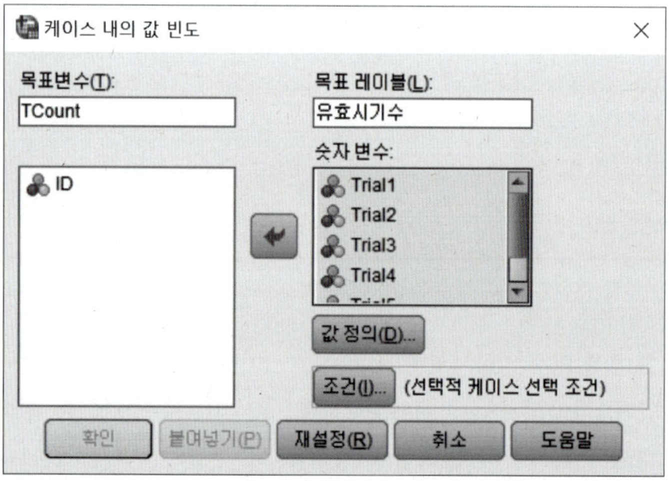

❹ [그림 3.28]에서 [값 정의(D)...]를 클릭하면 빈도값 대화상자가 나타난다. 여기서 변수값의 [값(V)]에 '1'을 입력하고 [추가(A)]를 클릭하면 [그림 3.29]와 같이 [빈도값(O)]에 '1'이 나타난다.

그림 3.29 빈도값의 설정

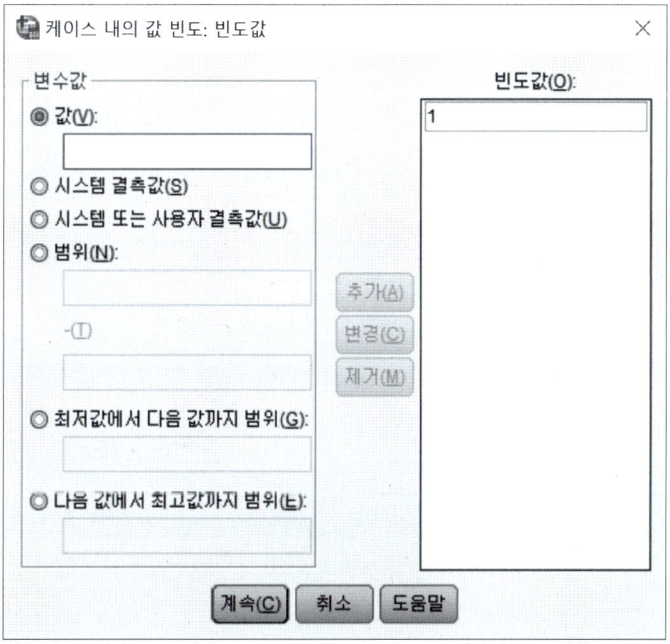

❺ [그림 3.29]에서 [계속(C)]을 클릭하고 이어서 [확인]을 클릭한다. 그러면 [그림 3.30]과 같이 Data Editor에 빈도변수가 생성되어 나타난다.

그림 3.30 Data Editor에 빈도변수가 생성된 모습

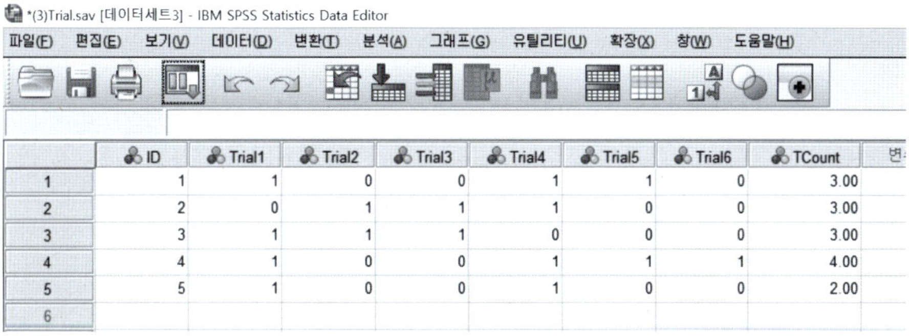

4. 변수 계산

원자료를 분석하는 과정에서 필요에 따라 기존 변수를 가공하여 새로운 변수를 만들어야 하는 경우가 발생한다. 예를 들어, '(2)변수.sav' 파일에서 만족도와 점포태도라

는 변수를 평균하여 '점포평가'라는 새로운 변수를 만드는 경우를 가정해보자. 이를 위해서는 다음의 절차를 따른다.

❶ '(2)변수.sav' 파일을 연다.

❷ 주요 메뉴 [변환(T)]의 [변수 계산(C)...]을 클릭하면 [그림 3.31]과 같은 변수 계산 대화상자가 나타난다.

그림 3.31 변수 계산 대화상자

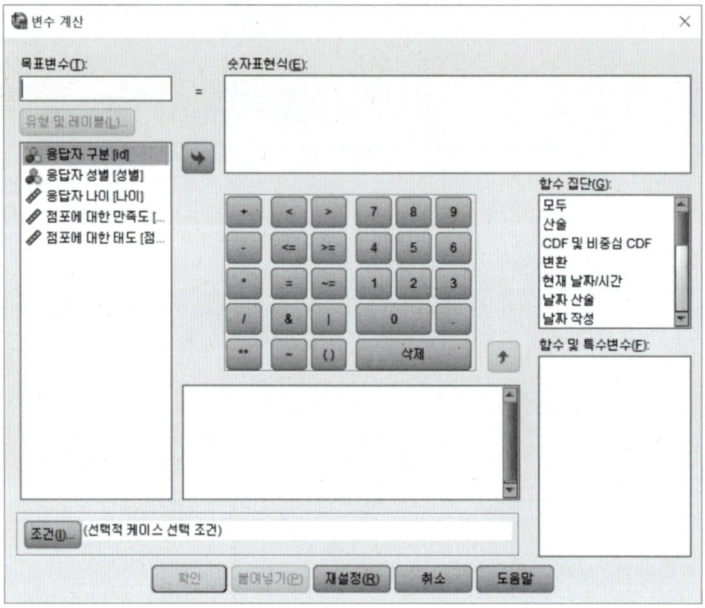

❸ [그림 3.31]의 변수 계산 대화상자에서 [목표변수(T)]에 점포평가를 입력한다. [숫자표현식(E)]에는 keyboard를 이용하여 '(만족도 + 점포태도)/2'를 직접 입력할 수도 있고(그림 3.32 참조), [함수 집단(G)]의 '통계'를 선택한 후 [함수 및 특수변수(F)]의 Mean을 이용해도 된다(그림 3.33 참조).

그림 3.32 keyboard를 이용한 변수 계산

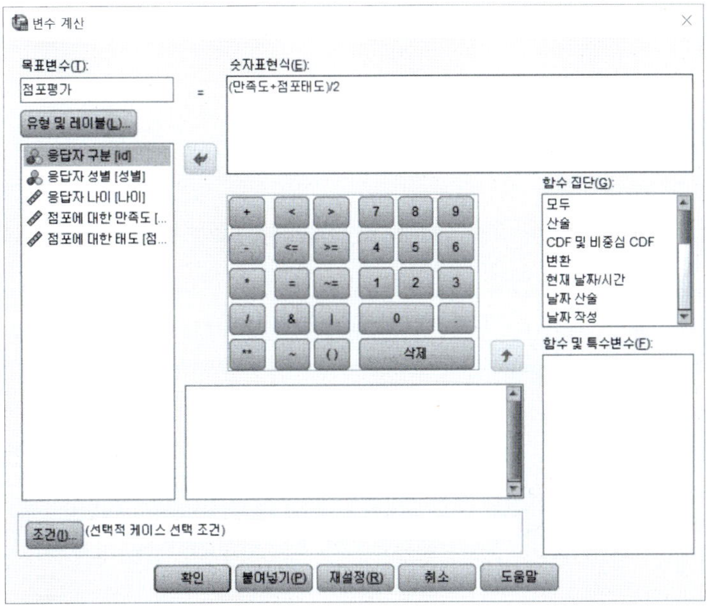

그림 3.33 함수식을 이용한 변수 계산

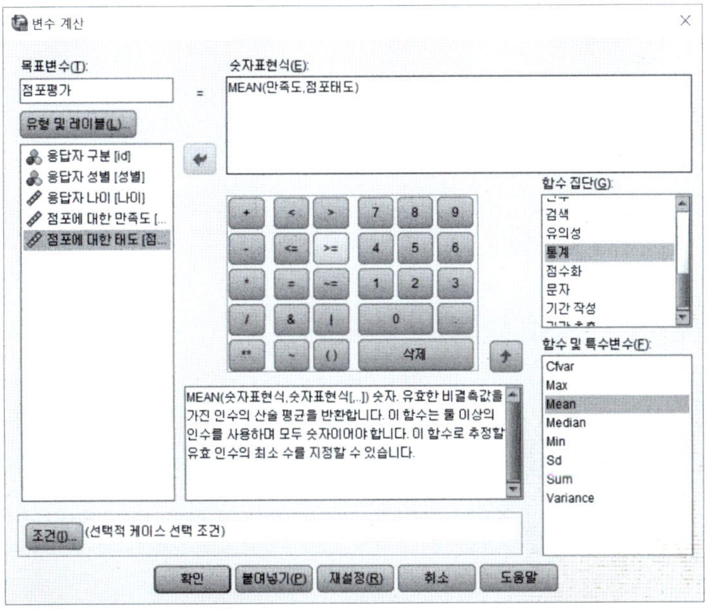

☞ MEAN을 이용하여 X1에서 X5까지 변수의 평균계산을 하는 방법은 다음과 같다.

ⓐ [목표변수(T)]에 기존 변수의 평균을 통해 만들어지는 새로운 변수명을 입력한다.

ⓑ [함수 및 특수변수(F)]에서 MEAN을 선택한다.

ⓒ [↑]를 클릭한다.

ⓓ MEAN(?, ?)에서 ? 부분에 평균할 변수명을 입력한다. 여러 개의 변수를 평균할 경우 변수와 변수 사이에는 쉼표(,)로 구분한다. 본 예에서는 MEAN(X1, X2, X3, X4, X5)로 입력한다. 만약 연속된 여러 개의 변수들의 평균을 구하는 경우에는 MEAN(□ to □)라고 입력해도 된다. 본 예에서는 MEAN(X1 to X5)라고 입력하면 된다.

❹ [그림 3.33]에서 [확인]을 클릭하면 [그림 3.34]와 같이 Data Editor에 '점포평가'라는 새로운 변수가 나타난다.

그림 3.34 변수 계산 결과

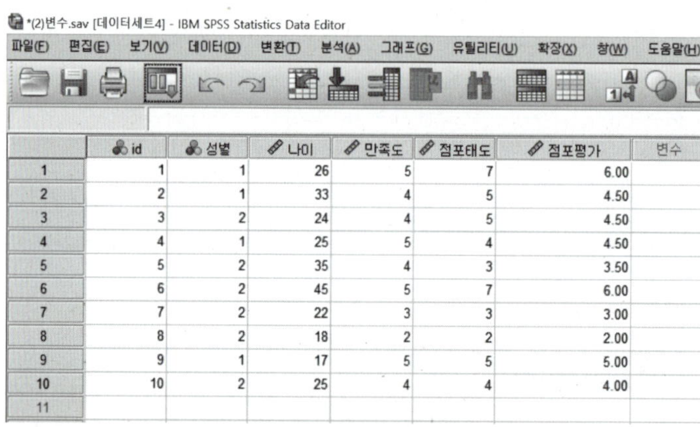

	id	성별	나이	만족도	점포태도	점포평가	변수
1	1	1	26	5	7	6.00	
2	2	1	33	4	5	4.50	
3	3	2	24	4	5	4.50	
4	4	1	25	5	4	4.50	
5	5	2	35	4	3	3.50	
6	6	2	45	5	7	6.00	
7	7	2	22	3	3	3.00	
8	8	2	18	2	2	2.00	
9	9	1	17	5	5	5.00	
10	10	2	25	4	4	4.00	
11							

5. 조건을 만족하는 케이스 분석

데이터 파일의 일부 케이스만 이용하여 분석해야 하는 경우가 있다. 예를 들어, '(2)변수.sav' 파일에서 남자만 이용하여 분석하는 경우를 생각해보자. 이 경우에는 다음과 같은 절차를 따른다.

❶ '(2)변수.sav' 파일을 연다.

❷ 주요 메뉴 [데이터(D)]의 [케이스 선택(S)...]을 클릭하면 [그림 3.35]와 같은 케이스 선택 대화상자가 나타난다.

그림 3.35 케이스 선택 대화상자

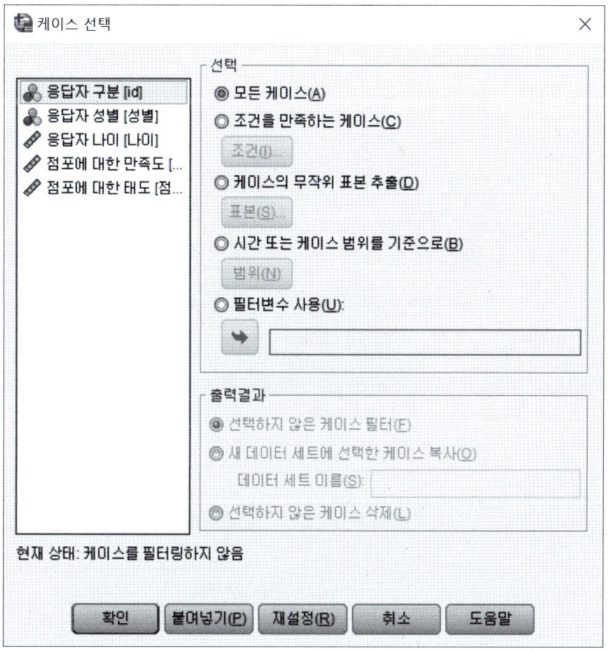

❸ [그림 3.35]에서 [조건을 만족하는 케이스(C)]를 선택하면 [조건(I)...]이 활성화된다. 이를 클릭하면 [그림 3.36]과 같은 조건 대화상자가 나타난다.

그림 3.36 조건 대화상자

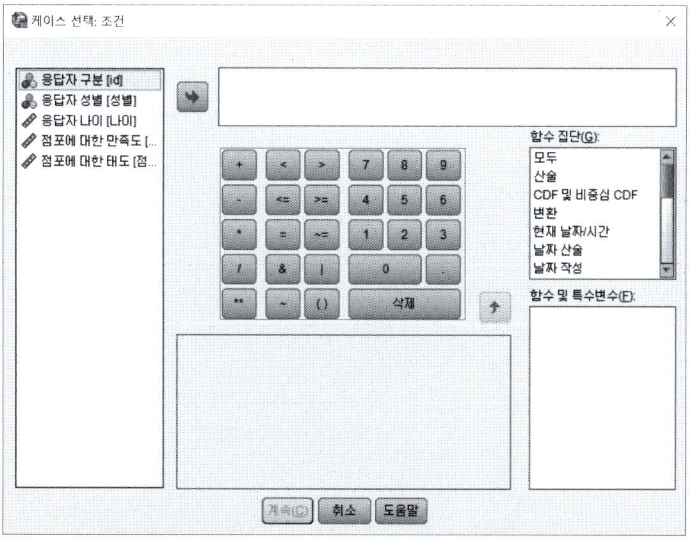

❹ [그림 3.36]에서 성별을 선택한 후 를 클릭하여 오른쪽 분석변수상자로 보낸다. 이후 [그림 3.37]과 같이 분석변수상자에서 남자를 선택하기 위해 '=1'을 입력한다.

그림 3.37 조건의 지정

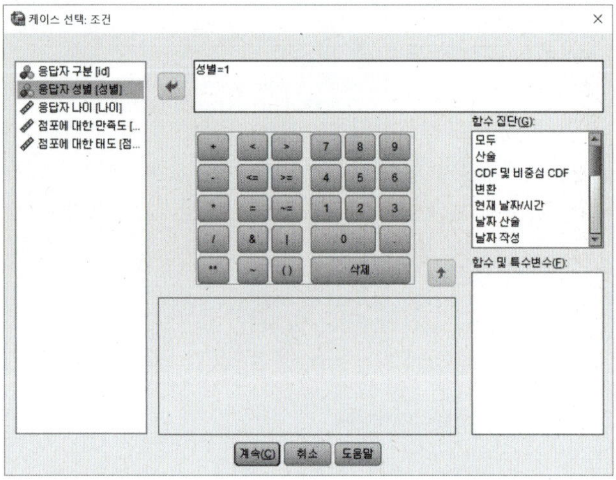

❺ [그림 3.37]에서 [계속(C)]을 클릭하고, [그림 3.38]과 같이 출력결과의 처리방법으로 [선택하지 않은 케이스 필터(F)]를 선정한다.

그림 3.38 출력결과의 처리방법 선정

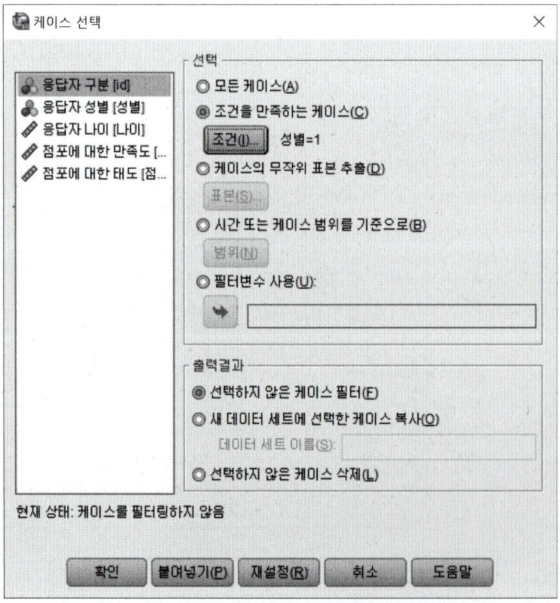

❻ [그림 3.38]에서 [확인]을 클릭하면 [그림 3.39]와 같은 화면이 나타난다.

그림 3.39 필터변수의 사용

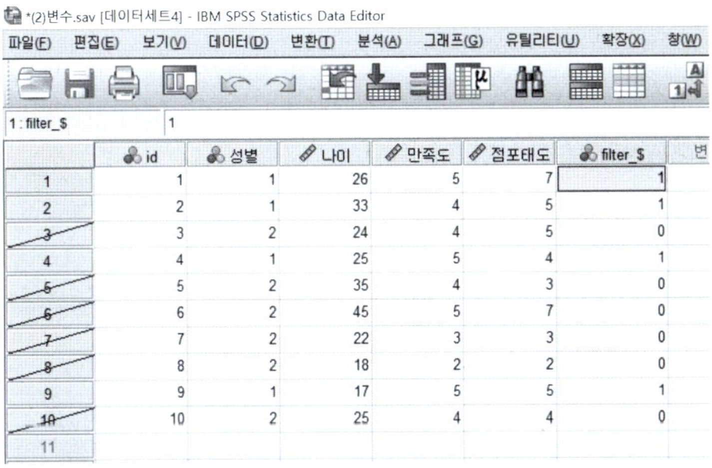

	id	성별	나이	만족도	접포태도	filter_$	변
1	1	1	26	5	7	1	
2	2	1	33	4	5	1	
3	3	2	24	4	5	0	
4	4	1	25	5	4	1	
5	5	2	35	4	3	0	
6	6	2	45	5	7	0	
7	7	2	22	3	3	0	
8	8	2	18	2	2	0	
9	9	1	17	5	5	1	
10	10	2	25	4	4	0	
11							

❼ [그림 3.39]의 Data Editor 화면에서 케이스 번호에 빗금이 쳐진 것은 필터 변수의 사용에 의해 선택되지 않은 케이스임을 의미한다. 이 상태에서 분석을 실시하면 빗금 친 케이스들은 분석에 포함되지 않는다. 만약 [그림 3.38]의 케이스 선택 대화상자에서 출력결과의 처리방법으로 [선택하지 않은 케이스 삭제(L)]를 선정하였다면 [그림 3.40]과 같은 화면이 나타난다.

그림 3.40 선택하지 않은 케이스 삭제의 사용

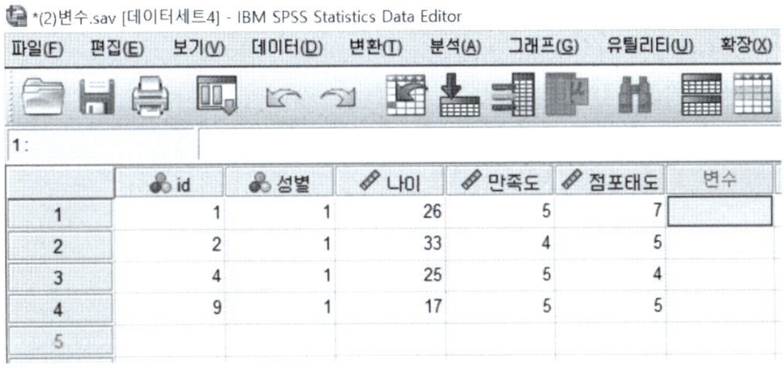

	id	성별	나이	만족도	접포태도	변수
1	1	1	26	5	7	
2	2	1	33	4	5	
3	4	1	25	5	4	
4	9	1	17	5	5	
5						

6. 파일 합치기

수집된 설문지의 양이 많은 경우에 한 사람이 모두 코딩하지 않고 여러 명이 나누어 코딩할 수 있다. 이 경우 여러 사람이 코딩한 파일들을 합하여 하나의 데이터 파일로 만들어야 한다. 여러 사람이 설문지를 나누어 코딩하는 경우에 케이스를 나누어 코딩할 수도 있고 변수를 나누어서 코딩할 수도 있다. 그러나 현실적으로 변수를 나누어서 코딩하는 경우는 거의 없고 케이스를 나누어 코딩하는 것이 일반적이다. 이하에서는 여러 사람이 케이스를 나누어 코딩한 경우 이를 합하는 것을 설명한다.

본 예에서는 '(2)변수.sav' 파일의 10명 케이스를 두 명이 나누어서 코딩한 경우를 생각한다. 한 명은 1~5 케이스를 코딩하였는데 파일명을 '(3)변수-1.sav'로 저장하였으며, 다른 한명은 6~10 케이스를 코딩하였는데 파일명을 '(3)변수-2.sav'로 저장하였다. '(3)변수-1.sav'와 '(3)변수-2.sav'의 모습은 각각 [그림 3.41], [그림 3.42]와 같다.

그림 3.41 (3)변수-1.sav

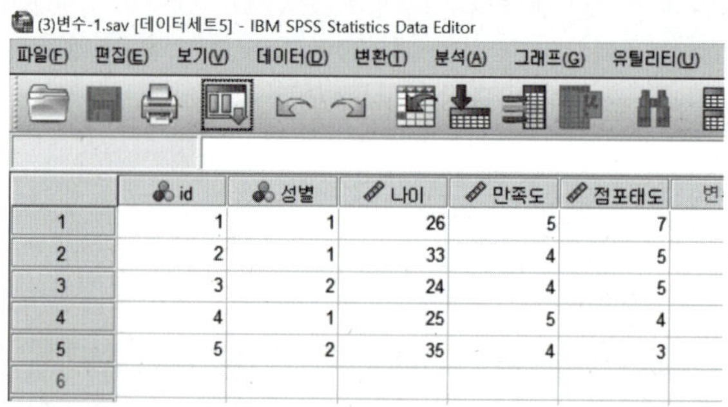

	id	성별	나이	만족도	점포태도
1	1	1	26	5	7
2	2	1	33	4	5
3	3	2	24	4	5
4	4	1	25	5	4
5	5	2	35	4	3
6					

그림 3.42 (3)변수-2.sav

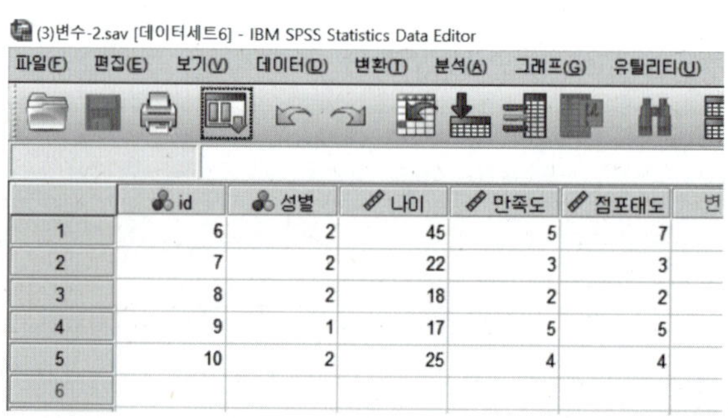

	id	성별	나이	만족도	점포태도
1	6	2	45	5	7
2	7	2	22	3	3
3	8	2	18	2	2
4	9	1	17	5	5
5	10	2	25	4	4
6					

'(3)변수-1.sav'에 '(3)변수-2.sav'를 합치는 방법은 다음과 같다.

❶ '(3)변수-1.sav'를 연다.

❷ 주요 메뉴 [데이터(D)]의 [파일 합치기(G)]에서 [케이스 추가(C)...]를 클릭하면 [그림 3.43]과 같은 케이스 추가 대화상자가 나타난다.

그림 3.43 케이스 추가 대화상자

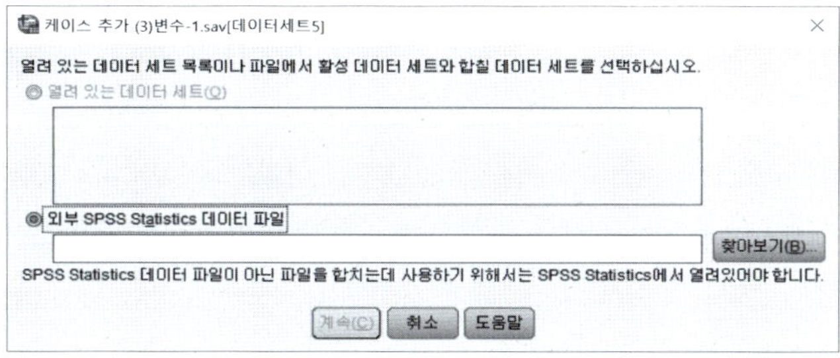

파일을 합할 때, 합할 파일을 열어둔 경우에는 [그림 3.43]의 대화상자 내 [열려 있는 데이터 세트(O)]에 파일명이 제시된다. 합할 파일을 열어두지 않은 경우에는 [외부 SPSS Statistics 데이터 파일]의 [찾아보기(B)...]를 클릭한다. 그러면 [그림 3.44]와 같은 파일 읽기 대화상자가 나타난다.

그림 3.44 파일 읽기 대화상자

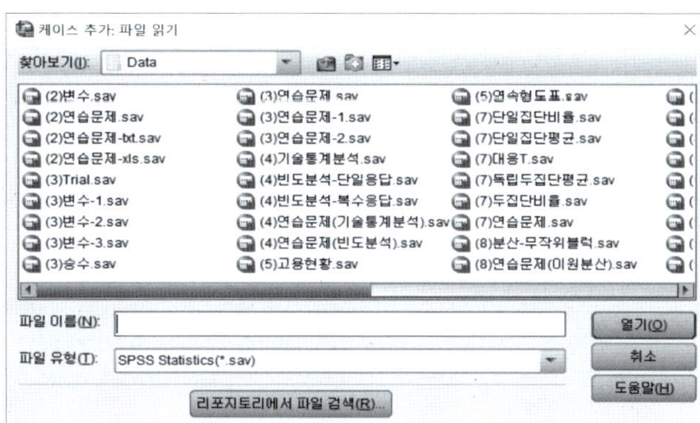

❸ [그림 3.44]에서 '(3)변수–2.sav'를 선택하면 [그림 3.45]와 같이 파일경로가 지정된다.

그림 3.45 합할 파일의 경로가 지정된 모습

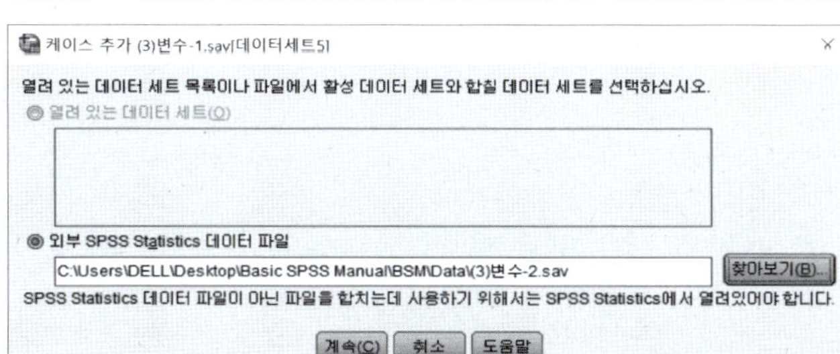

❹ [그림 3.45]에서 [계속(C)]을 클릭하면 [그림 3.46]과 같은 '다음에서 케이스 추가 대화상자'가 나타난다.

그림 3.46 다음에서 케이스 추가 대화상자

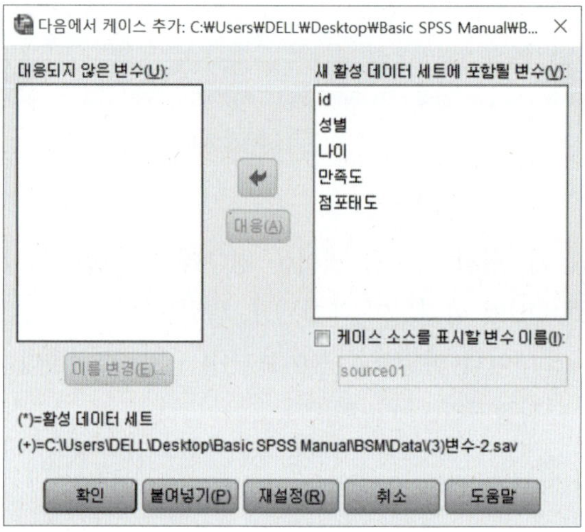

❺ [그림 3.46]에서 [확인]을 클릭하면 [그림 3.47]과 같은 화면이 나타난다.

그림 3.47 (3)변수-1.sav와 (3)변수-2.sav가 합쳐진 데이터 파일

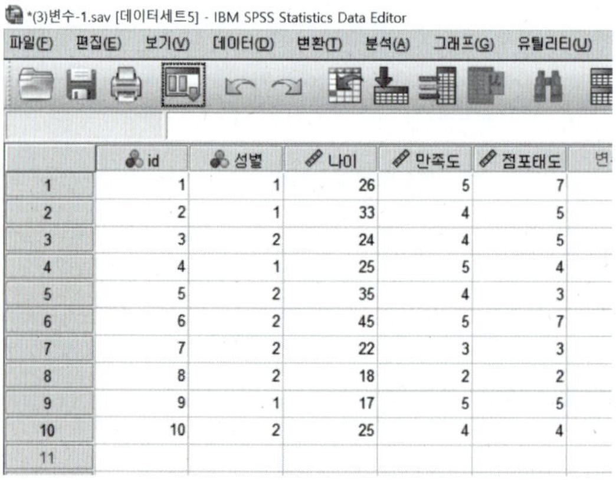

	id	성별	나이	만족도	점포태도
1	1	1	26	5	7
2	2	1	33	4	5
3	3	2	24	4	5
4	4	1	25	5	4
5	5	2	35	4	3
6	6	2	45	5	7
7	7	2	22	3	3
8	8	2	18	2	2
9	9	1	17	5	5
10	10	2	25	4	4
11					

그런데 만약 6~10 케이스를 코딩한 사람이 변수명을 id, 성별, 나이, 만족도, 점포태도가 아닌 id, gender, age, satisfaction, Astore로 입력하고 파일명을 '(3)변수-3.sav'로 하였다면 이 경우는 다음과 같은 절차를 따른다.

❶ '(3)변수-1.sav'를 연다.

❷ 주요 메뉴 [데이터(D)]의 [파일 합치기(G)]에서 [케이스 추가(C)...]를 클릭하고 [외부 SPSS Statistics 데이터 파일]의 [찾아보기(B)...]를 클릭한다. '(3)변수-3.sav'를 선택하고 [계속(C)]을 클릭하면 [그림 3.48]과 같은 다음에서 케이스 추가 대화상자가 나타난다.

그림 3.48 다음에서 케이스 추가 대화상자

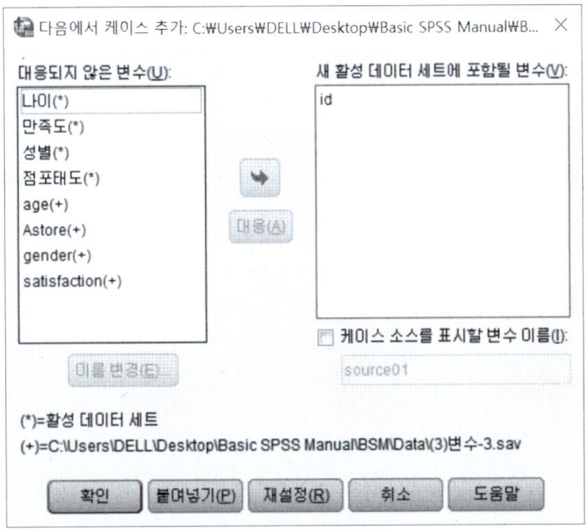

❸ [그림 3.48]의 왼쪽 [대응되지 않은 변수(U)]에는 8개의 변수들이 나타나 있다. 이 중 현재 작업 중인 파일(즉, (3)변수-1.sav)의 변수에는 (*) 표시가 되어 있고, 추가적으로 불러와야 할 파일(즉, (3)변수-3.sav)의 변수에는 (+) 표시가 붙어 있다. 이 경우, 첫 번째 코딩한 사람의 '나이' 변수와 두 번째 코딩한 사람의 'age' 변수가 같은 변수이므로 이를 서로 대응시켜야 한다. 따라서 나이(*)를 선택한 후 Ctrl을 누른 상태에서 age(+)를 클릭하면 나이와 age가 선택되고 [대응(A)]이 활성화된다. 이때, [대응(A)]을 클릭하면 [그림 3.49]와 같이 [새 활성 데이터 세트에 포함될 변수(V)]에 '나이 & age' 형태로 입력된다.

그림 3.49 변수 대응

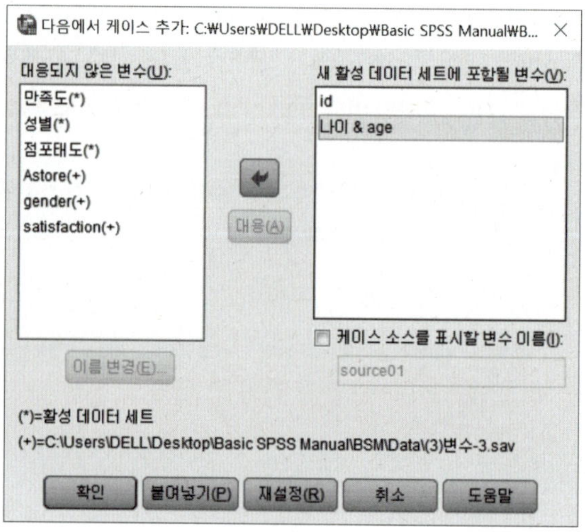

❹ 동일한 방법으로 성별과 gender, 만족도와 satisfaction, 점포태도와 Astore를 대응시키면 [그림 3.50]과 같다.

그림 3.50 모든 변수의 대응

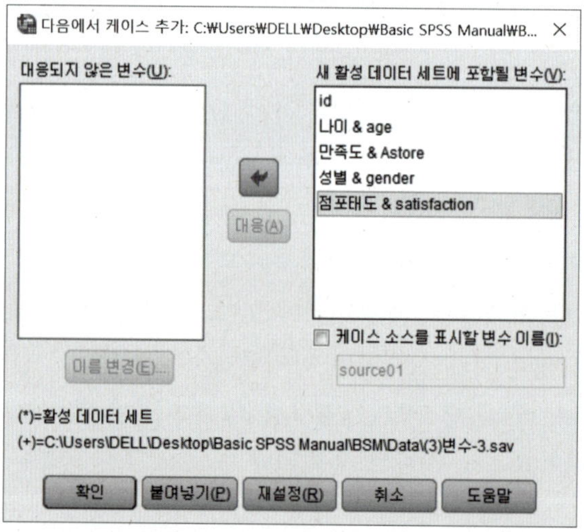

❺ [그림 3.50]에서 [확인]을 클릭한다. '(3)변수-1.sav'와 '(3)변수-3.sav'가 합쳐진 모습은 [그림 3.51]과 같다.

그림 3.51 (3)변수-1.sav와 (3)변수-3.sav가 합쳐진 데이터 파일

	id	성별	나이	만족도	점포태도	변
1	1	1	26	5	7	
2	2	1	33	4	5	
3	3	2	24	4	5	
4	4	1	25	5	4	
5	5	2	35	4	3	
6	6	2	45	7	5	
7	7	2	22	3	3	
8	8	2	18	2	2	
9	9	1	17	5	5	
10	10	2	25	4	4	
11						

연 / 습 / 문 / 제

제 2 장 연습문제에서 제시된 10명 호텔 이용고객들의 응답자료를 두 명이 나누어서 코딩하였다. 1번 응답자부터 5번 응답자까지의 자료를 코딩한 사람은 변수명을 응답자, 성별, 서비스품질, 서비스가치, 재방문의도로 정하고 '(3)연습문제-1.sav'라는 파일로 저장하였다. 6번 응답자부터 10번 응답자까지의 자료를 코딩한 사람은 변수명을 id, gender, SQ, SV, RVI로 정하고 '(3)연습문제-2.sav'라는 파일로 저장하였다.

1. '(3)연습문제-1.sav'에서 '(3)연습문제-2.sav'의 파일을 통합하고 통합된 파일명을 '(3)연습문제.sav'로 저장하시오.

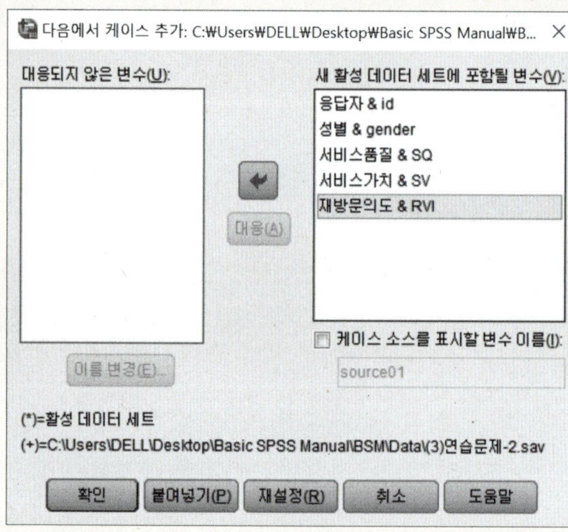

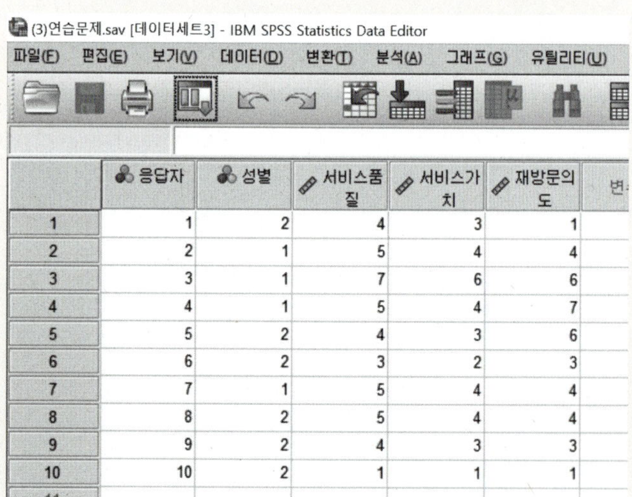

	응답자	성별	서비스품질	서비스가치	재방문의도
1	1	2	4	3	1
2	2	1	5	4	4
3	3	1	7	6	6
4	4	1	5	4	7
5	5	2	4	3	6
6	6	2	3	2	3
7	7	1	5	4	4
8	8	2	5	4	4
9	9	2	4	3	3
10	10	2	1	1	1
11					

2. 위의 통합된 파일에서 재방문의도가 역척도로 측정되었다고 가정하고 같은 변수로 코딩변경 하시오.

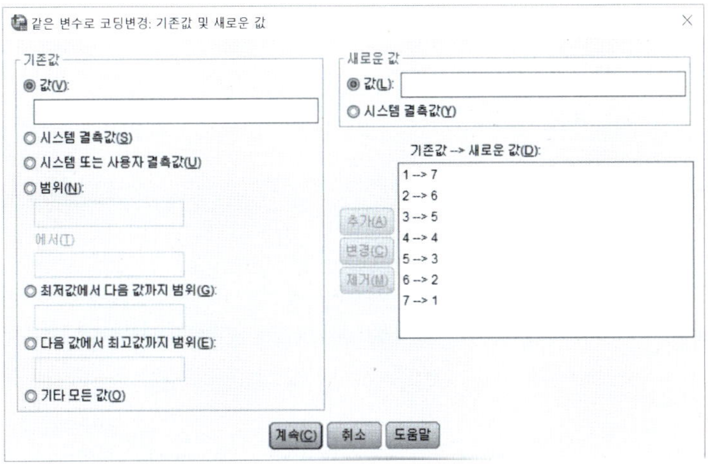

	응답자	성별	서비스품질	서비스가치	재방문의도
1	1	2	4	3	7
2	2	1	5	4	4
3	3	1	7	6	2
4	4	1	5	4	1
5	5	2	4	3	2
6	6	2	3	2	5
7	7	1	5	4	4
8	8	2	5	4	4
9	9	2	4	3	5
10	10	2	1	1	7
11					

3. '(3)연습문제.sav' 파일에서 서비스품질과 서비스가치를 평균하여 '서비스평가'라는 변수로 저장하시오.

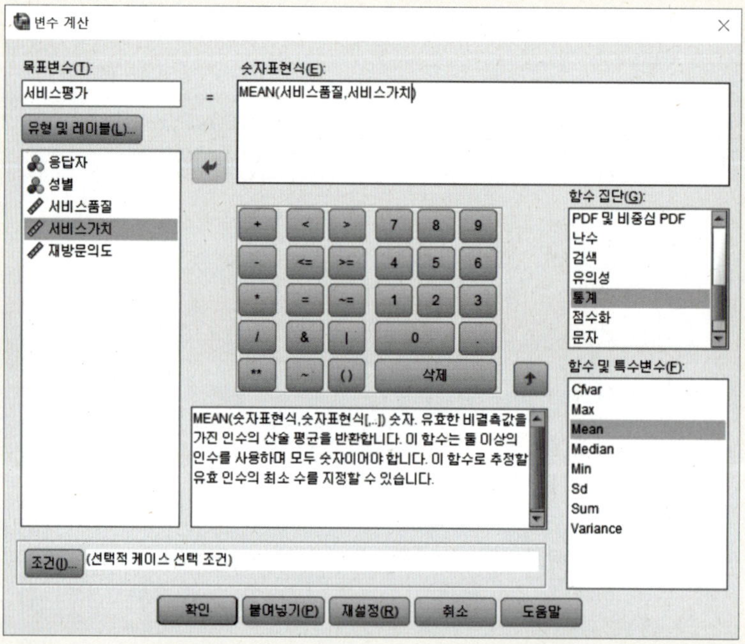

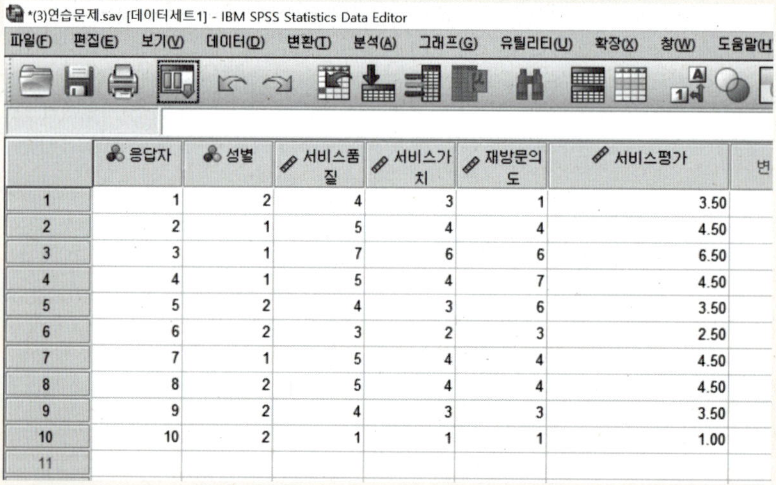

	응답자	성별	서비스품질	서비스가치	재방문의도	서비스평가	변
1	1	2	4	3	1	3.50	
2	2	1	5	4	4	4.50	
3	3	1	7	6	6	6.50	
4	4	1	5	4	7	4.50	
5	5	2	4	3	6	3.50	
6	6	2	3	2	3	2.50	
7	7	1	5	4	4	4.50	
8	8	2	5	4	4	4.50	
9	9	2	4	3	3	3.50	
10	10	2	1	1	1	1.00	
11							

제2부

분석의 기초

BASIC SPSS

제 2 부에서는

SPSS는 입력(코딩) → 프로세싱(분석) → 출력(결과물)의 세 가지 단계와 관련된 내용을 다룬다. 이 중 프로세싱(분석) 방법과 출력(결과물)의 해석이 가장 중요한 부분이라고 할 수 있으며, 대부분의 통계 프로그램은 이를 중점적으로 다룬다.

제 2 부는 SPSS를 사용하기 위한 기초단계로, 빈도분석과 기술통계분석을 통해 가장 기초적인 분석방법과 분석결과물을 도출하고 해석하는 방법을 설명한다. SPSS의 분석결과는 대부분 표와 도표의 형태로 제시되는데 이에 대해서도 구체적으로 설명한다. 또한 제 3 부와 제 4 부에서 다룰 분석방법을 이해하기 위해 필요한 기초 통계지식에 대해 설명한다.

제 4 장
기술통계량과 결과물 다루기

본 장에서는

- 척도의 유형과 자료의 특성분석에 대해 설명한다.
- 빈도분석과 결과물 다루기에 대해 설명한다.
- 기술통계분석에 대해 설명한다.
- 연습문제를 통해 학습내용을 복습한다.

4.1 척도의 네 가지 유형

척도(scale)는 변수나 construct를 측정하는 도구를 말한다. **construct**는 넓은 의미에서 변수에 속하나, 변수들 중 만족도, 태도, 성취도 등 추상적인 성격이 강한 변수를 특별히 construct라고 부른다. 사회과학, 특히 행동과학 연구를 위하여 개발될 수 있는 척도는 사실상 무한이라고 할 만큼 많다. 이는 construct의 종류가 많을 뿐만 아니라 한 가지 construct를 측정하기 위해 사용될 수 있는 척도는 여러 가지 형태로 개발될 수 있기 때문이다. 모든 척도는 그 척도가 담고 있는 정보의 양에 따라 다음의 네 가지로 분류될 수 있다: **명목척도, 서열척도, 간격척도, 비율척도.** 이 중 명목척도에 의해 측정된 자료가 가장 적은 정보를 가지며, 그 다음으로 서열척도, 간격척도, 그리고 비율척도의 순으로 점차 많은 정보를 갖는다. 간격척도와 비율척도에 의해 측정된 자료는 주로 **모수통계**에 의해 분석하며, 서열척도에 의해 측정된 자료는 **비모수통계**에 의해 분석한다. 명목척도로 측정된 자료는 기본적으로 비모수통계에 사용되지만 예외적으로 모수통계인 회귀분석에 사용될 수 있다. 〈표 4.1〉은 이를 요약하여 보여준다.

표 4.1 네 가지 척도의 특성

척 도	정 보				통계기법
	범주	서열	거리	원점/비율	
명목척도	○	×	×	×	비모수통계, 모수통계
서열척도	○	○	×	×	비모수통계
간격척도	○	○	○	×	모수통계
비율척도	○	○	○	○	모수통계

1. 명목척도(Nominal Scales)

명목척도는 응답대안들을 상호배타적으로(mutually exclusive) 분류하기 위하여 각각의 응답대안에 임의적으로 숫자를 부여한 척도이다. 따라서 숫자는 그 자체적으로 크거나 작다는 의미를 갖지 않는다. 운동선수의 등 번호(back number), 주민등록번호의 뒷자리 숫자 등이 이에 해당한다. 각각의 응답대안은 범주(category)의 정보를 갖는다. 명목척도의 예는 〈표 4.2〉와 같다.

표 4.2 명목척도의 예

1. 귀하의 결혼 상태는?
   (1) 미혼_____ (2) 결혼, 배우자 있음_____ (3) 기타_____

2. 귀하가 가장 자주 이용하는 백화점은?
   (1) 롯데_____ (2) 현대_____ (3) 신세계_____ (4) 기타_____

3. 귀하는 승용차를 소유하고 계십니까?
   (1) 예_____ (2) 아니오_____

명목척도로 측정한 자료를 이용하는 분석방법으로는 χ^2 독립성검증, χ^2 적합도검증, 그 밖에 비모수통계기법으로 Sign test, Runs test, Phi-coefficient 등이 있으며, 모수통계기법으로 비율분석이 있다. 간격척도 혹은 비율척도로 측정한 자료와 혼합하면 회귀분석과 Point-biserial 상관분석을 할 수 있다. 또한 판별분석과 로지스틱 회귀분석에서는 명목척도로 측정된 자료를 종속변수로 이용한다.

2. 서열척도(Ordinal Scales)

서열척도는 조사 대상들의 특성을 서열로써 나타내는 것이다. 예를 들어, 고등학교 한 학급의 학생들을 생년월일 순서 혹은 키순서로 번호를 부여한 것이다. 이 경우 숫자 간의 차이는 절대적 의미를 갖지 못한다. 예를 들어, 세 학생의 번호가 1, 2, 5인 경우 1번과 2번 학생의 키 차이보다 2번과 5번 학생의 키 차이가 세 배 크다고 할 수 없다. 서열척도의 예는 〈표 4.3〉과 같다.

표 4.3 서열척도의 예

1. 다음의 다섯 가지 음료 브랜드를 당신이 좋아하는 순서에 따라 순위를 표시하십시오.

   코카콜라_____ 펩시콜라_____ 칠성사이다_____ 게토레이_____ 포카리스웨트_____

2. 다음에 제시된 음료 두 개 브랜드 중 귀하가 보다 선호하는 브랜드에 ✔표 하십시오.

코카콜라_____	펩시콜라_____
코카콜라_____	칠성사이다_____
코카콜라_____	게토레이_____
코카콜라_____	포카리스웨트_____
펩시콜라_____	칠성사이다_____
펩시콜라_____	게토레이_____
펩시콜라_____	포카리스웨트_____
칠성사이다_____	게토레이_____
칠성사이다_____	포카리스웨트_____
게토레이_____	포카리스웨트_____

이 척도의 경우 각 브랜드에 표시한 ✔표의 개수로써 각 브랜드에 대한 선호도를 서열화할 수 있다. 첫 번째 척도에 비해 응답하기 쉽다. 그러나 비교대안이 많은 경우 비교횟수가 너무 많아진다. 예를 들어, 비교대안이 10개이면 45회의 비교를 해야 한다.

서열척도로 질문한 응답대안은 서열의 정보와 범주의 정보를 갖는다. 예를 들어, 응답자가 세 개의 경쟁 브랜드 A, B, C에 대한 선호순위를 다음과 같이 응답했다고 가정하자: A(1), B(3), C(2). 이 응답결과는 응답자가 A를 가장 선호하고, B를 가장 선호하지 않는다는 정보를 준다. 또한 전체 브랜드를 가장 선호하는 브랜드와 그 외의 브랜드들로 범주화한다면 A는 첫째 범주에 속하고 B와 C는 둘째 범주에 속한다. 서열척도로 측정한 자료를 이용하는 분석방법으로는 Spearman 서열상관분석, Mann-Whitney U test, Kruskal-Wallis H test 등의 비모수통계기법이 있다. 또한 다차원척도법에 서열척도로 측정한 값을 사용할 수 있다.

3. 간격척도(Interval Scales)

간격척도는 대상들 간의 순서와 거리(distance, 간격)의 정보를 제공한다. 특히 척도 상의 인접한 값들 간에는 동등한(equal) 간격의 특성을 갖는다. 간격척도의 대표적인 예는 온도이다. 예를 들어, 어떤 도시의 1월, 4월, 8월의 평균기온이 각각 10℃, 20℃, 40℃라고 하자. 이때 온도가 높은 순서는 8월, 4월, 1월의 순이다. 또한 8월은 4월보다 20℃ 높으며, 4월은 1월보다 10℃ 높다. 만약 10월의 평균기온이 20℃이면 1월과 4월의 차이와 1월과 10월의 차이는 동등하다. 간격척도 상의 '0'은 절대적 '0'이 아니다. 0℃는 얼음이 어는 온도를 나타내기 위한 인위적 표현이지 온도가 '無'라는 의미는 아니다.

태도, 관여도와 같은 추상적 constructs는 흔히 5점 혹은 7점 척도 등으로 측정한다. 이와 같은 척도에서 척도점 간의 간격은 반드시 동등하지 않을 수 있다. 예를 들어, 세 개의 브랜드 A, B, C에 대한 태도를 측정하기 위한 다음의 척도를 보자.

1	2	3	4	5	6	7
___	___	___	___	___	___	___
매우 나쁘다						매우 좋다

한 소비자가 이 척도에서 A는 5, B는 4, C는 3에 답했다고 가정하자. 이 경우 그 소비자는 A, B, C의 순으로 선호하지만 B보다 A를 선호하는 정도가 C보다 B를 선호하는 정도와 반드시 동일하지 않을 수 있다. 이처럼 위와 같은 척도는 인접한 값들 간의 간격이 반드시 동등하지는 않으므로 완전한 간격척도는 아니다. 그러나 위의 척도는 전형적인 서열척도보다 더 많은 정보를 가지며 응답자가 각 척도점의 간격이 동등한 것으로 본다는 가정하에 관습적으로 간격척도로 간주한다. 〈표 4.4〉는 이러한 가정하에서 사용되는 간격척도를 예시한다. 행동과학 연구에서 개인의 심리적 특성과 관련된 많은 다점척도(multi-point scale)는 이와 유사한 형태를 갖는다.

간격척도로 측정한 자료는 모수통계기법인 평균(차이)검증, 분산분석(종속변수), 회귀분석(독립 및 종속변수), 상관분석(두 변수) 등을 하는 데 이용할 수 있으며, 그 밖

표 4.4 간격척도의 예

1. 나는 코카콜라를 좋아한다

1	2	3	4	5	6	7
___	___	___	___	___	___	___
전혀 동의하지 않는다						전적으로 동의한다

2. 코카콜라는

−3	−2	−1	0	1	2	3
___	___	___	___	___	___	___
매우 나쁘다						매우 좋다

3. 음식점을 선택하는 데 있어서 각각의 속성이 얼마나 중요한지 보기에 따라 번호로 나타내시오.
(1= 전혀 중요하지 않다, 2 = 중요하지 않다, 3 = 중요하다, 4 = 매우 중요하다)

음식의 질___ 음식의 다양성___ 분위기___ 대기 시간___ 가격___ 위치___

에 고급통계기법인 요인분석, 판별분석(독립변수), 군집분석, 다차원척도법, 로지스틱 회귀분석(독립변수), ANCOVA(종속변수), MANOVA(종속변수)에 이용할 수 있다. 또한 서열척도 혹은 명목척도로 전환하여 비모수통계기법을 적용할 수 있다. 그러나 이러한 전환에 의해 비모수통계기법을 적용하는 것은 기존의 값이 갖는 정보를 상실하므로 대개의 경우 바람직하지 않다.

4. 비율척도(Ratio Scales)

비율척도는 범주, 서열, 거리의 정보에 추가적으로 비율의 정보를 갖는 척도로서 가장 상위의 척도이다. 비율척도는 절대적 '0'을 포함하며 각각의 값이 절대적 의미를 갖는다. 따라서 각각의 척도점의 의미를 누구나 동일하게 받아들인다. 대표적인 예로 키와 무게 등을 들 수 있다. 분석을 위한 통계기법으로는 간격척도의 경우와 동일하게 모수통계기법을 적용할 수 있으며, 서열척도 혹은 명목척도로 전환하여 비모수통계기법을 적용할 수 있다. 요컨대, 간격척도로 측정한 자료와 비율척도로 측정한 자료의 적용범위는 같다. 〈표 4.5〉는 비율척도의 예를 보여준다.

표 4.5 비율척도의 예

1. 귀하는 지난 7일 동안 식품을 쇼핑하러 점포에 몇 번 가셨습니까? _____회
2. 귀하의 나이는 만으로 몇 세입니까? _____세
3. 귀하는 1년에 대개 몇 km 정도 운전하십니까? _____km

5. 유의사항

설문지 작성에서 가장 중요한 일은 획득하고자 하는 정보와 관련하여 적절한 척도를 개발하는 일이다. **여기서 특히 강조할 점은 설문지를 만들 때는 언제나 분석방법을 먼저 생각해야 한다는 것이다.** 분석방법에 대한 생각 없이 만들어진 질문들로 구성된 설문지로써 수집된 자료로부터는 대개의 경우 의미있는 정보를 도출해 낼 수 없다. 설문지 작성에 미숙한 사람일수록 질문을 하위 척도로 만드는 경우가 흔하다. 하위 척도로 만들어진 질문인 경우 사용할 수 있는 통계방법이 제한된다. **따라서 분명한 이유가 없는 한 상위 척도로 질문을 만드는 것이 보다 안전하다고 할 수 있다.** 〈표 4.6〉은 음료에 대한 선호도를 측정하기 위한 네 가지 척도를 보여준다. 이 척도들은 상위 척도일수록 보다 많은 정보를 줄 수 있음을 보여준다. 예를 들어, 비율척도로 측정하면, 가장 선호하는 브랜드(명목척도), 선호 순위(서열척도), 각 브랜드에 대한 선호 정도(간격척도), 그리고 각 브랜드에 대한 상대적 선호 정도(비율척도)를 알 수 있다.

표 4.6 음료의 선호도 측정을 위한 네 가지 척도의 예

1. 명목척도

귀하가 가장 선호하는 음료 브랜드는 다음 중 어느 것입니까?

코카콜라_____ 펩시콜라_____ 칠성사이다_____ 게토레이_____ 포카리스웨트_____

2. 서열척도

다음의 음료 브랜드에 대하여 선호하는 순서를 표시하시오 (가장 선호 = 1).

코카콜라_____ 펩시콜라_____ 칠성사이다_____ 게토레이_____ 포카리스웨트_____

3. 간격척도

다음의 각 브랜드에 대한 귀하의 선호정도를 표시하시오.

	아주 싫어한다				아주 좋아한다
코카콜라	___	___	___	___	___
펩시콜라	___	___	___	___	___
칠성사이다	___	___	___	___	___
게토레이	___	___	___	___	___
포카리스웨트	___	___	___	___	___

4. 비율척도

다섯 개의 음료브랜드에 대한 상대적 선호 정도를 합계가 100이 되도록 나타내시오.

_____ 코카콜라
_____ 펩시콜라
_____ 칠성사이다
_____ 게토레이
_____ 포카리스웨트
100

4.2 자료의 특성분석

수집된 자료의 특성을 알기 위해서는 자료의 **분포**(distribution)를 확인해야 한다. 이러한 분포의 확인을 통해 얻을 수 있는 정보는 분포의 대표값을 보여주는 중심경향치, 분포의 흩어진 정도를 나타내는 산포도, 전체적인 분포의 모양을 설명하는 분포도이다.

1. 중심경향치

중심경향치(central tendency)는 자료의 분포가 중심을 향해 밀집하는 경향을 의미

하며 자료전체를 대표하는 값을 의미한다. 중심경향치를 나타내는 대표적인 것으로는 평균, 중위수, 최빈값이 있다.

(1) 평 균

평균(mean)에는 산술평균(arithmetic mean), 기하평균(geometric mean), 조화평균(harmonic mean), 평방평균(quadratic mean) 등이 있다. 이 중 대표적인 평균은 **산술평균**(이하 평균)으로 모든 관측치의 합을 관측치의 개수로 나눈 값이며 이를 수식으로 표현하면 다음과 같다.

$$\overline{X} = \frac{\sum_{i=1}^{n} X_i}{n}$$

$\overline{X}$: 표본평균
n: 관측치의 수
x_i: 관측치 i

평균은 4.1에서 설명한 척도의 유형 중 간격척도와 비율척도로 측정된 자료의 중심경향치로 사용할 수 있지만 명목척도와 서열척도의 중심경향치로는 사용할 수 없다. 또한 극단값(extreme value)에 의해 영향을 많이 받는다는 점을 주의해야 한다.

(2) 중위수

중위수(median)는 자료를 크기순으로 나열했을 때 중앙에 위치하는 값으로 중앙값으로 표현하기도 한다. 자료의 수가 홀수인 경우 정중앙에 위치한 관측치의 값을 중위수로 한다. 그러나 자료의 수가 짝수인 경우에는 정중앙이 존재하지 않으므로 중앙에 위치한 두 개 관측치의 평균을 중위수로 한다. 중위수를 수식으로 표현하면 다음과 같다.

[자료의 개수가 홀수일 때]

$$\text{Median} = x_{\frac{(n+1)}{2}}$$

[자료의 개수가 짝수일 때]

$$\text{Median} = \frac{x_{(\frac{n}{2})} + x_{(\frac{n}{2}+1)}}{2}$$

자료 중에 극단값이 존재하는 경우 평균은 극단값에 의해 왜곡될 수 있는데, 이 경우 자료를 대표하는 값으로 중위수를 사용하는 것이 적절하다. 중위수는 서열척도 이상(서열척도, 간격척도, 비율척도)으로 측정된 자료의 중심경향치로 사용할 수 있다.

(3) 최빈값

최빈값(mode)은 자료에서 가장 자주 나타나는 관측치를 의미한다. 최빈값은 출현 도수가 가장 많은 관측치를 의미하기 때문에 직관적으로 가장 이해하기 쉬운 중심경향치라고 할 수 있으며, 자료에서 반드시 하나만 존재하는 것은 아니다. 최빈값은 척도의 종류와 관계없이 측정된 모든 자료에서 중심경향치로 사용할 수 있다.

2. 산포도

산포도(degree of scattering)는 자료의 흩어진 정도를 의미한다. 산포도를 나타내는 것에는 범위, 사분위수, 분산, 표준편차 등이 있다.

(1) 범 위

범위(range)는 수집된 자료의 관측치 중 '최대값과 최소값의 차이'로 계산되며 수식으로 나타내면 다음과 같다.

$$\text{Range} = \text{Max}\, x_i - \text{Min}\, x_i$$

범위는 자료의 관측치 중 최대값과 최소값만을 사용하기 때문에 극단값의 영향을 많이 받는다는 한계가 있다.

(2) 사분위수

사분위수(quartile deviation)는 자료의 상위 25%에 해당하는 관측치와 하위 25%에 해당하는 관측치를 제외하고 범위를 구한 값으로 다음의 수식으로 표현할 수 있다.

$$Q = \frac{Q_U - Q_L}{2}$$

Q: 사분위수
Q_U: 75% 분위점
Q_L: 25% 분위점

사분위수는 범위와는 다르게 극단적인 값이 있어도 영향을 크게 받지 않는다는 특징이 있지만 자료를 충분히 활용하지 못하는 한계가 있다. 즉, 75% 분위점보다 큰 관측치와 25% 분위점보다 작은 관측치는 사분위수의 계산에 반영되지 못한다.

(3) 분 산

분산(variance)은 관측치들이 평균으로부터 얼마나 떨어져 있는가를 의미하는 것으로서 산포도의 대표적인 값이다. 관측치에서 표본평균을 차감한 것을 **편차**(deviation)라

하는데, 각 편차값을 제곱하여 모두 합한 후 '관측치의 개수－1'로 나눈 것이 분산이다. 표본의 분산을 수식으로 나타내면 다음과 같다.[1)]

$$s^2 = \frac{\sum_{i=1}^{n}(X_i - \overline{X})^2}{n-1}$$

s^2: 표본분산
n: 관측치의 수
X_i: 관측치 i
$\overline{X}$: 표본평균

(4) 표준편차

표준편차(standard deviation)는 분산과 함께 대표적인 산포도 값이며 분산의 양의 제곱근을 의미한다. 표본의 표준편차를 수식으로 나타내면 다음과 같다.

$$s = \sqrt{\frac{\sum_{i=1}^{n}(X_i - \overline{X})^2}{n-1}}$$

s: 표본표준편차
n: 관측치의 수
X_i: 관측치 i
$\overline{X}$: 표본평균

분산과 다르게 표준편차의 단위는 관측치의 단위와 같은 특징을 갖는다. 따라서 서로 다른 두 집단을 상대적으로 비교할 수 있다. 즉 A집단과 B집단의 표본평균이 같고 A집단의 표준편차가 B집단의 표준편차보다 크다면 "A집단이 B집단보다 이질적이다"라고 해석할 수 있다.

1) 여기서 설명하는 분산과 표준편차는 각각 연구자가 수집한 '표본자료'의 분산과 표준편차이다. 이에 대응하는 개념으로 '모집단'의 분산과 표준편차가 있으며, 각각 σ^2와 σ로 나타낸다. 모집단의 분산을 계산하는 공식은 $\sigma^2 = \frac{\sum_{i=1}^{N}(X_i - \mu)^2}{N}$이며, 표준편차는 그 제곱근 값이다. 모집단의 분산과 표준편차는 분모에 N을 사용하는 데 비해, 표본의 분산과 표준편차는 분모에 n 대신 $n-1$을 사용함으로써 모집단의 해당값들에 대한 불편추정치(unbiased estimate)를 얻을 수 있다. 여기서 '추정' 분산과 표준편차의 경우 분모에 $n-1$을 사용하는 것은 일반적으로 추정을 위한 자유도는 정보의 수에서 그 추정을 위해 추정된 모수의 수를 차감하기 때문이다. 이에 관해서는 다음을 참조할 수 있다: 이학식·임지훈, *사회과학 논문 작성을 위한 연구방법론*, 2014, 집현재, pp. 130-131.

3. 분포도

자료가 분포되어 있는 전체적인 모양을 나타내는 분포도에는 왜도와 첨도가 있다.

(1) 왜 도

왜도(skewness)는 자료의 분포가 기울어진 방향과 정도를 나타내는 것으로 분포의 비대칭 정도를 의미하며 다음과 같은 수식으로 표현할 수 있다.

$$S_k = \frac{3(\bar{X} - \text{Mdn})}{s}$$

S_k: 왜도계수

$\bar{X}$: 표본평균

Mdn: 중위수

s: 표본표준편차

왜도계수가 '+'의 값을 갖는 경우는 자료의 분포가 최빈값을 기준으로 오른쪽으로 길게 뻗어 있는 것을 의미하며, 이 경우 양의 왜도(positive skewness) 혹은 우측왜도(skewed to the right)라고 표현한다. 반면 왜도계수가 '−'의 값을 갖는 경우는 자료의 분포가 최빈값을 기준으로 왼쪽으로 길게 뻗어 있는 것을 의미하며, 음의 왜도(negative skewness) 혹은 좌측왜도(skewed to the left)라 표현한다. [그림 4.1]은 분포의 왜도를 나타낸다.

그림 4.1 분포의 왜도

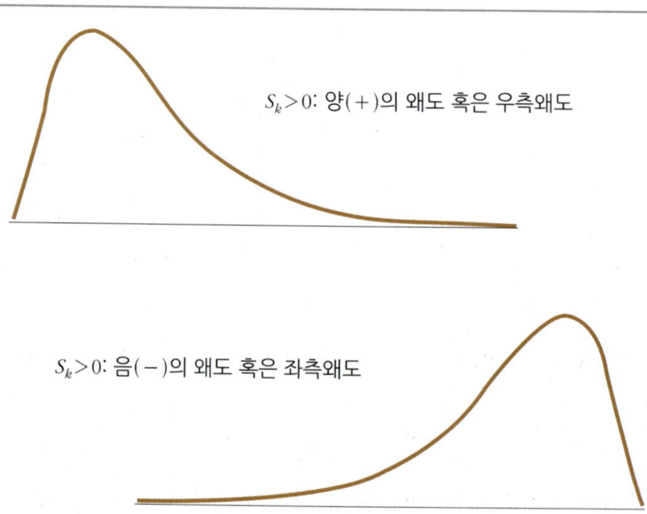

(2) 첨 도

첨도(kurtosis)는 자료의 분포가 얼마나 중심에 집중되어 있는가를 나타낸다. 즉, 자료의 분포가 **정규분포**(normal distribution)와 비교하여 얼마나 중심에 집중되어 있는지를 의미한다. 자료가 정규분포를 따르는 경우 첨도는 '0'이 되며, 정규분포보다 중심에 집중되어 있는 경우 첨도는 양(+)의 값을 갖게 된다. 반면 정규분포보다 중심에 덜 집중될 경우에는 음(−)의 값을 갖는다. [그림 4.2]는 분포의 첨도를 나타낸다.

그림 4.2 분포의 첨도

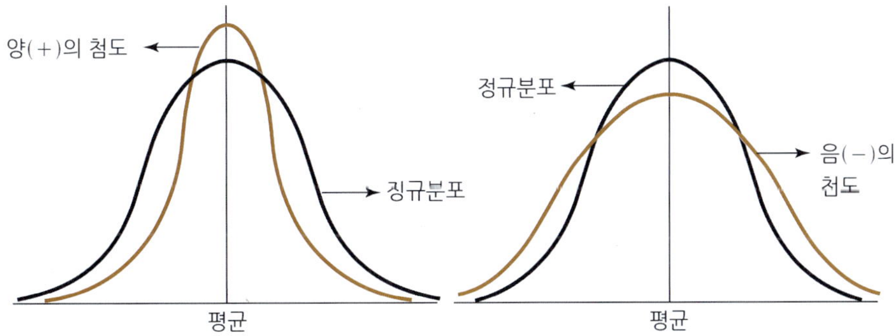

4.3 빈도분석 – 단일응답

단일응답자료의 빈도분석은 한 질문에 한 개의 응답만을 하는 자료를 빈도분석하는 것이다. 한 질문에 두 개 이상의 응답을 하는 자료를 빈도분석하는 것은 4.5에서 다룬다.

예제 4.1 SPSS를 이용한 단일응답자료의 빈도분석 예

〈표 4.7〉은 유치원 학생 20명의 성별을 조사한 결과이다.

표 4.7 유치원 학생들의 성별

번호	1	2	3	4	5	6	7	8	9	10	11	12	13	14	15	16	17	18	19	20
성별	남	여	남	남	여	여	남	여	남	남	남	여	남	여	여	남	남	남	남	여

성별의 경우 응답자는 남자 혹은 여자에 해당하므로 단일응답에 해당한다. 〈예제 4.1〉의 빈도분석을 하는 과정은 다음과 같다.

❶ '(4)빈도분석 – 단일응답.sav' 파일을 연다.

❷ [그림 4.3]과 같이 다음의 절차를 따른다.

[분석(A)] → [기술통계량(E)] → [빈도분석(F)...] → 클릭

그림 4.3 빈도분석 절차

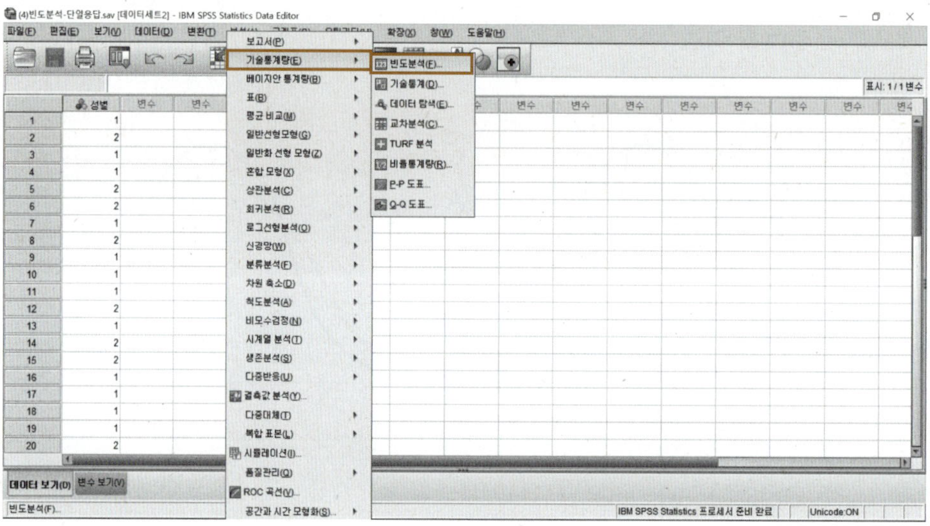

❸ [그림 4.3]과 같이 실행하면 [그림 4.4]의 빈도분석 대화상자가 나타난다.

그림 4.4 빈도분석 대화상자

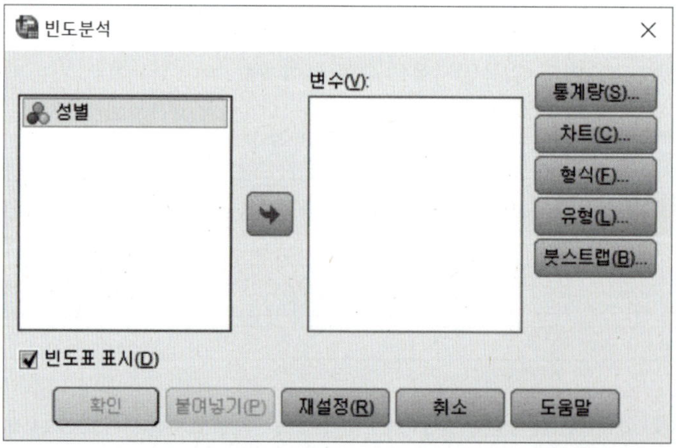

❹ 여기서 성별을 [변수(V)] 상자로 보낸다. 기본설정된 [빈도표 표시(D)]는 유지한다.

그림 4.5 분석대상 변수선정

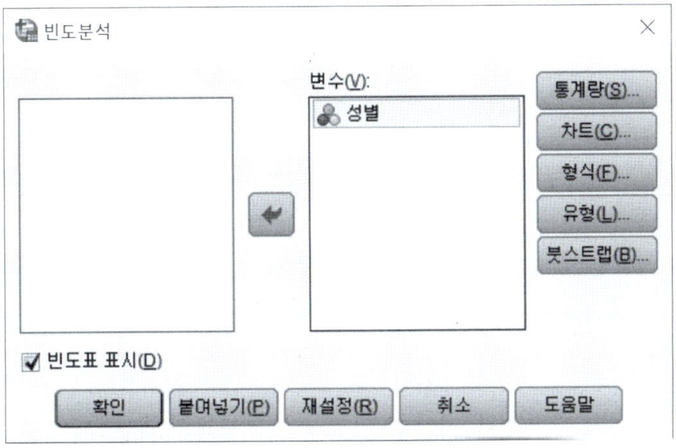

❺ [그림 4.5]에서 [통계량(S)...]을 클릭하면 통계량 대화상자가 나타난다. 통계량 대화상자의 중심경향에서 [그림 4.6]과 같이 [중위수(D)]와 [최빈값(O)]을 클릭한다. 이는 본 예의 '성별' 변수는 명목척도로 측정되었기 때문에 평균과 합계는 의미가 없기 때문이다.

그림 4.6 통계량 대화상자

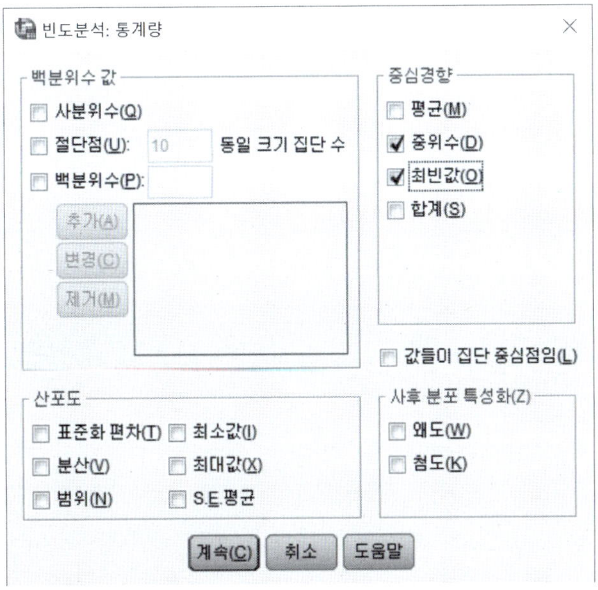

❻ 여기서 [차트(C)...]를 클릭하면 차트 대화상자가 활성화되는데, [그림 4.7]과 같이 [원형 차트(P)]를 선택한다.

그림 4.7 차트 대화상자

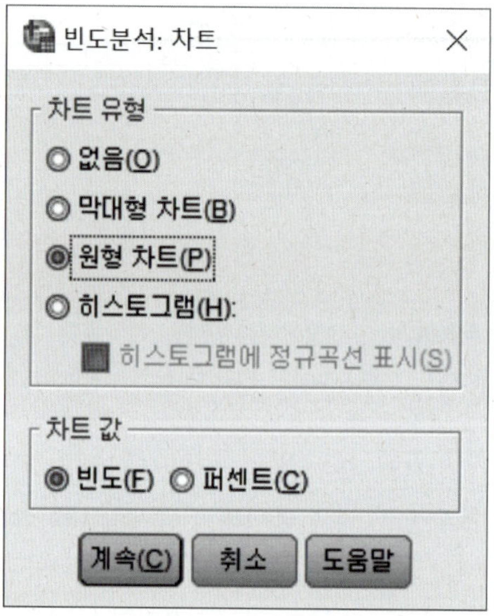

❼ 여기서 [계속(C)]을 클릭하고 [확인]을 클릭하면 결과가 나타난다(표 4.8부터).

표 4.8 빈도분석 결과

성별

N	유효	20
	결측	0
중위수		1.00
최빈값		1

성별

		빈도	퍼센트	유효 퍼센트	누적 퍼센트
유효	남자	12	60.0	60.0	60.0
	여자	8	40.0	40.0	100.0
	전체	20	100.0	100.0	

그림 4.8 빈도분석 결과 그래프

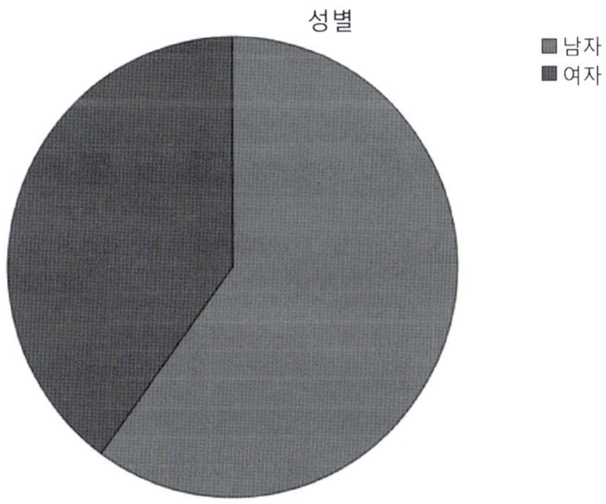

〈표 4.8〉의 첫 번째 표는 본 예에서 사용된 20개의 케이스가 결측값 없이 모두 유효하게 사용되었음을 나타낸다. 두 번째 표에는 20개 케이스의 빈도, 퍼센트, 유효 퍼센트, 누적 퍼센트가 나타나 있다.

☞ 〈표 4.8〉의 유효 퍼센트와 누적 퍼센트의 의미는 다음과 같다.

유효 퍼센트=(그 값을 가진 케이스 수 / 총 케이스 수)×100
누적 퍼센트=(그 값을 가진 케이스 수 / 유효케이스 수)×100

본 예에서는 전체 케이스가 모두 유효케이스로 사용되었으므로 퍼센트, 유효 퍼센트, 누적 퍼센트가 동일하게 나타났다.

4.4 SPSS 결과물 다루기

Viewer 창에 제시되는 결과물의 내용을 수정하거나 편집하기 위해서는 Viewer 창에서 직접 수정·편집하거나 피벗표 창, 텍스트 출력 창, 도표 편집기 창 등을 열어서 수정·편집작업을 할 수 있다. 이하에서는 〈예제 4.1〉의 분석결과를 수정·편집해본다.

1. 분석결과표 편집

〈예제 4.1〉의 분석결과가 Viewer 창에 나타난 모습은 [그림 4.9]와 같다.

그림 4.9 예제 4.1의 분석결과가 Viewer 창에 나타난 모습

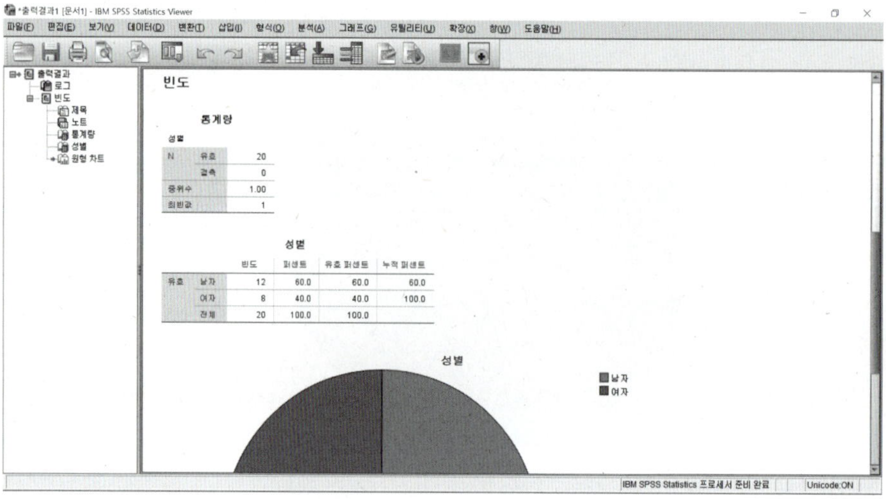

피벗표의 내용을 수정하기 위해서는 먼저 해당 표에 마우스를 위치시키고 더블 클릭한다. 그러면 선택된 표가 활성화되면서 편집대기 상태가 된다. 본 예에서는 [그림 4.9]의 빈도분석 결과표를 수정하도록 한다. 먼저 빈도분석표를 활성화시킨 모습은 [그림 4.10]과 같다.

그림 4.10 활성화되어 편집가능한 상태의 표

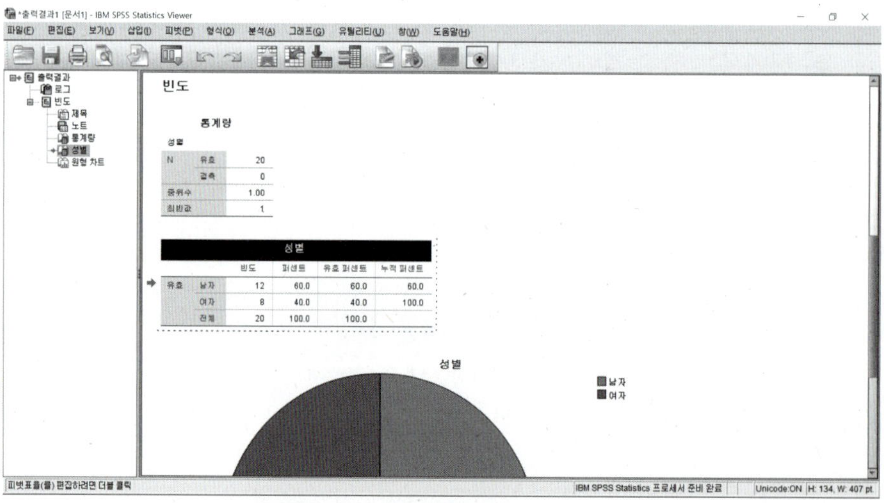

[그림 4.10]의 활성화되어 있는 표에서 '유효'를 '응답자'로 수정하고, '남자'를 'male'로, '여자'를 'female'로 수정하기로 한다. 먼저 '유효'를 '응답자'로 수정하기 위

해서는 활성화된 표의 해당 cell을 더블 클릭하면 [그림 4.11]과 같이 글자를 입력할 수 있는 상태로 전환된다.

그림 4.11 글자 입력 대기상태

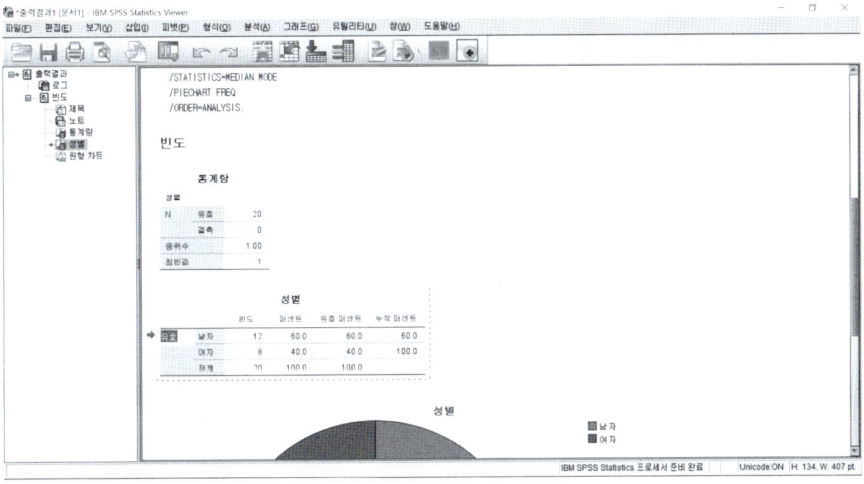

[그림 4.11]의 '유효' 부분에 '응답자'를 입력하고 빈도분석 표의 바깥 부분을 클릭하면 [그림 4.12]와 같이 수정된 모습의 표를 확인할 수 있다.

그림 4.12 수정된 모습의 표

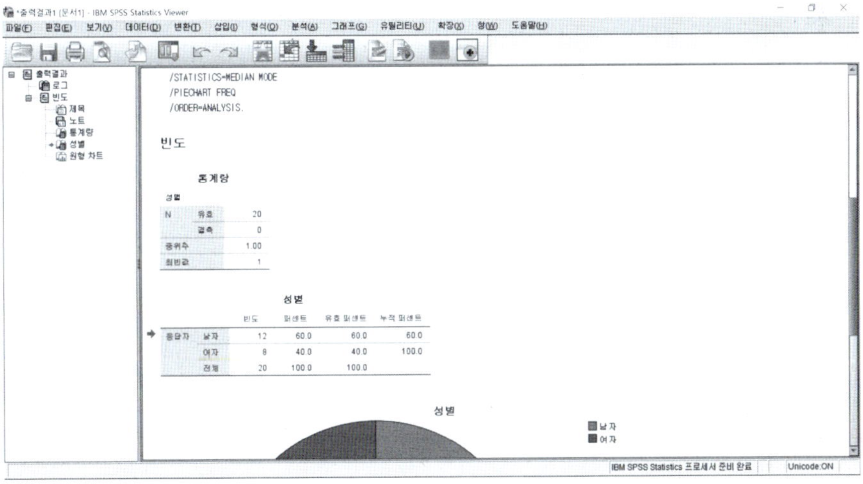

동일한 방법으로 '남자'를 'male'로 '여자'를 'female'로 수정한 후의 모습은 [그림 4.13]과 같다.

그림 4.13 추가 수정 후의 표

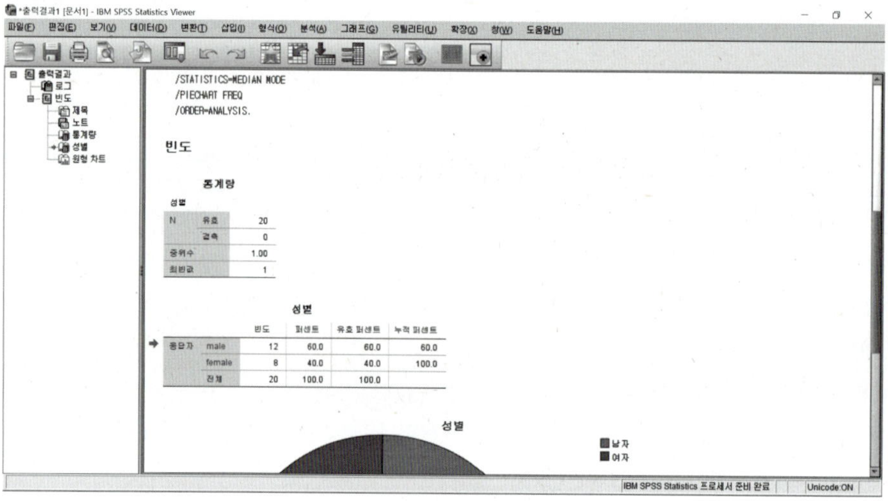

앞에서처럼 Viewer 창에서 표 내용을 직접 수정할 수도 있지만 피벗표를 통해서도 수정이 가능하다. 피벗표를 통해 수정하기 위해서는 수정하고자 하는 표를 클릭하여 선택한 후 마우스 오른쪽 버튼을 클릭한다. 그러면 사용가능한 여러 메뉴가 제시된다(그림 4.14 참조).

그림 4.14 피벗표 선택

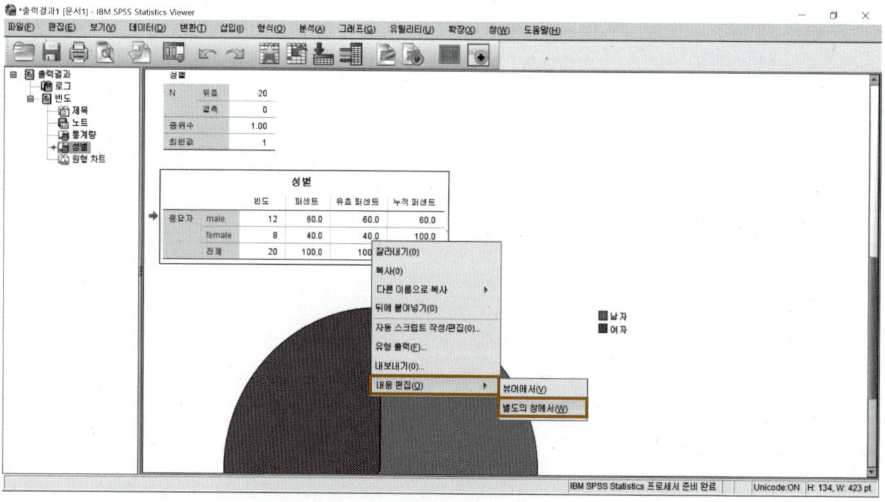

여기서 [내용 편집(O)]의 [별도의 창에서(W)]를 선택하면 [그림 4.15]와 같은 피벗표 창이 활성화된다. 피벗표 창이 활성화되면 [그림 4.15]와 같이 Viewer 창의 해당

표에는 검정색 빗금이 나타난다.

그림 4.15 피벗표 창

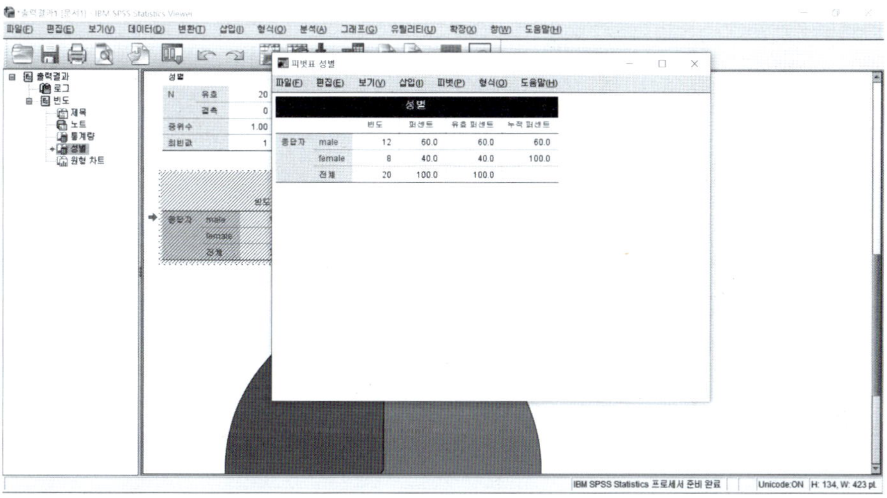

피벗표 상에서 수정하려는 cell을 더블 클릭하면 [그림 4.16]과 같은 수정가능한 상태가 된다.

그림 4.16 피벗표 상의 수정가능 상태

여기서는 male과 female을 남자와 여자로 수정한다. 수정 후의 모습은 [그림 4.17]과 같다.

그림 4.17 수정 후 피벗표 모습

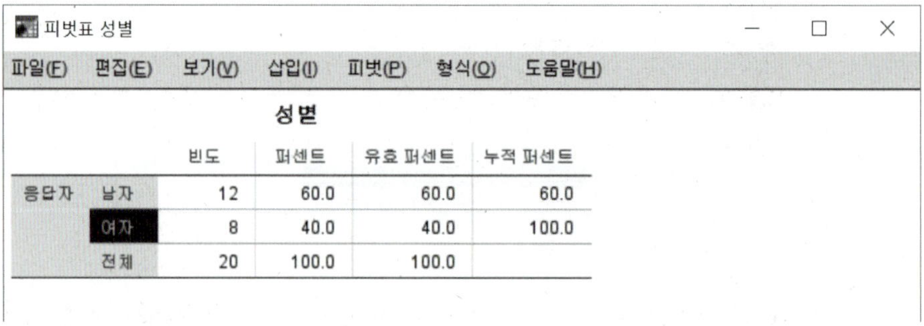

피벗표를 닫으면 [그림 4.18]과 같이 Viewer 창의 표 내용이 수정되어 있다.

그림 4.18 수정된 Viewer 창의 모습

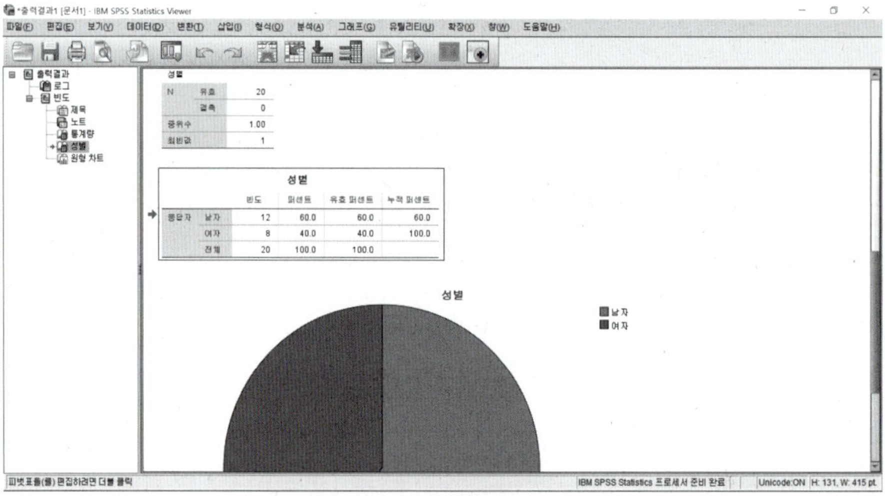

2. 도표편집

도표편집을 위해서는 Viewer 창의 해당 그래프를 더블 클릭한다. 그러면 [그림 4.19]와 같이 도표 편집기 창과 특성 창이 활성화된다. 이때 Viewer 창의 해당 도표는 검은 빗금으로 표시된다. 특성 창은 도표 편집기 상에서 어떤 작업을 하는가에 따라 서로 다른 탭이 활성화된다.

그림 4.19 도표 편집기 창의 활성화

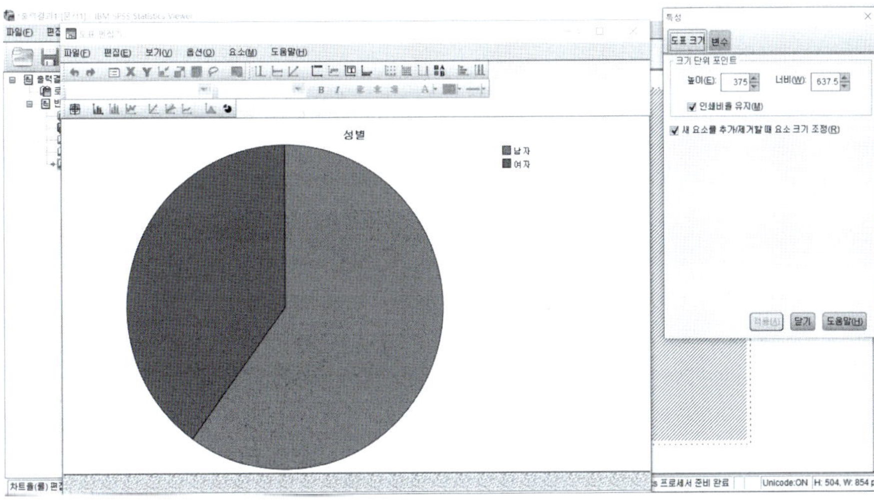

도표 편집기 창에서는 도표의 색상, 유형, 글자의 크기와 종류 등을 변경할 수 있다. 또한 추가적인 내용이 나타나도록 할 수도 있다. [그림 4.19]의 원도표를 보면 남자와 여자의 빈도가 표시되어 있지 않다. 여기서 남자와 여자의 빈도를 표시하기 위해서는 도표 편집기 도구상자의 아이콘 중 를 클릭한 후 도표의 남자와 여자 부분을 클릭하면 빈도수가 나타난다. 빈도수가 나타난 모습은 [그림 4.20]과 같다.

그림 4.20 원도표에 빈도수가 나타난 모습

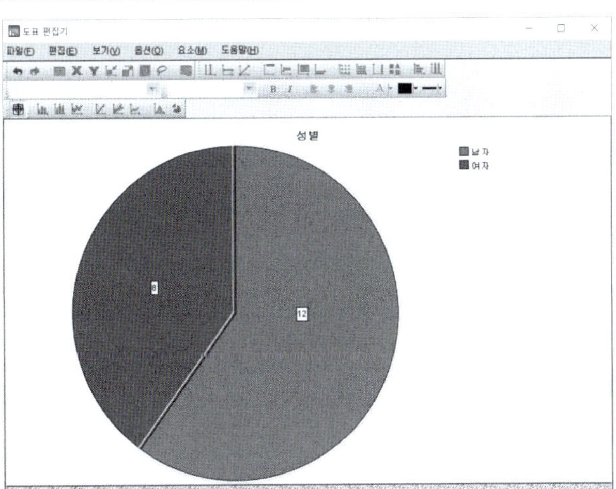

이번에는 원도표를 막대도표로 변경해보기로 한다. 먼저 도표를 변경하기 위해서

는 [그림 4.20]의 도표 편집기에서 그래프를 클릭하면 [그림 4.21]과 같이 그래프가 활성화된다. [그림 4.22]의 특성 대화상자에는 해당 작업에서 활성화될 수 있는 탭이 제시된다.

그림 4.21 활성화된 그래프 모습

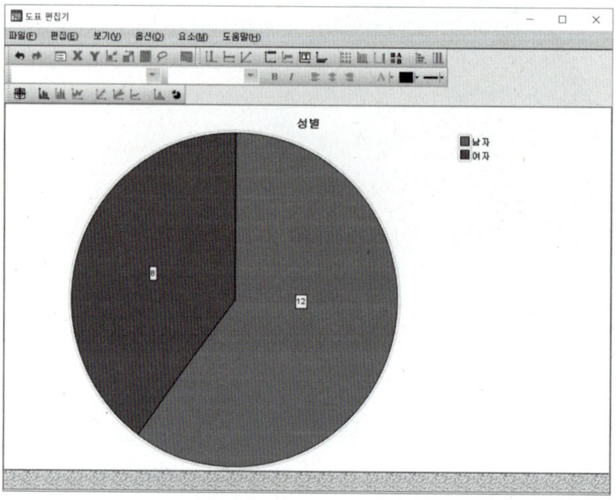

그림 4.22 특성 대화상자

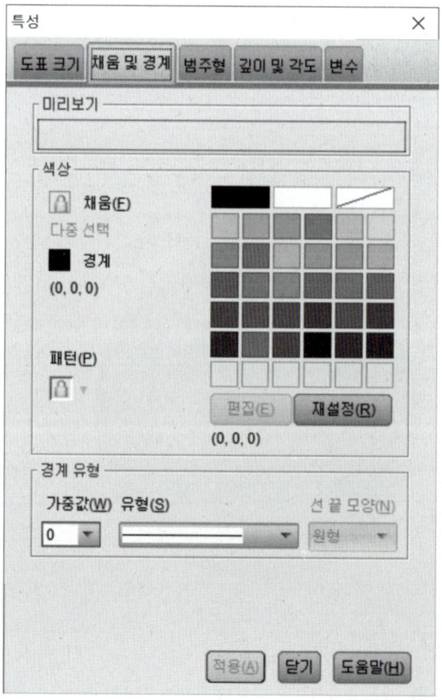

[그림 4.22]의 특성 대화상자에서 '변수' 탭을 선택한 후 [요소 유형(E)]에서 콤보 버튼을 클릭하면 [그림 4.23]과 같은 선택메뉴들이 나타난다.

그림 4.23 요소 유형의 선택메뉴

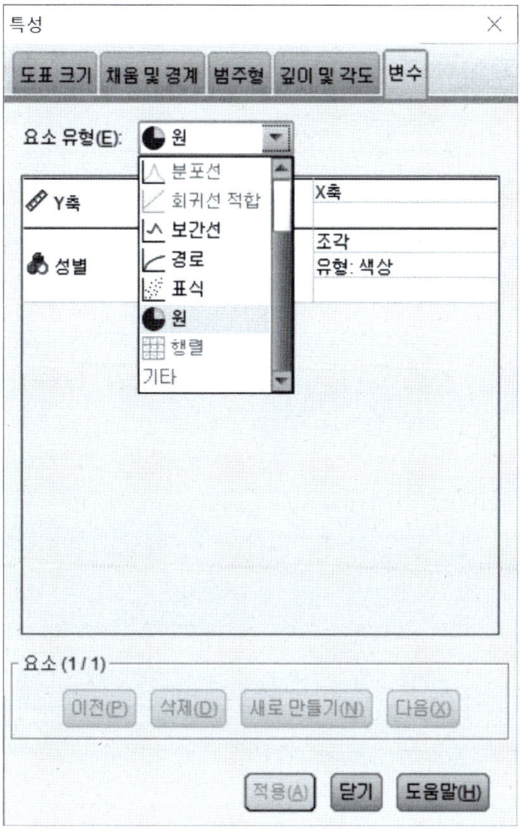

[그림 4.23]의 선택메뉴에서 [막대] 선택 후 [그림 4.24]와 같이 성별 옆에 'X축'을 선택하고 [적용(A)]을 클릭하면 [그림 4.25]와 같이 막대도표의 모습이 나타난다.

그림 4.24 막대도표 축의 선택

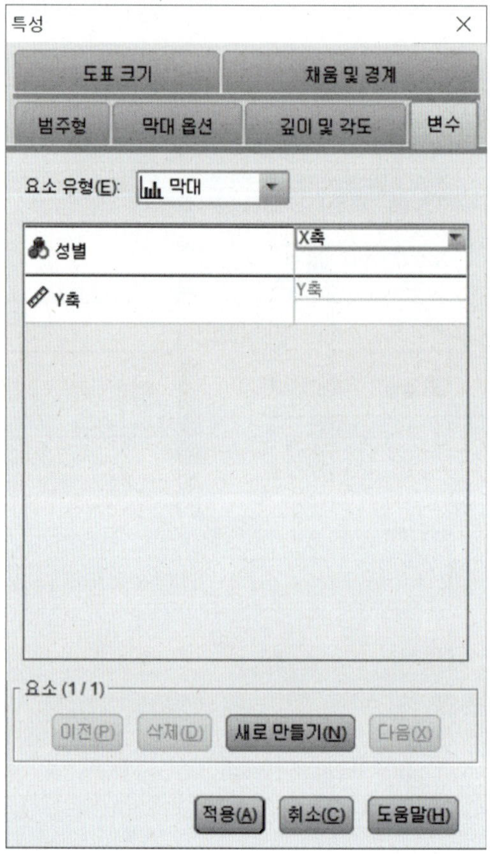

그림 4.25 막대도표

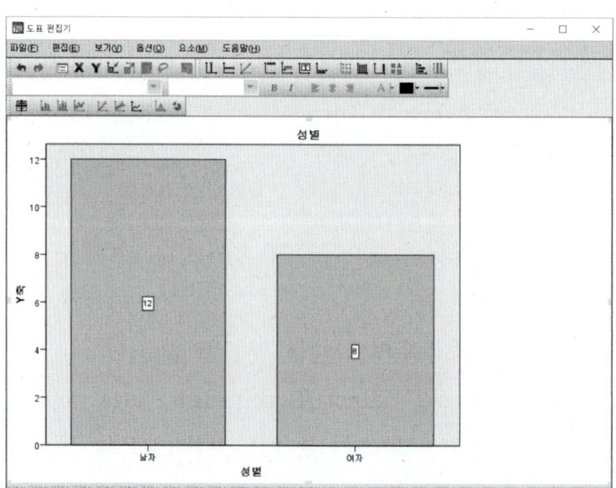

[그림 4.25]의 도표 편집기 창을 닫으면 [그림 4.26]과 같이 Viewer 창에 그래프가 수정된 모습이 나타난다.

그림 4.26 Viewer 창에 그래프가 수정된 모습

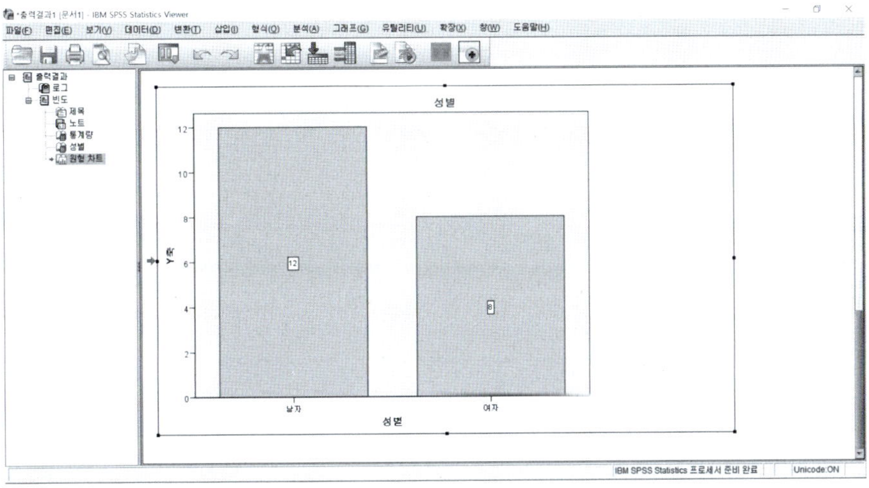

3. 분석결과 내보내기

이하에서는 SPSS 분석결과를 한글이나 MS Word와 같은 워드프로세서 프로그램에서 불러오는 경우를 설명한다. 이를 위해 먼저 [그림 4.26]의 분석결과 파일을 [그림 4.27]과 같이 '내보내기.spv' 파일로 저장한다.

그림 4.27 내보내기.spv

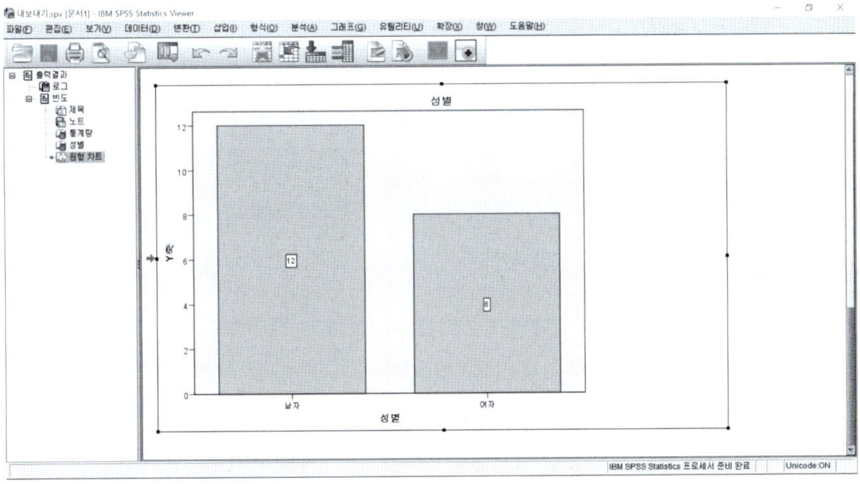

분석결과 파일을 워드프로세서로 내보내는 방법에는 주요 메뉴 [파일(F)]의 **'내보내기 기능'**을 이용하는 방법과 **'개체복사'**를 이용하는 방법이 있다.

(1) 주요 메뉴 [파일(F)]의 [내보내기(T)...] 기능 이용하기

내보내기 기능을 이용하는 방법은 분석결과 전체를 워드프로세서에서 편집하는 경우에 적합하다. 이를 위해서는 다음의 절차를 따른다.

❶ [그림 4.27]에서 주요 메뉴 [파일(F)]의 [내보내기(T)...]를 클릭하면 [그림 4.28]과 같은 내보내기 출력결과 대화상자가 나타난다.

그림 4.28 내보내기 출력결과 대화상자

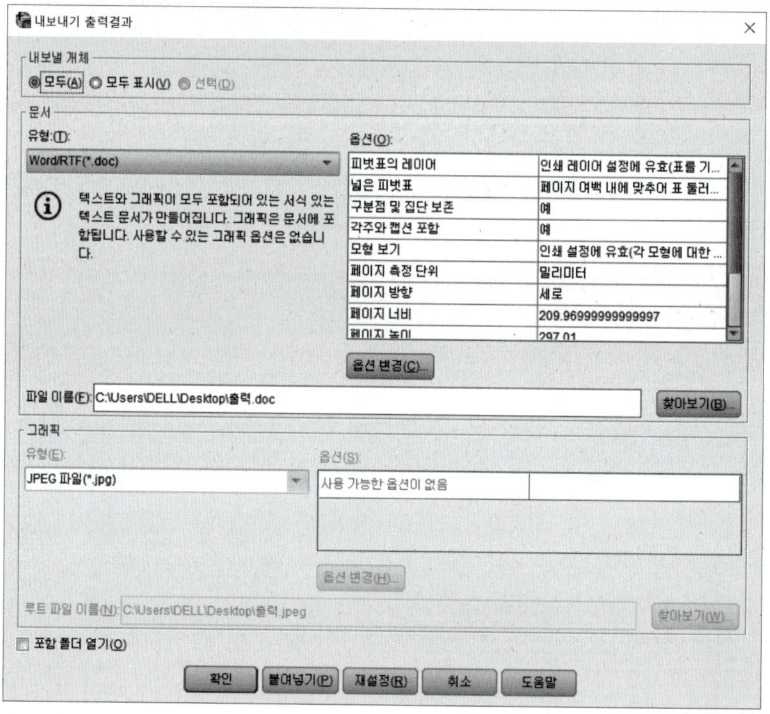

☞ 내보내기 출력결과 대화상자에서 선택사항의 의미는 다음과 같다.

- **내보낼 개체:** 분석결과 중 어떤 부분을 내보낼 것인지를 결정한다. [모두(A)]는 분석결과에 보이지 않는 부분들(노트)도 내보내는 것이며, [모두 표시(V)]는 분석결과에 보이는 부분만을 내보내는 것이며, [선택(D)]은 분석결과 중 선택한 부분만을 내보내는 것이다. 본 예에서는 [모두(A)]를 선택한다.
- **문서:** 분석결과를 어떤 파일형식으로 내보낼 것인가를 결정한다. 원하는 파일형식

을 결정하면 된다. 기본설정은 MS Word file로 되어 있다(확장자 *.doc). 출력결과 문서에는 기본적으로 도표 내보내기가 설정되어 있다.

- **파일 이름:** 내보내기 파일을 어떤 위치에 저장할 것인가를 지정한다. [찾아보기(B)...]를 클릭하여 원하는 위치를 결정할 수 있다. 본 예에서는 Desktop(바탕화면)에 '내보내기'라는 파일명으로 내보내기를 실시한다.

❷ 여기서 [그림 4.29]와 같이 선택사항을 결정한다.

그림 4.29 내보내기 옵션을 결정한 모습

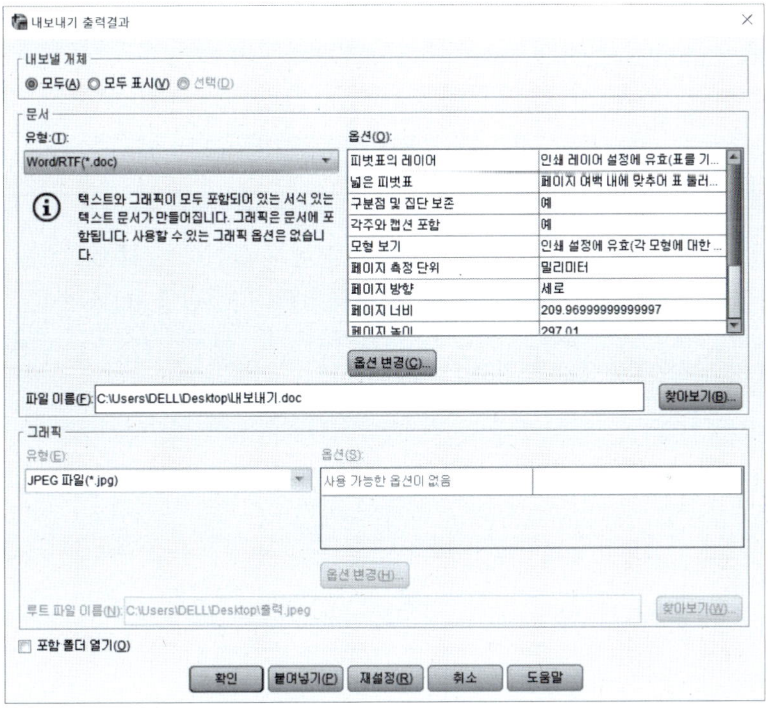

❸ [그림 4.29]에서 [확인]을 클릭한다.

❹ MS Word를 실행하고 '내보내기.doc' 파일을 불러오면 [그림 4.30]과 같이 나타난다.

그림 4.30 내보내기 결과가 MS Word에 나타난 모습

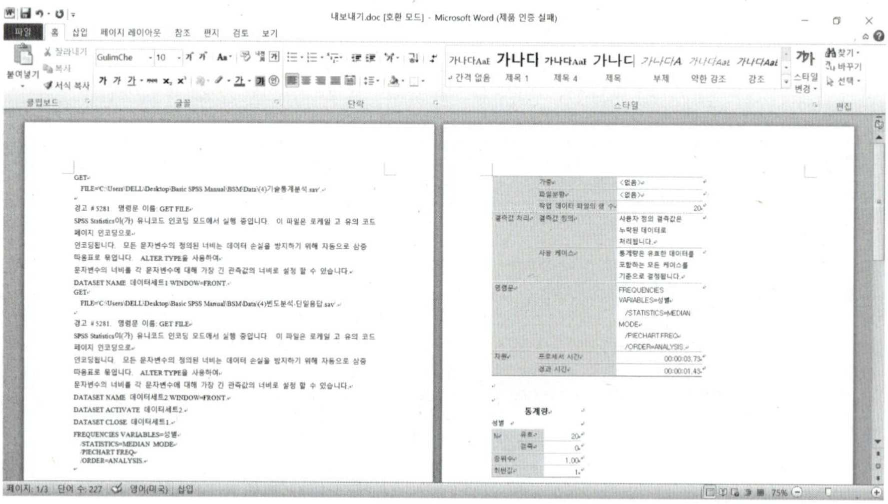

❺ MS Word에 제시된 내보내기 결과를 훈글에서 작업하기 위해서는 필요한 표와 그림을 복사하여 훈글로 가져온다. 가져온 결과는 [그림 4.31]과 같다.

그림 4.31 분석결과를 훈글로 가져온 모습

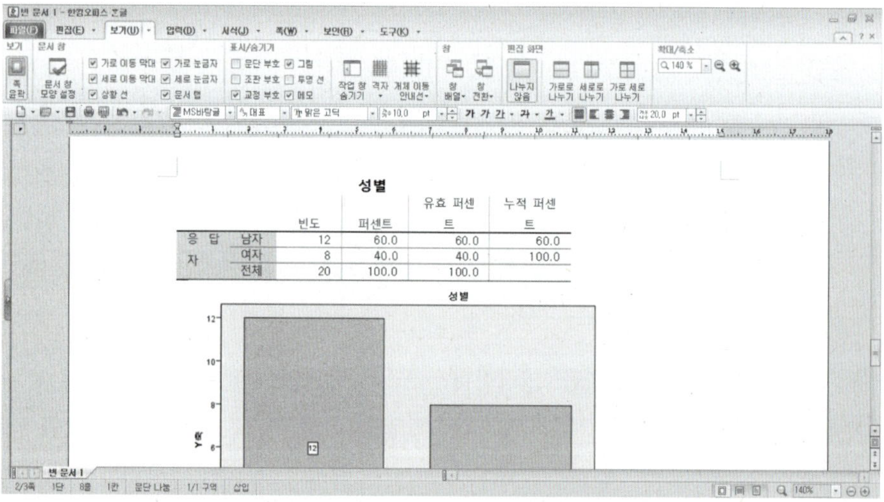

(2) 개체 복사기능 이용하기

개체 복사기능을 이용하여 분석결과를 워드프로세서에서 편집할 수 있다. 이 방법은 분석결과 일부를 워드프로세서에서 편집하는 경우에 적합하다. 이를 위해서는 다음의 절차를 따른다.

❶ [그림 4.32]와 같이 분석결과를 선택한다.

그림 4.32 분석결과의 선택

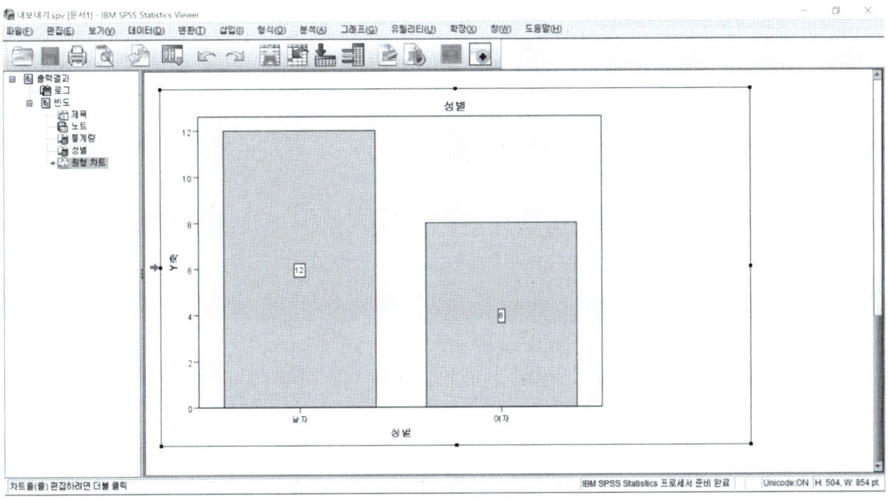

❷ [그림 4.33]과 같이 마우스 오른쪽 버튼을 이용하여 복사를 클릭한다.

그림 4.33 복사

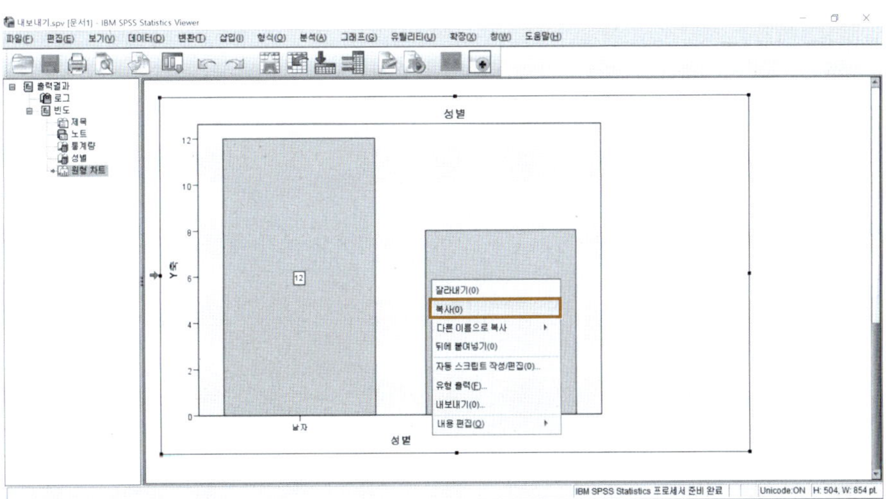

❸ MS Word를 실행하고 마우스 오른쪽 버튼의 [붙여넣기(P)]를 클릭한다. 그러면 [그림 4.34]와 같이 내보내기 결과가 MS Word에 나타난다. 흔글에서는 표와 그림의 복사가 실행되지 않는다. 흔글에서 문서를 편집해야 할 때는 MS Word에서 복사

기능을 실행한 후, 이를 복사하여 흔글에서 편집하면 된다.

그림 4.34 복사 결과가 MS Word에 나타난 모습

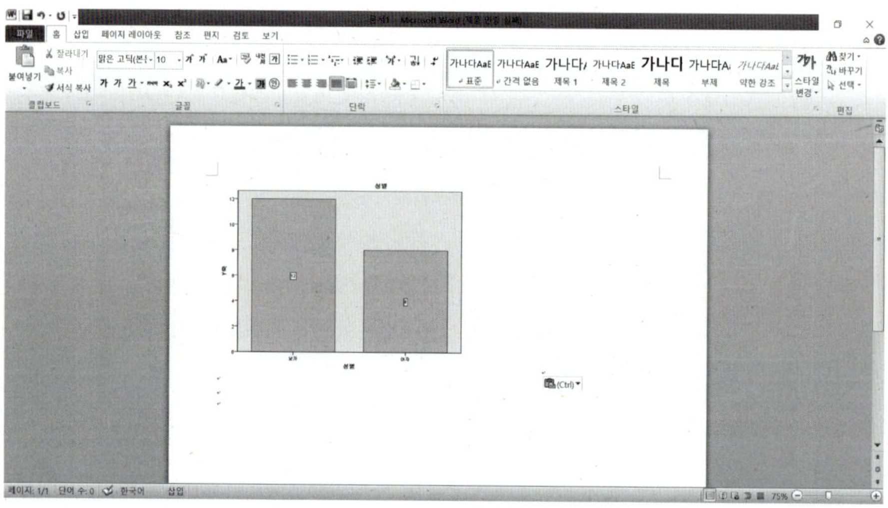

4.5 빈도분석 – 복수응답

4.3에서는 한 질문에 한 개의 응답만을 하는 자료를 빈도분석하는 것을 다루었다. 여기서는 한 질문에 두 개 이상의 응답을 하는 자료를 빈도분석하는 것을 예시한다.

예제 4.2 SPSS를 이용한 복수응답자료의 빈도분석 예

한 자동차 제조회사는 고객이 구매한 경험이 있는 자동차 형태와 선호하는 자동차 형태를 조사하기 위해 15명의 응답자들을 대상으로 다음과 같이 질문하였다. 수집한 자료는 〈표 4.9〉와 같다.

질문 1: 귀하가 구매한 경험이 있는 자동차 형태를 모두 ✔표 하시오.

① 세단( ) ② SUV( ) ③ 미니밴( ) ④ CUV( )

질문 2: 귀하가 선호하는 자동차 형태의 해당 번호를 1순위와 2순위에 각각 쓰시오.

1순위( ) 2순위( )

① 세단 ② SUV ③ 미니밴 ④ CUV

표 4.9 설문조사 응답결과[2)]

응답자	세단	SUV	미니밴	CUV	1순위	2순위
1	1	0	0	0	1	2
2	1	1	0	0	4	1
3	1	0	1	0	3	1
4	1	1	1	0	1	3
5	1	0	0	0	1	4
6	1	0	0	1	1	2
7	1	0	0	0	1	2
8	1	1	1	1	1	3
9	1	0	1	0	2	1
10	1	0	0	0	1	4
11	0	1	1	0	2	3
12	0	0	1	0	3	1
13	1	0	1	0	4	1
14	1	0	0	1	3	1
15	1	0	0	0	1	2

❶ '(4)빈도분석 – 복수응답.sav' 파일을 연다.

❷ [그림 4.35]와 같이 다음의 절차를 따른다.

[분석(A)] → [다중반응(U)] → [변수군 정의(D)...] → 클릭

그림 4.35 다중반응 분석절차 – 변수군 정의

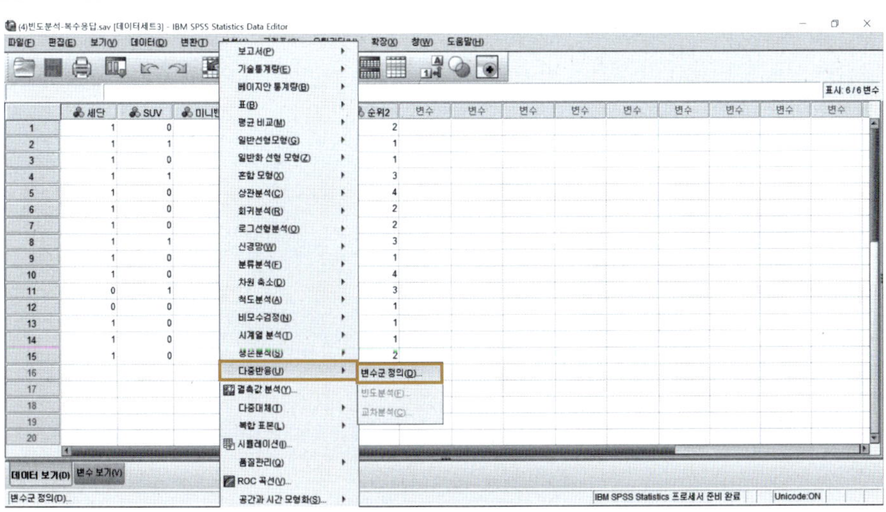

2) 복수응답의 코딩방법은 3장의 3.3 자료의 코딩 참조.

❸ 그러면 [그림 4.36]의 다중반응 변수군 정의 대화상자가 나타난다.

그림 4.36 다중반응 변수군 정의 대화상자

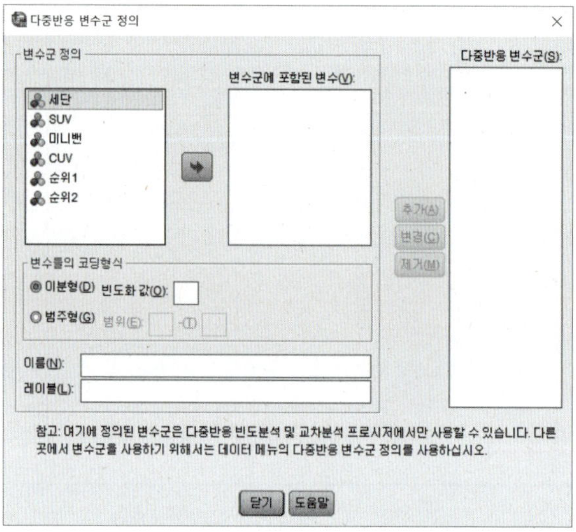

❹ [그림 4.36]의 변수목록상자에서 질문 1(구매경험이 있는 자동차 형태)과 관련 있는 변수(세단, SUV, 미니밴, CUV)를 선택하여 [그림 4.37]과 같이 [변수군에 포함된 변수(V)]로 보낸다.

그림 4.37 복수응답 변수의 선택

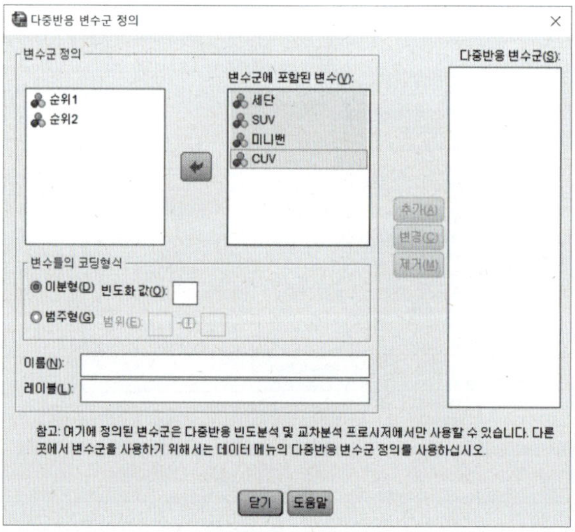

❺ [그림 4.37]에서 선택된 변수들은 이분형 명목척도로 측정되었기 때문에 코딩형식은 [이분형(D)]을 선택하고 빈도화 값은 '1'로 한다. 이는 구매경험이 있는 경우 '1'로 코딩했기 때문이다. 또한 복수응답을 위해 새롭게 정의할 변수의 [이름(N)]에 '구매경험형태'를, [레이블(L)]에 '구매경험이 있는 자동차 형태'를 입력한 후 [추가(A)]를 클릭하면 [그림 4.38]과 같이 [다중반응 변수군(S)]이 설정된다. [다중반응 변수군(S)]의 변수명에는 자동적으로 '$' 표시가 나타난다.

그림 4.38 질문 1의 다중반응 변수군 설정

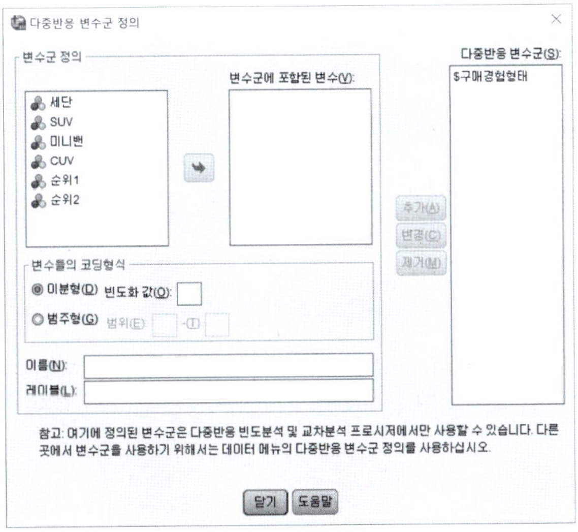

❻ 질문 2(선호하는 자동차 형태)의 응답에서 1순위와 2순위를 통합하여 빈도분석을 실시하기 위해 동일한 방법으로 변수군 정의를 실시한다. 먼저 변수목록상자의 순위1과 순위2를 선택하여 [변수군에 포함된 변수(V)]로 보낸다. 이때 1순위와 2순위 변수는 명목척도로 측정되었기 때문에 변수들의 코딩형식에서 [범주형(G)]을 선택하고 범위는 1~4로 입력한다. 새롭게 정의할 변수의 [이름(N)]에 '선호형태'를, [레이블(L)]에 '선호자동차형태 1순위와 2순위'를 입력한 후 [추가(A)]를 클릭한 모습은 [그림 4.39]와 같다.

그림 4.39 질문 2의 다중반응 변수군 설정

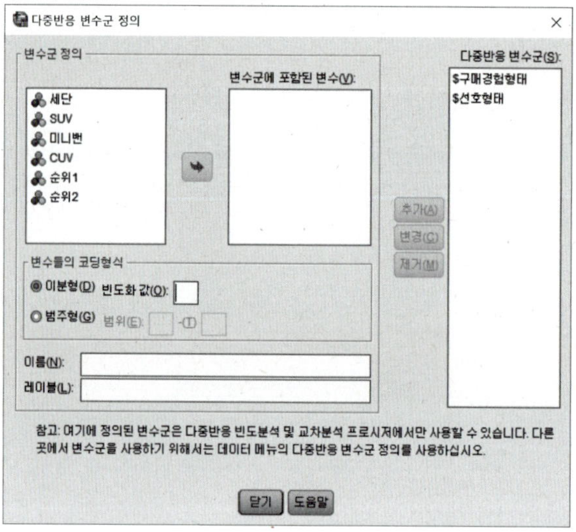

❼ 복수응답에 대한 빈도분석을 실시하기 위해 [그림 4.40]과 같은 절차를 따른다.

[분석(A)] → [다중반응(U)] → [빈도분석(F)...] → 클릭

그림 4.40 다중반응 분석절차 – 빈도분석

❽ 그러면 [그림 4.41]과 같은 다중반응 빈도분석 대화상자가 나타난다.

그림 4.41 다중반응 빈도분석 대화상자

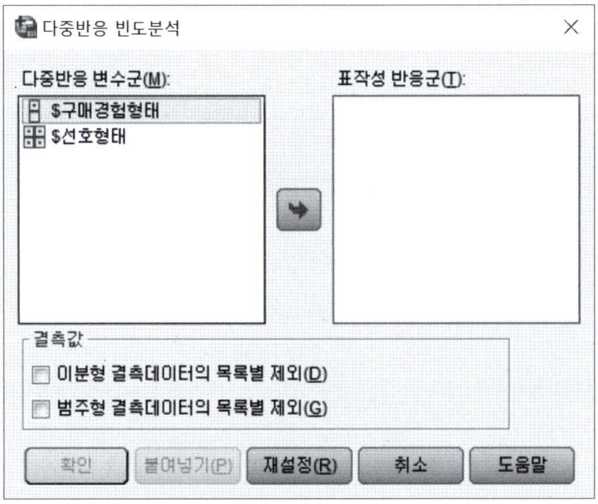

❾ 여기서 [그림 4.42]와 같이 분석할 변수를 [표작성 반응군(T)]으로 보낸다.

그림 4.42 분석대상 변수선정

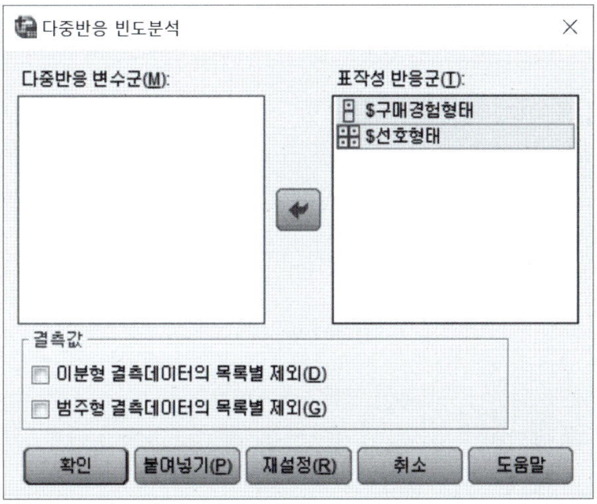

❿ 이어서 [확인]을 클릭하면 〈표 4.10〉과 같은 결과가 나타난다.

표 4.10 복수응답 빈도분석 결과

$구매경험형태 빈도

		반응		케이스 중 %
		N	퍼센트	
구매경험이 있는 자동차 형태[a]	세단	13	48.1%	86.7%
	SUV	4	14.8%	26.7%
	미니밴	7	25.9%	46.7%
	CUV	3	11.1%	20.0%
전체		27	100.0%	180.0%

a. 값 1을(를) 가지는 이분형 변수 집단입니다.

$선호형태 빈도

		반응		케이스 중 %
		N	퍼센트	
선호자동차형태 1순위와 2순위[a]	세단	14	46.7%	93.3%
	SUV	6	20.0%	40.0%
	미니밴	6	20.0%	40.0%
	CUV	4	13.3%	26.7%
전체		30	100.0%	200.0%

a. 범주형 변수 집단.

첫 번째 표는 응답자들의 구매경험이 있는 자동차 형태가 제시되어 있다. 15명의 응답자가 응답을 하였으나 복수응답을 하였기 때문에 케이스 퍼센트 합계는 180%(=27/15)로 나타났다. 두 번째 표는 응답자들이 선호하는 자동차 형태가 1순위와 2순위로 제시되어 있는데 한 응답자가 두 가지를 선택하였기 때문에 케이스 퍼센트 합계는 200%(=30/15)로 나타났다.

4.6 기술통계분석

BASIC SPSS

예제 4.3 SPSS를 이용한 기술통계분석의 예

경영학과 학생 10명의 마케팅 중간고사 성적을 조사한 결과 〈표 4.11〉과 같다.

표 4.11 경영학과 학생들의 마케팅 중간고사 성적

번호	1	2	3	4	5	6	7	8	9	10
점수	89	55	45	62	75	90	67	82	72	81

〈예제 4.3〉의 기술통계분석을 하는 과정은 다음과 같다.

❶ '(4)기술통계분석.sav' 파일을 연다.

❷ [그림 4.43]과 같이 다음의 절차를 따른다.

[분석(A)] → [기술통계량(E)] → [기술통계(D)...] → 클릭

그림 4.43 기술통계분석 절차

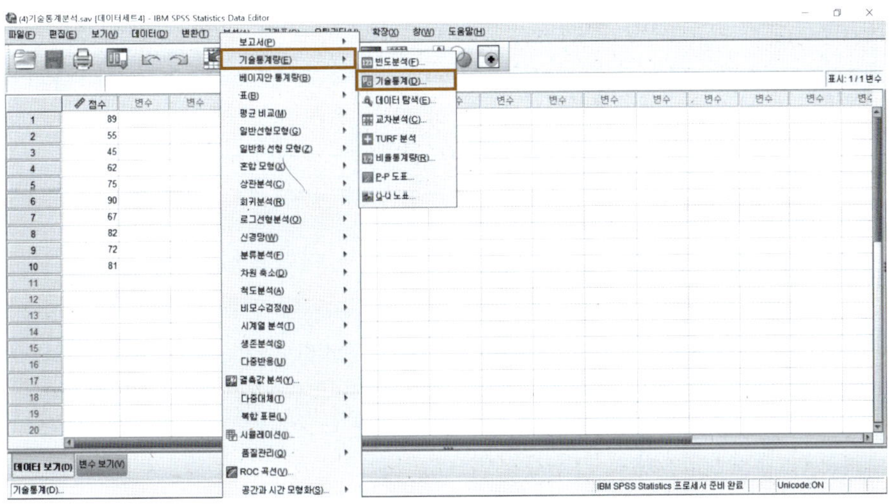

❸ 그러면 [그림 4.44]의 기술통계 대화상자가 나타난다.

그림 4.44 기술통계 대화상자

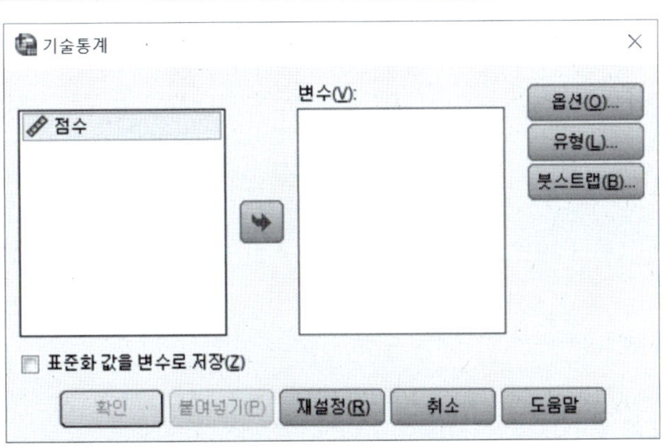

❹ 여기서 [그림 4.45]와 같이 분석할 변수(점수)를 [변수(V)] 상자로 보낸다. [표준화

값을 변수로 저장(Z)]은 선택하지 않는다. 만약 원자료(raw data)를 표준화(평균 =0, 분산=1)시킬 필요가 있는 경우에는 선택한다.

그림 4.45 분석대상 변수선정

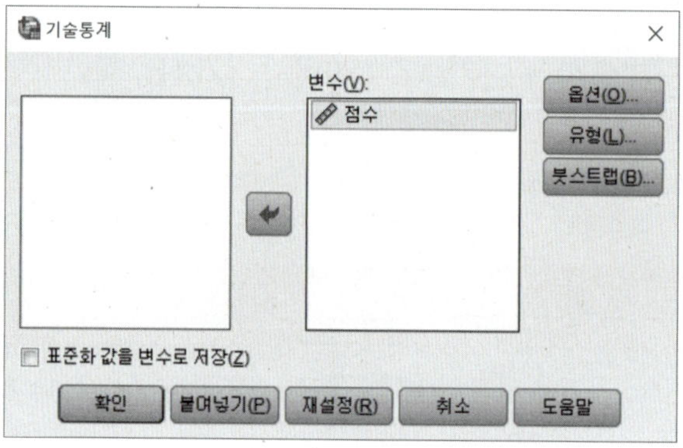

❺ [그림 4.45]에서 [옵션(O)...]을 클릭하면 옵션 대화상자가 활성화된다. 여기서 [그림 4.46]과 같이 평균(M)을, 산포도에서 표준화 편차(T), 분산(V), 범위(R), 최소값(N), 최대값(X)을 선택한다. 사후 분포 특성화에서는 첨도(K)와 왜도(W)를 모두 선택한다.

그림 4.46 옵션 대화상자

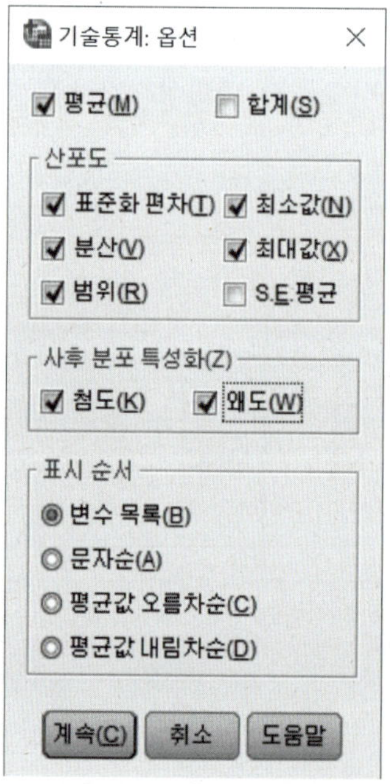

❻ 여기서 [계속(C)]을 클릭하고 이어서 [확인]을 클릭하면 〈표 4.12〉와 같은 결과가 나타난다.

표 4.12 기술통계 결과

기술통계량

	N	범위	최소값	최대값	평균	표준편차	분산	왜도		첨도	
	통계량	통계량	통계량	통계량	통계량	통계량	통계량	통계량	표준오류	통계량	표준오류
점수	10	45	45	90	71.80	14.703	216.178	−.527	.687	−.507	1.334
유효 N(목록별)	10										

〈표 4.12〉의 기술통계분석 결과를 보면 경영학과 10명 학생들의 마케팅 중간고사 성적 평균은 71.80으로 나타났다. 성적이 가장 낮은 학생은 45, 가장 높은 학생은 90이기 때문에 범위는 45(=90−45)로 나타났다. 자료의 산포도를 나타내는 대표적인 값인 분산은 216.178로, 표준편차는 14.703으로 나타났다. 자료의 분포를 나타내는 왜도계수 값은 −.527로 음(−)의 왜도를 갖는 것(왼쪽 꼬리를 갖는 것)으로 나타났다. 첨도계수 값은 −.507로 정규분포보다 중심에 덜 집중되는 것으로 나타났다.

연 / 습 / 문 / 제

BASIC SPSS

1. 다음은 30명의 소비자로부터 인터넷 쇼핑경험 유무를 조사한 자료이다. 단, 유경험은 1로, 무경험은 2로 코딩되어 있다. 이 자료에 대해 빈도분석을 실시하시오.

자료파일: (4)연습문제(빈도분석).

번호	1	2	3	4	5	6	7	8	9	10	11	12	13	14	15
인터넷 쇼핑경험 유무	1	2	1	1	1	1	2	2	1	1	2	2	2	2	1

번호	16	17	18	19	20	21	22	23	24	25	26	27	28	29	30
인터넷 쇼핑경험 유무	2	1	1	1	2	2	2	2	1	1	1	1	2	1	1

[분석결과 및 해석]

쇼핑경험

		빈도	퍼센트	유효 퍼센트	누적 퍼센트
유효	있음	17	56.7	56.7	56.7
	없음	13	43.3	43.3	100.0
	전체	30	100.0	100.0	

30명 소비자의 인터넷 쇼핑경험 유무를 분석한 결과 유경험자가 17명(56.7%)으로, 그리고 무경험자가 13명(43.3%)으로 나타났다.

2. 다음은 고등학생 10명의 주당 독서시간을 조사한 자료이다. 이 자료에 대해 기술통계분석을 실시하시오.

자료파일: (4)연습문제(기술통계분석).

번호	1	2	3	4	5	6	7	8	9	10
독서시간	14	2	3	3	13	6	2	6	6	15

[분석결과 및 해석]

기술통계량

	N	범위	최소값	최대값	평균	표준편차	분산	왜도		첨도	
	통계량	통계량	통계량	통계량	통계량	통계량	통계량	통계량	표준오류	통계량	표준오류
독서시간	10	13	2	15	7.00	5.099	26.000	.723	.687	−1.253	1.334
유효 N (목록별)	10										

10명 고등학생들의 주당 독서시간을 분석한 결과 평균 7시간으로 나타났다. 또한 독서를 가장 적게 하는 학생은 2시간, 가장 많이 하는 학생은 15시간으로 범위는 13(=15−2)인 것으로 나타났다. 자료의 산포도를 나타내는 대표적인 값인 분산은 26.000으로, 표준편차는 5.099로 나타났다. 그리고 자료의 분포를 나타내는 왜도계수는 .723의 양(+)의 왜도(오른쪽 꼬리)를 갖는 것으로, 그리고 첨도계수는 −1.253으로 정규분포보다 중심에 덜 집중되는 것으로 나타났다.

제 5 장
표와 도표 만들기

본 장에서는

- 이산형 자료와 연속형 자료의 표 만들기에 대해 설명한다.
- 이산형 자료와 연속형 자료의 도표 만들기에 대해 설명한다.

Data Editor에 입력된 자료는 분석메뉴나 명령어(syntax) 실행을 통해 분석된다. 이때 분석결과는 Viewer 창에 표(table), 문자(text), 도표(graph)로 제시되는데 거의 모든 분석결과는 표와 도표의 형태로 제시된다.

제 4 장에서 제시한 것과 같이 연구자는 분석대화상자의 선택사항을 통해 원하는 분석결과를 얻을 수 있다. 그러나 선택사항을 지정하기 위해 여러 대화상자를 옮겨 다니는 것은 번거로울 뿐 아니라 경우에 따라서는 연구자가 얻기 원하는 내용이 선택사항에 없을 수도 있다. SPSS는 이러한 문제점을 해결하고 사용편의성을 높이기 위해 별도의 메뉴를 두고 있다. 원하는 결과를 표로 만들기 위한 것으로는 분석메뉴의 하위메뉴인 [표(B)]가 있으며, 도표를 만들기 위한 것으로는 [그래프(G)] 메뉴가 있다. 이하에서는 이산형 자료와 연속형 자료의 표와 도표를 작성하는 방법을 설명한다.

5.1 이산형 자료의 표 만들기

1. 단일변수 표 만들기

분석메뉴의 하위메뉴인 [표(B)]를 이용하여 〈예제 4.1〉의 자료를 빈도분석하는 절차는 다음과 같다.

❶ '(4)빈도분석－단일응답.sav' 파일을 연다.
❷ [그림 5.1]과 같이 다음의 절차를 따른다.

[분석(A)] → [표(B)] → [사용자 정의 표(C)...] → 클릭

그림 5.1 통계표 작성 절차

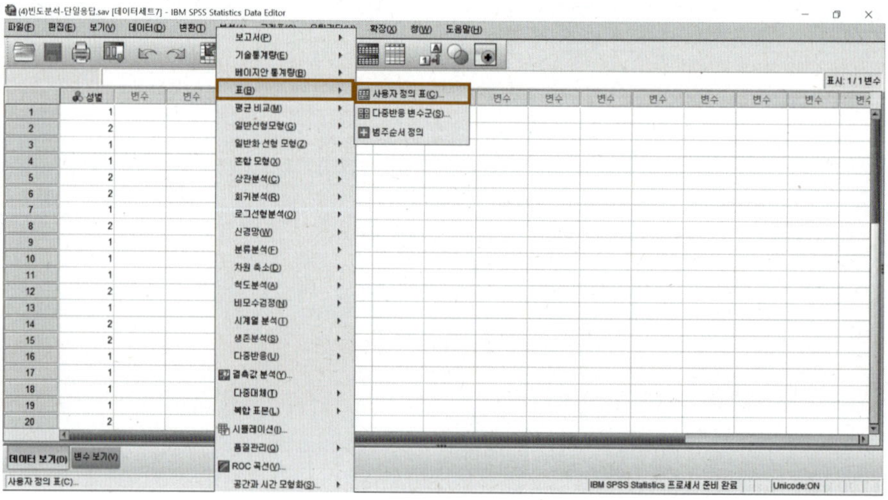

❸ 그러면 [그림 5.2]의 사용자 정의 표 대화상자가 나타난다.

그림 5.2 사용자 정의 표 대화상자

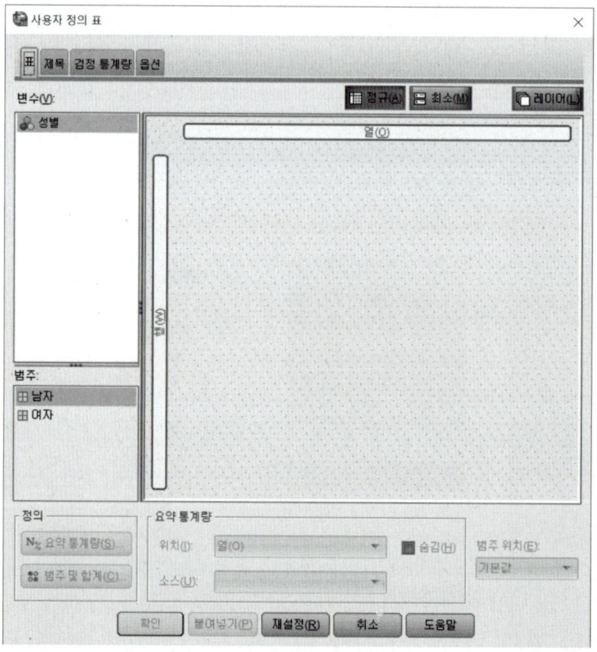

❹ 여기서 [그림 5.3]과 같이 분석할 변수(성별)를 선정한 후 드래그하여 분석상자의 [행(W)]에 위치시킨다.

그림 5.3 분석대상 변수선정

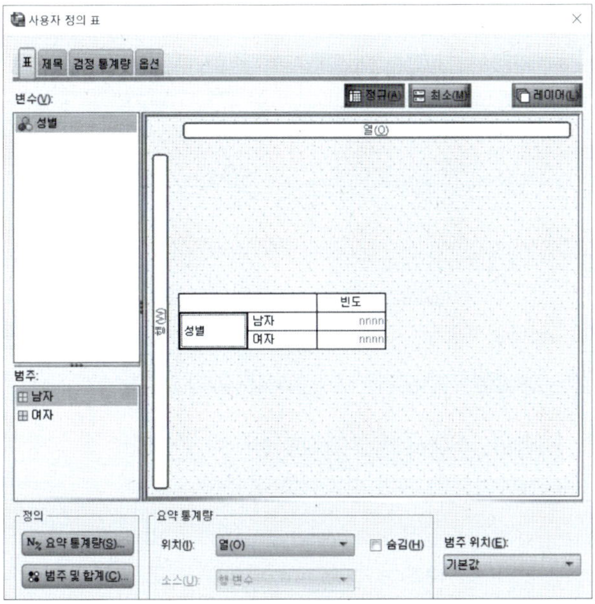

❺ [그림 5.3]의 상단에 위치한 제목 탭을 클릭하고 [그림 5.4]와 같이 [제목(T)] 상자에 '유치원 학생들의 성별 빈도분석'을 입력한다.

그림 5.4 제목의 입력

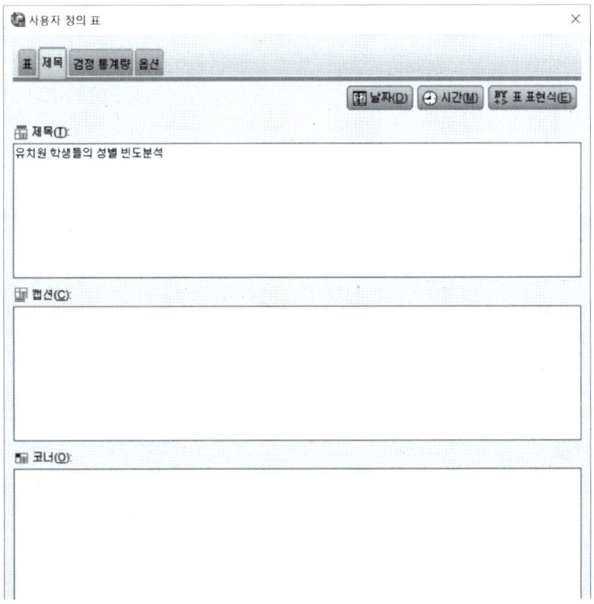

❻ 이어서 [확인]을 클릭하면 〈표 5.1〉의 결과가 나타난다.

표 5.1 유치원 학생들의 성별 빈도분석 결과

		빈도
성별	남자	12
	여자	8

2. 교차변수 표 만들기

명목척도로 측정된 두 변수의 빈도분석을 위해 교차표를 작성할 수 있으며, 두 변수의 관계는 분석을 통해 통계적으로 검증할 수도 있다(χ^2 독립성검증; 제 9 장). 그러나 본 장에서는 단순히 수집된 자료의 교차표 작성방법만을 설명하고 통계적 검증방법은 제 9 장에서 설명한다.

예제 5.1 **명목척도로 측정된 두 변수의 교차표 만들기**

A社에는 474명의 직원이 재직하고 있다. 인사담당자는 직원의 성별과 직무를 분류하기 위해 다음과 같은 기준을 적용하였다.

성별: ① 여성, ② 남성
직무: ① 관리직, ② 생산직, ③ 사무직

A社 직원들의 성별과 직무 분류결과는 '(5)고용현황.sav'에 저장되어 있다.

〈예제 5.1〉의 교차표 만들기를 하는 과정은 다음과 같다.

❶ '(5)고용현황.sav' 파일을 연다.
❷ [그림 5.5]와 같이 다음의 절차를 따른다.

[분석(A)] → [표(B)] → [사용자 정의 표(C)...] → 클릭

그림 5.5 통계표 작성 절차

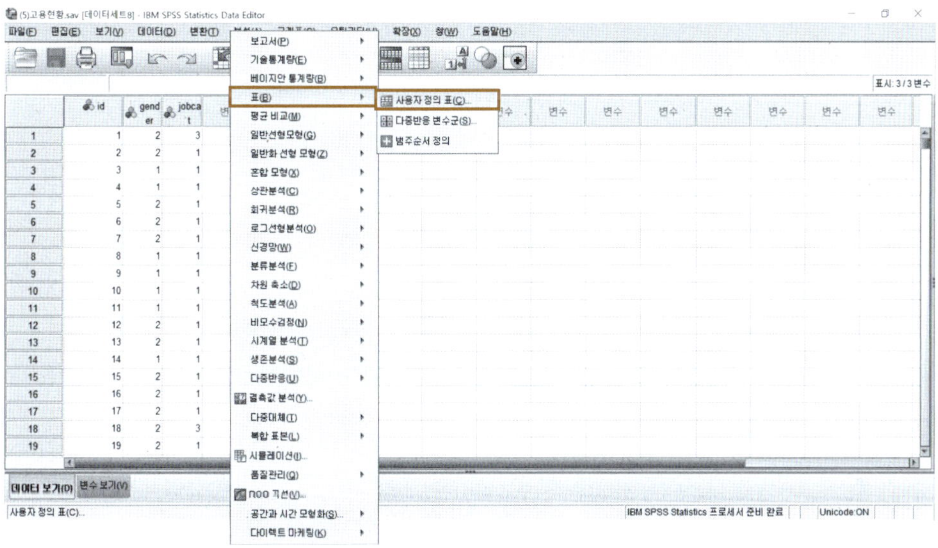

❸ 그러면 [그림 5.6]의 사용자 정의 표 대화상자가 나타난다.

그림 5.6 사용자 정의 표 대화상자

❹ 여기서 [그림 5.7]과 같이 성별을 드래그하여 분석상자의 [행(W)]에, 직무분류를 [열(O)]에 위치시킨다.

그림 5.7 분석대상 변수선정

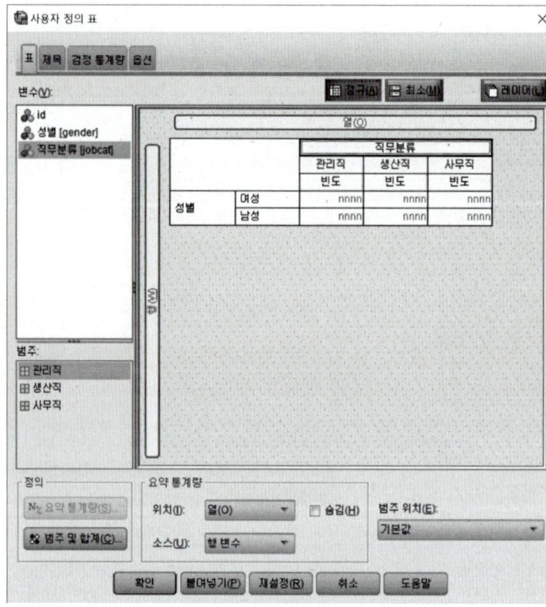

❺ [그림 5.7]의 상단에 위치한 제목 탭을 클릭하고 [그림 5.8]과 같이 [제목(T)] 상자에 '고용현황 교차표'를 입력한다.

그림 5.8 제목의 입력

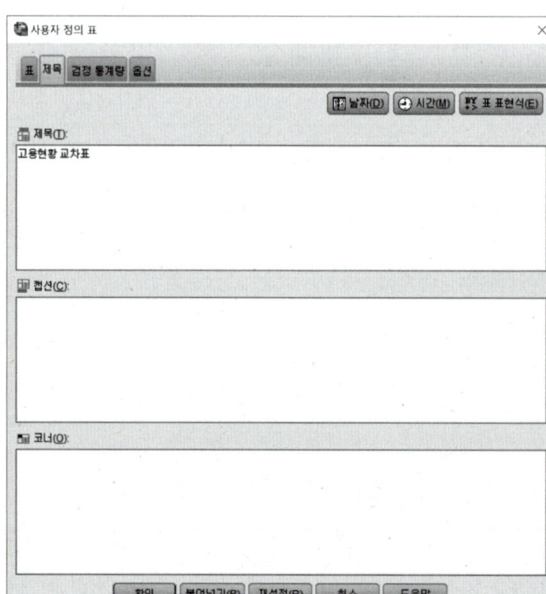

❻ 여기서 검정 통계량 탭을 클릭하면 [그림 5.9]와 같은 대화상자가 나타난다.

그림 5.9 검정 통계량 대화상자

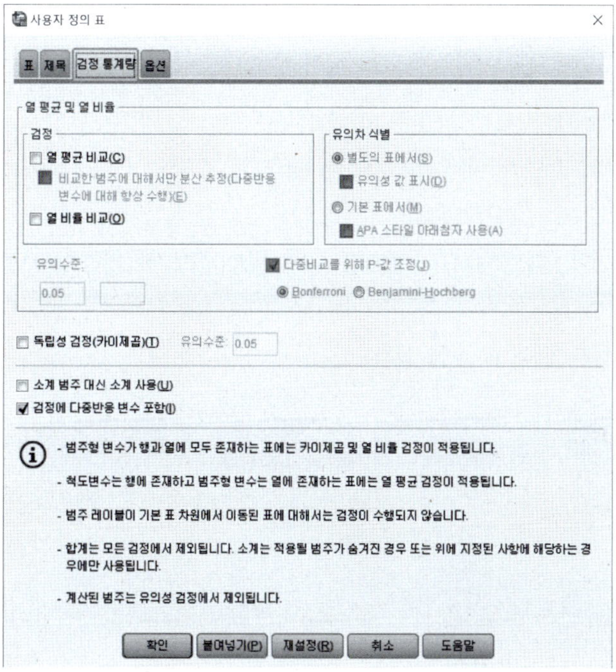

❼ 여기서 [독립성 검정(카이제곱)(T)]을 선택하면 성별과 직무분류 두 변수 간의 관계에 대해 통계적 검증을 할 수 있다(χ^2 독립성검증). 이후 검증의 유의수준을 설정할 수 있다. 그러나 전술한 바와 같이 χ^2 독립성검증은 제 9 장에서 설명하고 본 장에서는 설명하지 않는다. [그림 5.9]에서 [확인]을 클릭하면 〈표 5.2〉의 결과가 나타난다.

표 5.2 고용현황 교차표

		직무분류		
		관리직	생산직	사무직
		빈도	빈도	빈도
성별	여성	206	0	10
	남성	157	27	74

5.2 연속형 자료의 표 만들기

분석메뉴의 하위메뉴인 [표(B)]를 이용하여 〈예제 4.2〉의 자료를 기술통계분석하는 절차는 다음과 같다.

❶ '(4)기술통계분석.sav' 파일을 연다.

❷ [그림 5.10]과 같이 다음의 절차를 따른다.

[분석(A)] → [표(B)] → [사용자 정의 표(C)...] → 클릭

그림 5.10 사용자 정의 표 작성 절차

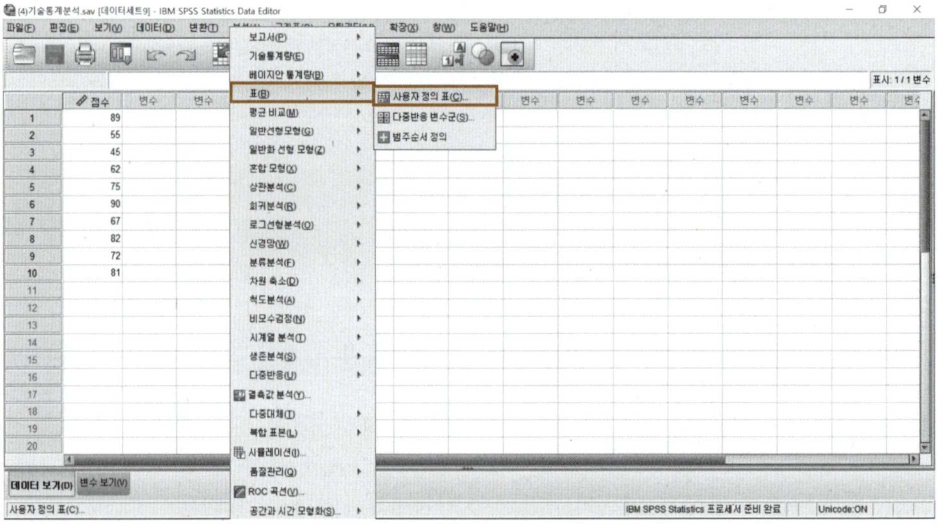

❸ 그러면 [그림 5.11]의 사용자 정의 표 대화상자가 나타난다.

그림 5.11 사용자 정의 표 대화상자

❹ 여기서 [그림 5.12]의 같이 분석할 변수(점수)를 선정한 후 드래그하여 분석상자의 [행(W)]에 위치시킨다.

그림 5.12 분석대상 변수선정

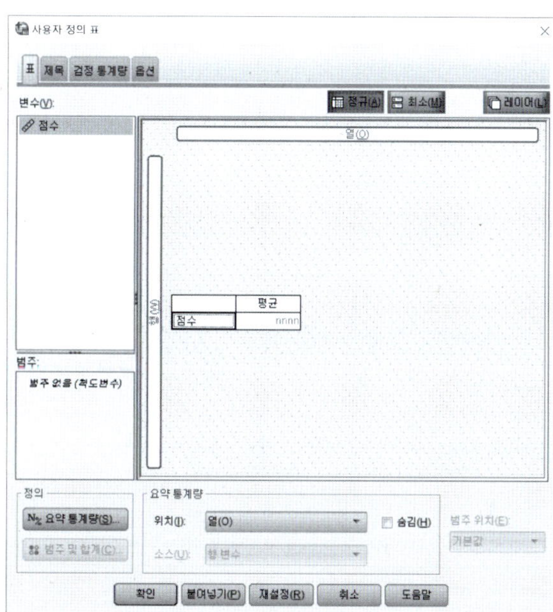

❺ 여기서 정의의 [요약 통계량(S)...]을 클릭하면 [그림 5.13]과 같은 요약 통계량 대화상자가 나타난다.

그림 5.13 요약 통계량 대화상자

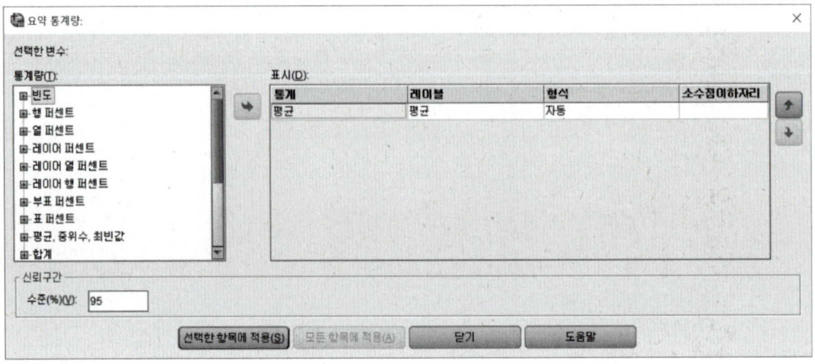

❻ 여기서 [통계량(T)]에서 중심경향치로 평균, 중위수를, 그리고 산포도로 범위, 분산, 표준편차를 선택하여 [그림 5.14]와 같이 [표시(D)]로 보낸다.

그림 5.14 통계량의 선택

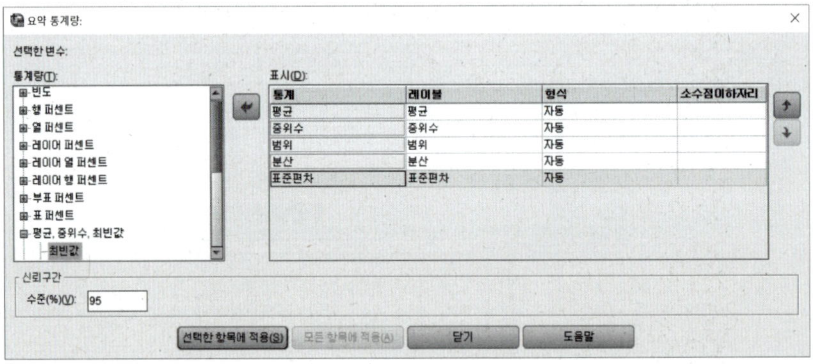

❼ 여기서 [선택한 항목에 적용(S)]을 클릭하고 확인을 클릭한다. 그러면 〈표 5.3〉과 같은 결과가 나타난다.

표 5.3 기술통계 분석결과

	평균 순위	중위수	범위	분산	표준편차
점수	72	74	45	216	15

5.3 이산형 자료의 도표 만들기

1. 단일변수 도표 만들기

그래프 메뉴를 이용하여 〈예제 4.1〉의 분석결과를 그래프로 표시하는 절차는 다음과 같다.

❶ '(4)빈도분석－단일응답.sav' 파일을 연다.

❷ [그림 5.15]와 같이 다음의 절차를 따른다.

[그래프(G)] → [차트 작성기(C)...] → 클릭

그림 5.15 빈도분석 차트 작성 절차

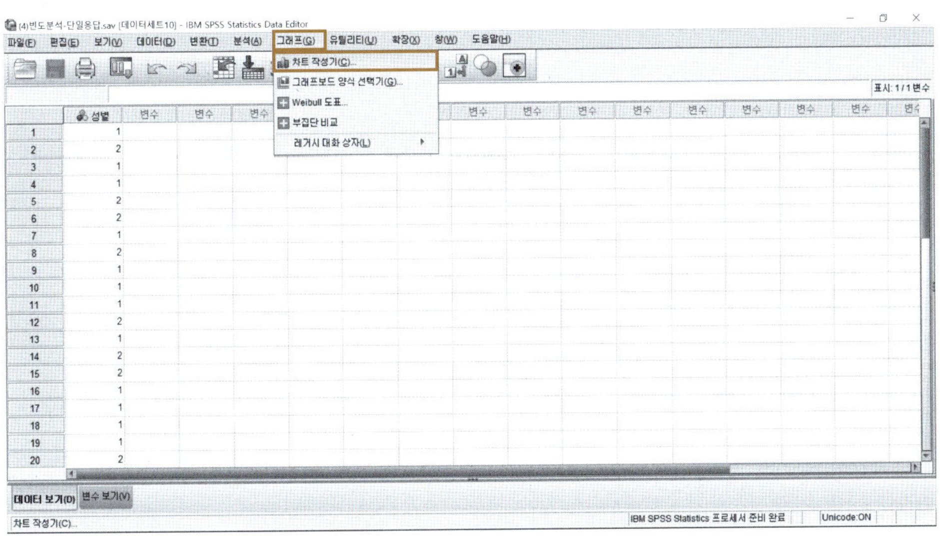

❸ 그러면 [그림 5.16]의 차트 작성기 대화상자가 나타난다.

그림 5.16 차트 작성기 대화상자

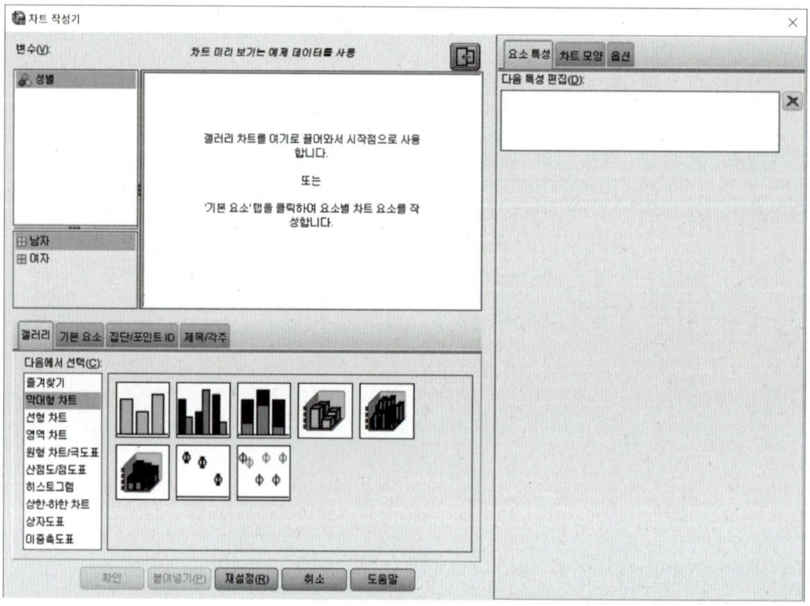

❹ [그림 5.16]의 [다음에서 선택(C)]에서 '막대형 차트'를 선택하고 처음에 있는 단순 막대도표를 더블 클릭하면 [그림 5.17]과 같이 선택도표 예시화면이 제시된다.

그림 5.17 선택도표 예시화면

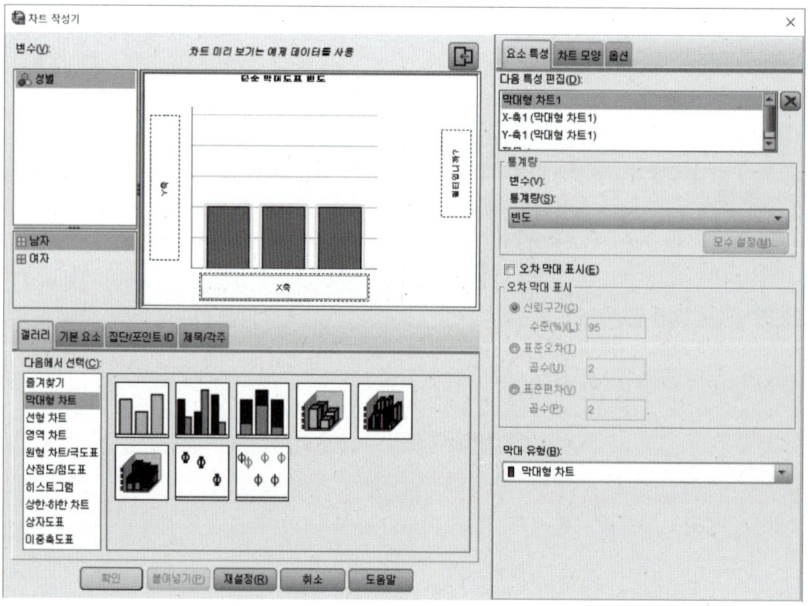

❺ [그림 5.17]의 [변수(V)]에서 성별을 선택한 후 드래그하여 분석상자의 X축으로 보내면 [그림 5.18]과 같이 차트 미리 보기가 작성된다.[1)]

그림 5.18 차트 미리 보기

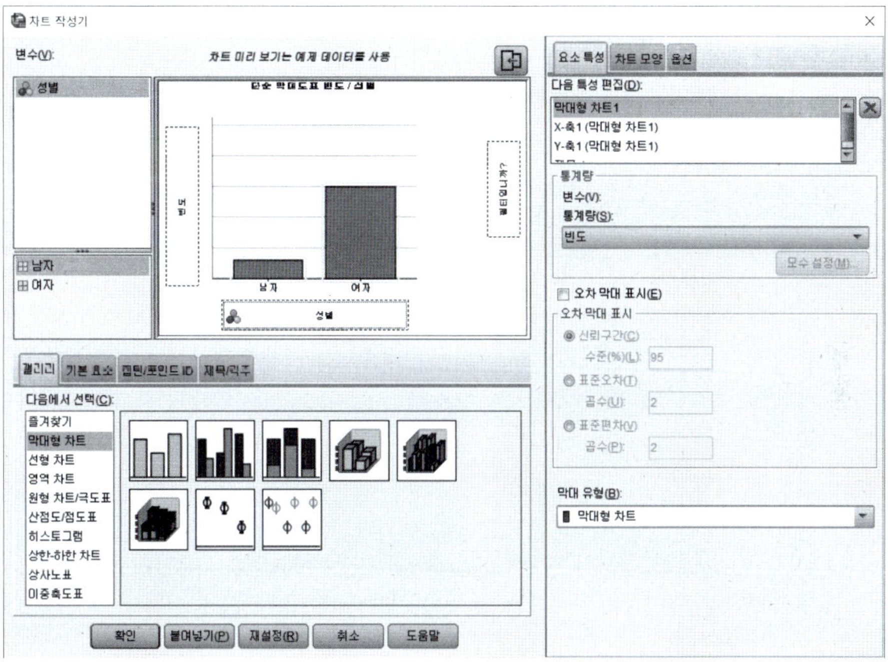

❻ 여기서 [확인]을 클릭하면 [그림 5.19]와 같이 빈도분석결과 도표가 작성된다.

그림 5.19 빈도분석결과 도표

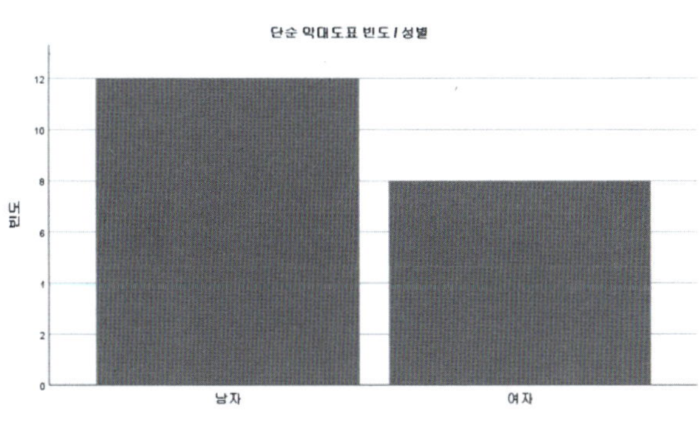

1) 차트 미리 보기는 차트의 형태를 개략적으로 보여주는 것으로 분석결과가 미리 제시되는 것은 아니며, 경우에 따라 제시되는 형태는 달라질 수 있다. 따라서 이는 단지 분석결과 제시될 차트가 어떤 형태로 나타날 것인가를 이해하는 용도로만 사용한다.

2. 단일변수 도표 수정하기

[그림 5.19]의 세로막대 도표를 가로막대 도표로 전환시키기 위한 절차는 다음과 같다.

❶ Viewer 창의 세로막대 도표를 더블클릭하면 [그림 5.20]과 같이 도표 편집기 창과 특성 창이 활성화된다.

그림 5.20 도표 편집기 창과 특성 창이 활성화된 모습

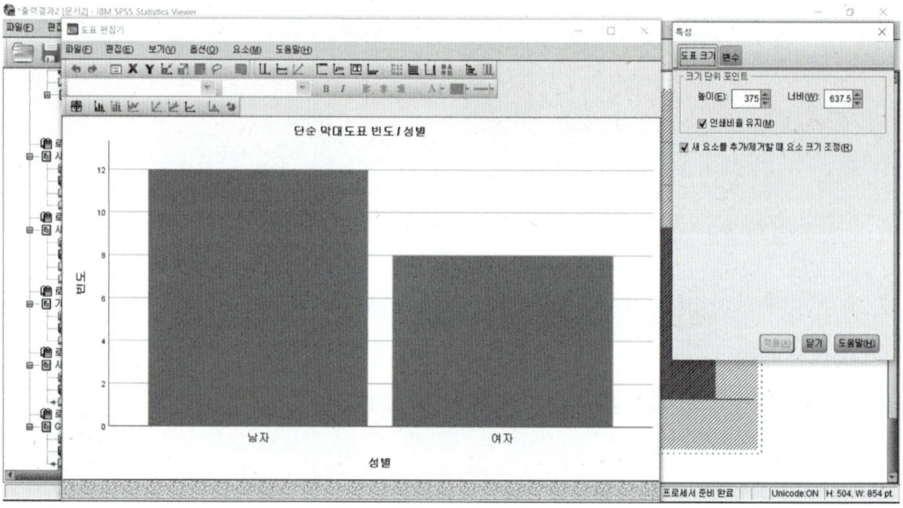

❷ [그림 5.20]의 도표 편집기 창에서 [그림 5.21]과 같이 막대부분을 선택하여 활성화한다.

그림 5.21 막대부분의 활성화 모습

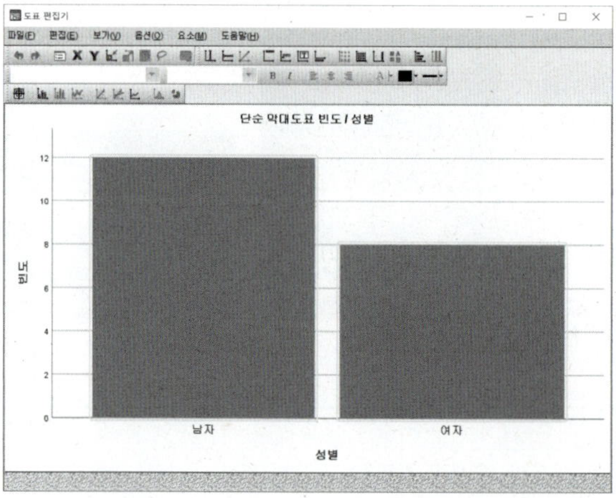

❸ [그림 5.21]과 같이 막대를 활성화시킨 후 마우스 오른쪽 버튼을 클릭하여 [도표 전치(R)]를 클릭하면 [그림 5.22]와 같이 가로막대 도표로 전치되어 나타난다.

그림 5.22 가로막대 도표로 전치된 모습

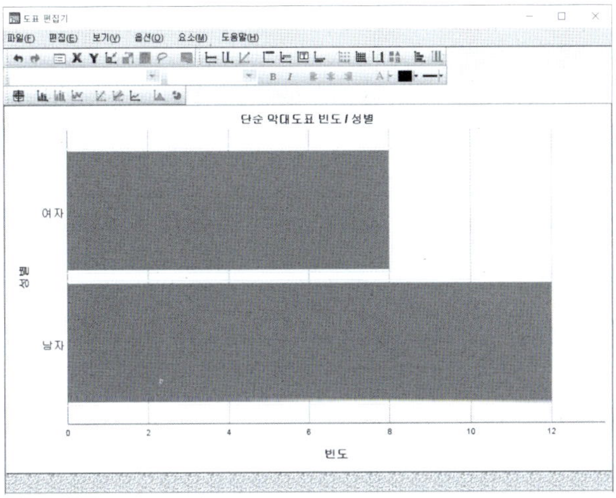

[그림 5.22]의 가로막대 도표를 3차원 원도표로 변환시키는 방법은 다음과 같다.

❶ Viewer 창의 가로막대 도표를 더블클릭하면 [그림 5.23]과 같이 도표 편집기 창과 특성 창이 활성화된다.

그림 5.23 도표 편집기 창과 특성 창이 활성화된 모습

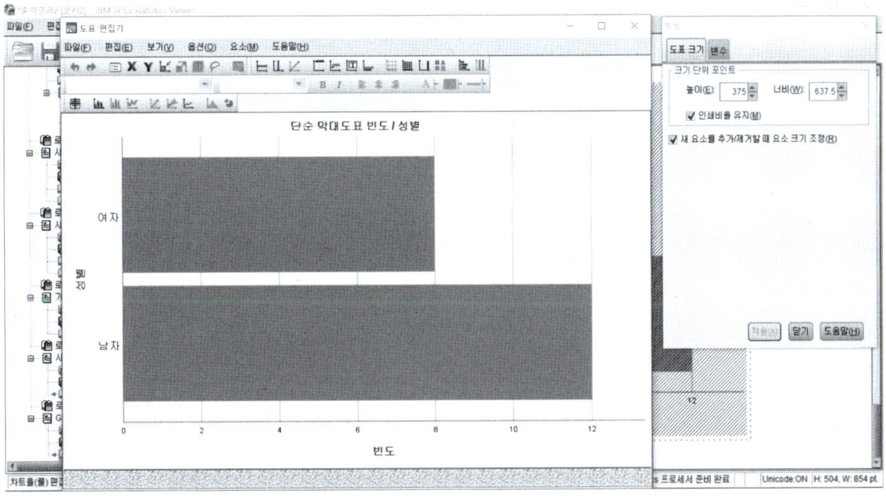

❷ [그림 5.23]의 특성 창에 있는 변수 탭에서 [요소 유형(E)] 콤보버튼을 이용하여 원을 선택하고 [적용(A)]을 클릭하면 [그림 5.24]와 같이 도표 편집기 창에 원도표가 작성된다.

그림 5.24 도표 편집기 창에 원도표가 작성된 모습

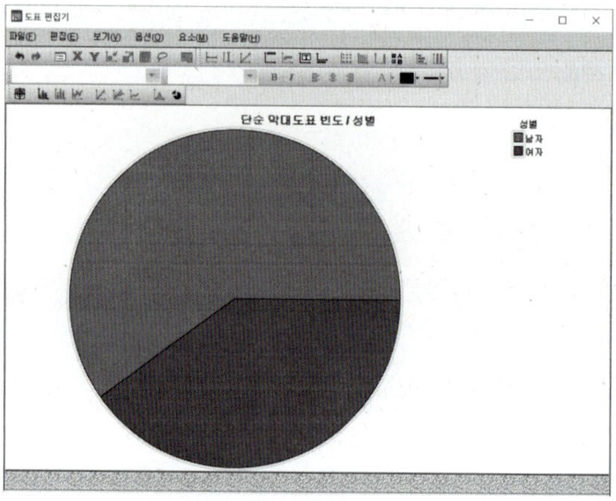

❸ [그림 5.24]에서 원 부분을 클릭하면 특성 창이 활성화된다. 여기서 [그림 5.25]와 같이 '깊이 및 각도' 탭을 클릭하고 효과의 [3차원(D)]을 클릭한다. [그림 5.25]의 각 조절버튼을 이용하여 보여지는 3차원 원도표의 각도를 조절할 수 있다.

그림 5.25 3차원 효과의 설정

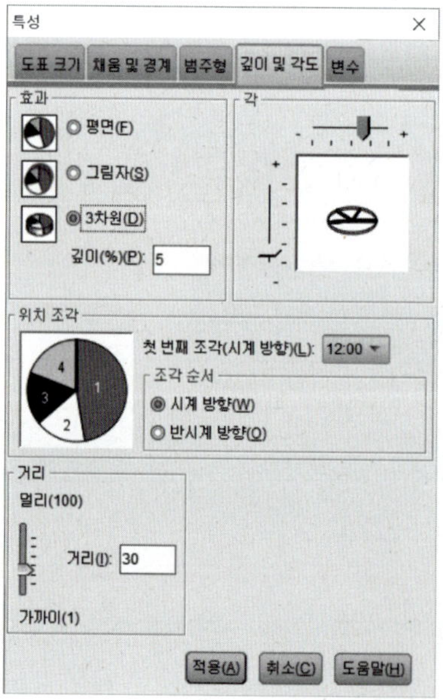

❹ 여기서 [적용(A)]을 클릭하면 도표 편집기 창에 [그림 5.26]과 같은 3차원 원도표가 제시된다.

그림 5.26 3차원 원도표의 모습

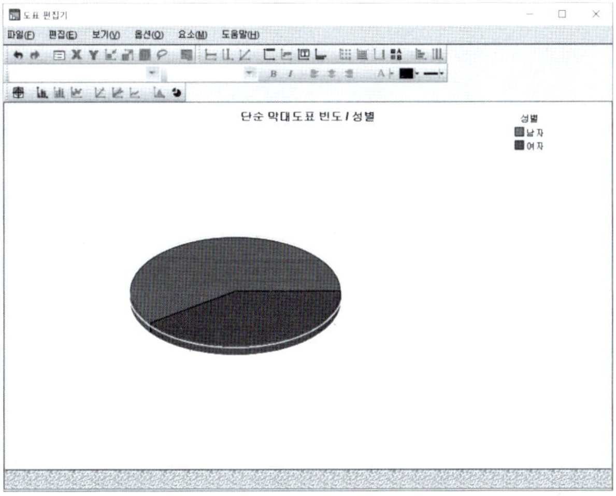

❺ [그림 5.26]의 원도표에는 빈도수가 제시되어 있지 않다. 여기서 남자와 여자의 빈도를 표시하기 위해서는 도표 편집기 도구상자의 아이콘 중 를 클릭한 후 도표의 남자와 여자 부분을 클릭하면 빈도수가 나타난다. 빈도수가 나타난 모습은 [그림 5.27]과 같다.

그림 5.27 3차원 원도표에 빈도수가 나타난 모습

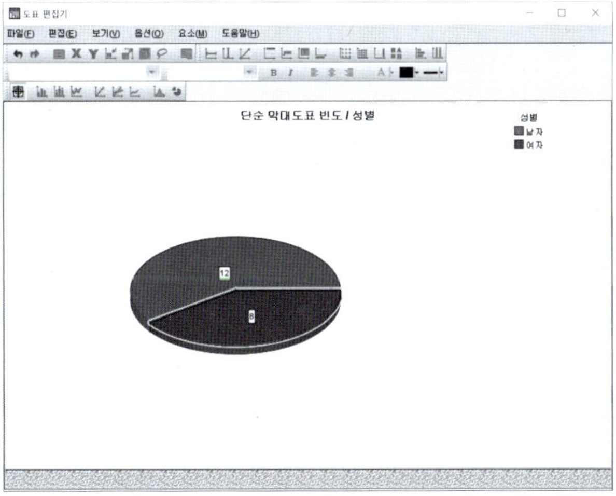

❻ [그림 5.27]의 3차원 원도표에서 남자와 여자의 조각을 분해하기 위해서는 원부분을 선택한 후 마우스 오른쪽 버튼을 클릭하고 [조각 분해(E)]를 선택한다. 그러면 [그림 5.28]과 같이 조각이 분해되어 나타난다.

그림 5.28 원도표의 조각이 분해된 모습

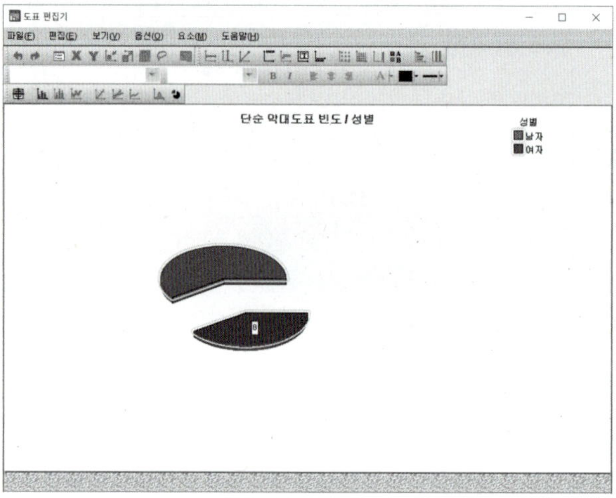

5.4 연속형 자료의 도표 만들기

연속적 변수를 분석할 때 먼저 관측값의 특성을 확인한다. 이는 제 4 장에서 기술한 것과 같이 평균, 분산, 표준편차 등의 통계량이 예외값(outliers)에 의해 많은 영향을 받기 때문에 예외값의 존재 여부를 사전적으로 확인하기 위해서이다. 만약 관측값 중 예외값이 존재한다면 이를 제거하고 분석하는 것이 바람직하다.

예제 5.2 신제품 광고에 대한 태도

자동차 제조회사 K社는 새로운 SUV 출시에 맞추어 광고를 제작한 후 사내 관계자 36명에게 광고에 대한 태도를 측정하였다. 광고태도는 1.0 ~ 5.0(간격 0.1)의 어느 한 값에 응답하도록 하였다(1.0: 전혀 마음에 들지 않는다 ~ 5.0: 매우 마음에 든다). 36명 응답자의 광고태도 점수는 〈표 5.4〉와 같다. 〈표 5.4〉는 '(5)연속형도표.sav'로 저장되어 있다.

표 5.4 SUV 광고에 대한 태도

4.1	2.7	2.7	4.8
3.9	3.1	3.1	4.7
4.3	2.6	2.6	4.9
3.1	1.9	1.9	2.5
2.8	2.2	2.2	2.3
3.3	2.3	2.3	2.5
3.5	2.7	2.7	3.5
3.2	2.3	2.3	3.2
3.6	2.5	2.5	3.6

〈표 5.4〉의 자료를 가지고 탐색적 자료분석을 통해 도표를 작성하는 절차는 다음과 같다.

❶ '(5)연속형도표.sav' 파일을 연다.

❷ [그림 5.29]와 같이 다음의 절차를 따른다.

[분석(A)] → [기술통계량(E)] → [데이터 탐색(F)...] → 클릭

그림 5.29 데이터 탐색 절차

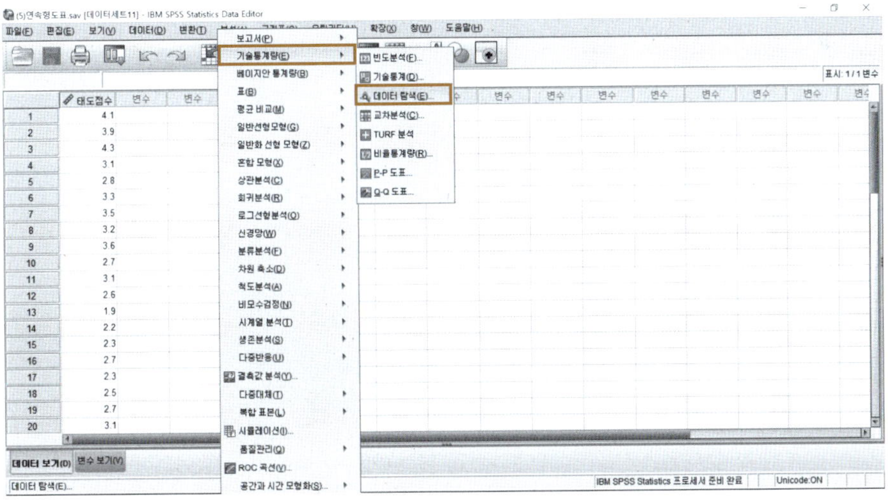

❸ [그림 5.29]와 같이 실행하면 [그림 5.30]의 데이터 탐색 대화상자가 나타난다.

그림 5.30 데이터 탐색 대화상자

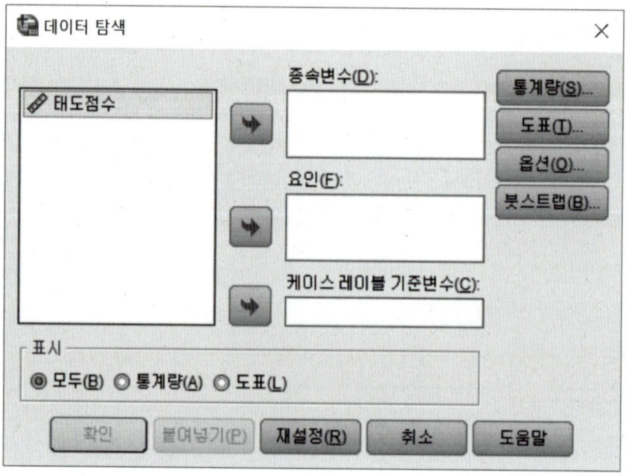

❹ 여기서 태도점수를 선택하여 [종속변수(D)]로 보내고, [도표(T)...]를 클릭하면 도표 대화상자가 나타난다. 여기서 [그림 5.31]과 같이 기술통계의 [줄기와 잎그림(S)]과 [히스토그램(H)]을 선택하고 [검정과 함께 정규성도표(O)]를 선택한다.

그림 5.31 도표 대화상자의 선택사항 결정

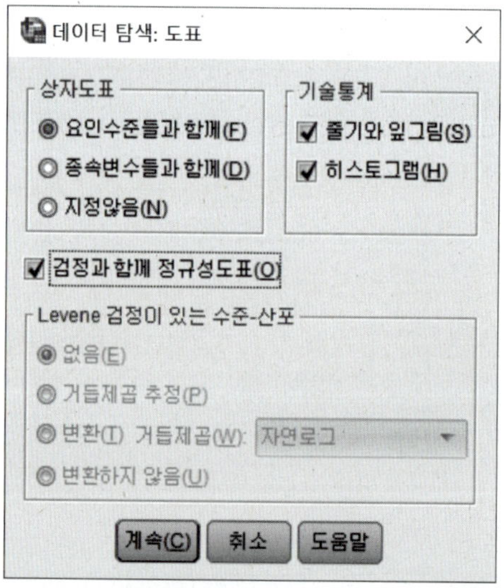

❺ 이어서 [계속(C)]과 [확인]을 클릭하면 결과가 나타난다(표 5.5부터).

표 5.5 기술통계

			통계량	표준화 오류
태도점수	평균		3.011	.1343
	평균의 95% 신뢰구간	하한	2.738	
		상한	3.284	
	5% 절사평균		2.970	
	중위수		2.700	
	분산		.650	
	표준화 편차		.8060	
	최소값		1.9	
	최대값		4.9	
	범위		3.0	
	사분위수 범위		1.2	
	왜도		.906	.393
	첨도		.086	.768

〈표 5.5〉는 평균 3.011, 분산 .650, 표준편차 .8060 등 기술통계값을 제시한다. 또한 왜도는 .906으로 자료가 최빈값을 중심으로 양의(혹은 우측) 왜도의 특성을 가지며, 첨도는 .086으로 정규분포보다 중심에 보다 집중됨을 나타내고 있다.

표 5.6 정규성 검증

	Kolmogorov-Smirnov[a]			Shapiro-Wilk		
	통계량	자유도	유의확률	통계량	자유도	유의확률
태도점수	.178	36	.005	.910	36	.007

a. Lilliefors 유의확률 수정.

〈표 5.6〉은 자료의 정규성검증 결과를 보여준다. Kolmogorov-Smirnov 통계량이 유의적으로($p = .005$) 나타났으므로 자료가 정규분포를 따르지 않는 것으로 해석할 수 있다.

그림 5.32 태도점수 히스토그램

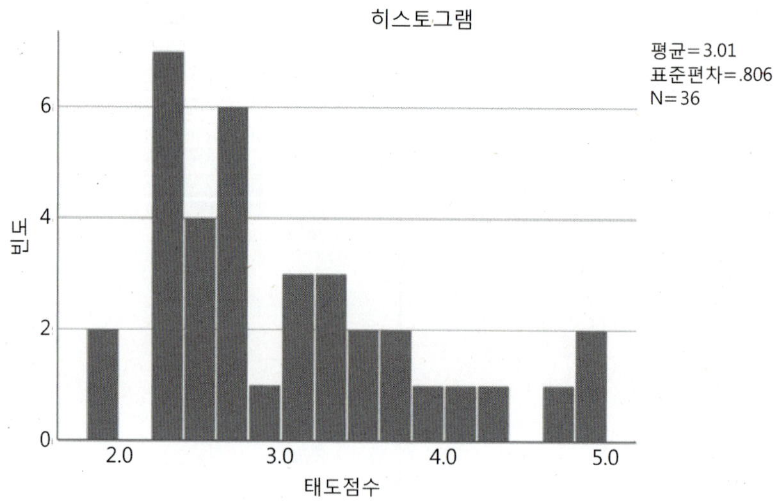

그림 5.33 태도점수 Stem-and-Leaf Plot

```
구매빈도 Stem & Leaf

    2.00       1 .  99
    7.00       2 .  2233333
   11.00       2 .  55556677778
    6.00       3 .  111223
    5.00       3 .  55669
    2.00       4 .  13
    3.00       4 .  789

줄기 너비:     1.0
 각 잎:      1 케이스
```

[그림 5.32]와 [그림 5.33]을 보면 평균(3.01) 이하의 값들을 갖는 빈도가 더 많은 것으로 나타나 광고태도 변수가 정규분포를 따르지 않는 것으로 볼 수 있다.

그림 5.34 태도점수의 정규 Q-Q 도표

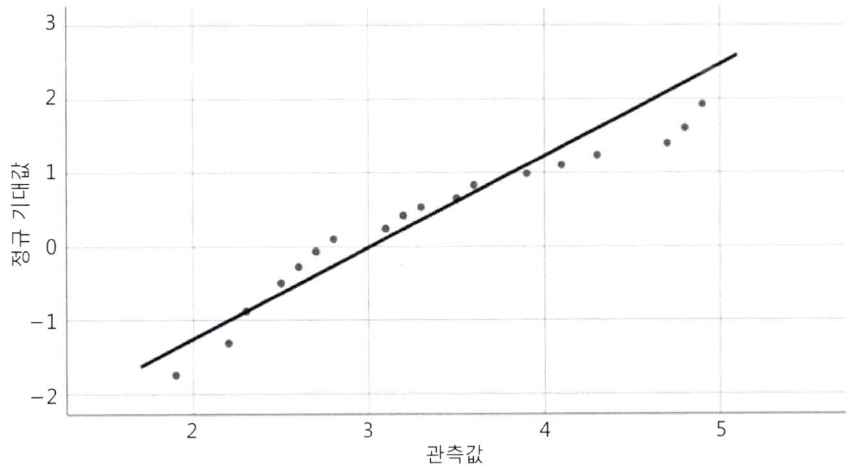

[그림 5.34]의 정규 Q−Q 도표에서 점들이 직선상에 위치하지 않고 위·아래로 흩어져 있는 경우가 많다. 따라서 광고태도 변수가 정규분포를 따르지 않는 것으로 해석될 수 있다.

그림 5.35 태도점수의 기울기 없는 정규 Q-Q 도표

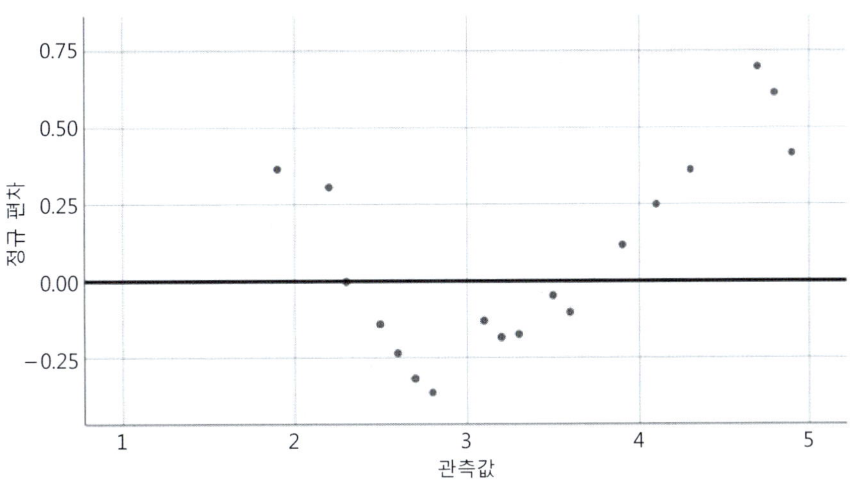

기울기 없는 정규 Q−Q 도표에서 점들이 y축(정규편차)의 '0'을 중심으로 무작위로 분포되어 있을 경우 정규성이 있는 것으로 볼 수 있다. 그러나 [그림 5.35]를 보면

점들이 V자 형태의 패턴을 갖는 것을 확인할 수 있다. 따라서 광고태도 변수는 정규분포를 따르지 않는 것으로 해석할 수 있다.

그림 5.36 상자도표

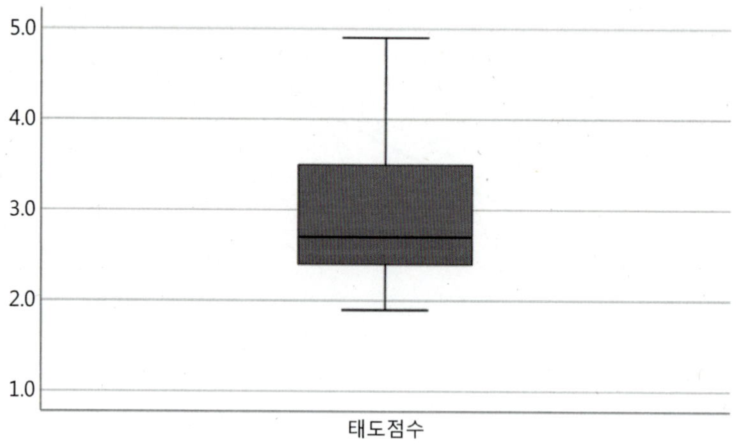

[그림 5.36]에서 상자의 상단 끝은 자료의 75번째 percentile, 그리고 하단 끝은 25번째 percentile을 나타낸다. 즉 자료를 작은 값에서 시작하여 크기순으로 배열하였을 때의 각각 3/4과 1/4의 위치에 해당하는 값이다. 그림에 나타난 것을 보면 상단 끝은 대체로 3.5, 그리고 하단 끝은 대체로 2.3 정도 되는 것으로 볼 수 있다. 상자의 가운데의 굵은 실선은 중위수를 의미한다. 〈표 5.5〉에는 중위수가 2.7로 나타나 있는데, 그림에서도 그 정도의 점수를 추정할 수 있다.

상자와 연결되어 있는 상단의 실선은 '중위수+1.5IQR'을, 하단의 실선은 '중위수−1.5IQR'을 의미한다. IQR은 Inter Quartile Range의 약자로 상자의 상단 끝과 하단 끝의 차이이다. 중위수의 위치가 상자의 중간보다 아래에 위치하고 또한 아래쪽의 1.5IQR이 짧은 것은 자료가 평균값보다 적은 쪽으로 많이 분포되어 있음을 보여준다. 이는 [그림 5.32]의 히스토그램에 나타난 바와 일치한다. 일반적으로 중위수±1.5IQR의 범위 밖에 있는 관측치를 예외값으로 볼 수 있는데, [그림 5.34]를 보면 예외값이 나타나지 않았다. 만약 예외값이 존재한다면 해당 케이스 번호가 중위수±1.5IQR 바깥에 표시된다.

제 6 장
통계분석을 위한 기초지식

본 장에서는

- 통계학의 종류와 기본용어에 대해 설명한다.
- 추정의 오류 진단과 표본추출분포에 대해 설명한다.
- 가설검증의 원리와 핵심 개념에 대해 설명한다.

6.1 통계학의 종류와 기본용어

통계학은 기술통계학과 추계통계학으로 나눌 수 있다. **기술통계학**(descriptive statistics)은 주어진 자료의 특성을 그대로 기술하는 것으로 한 기업의 1년간 월평균 매출, 부서별 사원 수, 특정인의 성별, 연령별 인구 등이 그 예가 된다. **추계통계학**(inferential statistics)은 표본의 특성으로부터 모집단의 특성을 추정(infer)하는 것을 말한다.

추계통계학은 다시 모수통계학과 비모수통계학으로 나누어진다. **모수통계학**(parametric statistics)은 통계량으로부터 모수를 추정하는 통계기법이다. **모수**(母數; parameter)는 모집단의 특성을 나타내는 값이고, **통계량**(statistic)은 표본의 특성을 나타내는 값이다. 〈표 6.1〉은 모수와 통계량을 나타내는 통계표현들을 대비하여 보여준다. 모수통계학을 적용할 때는 가정이 필요하며, 주로 간격척도와 비율척도로 측정한 자료를 분석하는 데 이용된다. **비모수통계학**(nonparametric statistics)은 비록 모집단의 특성을 추정하기는 하나 모수와 통계량의 관계를 다루지 않는다. 가정이 요구되지 않으며, 명목척도와 서열척도로 측정된 자료를 분석하는 데 이용된다. 본서에서 소개하는 통계기법을 이러한 분류에 따라 나누면 〈표 6.2〉와 같다.

표 6.1 모수와 통계량

	모 수	통계량
평균	μ	$\bar{X}$ (X bar)
비율	p	$\hat{p}$ (p hat)
표준편차	σ	s
분산	σ^2	s^2
회귀계수	β	$\hat{\beta}$ (beta hat)
상관계수	ρ (rho)	r

〈표 6.1〉에 나타난 각각의 값은 다음과 같이 계산된다. 여기서 N과 n은 각각 모집단과 표본의 크기를 의미한다.

$$\mu = \frac{\Sigma X_i}{N} \qquad \bar{X} = \frac{\Sigma X_i}{n}$$

$$p = \frac{\text{특정 특성을 갖는 구성원의 수}}{N} \qquad \hat{p} = \frac{\text{특정 특성을 갖는 구성원의 수}}{n}$$

$$\sigma = \sqrt{\frac{\Sigma (X_i - \mu)^2}{N}} \qquad s = \sqrt{\frac{\Sigma (X_i - \bar{X})^2}{n-1}}$$

$$\sigma^2 = \frac{\Sigma (X_i - \mu)^2}{N} \qquad s^2 = \frac{\Sigma (X_i - \bar{X})^2}{n-1}$$

표 6.2 통계학의 분류

기술통계학	추계통계학	
	모수통계학	비모수통계학
신뢰성분석 (제12장) 요인분석 (제12장)	평균검증 (제7장) 비율검증 (제7장) 평균차이검증 (제7장) 짝을 이룬 값들의 차이검증 (제7장) 비율차이검증 (제7장) 분산분석 (제8장) 상관분석 (제10장) 회귀분석 (제11장)	χ^2 독립성검증 (제9장) χ^2 적합도검증 (제9장)

〈표 6.3〉은 본서에서 다루는 분석기법과 각 분석을 위해 필요한 자료(척도)와 해당 장(chapter)을 나타낸다.

표 6.3 분석기법 및 자료 분류표

〈독립－종속관계〉

종속변수의 수	분석기법	자료(척도)		비고	Chapter
		독립변수	종속변수		
한 개	분산분석	명목	간격, 비율	모수통계	제8장
	회귀분석	간격, 비율, 명목	간격, 비율	모수통계	제11장

〈상호의존관계〉

분석기법	자료(척도)	비고	Chapter
독립성검증	명목	비모수통계	제9장
상관분석	간격, 비율 서열, 명목	모수통계 비모수통계	제10장
요인분석	간격, 비율	기술통계	제12장

〈기타〉

분석기법	자료(척도)	비고	Chapter
평균(차이)검증, paired-t	간격, 비율	모수통계	제7장
비율(차이)검증	명목	모수통계	제7장
적합도검증	명목	비모수통계	제9장
신뢰성분석	간격, 비율	기술통계	제12장

6.2 추정의 오류 진단과 표본추출분포

추계통계학은 표본의 특성으로부터 모집단의 특성을 추정하는 것과 관련된다. 그런데, 추정한 값이 오류를 내포할 가능성은 언제나 존재한다. 예를 들어, 가정용 병맥주에는 640ml로 표기되어 있다. 소비자 단체에서 이에 의문을 품고 표본을 추출하여 조사한 결과 평균 635ml로 나타났다. 이 경우 회사에서 주장하는 640ml가 아니라는 결론을 내린다면, 이러한 결론(즉, 640ml가 아니라는 추정)이 틀릴 가능성은 어느 정도인가? 심장병약 생산 제약회사는 심장병은 여자들보다 남자들이 더 잘 걸린다고 생각하고 남녀 표본을 추출하여 조사한 결과 심장병 증세가 있는 사람들의 비율이 여자들(0.01)보다 남자들(0.03)의 경우 더 높았다. 이로써 여자들보다 남자들이 심장병에 더 잘 걸린다고 결론을 내린다면, 이러한 결론이 틀릴 가능성은 어느 정도인가?

이러한 문제에 답하기 위해서 조사자는 자신이 생각하는 것(즉, 병맥주의 평균 맥주량은 640ml보다 적다; 여자들보다 남자들이 심장질환을 많이 가지고 있다)을 **연**

구가설(research hypothesis)로 설정하고 이를 검증하는 과정을 거친다. 가설검증 과정을 이해하기 위해서는 표본추출분포에 대한 이해가 필요하다. **표본추출분포**(sampling distribution)[1)]는 **표본통계량**의 분포를 말한다. 표본추출분포에 대응하는 개념으로 모집단분포가 있다. **모집단분포**(population distribution)는 모집단 구성요소들의 분포를 말한다. 모집단분포의 예로 주사위를 무한히 반복적으로 던질 때 얻어질 수 있는 값들의 분포를 생각할 수 있다. 이 경우 1, 2, 3, 4, 5, 6 각각의 숫자가 나타날 확률은 1/6이며, 모집단분포는 [그림 6.1]과 같이 나타낼 수 있다.

그림 6.1 주사위를 반복적으로 던지는 경우 각 숫자가 나타날 확률

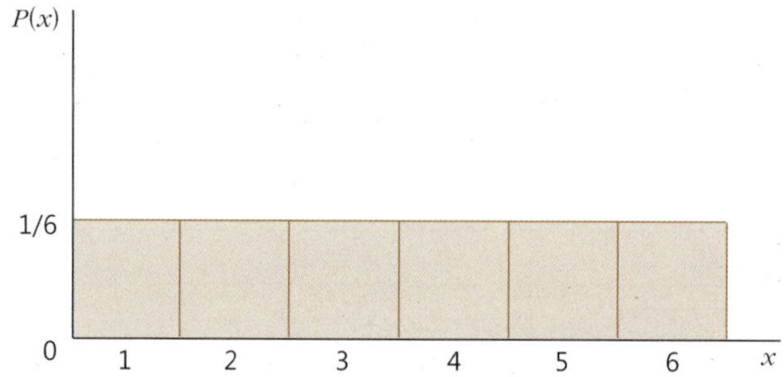

그런데 주사위를 5회 던질 때 얻어질 수 있는 값들을 하나의 표본이라고 하자. 이러한 표본을 100개 추출했을 때 나타날 수 있는 값들을 표로 나타내면 〈표 6.4〉와 유사한 형태로 나타날 것이다.

표 6.4 주사위를 5회 던지는 경우 평균값의 표본추출

표본 번호	X, 각 표본의 값들	ΣX_i	$\bar{X}$	표본 번호	X, 각 표본의 값들	ΣX_i	$\bar{X}$
1	3, 5, 1, 3, 2	14	2.8	51	2, 3, 5, 3, 2	15	3.0
2	3, 1, 1, 4, 6	15	3.0	52	1, 1, 1, 2, 4	9	1.8
3	1, 3, 1, 6, 1	12	2.4	53	2, 6, 3, 4, 5	20	4.0
4	4, 5, 3, 3, 2	17	3.4	54	1, 2, 2, 1, 1	7	1.4
5	3, 1, 3, 5, 2	14	2.8	55	2, 4, 4, 6, 2	18	3.6
6	2, 4, 4, 2, 4	16	3.2	56	3, 2, 5, 4, 5	19	3.8
7	4, 2, 5, 5, 3	19	3.8	57	2, 4, 2, 4, 5	17	3.4
8	3, 5, 5, 5, 5	23	4.6	58	5, 5, 4, 3, 2	19	3.8
9	6, 5, 5, 1, 6	23	4.6	59	5, 4, 4, 6, 3	22	4.4
10	5, 1, 6, 1, 6	19	3.8	60	3, 2, 5, 3, 1	14	2.8

1) 이와 다른 것으로 표본분포(sample distribution)가 있다. 표본추출분포는 같은 크기의 표본을 반복적으로 추출했을 때 각 표본의 통계량(예: 평균)의 분포인 데 비해 표본분포는 한 표본을 추출했을 때 그 구성요소들의 분포를 말한다. 예를 들어, 〈표 6.4〉의 경우 100개의 표본분포를 생각할 수 있다.

11	1, 1, 1, 5, 3	11	2.2
12	3, 4, 2, 4, 4	17	3.4
13	2, 6, 1, 5, 4	18	3.6
14	6, 3, 4, 2, 5	20	4.0
15	2, 6, 2, 1, 5	16	3.2
16	1, 5, 1, 2, 5	14	2.8
17	3, 5, 1, 1, 2	12	2.4
18	3, 2, 4, 3, 5	17	3.4
19	5, 1, 6, 3, 1	16	3.2
20	1, 6, 4, 4, 1	16	3.2
21	6, 4, 2, 3, 5	20	4.0
22	1, 3, 5, 4, 1	14	2.8
23	2, 6, 5, 2, 6	21	4.2
24	3, 5, 1, 3, 5	17	3.4
25	5, 2, 4, 4, 3	18	3.6
26	6, 1, 1, 1, 6	15	3.0
27	1, 4, 1, 2, 6	14	2.8
28	3, 1, 2, 1, 5	12	2.4
29	1, 5, 5, 4, 5	20	4.0
30	4, 5, 3, 5, 2	19	3.8
31	4, 1, 6, 1, 1	13	2.6
32	3, 6, 4, 1, 2	16	3.2
33	3, 5, 5, 2, 2	17	3.4
34	1, 1, 5, 6, 3	16	3.2
35	2, 6, 1, 6, 2	17	3.4
36	2, 4, 3, 1, 3	13	2.6
37	1, 5, 1, 5, 2	14	2.8
38	6, 6, 5, 3, 3	23	4.6
39	3, 3, 5, 2, 1	14	2.8
40	2, 6, 6, 6, 5	25	5.0
41	5, 5, 2, 3, 4	19	3.8
42	6, 4, 1, 6, 2	19	3.8
43	2, 5, 3, 1, 4	15	3.0
44	4, 2, 3, 2, 1	12	2.4
45	4, 4, 5, 4, 4	21	4.2
46	5, 4, 5, 5, 4	23	4.6
47	6, 6, 6, 2, 1	21	4.2
48	2, 1, 5, 5, 4	17	3.4
49	6, 4, 3, 1, 5	19	3.8
50	4, 4, 4, 4, 4	20	4.0
61	2, 1, 4, 1, 3	11	2.2
62	4, 1, 1, 5, 2	13	2.6
63	2, 3, 1, 2, 3	11	2.2
64	2, 3, 3, 2, 6	16	3.2
65	4, 3, 5, 2, 6	20	4.0
66	3, 1, 3, 3, 4	14	2.8
67	4, 6, 1, 3, 6	20	4.0
68	2, 4, 6, 6, 3	21	4.2
69	4, 1, 6, 5, 5	21	4.2
70	6, 6, 6, 4, 5	27	5.4
71	2, 2, 5, 6, 3	18	3.6
72	6, 6, 6, 1, 6	25	5.0
73	4, 4, 4, 3, 1	16	3.2
74	4, 4, 5, 4, 2	19	3.8
75	4, 5, 4, 1, 4	18	3.6
76	5, 3, 2, 3, 4	17	3.4
77	1, 3, 3, 1, 5	13	2.6
78	4, 1, 5, 5, 3	18	3.6
79	4, 5, 6, 5, 4	24	4.8
80	1, 5, 3, 4, 2	15	3.0
81	4, 3, 4, 6, 3	20	4.0
82	5, 4, 2, 1, 6	18	3.6
83	1, 3, 2, 2, 5	13	2.6
84	5, 4, 1, 4, 6	20	4.0
85	2, 4, 2, 5, 5	18	3.6
86	1, 6, 3, 1, 6	17	3.4
87	2, 2, 4, 3, 2	13	2.6
88	4, 4, 5, 4, 4	21	4.2
89	2, 5, 4, 3, 4	18	3.6
90	5, 1, 6, 4, 3	19	3.8
91	5, 2, 5, 6, 3	21	4.2
92	6, 4, 1, 2, 1	14	2.8
93	6, 3, 1, 5, 2	17	3.4
94	1, 3, 6, 4, 2	16	3.2
95	6, 1, 4, 2, 2	15	3.0
96	1, 1, 2, 3, 1	8	1.6
97	6, 2, 5, 1, 6	20	4.0
98	3, 1, 1, 4, 1	10	2.0
99	5, 2, 1, 6, 1	15	3.0
100	2, 4, 3, 4, 6	19	3.8

그림 6.2 주사위를 5회 던지는 경우 평균값의 도수분포표

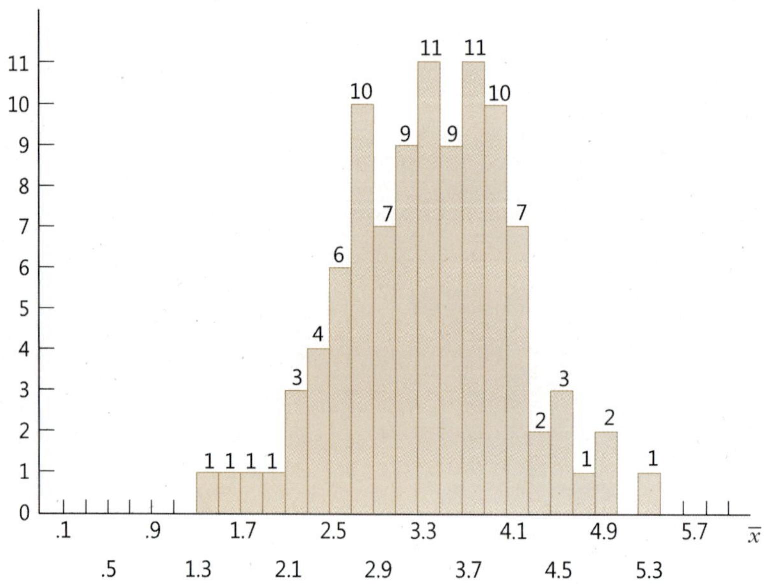

〈표 6.4〉에 나타난 각 표본의 평균값의 분포를 그림으로 나타내면 [그림 6.2]와 같다. 이 그림은 표본평균값들의 **도수분포표**인데 종모양의 분포(bell-shaped distribution), 즉 **정규분포**(normal distribution)에 가깝게 보인다. 앞에서 표본추출분포를 표본통계량의 분포라고 정의하였다. 표본추출분포의 대표적인 것은 **평균의 표본추출분포**(sampling distribution of means)로서, 이는 크기가 동일한 표본을 무한히 추출했을 때 표본평균값들의 분포이다. 그런데 실제 표본추출을 무한횟수로 추출하는 것은 불가능하므로 표본추출분포는 가상적인 것이라 하겠다. 이를 그림으로 나타내면 [그림 6.3]과 같다.

그림 6.3 평균의 표본추출분포

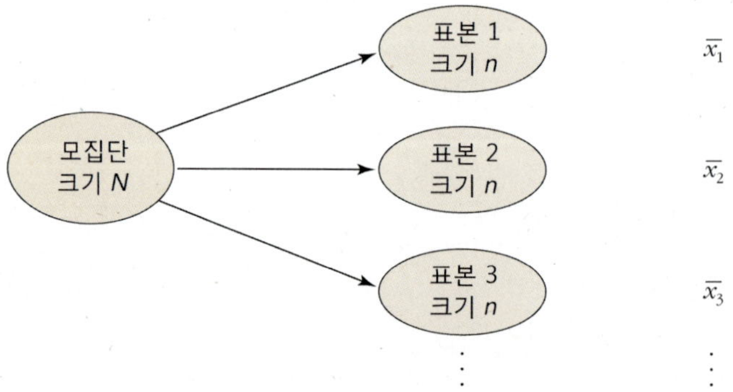

여기서 $\overline{x}_1$, $\overline{x}_2$, $\overline{x}_3$ · · · 의 분포가 평균의 표본추출분포가 된다.

평균의 표본추출분포의 성격은 **중심극한정리**(central limit theorem)로 다음과 같이 표현된다.

중심극한정리

평균 μ와 표준편차 σ를 갖는 모집단에서 크기 n의 표본을 반복적으로 추출하면 표본평균값 $\bar{x}$의 분포는 정규분포와 근사하게 되며, 평균 μ와 표준편차 $\frac{\sigma}{\sqrt{n}}$가 된다. 이때의 표준편차, 즉 표본추출분포의 표준편차를 **표준오차**(standard error)라고 부른다. 그리고 표본추출분포는 표본의 크기가 클수록 정규분포에 보다 근사하게 되며, 보다 좁은 모습으로 나타난다.

가설검증에서 **표준오차**는 매우 중요한 개념인데, 위에서 설명한 바와 같이 평균의 표본추출분포의 표준오차는 $\frac{\sigma}{\sqrt{n}}$이지만 σ를 모르면 대신 s, 즉 표본의 표준편차를 사용한다. 따라서 이 경우 표준오차는 다음과 같이 표현된다.

$$SE_{\bar{x}} = \frac{s}{\sqrt{n}}$$

또한 비율의 표본추출분포의 경우 표준오차는 $\sqrt{\frac{pq}{n}}$이며, 이 경우도 역시 p와 q를 모르는 경우 표본의 비율값인 $\hat{p}$과 $\hat{q}$을 사용하며 다음과 같이 표현된다(여기서 $q = 1 - p$, $\hat{q} = 1 - \hat{p}$).

$$SE_{\hat{p}} = \sqrt{\frac{\hat{p}\hat{q}}{n}}$$

6.3 가설검증의 원리와 핵심 개념

1. 귀무가설과 대립가설

가설(hypothesis)은 연구자가 어떤 현상에 대해 "…일 것이다"라고 추론하는 부분이다. 이를 **연구가설**(research hypothesis)이라고 한다. 연구가설은 반드시 합리적 근거, 경험, 혹은 관찰을 토대로 설정되어야 한다. 그렇지 않고 연구자가 전적으로 마음대로 설정한 가설은 아무 의미가 없다. 여기서는 소비자 단체가 어떤 근거를 토대로 "한 병에 담긴 맥주량이 640ml보다 적다"고 생각하는 것으로 가정한다. 또한 제약회사 마케터는 "남자들이 여자들보다 심장병에 더 잘 걸린다"고 생각한다고 가정한다. 이 경우 연구가설을 다음과 같이 설정할 수 있다.

연구가설: 한 병에 담긴 맥주량이 640ml보다 적다.
연구가설: 남자들이 여자들보다 심장병에 더 잘 걸린다.

가설검증(hypothesis testing)시 설정되는 가설에는 귀무가설과 대립가설의 두 가지가 있다. 먼저 앞에서 말한 연구가설, 즉 연구자가 믿는 그리고 지지하기를 원하는 가설이 **대립가설**(alternative hypothesis)로 설정된다. **귀무가설**(null hypothesis)은 대립가설의 반대에 해당하는 진술이며 바로 통계적 검증(test)의 대상이 된다. 다시 말하면 통계적 검증의 대상이 되는 가설은 대립가설(즉, 연구가설)이 아니고 귀무가설이다. **통계적 가설검증을 거쳐 귀무가설은 기각되거나(rejected) 기각되지 않는다(not rejected). 만약 귀무가설이 기각되면 연구가설(즉 대립가설)은 지지되지만(supported), 기각되지 않으면 연구가설은 지지되지 못하게 된다(not supported).** 즉, 통계적 가설검증에서 귀무가설은 기각되거나 기각되지 않지만, 이때 해석은 "연구가설이 지지되었다" 혹은 "연구가설이 지지되지 않았다"라고 표현한다. 위의 예를 귀무가설(H_0)과 대립가설(H_1)로 표현하면 다음과 같다.

H_0: 맥주 한 병의 평균량=640
H_1: 맥주 한 병의 평균량<640

H_0: 남자의 심장질환 비율=여자의 심장질환 비율
H_1: 남자의 심장질환 비율>여자의 심장질환 비율

첫 번째의 경우, 소비자 단체의 생각 즉 "한 병에 담긴 맥주량은 640ml보다 적다"라는 것이 연구가설이며 대립가설로 설정된다. 두 번째의 경우, 제약회사 마케터의 생각 즉 "남자들이 여자들보다 심장병에 더 잘 걸린다"라는 것이 연구가설이며 대립가설로 설정된다. 이 경우 귀무가설에 왜 두 비율은 같다고 두는가? 이는 우리가 무엇이든지 두 개 간의 크기를 비교할 때 "둘 간에는 차이가 없다"라는 것을 보다 보수적인 견해로 보며, 이러한 보수적인 견해(혹은 기존의 주장)가 바로 귀무가설로 설정되기 때문이다.

2. 1종 오류와 2종 오류

가설검증 과정에서는 모집단의 특성(모수)을 표본의 특성(통계량)으로써 추정한

다(infer). 가설검증 결과 귀무가설을 기각하거나 기각하지 않는데, 어떤 결론을 내리든 그 결론은 추정의 결과이므로 틀릴 가능성이 있다. 가설검증 결과 발생할 수 있는 오류에는 1종 오류와 2종 오류의 두 가지가 있다. **1종 오류**(type 1 error)는 귀무가설이 진실(true)인데 기각하는 오류이며, **2종 오류**(type 2 error)는 귀무가설이 허위(false)인데 이를 기각하지 않는 오류이다. 1종 오류와 2종 오류를 표로 나타내면 〈표 6.5〉와 같다.

표 6.5 오류의 종류

결 정	귀무가설(H_0)	
	진 실	허 위
H_0 기각	1종 오류	바른 결정
H_0 기각 안 함	바른 결정	2종 오류

그러면 두 가지 오류 중에서 어떤 오류가 보다 심각한 오류인가? 이를 설명하기 위해 가설검증과정을 재판과정에 비유해 보자. 미결수를 재판하는 상황에서 검사(연구자에 해당)는 그 미결수가 범죄를 지었다고 주장한다. 검사가 미결수가 범죄를 지었다는 충분한 증거를 제시하지 못하면 미결수는 무죄로 방면된다. 미결수에 대한 보다 보수적인 견해는 무죄이기 때문이다. 보수적인 견해가 귀무가설로 설정되므로 H_0: 무죄, H_1: 유죄로 설정된다. 이러한 상황에 1종 오류와 2종 오류를 적용시켜 보자. 이 경우 1종 오류는 사실은 무죄인데 잘못 유죄로 결정하는 것이며(귀무가설이 진실인데 기각하는 것), 2종 오류는 사실은 유죄인데 잘못 무죄로 결정하는 것이다(귀무가설이 허위인데 기각하지 않는 것). 이 경우 보수적 견지에서 보다 심각한 오류는 1종 오류이다. 즉 '무죄인 사람을 유죄로 판정하는 것(1종 오류)'을 '유죄인 사람을 무죄로 판정한 것(2종 오류)'보다 더 심각하게 보는 것이다. 이러한 관점에서 통계학에서의 가설검증은 1종 오류를 중심으로 이루어진다.

3. 유의확률(p-value), 유의수준(α), 통계적 유의성

연구자는 자신이 주장한 가설을 검증한 결과, 귀무가설을 기각하고 자신의 연구가설이 지지되었다고 주장할 때, 그 주장에 어느 정도 자신을 가질 수 있는가? 그리고 이 결과를 접한 다른 사람들은 그 주장을 어느 정도 받아들일 것인가? 이를 이해하기 위해 문제를 매우 단순히 생각해보자. 어느 회사의 맥주 한 병에 담긴 양이 640ml가 안 된다는 주장을 한 소비자 단체는 그 회사의 맥주 30병을 무작위로 선택하여 맥주량을 측정하였다고 하자. 그 결과 평균 639ml로 나타난 경우와 620ml로 나타난 경우, 어느 경우에 보다 자신을 가질 것인가? 통계학을 모르는 사람이라도 후자의 경우에 소비자 단체는 그 주장을 보다 자신 있게 할 수 있을 것이라고 생각할 수 있다. 여기서 추계통계학에서 가장 중요한 개념인 유의확률이 대두된다.

유의확률(significance probability)이란 '귀무가설이 맞을 때 적어도 그 정도의 극단적인 표본값이 나올 확률'을 말한다. 유의확률은 ***p*-value**로 나타낸다. *p*-value는 확률이므로 0과 1 사이의 값을 갖는다.[2] 위의 예의 경우 실제 평균이 640ml이라면 표본의 평균값이 639ml로 나올 확률보다 620ml가 나올 확률이 당연히 낮다. 그러므로 다른 값들이 동일하다면 후자의 경우 *p*-value는 더 작다. *p*-value가 작다는 것은 귀무가설이 맞는 경우 그러한 표본값이 나올 확률이 낮다는 것을 의미한다. 따라서 *p*-value가 작을수록 귀무가설이 맞을 가능성은 작아지며, 연구자는 보다 자신 있게 귀무가설을 기각할 수 있다. 연구자는 자신의 연구가설이 지지되기를 원하므로(귀무가설을 기각함) 일반적으로 작은 *p*-value를 얻기를 원한다고 할 수 있다.

가설검증 결과는 귀무가설이 '기각됨' 혹은 '기각되지 않음'의 두 가지 중 한 가지로 결론지어져야 한다. *p*-value가 작을수록 귀무가설을 더 자신 있게 기각할 수 있다면 *p*-value가 어느 수준일 때 귀무가설을 기각할 것인가? 이에 대한 기준치로서 통계학자들은 허용 유의확률을 제시하였다. 여기서 허용 유의확률은 1종 오류의 허용확률을 의미한다. 그리하여 *p*-value가 허용 유의확률보다 작으면 귀무가설을 기각하는 결정을 내릴 수 있다. 허용 유의확률은 $\boldsymbol{\alpha}$(alpha)로 나타낸다. 그러므로 귀무가설의 기각 여부는 *p*-value와 α의 크기에 달려 있다. 즉, *p*-value가 작을수록 그리고 α가 클수록 귀무가설을 기각할 수 있는 것이다. α의 크기는 흔히 .05로 정해지지만 경우에 따라 .01 혹은 .1이 사용될 수 있다. α의 크기를 작게 한다는 것은 매우 충분한 증거가 없으면 귀무가설을 기각하지 않으려는 것이다. 여기서 말하는 '허용 유의확률'을 통상 **유의수준**(significance level)이라고 한다.

위의 내용을 요약하면 유의확률(*p*-value)은 표본으로부터 계산된 확률이며, 유의수준(α)은 귀무가설의 기각 여부를 결정하는 데 사용하는 기준이 되는 확률이다. 이 경우 유의확률이 유의수준보다 작으면 귀무가설은 기각된다.

추가적으로, 검증결과 "귀무가설을 기각한다 혹은 기각하지 않는다"라는 표현은 귀무가설을 통계적으로 검증하는 경우 사용하는 표현이다. 이에 비해 연구가설을 검증하기 위하여 통계분석한 결과를 해석할 때는 '기각한다' 대신 '통계적으로 유의적(statistically significant),' 그리고 '기각하지 않는다' 대신 '통계적으로 비유의적(statistically

---

2) *p*-value는 probability value를 줄인 표현으로, 표본자료로부터 계산되는 값이므로 '허용 유의확률' α에 대비하여 **'관측된(observed) 혹은 계산된(computed) 유의확률'**의 의미를 갖는다. 자료원: Rex B. Kline, *Becoming a Behavioral Science Researcher,* The Guilford Press, 2009, pp. 123-124.

insignificant)'이라는 표현을 사용한다.[3] 여기서 '유의적(有意的)'이라는 말은 표본에서 산출된 통계량(예를 들어, 표본의 평균, 표본의 회귀계수)이 우연(chance or sampling error)에 의한 것이 아니며 의미(意味)를 부여할 수 있다는 것이다.[4] 그러므로 검증결과 '유의적'으로 나타나면 연구가설은 지지된다.

4. 어느 정도 크기의 α가 적정한가?

오류라는 것은 바람직하지 않은 것이다. 지금까지 1종 오류에만 초점을 맞추어 서술하였는데, 1종 오류를 줄이기 위해서는 1종 오류의 허용확률, 즉 α의 크기를 작게 하면 된다고 생각할 수 있다. α의 크기가 작으면 귀무가설을 쉽게 기각하지 않으며, 당연히 1종 오류는 작아진다. 그러나 이처럼 귀무가설을 기각할 확률을 낮추면 '귀무가설이 틀렸는데도 이를 기각하지 않을 확률' 즉 2종 오류의 확률이 커지게 된다. 2종 오류의 확률을 $\boldsymbol{\beta}$(beta)로 나타낸다. 이와 같이 α와 β는 서로 반대 방향으로 작용한다. α가 큰 것은 1종 오류를 크게 허용하는 것이므로 역시 바람직하지 않다. 이러한 이유로 α는 적절한 수준에서 결정되어야 하며, 흔히 α=.05가 사용된다.

5. 검증력과 β, 그리고 효과크기

귀무가설이 진실일 때 이를 기각하는 것(즉, 1종 오류)은 잘못된 결정이다. 이와는 반대로, 귀무가설이 허위일 때는 이를 기각하는 것(즉 연구가설이 옳을 때 이를 지지하는 것)이 바른 결정이다. 귀무가설이 허위일 때 이를 기각할 확률을 **통계적 검증력**(statistical power; 혹은 줄여서 검증력)이라고 한다. 검증력이 크면 귀무가설이 허위일 때 이를 기각하지 않는 오류(2종 오류)는 작아진다. 그러므로 검증력과 2종 오류의 확률은 서로 반대로 작용한다. 2종 오류의 확률을 β로 나타내므로 검증력은 $\mathbf{1-\boldsymbol{\beta}}$가 된다. 검증력을 결정짓는 것은 α, 표본의 크기, 그리고 효과크기이다. 즉 α가 클수록, 표본의 크기가 클수록, 그리고 효과크기가 클수록 검증력은 커진다. 이는 α가 클수록 귀무가설을 보다 쉽게 기각하며, 표본의 크기가 클수록, 그리고 효과크기가 클수록 **검증 통계량(절대값)**이 커지기 때문이다. 또한 동일한 α인 경우 표본크기가 클수록 귀무가설을 기각하기 쉬우므로 '귀무가설이 틀렸는데도 기각하지 않을 확률' 즉 β는 작아진다. 요약하면 표본크기가 클수록 연구자의 가설은 지지되기 쉬우며, 연구가설이 맞는데 검증결과 비유의적일(insignificant) 가능성은 낮아진다.

효과크기(effect size)는 연구되는 현상이 모집단에 존재하는 정도(the degree to

3) 여기서 '통계적으로'라는 표현을 생략하고 편의상 '유의적' 혹은 '비유의적'이라고 표현하는 경우가 많다.
4) Carl McDaniel, Jr. and Roger Gates, *Marketing Research,* 10th ed., Wiley, 2015.

which the phenomenon being studied exists in the population)를 말한다. 예를 들어, 두 집단 평균차이검증의 경우 효과크기는 집단 간 차이의 표준화 측정치(Cohen's d)로서 집단 평균값들 간의 차이를 표준편차로 나눈 것이다. 분산분석의 경우 η^2, 회귀분석의 경우 R^2 등은 각각의 경우 효과크기를 나타낸다. 그 밖에 효과크기를 나타내는 값들은 여러 가지가 있는데 본서의 범위를 넘어 생략한다.[5)]

6. 가설검증 절차

가설검증 방식에는 다음의 두 가지가 있다: (1) 주어진 자료로부터 검증통계량을 계산하고 이 검증통계량이 α에 따라 설정되는 기각역에 위치하는지를 보는 방식; (2) p-value를 계산하여 α와 비교하는 방식.

(1) 검증통계량의 값이 기각역에 위치하는지를 보는 방식

① 귀무가설과 대립가설을 설정한다.

② 가설의 성격에 따라 Z-검증, t-검증, F-검증, χ^2 검증(chi-square test) 중 어떤 검증을 할 것인지 결정한다.

③ 통계자료로부터 검증통계량을 계산한다(Z_{obs}, t_{obs}, F_{obs}, χ^2_{obs}; 여기서 obs는 observed value, 즉 관측치를 나타낸다).

④ 통계표로부터 해당임계치(Z_{crit}, t_{crit}, F_{crit}, χ^2_{crit})를 발견하고 기각역과 채택역이 설정된다(여기서 crit는 critical value, 즉 임계치를 나타낸다).

⑤ 검증통계량(test statistic)이 기각역과 채택역 중 어디에 위치하는지 본다. 기각역에 위치하면 귀무가설을 기각하고, 그렇지 않으면 귀무가설을 기각하지 않는다. 여기서 '기각하지 않는다(not reject)' 대신 '채택한다(accept)'라고 표현하면 옳지 않다. 가설검증에 따른 결정은 귀무가설의 '기각 여부'이지 '기각 혹은 채택'이 아니다. 이는 "주어진 표본자료로는 귀무가설이 틀렸다고 할 수 없다"는 결정이며 "귀무가설이 옳다"고 결정하는 것은 아니기 때문이다.

이런 관점에서는 미결수가 범죄를 지었다는 충분한 증거가 없는 경우, '무죄'라기보다는 '무죄가 아니라고 할 수 없음'이 보다 정확한 표현이다. 이는 그 미결수가 실제로는 범죄를 지었을 수도 있기 때문이다.

---

5) 효과크기에 대해서는 8.2에서 설명한다. 보다 자세한 내용을 알고자 하면 다음의 서적을 참조할 수 있다: Jacob Cohen, *Statistical Power Analysis for the Behavioral Sciences,* 2nd ed., Lawrence Erlbaum, 1988; Rex B. Kline, *Becoming a Behavioral Science Researcher*, Guilford, 2009; Paul D. Ellis, *The Essential Guide to Effect Sizes: Statistical Power, Meta-Analysis, and the Interpretation of Research Results,* Cambridge, 2010; 이학식 · 임지훈, *사회과학 논문작성을 위한 연구방법론,* 집현재, 2014, pp. 131-139.

(2) p-value를 계산하여 α와 비교하는 방식

①, ②, ③은 위의 방식과 같다.

④ 검증통계량(Z_{obs}, t_{obs}, F_{obs}, χ^2_{obs})과 통계표를 이용하여 p-value를 발견한다. SPSS 25 분석결과는 p-value를 유의확률로 표현하며, 매우 정밀하게 보여준다(예: 유의확률 =.002).

⑤ p-value를 이용한 검증규칙은 다음과 같다

- p-value $\leq \alpha$ 이면, 귀무가설을 기각하고 연구가설을 지지한다(이때, "분석결과가 유의적으로 나타났다"라고 한다).
- 만약 p-value $> \alpha$ 이면, 귀무가설을 기각하지 못하고 연구가설을 지지하지 못한다(이때, "분석결과가 비유의적으로 나타났다"라고 한다).

7. 추계통계기법에서 사용되는 검증들

〈표 6.6〉은 본서에서 포함하는 추계통계기법의 경우 어떤 검증통계량을 사용하여 검증하는지를 보여준다.

표 6.6 추계통계기법에서 사용되는 검증

평균검증	Z-검증, t-검증
비율검증	Z-검증
평균차이검증	Z-검증, t-검증
비율차이검증	Z-검증
분산분석	F-검증
상관분석	t-검증
회귀분석	Z-검증, t-검증
χ^2독립성검증	χ^2-검증
χ^2적합도검증	χ^2-검증

8. 가설설정 방법

연구가설은 방향성을 가질 수도 있고 갖지 않을 수도 있다. 비방향적 가설(nondirectional hypothesis)과 방향적 가설(directional hypothesis)의 예는 각각 다음과 같다.

비방향적 가설

- 판매원의 경력에 따라 판매실적이 다르다.
- 가격에 따라 수요는 달라진다.

• 심장병 환자의 비율은 남·녀 간에 차이가 있다.
• 맥주 한 병에 들어있는 맥주량은 640ml가 아니다.

방향적 가설

• 판매원의 경력이 많을수록 판매실적은 높다.
• 가격이 낮을수록 수요는 증대된다.
• 심장병 환자 비율은 남자가 여자보다 더 크다.
• 맥주 한 병에 들어있는 맥주량은 640ml보다 적다.

그러면 두 가지 가설 중 어느 가설이 보다 나은 가설인가? 방향적 가설은 비방향적 가설보다 많은 정보를 제시하므로 보다 나은 가설이며, 따라서 연구자는 가능하다면 자신의 연구가설을 방향성을 갖게 설정하는 것이 바람직하다. 가설을 표현하는 방식에는 〈표 6.7〉과 같이 여러 가지가 있다.

표 6.7 가설표현 방식

	A	B	C
H_0:	$=$	$=(\geq)$	$=(\leq)$
H_1:	$\neq$	$<$	$>$

가설표현 A는 비방향적 가설을 나타내는 표현이며, Z-검증과 t-검증의 경우 기각역은 좌·우에 위치한다(**양측검증**). 가설표현 B, C는 방향적 가설을 나타내는 표현이다. B의 경우 기각역은 좌측에, 그리고 C의 경우 기각역은 우측에 위치한다(**단측검증**). 이때 대립가설은 연구자의 신념, 혹은 연구자가 주장하는 견해이다. 그리고 귀무가설은 보다 보수적 견해 혹은 지금까지 받아들여지는 견해이다. 귀무가설은 반드시 등호(equality sign)를 포함해야 한다(=, ≥, ≤).

B와 C의 경우 귀무가설에 사용하는 부호는 귀무가설에 관련되는 견해가 어떤가에 달려있다. 예를 들어, 맥주병에 640ml로 표기되어 있지만 이보다 적게 들어 있을 것으로 생각하고 가설검증을 한다면 H_0: $\mu=640$, H_1: $\mu<640$이라고 설정한다. 다른 예로 한 백화점에서 과거 소비자 불평제기 건수가 일평균 15건 이상이었다. 최근 몇 개월간 소비자 만족도 향상을 위해 노력하였으며, 이에 따라 평균건수가 과거보다 감소했을 것으로 추측한다. 이 경우 가설은 H_0: $\mu\geq15$, H_1: $\mu<15$로 설정된다. 두 경우 모두 기각역은 좌측에 위치된다. 기각역의 위치는 대립가설에 따라 결정되며 귀무가설에 따라 결정되지 않는다.

제3부

차 이 분 석

BASIC SPSS

제 3 부에서는

우리는 일상생활에서 집단 간 차이에 대해 관심을 갖는 경우가 많다. 그 관심의 대상은 평균차이, 비율차이 혹은 다른 것의 차이일 수도 있다. 다양한 집단 간 차이를 분석하기 위해서는 언제, 어떤 분석방법을 사용해야 하는지에 대해 사전지식을 가지고 있어야 한다.

제 3 부에서는 먼저 단일 모집단의 평균검증과 비율검증을 설명한다. 이후 평균과 비율의 집단 간 차이를 분석하는 방법들에 대해 설명한다. 특히 두 집단의 평균차이를 분석하는 방법들과 두 집단 이상의 평균차이를 분석하는 방법들을 중점적으로 설명한다.

제 7 장
평균(차이)검증과 비율(차이)검증

본 장에서는

- 단일모집단 평균검증에 대해 설명한다.
- 두 모집단 평균차이 검증에 대해 설명한다.
- 짝을 이룬 값들의 차이검증에 대해 설명한다.
- 단일모집단 비율검증에 대해 설명한다.
- 두 모집단 비율차이 검증에 대해 설명한다.
- 연습문제를 통해 학습내용을 복습한다.

7.1 단일모집단 평균검증(t)

1. 개 요

단일모집단 평균검증은 모집단의 평균(μ)값을 일반적인 이해(혹은 지금까지의 이해)와는 다르게 연구자가 생각하는 경우 사용하는 것이다.

단일모집단 평균검증에는 모집단의 구성요소들이 정규분포를 이룬다는 가정 하에 t-test를 사용하며, 다음의 검증통계량이 사용된다. 그런데, 표본의 크기가 크면($n \geq 30$) 중심극한정리에 따라 Z-test를 사용할 수 있으나, t-test를 사용하는 것이 보다 엄격하다(혹은, 보다 정확하다)는 측면에서 바람직하다.

$$t = \frac{\bar{X} - \mu_0}{s / \sqrt{n}} \quad (\text{d.f.} = n - 1)$$

여기서 $\bar{X}$ = 표본의 평균값
μ_0 = 귀무가설로 설정된 모집단의 평균값
s = 표본의 표준편차
$s/\sqrt{n}$ = $\bar{X}$의 표준오차(즉, $\bar{X}$ 표본추출분포의 표준편차)

2. SPSS를 이용한 단일모집단 평균검증 방법

예제 7.1 단일모집단 평균검증

일반적으로 초등학교 6학년 남학생들의 평균 신장은 대체로 152cm 정도 되는 것으로 받아들여진다. 이를 조사하기 위하여 무작위로 초등학교 6학년 남학생 30명의 키를 측정한 결과 〈표 7.1〉과 같았다. 이 자료로써 초등학교 6학년 남학생들의 평균 신장이 152cm가 아니라고 말할 수 있는가? $\alpha = .05$.

표 7.1 초등학교 6학년 남학생들의 신장(cm)

150	152	152	152	153	154
152	157	151	155	151	162
151	149	152	149	151	167
146	150	146	154	155	142
154	153	149	152	149	143

연구자가 논리적 근거를 토대로 어떤 현상에 대해 '어떨 것이다'라고 추측하는 부분을 **연구가설**(research hypothesis)이라고 한다. 〈예제 7.1〉의 연구가설은 다음과 같다.

연구가설 초등학교 6학년 남학생들의 평균 신장은 152cm와 차이가 있을 것이다.

가설검증을 위하여 귀무가설(H_0)과 대립가설(H_1)을 설정하는데, 연구가설은 대립가설로 설정된다. 그러므로 가설검증을 위한 귀무가설과 대립가설은 다음과 같이 표현된다.

H_0: $\mu = 152$

H_1: $\mu \neq 152$

〈예제 7.1〉의 단일모집단 평균검증을 하는 과정은 다음과 같다.

❶ '(7)단일집단평균.sav' 파일을 연다.

❷ [그림 7.1]과 같이 다음의 절차를 따른다.

[분석(A)] → [평균 비교(M)] → [일표본 T 검정(S)...] → 클릭

그림 7.1 단일모집단 평균검증 절차

❸ [그림 7.1]과 같이 실행하면 [그림 7.2]의 일표본 T 검정 대화상자가 나타난다.

그림 7.2 일표본 T 검정 대화상자

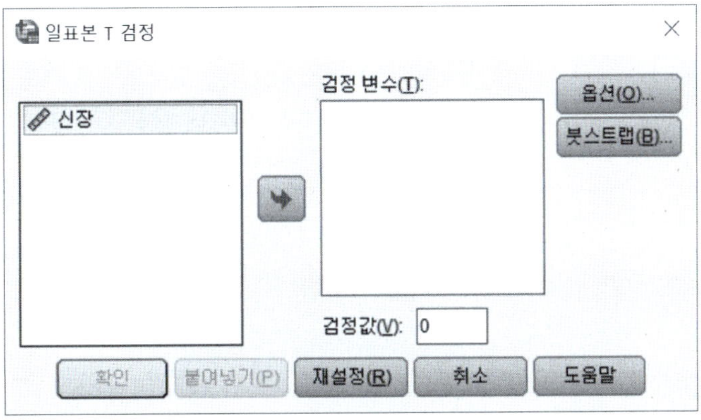

❹ 여기서 [그림 7.3]과 같이 신장을 [검정 변수(T)] 상자로 보낸다. [검정값(V)]에는 검증하고자 하는 평균값(152)을 입력한다.

그림 7.3 검정 변수 선정 및 검정값 설정

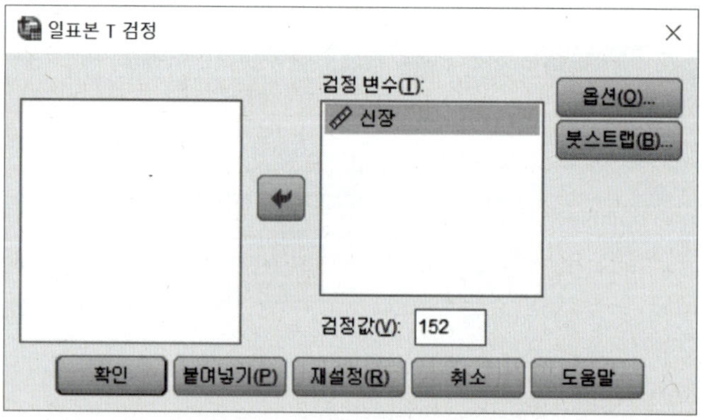

❺ [옵션(O)...]을 클릭하면 [그림 7.4]와 같은 옵션 대화상자가 활성화된다. 여기서 [신뢰구간(C)]과 결측값 처리방법을 기본설정으로 분석을 진행한다.

> ☞ SPSS에서는 [신뢰구간(C)]으로 95%가, 결측값 처리방법은 [분석별 결측값 제외(A)]가 기본설정(default)되어 있다. [신뢰구간(C)]은 분석자의 필요에 따라 자유롭게 설정할 수 있으며, 결측값 처리는 [분석별 결측값 제외(A)]나 [목록별 결측값 제외(L)]를 선택할 수 있다.

그림 7.4 옵션 대화상자

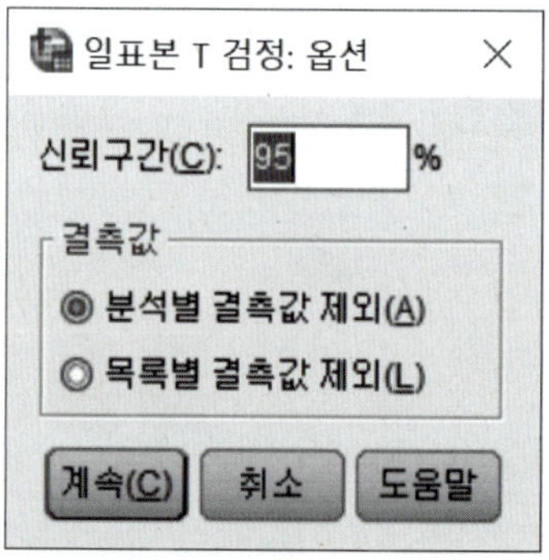

> ☞ 결측값 처리
>
> - **분석별 결측값 제외**: 특정 분석의 대상이 되는 변수값이 결측된 케이스만 그 분석에서 제외한다(**기본설정**).
> - **목록별 결측값 제외**: 어떤 케이스의 변수값들 중 어떤 변수값이라도 결측되면 그 케이스는 모든 분석에서 제외한다.

[참고] 결측값 제외

SPSS에서는 대부분의 경우 분석별 결측값 제외를 기본설정으로 한다. 그러나 드물게 목록별 결측값 제외를 기본설정으로 하기도 한다(예: 요인분석, 군집분석). 본서에서는 기본설정이 어느 것이건 모든 분석에서 기본설정을 유지하기로 한다.

⑥ [그림 7.4]에서 [계속(C)]을 클릭하고 이어서 [확인]을 클릭한다. 그러면 〈표 7.2〉와 같은 결과가 나타난다.

표 7.2 단일모집단 평균검증

일표본 통계량

	N	평균	표준화 편차	표준오차 평균
신장	30	151.77	4.847	.885

일표본 검정

	검정값 = 152					
	t	자유도	유의확률 (양측)	평균차이	차이의 95% 신뢰구간	
					하한	상한
신장	-.264	29	.794	-.233	-2.04	1.58

〈표 7.2〉에는 먼저 케이스의 수, 평균 신장, 표준편차 등이 나타나 있고, 검증값 152cm에 대한 t-검증 결과가 제시되어 있다. 분석결과 $t=-.264$, p(유의확률)$=.794$로 $\alpha=.05$의 양측검증에서 비유의적으로 나타났다. 따라서 H_0: $\mu=152$를 기각할 수 없다. 다시 말하면, 초등학교 6학년 남학생들의 평균 신장은 152cm 정도 되는 것으로 볼 수 있다.

7.2 두 모집단 평균차이 검증(t)

1. 개 요

두 개의 독립모집단 평균차이 검증에는 두 모집단이 정규분포를 이루며 분산이 같다는 가정하에($\sigma_1^2=\sigma_2^2$) t-test를 사용한다. 그런데 각 표본의 크기가 크면($n_1 \geq 30$, $n_2 \geq 30$) 중심극한정리에 따라 Z-test를 사용할 수 있으나, t-test를 사용하는 것이 보다 엄격하다는 측면에서 바람직하다.

두 개 모집단의 평균차이 검증에는 t-test를 사용하며 다음의 검증통계량이 사용된다.

$$t = \frac{(\overline{X}_1 - \overline{X}_2) - D_0}{s\sqrt{\dfrac{1}{n_1} + \dfrac{1}{n_2}}} \quad (\text{d.f.} = n_1 + n_2 - 2)$$

여기서, $\overline{X}_1$ = 표본 1의 평균

$\overline{X}_2$ = 표본 2의 평균

D_0 = 귀무가설로 설정된 두 모집단 평균의 차이값

s = 두 모집단을 결합했을 때의 결합표준편차(σ)의 추정치

$$= \sqrt{\frac{\sum_{i=1}^{n_1}(X_i - \overline{X}_1)^2 + \sum_{i=1}^{n_2}(X_i - \overline{X}_2)^2}{n_1 + n_2 - 2}}$$

n_1 = 표본 1의 크기

n_2 = 표본 2의 크기

$s\sqrt{\dfrac{1}{n_1} + \dfrac{1}{n_2}} = (\overline{X}_1 - \overline{X}_2)$의 표준오차

2. SPSS를 이용한 두 모집단 평균차이 검증

예제 7.2 두 모집단 평균차이 검증(양측검증)

자동차 판매사원들을 교육하는 두 가지 방법 중 어느 방법이 보다 효과가 있을까? 이를 조사하기 위하여 신입 판매사원 18명을 무작위로 두 그룹으로 나누어 각각 A방법과 B방법으로 교육하였다. 교육 후 6개월간의 판매실적은 〈표 7.3〉과 같이 나타났다. 이 자료로부터 두 가지 교육방법은 다른 판매실적을 초래한다고 할 수 있는가? 이 경우 각 그룹에 할당된 판매원들의 판매와 관련된 기본 능력은 동일하다고 가정한다. $\alpha = .05$.

표 7.3 판매사원 교육방법과 판매실적

교육방법			
A		B	
32	44	35	40
37	35	31	27
35	31	29	32
28	34	25	31
41		34	

연구 가설 판매사원들에 대한 두 가지 교육방법에 따른 판매실적에는 차이가 있을 것이다.

H_0: $\mu_1 = \mu_2$

H_1: $\mu_1 \neq \mu_2$

〈예제 7.2〉의 독립 두집단 평균검증을 하는 과정은 다음과 같다.

❶ '(7)독립두집단평균.sav' 파일을 불러온다.

❷ [그림 7.5]와 같이 다음의 절차를 따른다.

[분석(A)] → [평균 비교(M)] → [독립표본 T 검정...] → 클릭

그림 7.5 독립 두집단 평균검증 절차

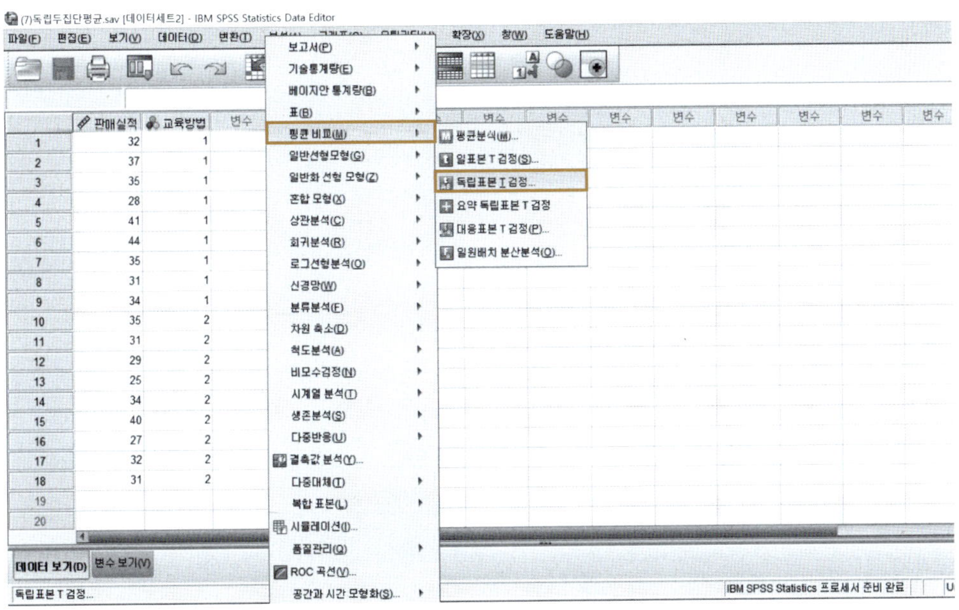

❸ [그림 7.5]와 같이 실행하면 [그림 7.6]의 독립표본 T 검정 대화상자가 나타난다.

그림 7.6 독립표본 T 검정 대화상자

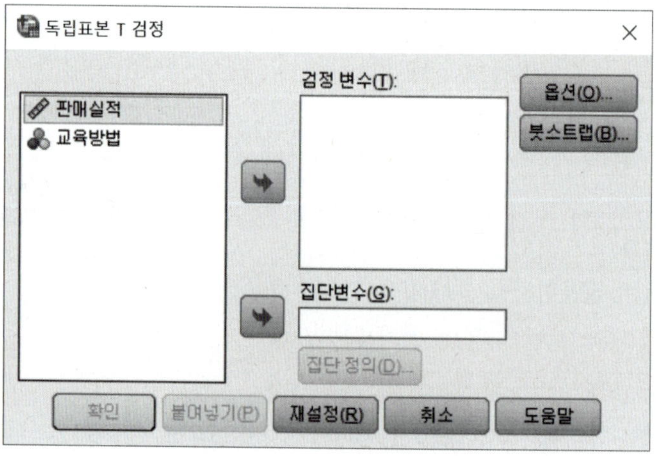

❹ 여기서 [그림 7.7]과 같이 판매실적을 [검정 변수(T)] 상자로 보내고, 교육방법을 [집단변수(G)]로 보낸다.

그림 7.7 독립표본 T 검정 변수선정

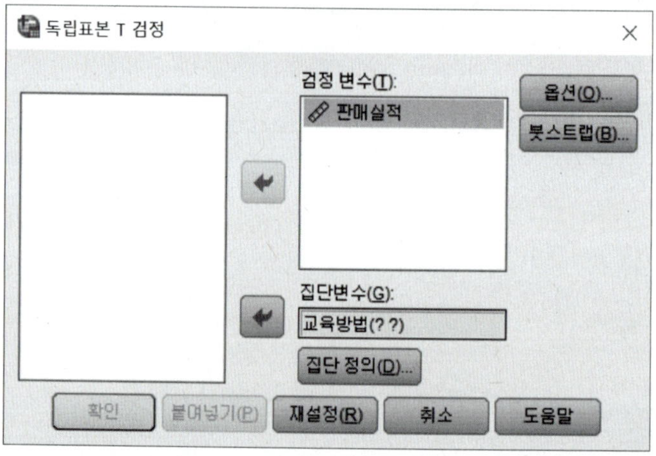

❺ [집단 정의(D)...]에서는 [지정값 사용(U)]을 이용하여 집단을 정의한다. 데이터 입력시 '교육방법 A'는 1로, '교육방법 B'는 2로 입력하였으므로, '집단 1'에는 1을, '집단 2'에는 2를 입력한다.

☞ 집단 정의는 [지정값 사용(U)]이나 [절단점(C)]을 이용할 수 있다. [지정값 사용(U)]의 경우는 데이터 입력시 집단을 구분하기 위해 사용한 값을 이용한다. [절

단점(C)]의 경우는 연속된 값을 갖는 변수에 대해 두 집단으로 구분할 때 사용하는데 임의의 값(대부분 중앙값이나 평균값)을 입력하면 그 값을 중심으로 두 집단으로 나누어 정의된다.

그림 7.8 집단 정의 대화상자

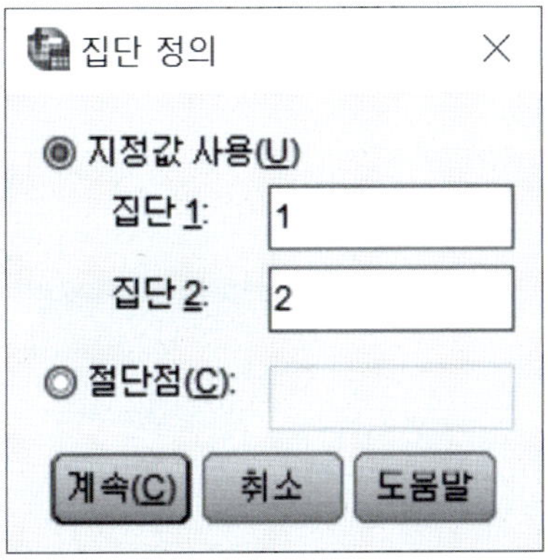

❻ [그림 7.8]에서 [계속(C)]을 클릭한다.

❼ [옵션(O)...]을 클릭하여 [그림 7.9]와 같이 [신뢰구간(C)]과 결측값 처리방법을 설정한다. 본 분석에서는 기본설정으로 분석을 진행한다.

그림 7.9 옵션 대화상자

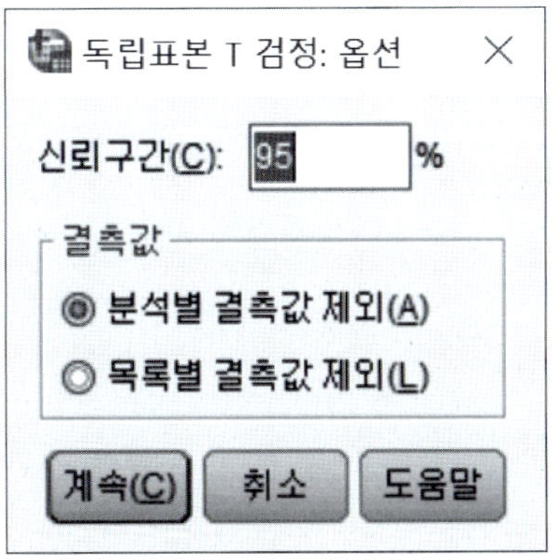

❽ 여기서 [계속(C)]을 클릭하고 이어서 [확인]을 클릭한다. 이에 따라 〈표 7.4〉와 같은 결과가 얻어진다.

표 7.4 독립표본 *t*-검증 결과

집단통계량

	교육방법	N	평균	표준화 편차	표준오차 평균
판매실적	A방법	9	35.22	4.944	1.648
	B방법	9	31.56	4.475	1.492

독립표본 검정

		Levene의 등분산 검정		평균의 동일성에 대한 T 검정						
		F	유의확률	t	자유도	유의확률 (양측)	평균 차이	표준오차 차이	차이의 95% 신뢰구간 하한	차이의 95% 신뢰구간 상한
판매 실적	등분산을 가정함	.061	.807	1.649	16	.119	3.667	2.223	−1.046	8.379
	등분산을 가정하지 않음			1.649	15.844	.119	3.667	2.223	−1.049	8.383

〈표 7.4〉에 따르면, 따르면 Levene의 등분산 검증결과 $p=.807$로서 $\alpha=.05$에서 H_0: $\sigma_1^2=\sigma_2^2$를 기각하지 못한다. 따라서 등분산 가정에 문제가 없다.[1] 등분산 가정이 된 경우 양측검증에서 $t=1.649$, $p=.119$로 나타나 'H_0: $\mu_1=\mu_2$'는 $\alpha=.05$에서 기각되지 않는다. 즉, 두 가지 교육방법에 따른 판매실적의 차이는 있다고 할 수 없다. 여기서 *t*-value는 평균차이를 차이의 표준오차로 나눈 값이다. **결론적으로, 판매사원들에 대한 두 가지 교육방법에 따른 판매실적에는 차이가 있을 것이라는 연구가설은 지지되지 않았다.** 이 경우, 만약 대립가설(즉, 연구가설)이 $\mu_1>\mu_2$ 혹은 $\mu_1<\mu_2$라면 $p=.0595(=.119/2)$가 된다. 이는 단측검증에서의 *p*-value는 양측검증에서의 *p*-value의 1/2이기 때문이다. 따라서 단측검증으로 가설이 설정되었다면 검증결과는 보다 유의적으로 나타난다.

1) Levene의 등분산 검증결과는 대부분의 경우 등분산 가정을 충족시키는 것으로 나타난다. 이 경우 분석결과의 윗줄에 있는 *t*를 이용하여 검증한다. 이때 *t*는 결합분산 추정치(pooled variance estimate)를 이용하여 계산된다. 그러나 드물게 등분산 가정을 충족시키지 못하는 것으로 나타날 수 있는데($p<.05$), 이 경우 아랫줄에 있는 *t*를 이용하여 검증한다. 이때의 *t*는 Behrens-Fisher statistic *T*이며, 이 경우 분산은 결합되어 계산되지 않는다(not pooled). 또한 이 경우 자유도는 Welch-Satterthwaite formula를 적용함으로써 작아진다. 또한 동일한 *t*이지만 자유도가 작으므로 *p*-value는 커진다. 본 예제의 경우 *p*-value는 등분산을 가정하지 않는 경우보다 더 작지만 소수점 셋째자리까지 산출되어 거의 동일하게 나타났다.

7.3 짝을 이룬 값들의 차이검증(A Paired-Difference Test; t)

1. 개 요

앞에서 설명한 두 모집단 평균차이 검증의 경우 두 개의 독립 모집단을 전제로 하였다. 그런데 이와 유사하게 보이나 다른 것으로, 표본의 값들이 짝(pair)을 이루고 있으며, 짝을 이룬 값들을 비교하는 경우가 있다. 이때 짝을 이룬 값들은 서로 독립적이지 않으며, 따라서 모집단은 두 개가 아닌 하나가 된다. 이 경우에도 t-test를 사용하지만 검증통계량과 자유도가 앞의 경우와 다르다는 점에 유의해야 한다.

짝을 이룬 값들의 차이검증에는 t-test를 사용하며, 다음의 검증통계량이 사용된다.

$$t = \frac{\bar{d} - D_0}{s_d / \sqrt{n}} \quad (\text{d.f.} = n-1)$$

여기서, $\bar{d}$ = 각 표본요소의 값들의 차이의 평균값

D_0 = 귀무가설로 설정된 차이의 평균값

s_d = 표본요소들의 차이값들의 표준편차

$$= \sqrt{\frac{\sum_{i=1}^{n}(d_i - \bar{d})^2}{n-1}}$$

$s_d / \sqrt{n} = \bar{d}$의 표준오차

2. SPSS를 이용한 paired t-test

예제 7.3 짝을 이룬 값들의 차이검증(양측검증)

한 소비재 제조회사 마케팅관리자는 비누의 매출이 패키지 디자인에 따라 다를 것이라는 생각을 하고, 두 가지 패키지 디자인 A, B를 개발하였다. 그런데 실험을 위하여 선정된 수퍼마켓 지점들을 무작위로 두 집단으로 나누어, 각 집단의 수퍼마켓에 패키지 디자인 A 혹은 B의 비누를 진열하고 매출을 비교한다면, 수퍼마켓의 크기, 내점고객수, 그 지역의 소득, 경쟁상황 등 여러 가지 요인들이 매출에 영향을 줄 수 있다고 생각하였다(외생변수). 그리하여 8개의 수퍼마켓을 선정하여(외생변수의 통제) 패키지 디자인 A와 B의 비누를 함께 진열하여 매출을 조사하였다. 각 패키지 디자인 비누의 매출실적은 〈표 7.5〉와 같이 나타났다. 이러한 결과로부터 패키지 디자인에 따라 비누의 매출이 다르다고 할 수 있는가? $\alpha = .05$.

표 7.5 수퍼마켓별 각 패키지 디자인의 판매실적과 차이계산

수퍼마켓	패키지 디자인	
	A	B
1	37	26
2	19	11
3	17	17
4	22	16
5	32	35
6	10	6
7	14	13
8	17	12

연구 가설 패키지 디자인에 따라 비누의 판매실적은 다를 것이다.

H_0: $D_0 = 0$

H_1: $D_0 \neq 0$

〈예제 7.3〉의 짝을 이룬 값들의 차이검증을 하는 과정은 다음과 같다.

❶ '(7)대응T.sav' 파일을 불러온다.

❷ [그림 7.10]과 같이 다음의 절차를 따른다.

[분석(A)] → [평균 비교(M)] → [대응표본 T 검정(P)...] → 클릭

그림 7.10 짝을 이룬 값들의 차이검증 절차

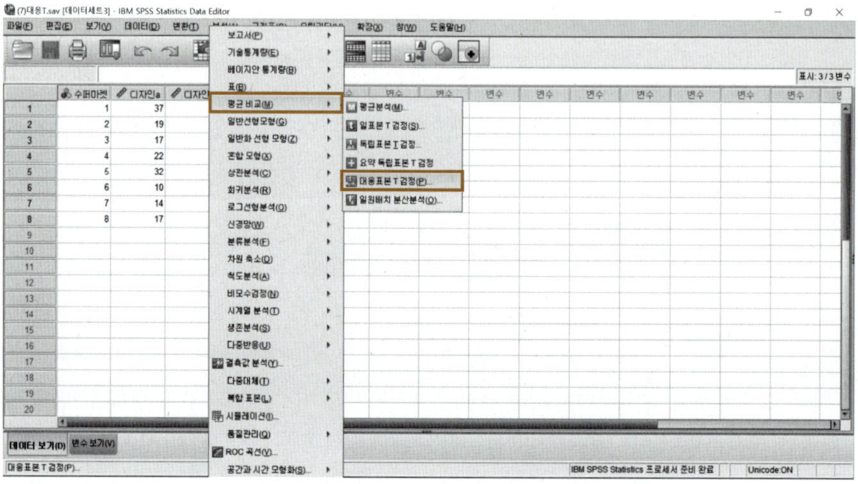

❸ [그림 7.10]과 같이 실행하면 [그림 7.11]의 대응표본 T 검정 대화상자가 나타난다.

그림 7.11 대응표본 T 검정 대화상자

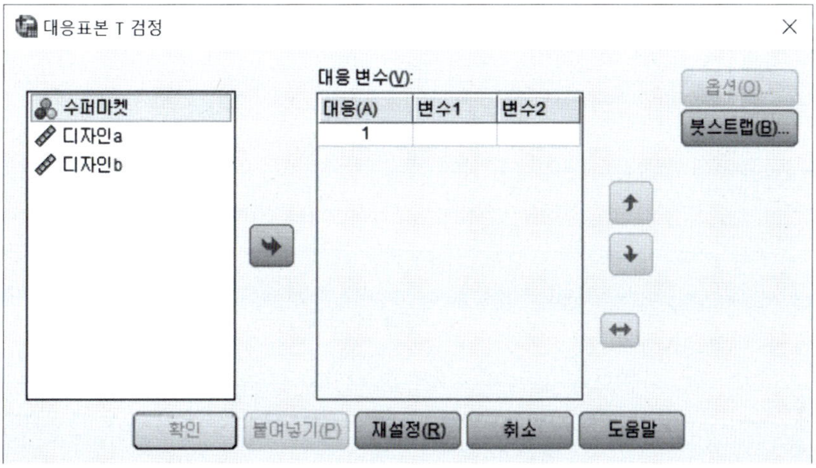

❹ [그림 7.12]와 같이 차이검증을 하고자 하는(대응되는) 변수 두 개를 [대응 변수(V)] 상자로 보낸다.

그림 7.12 대응 변수 선정

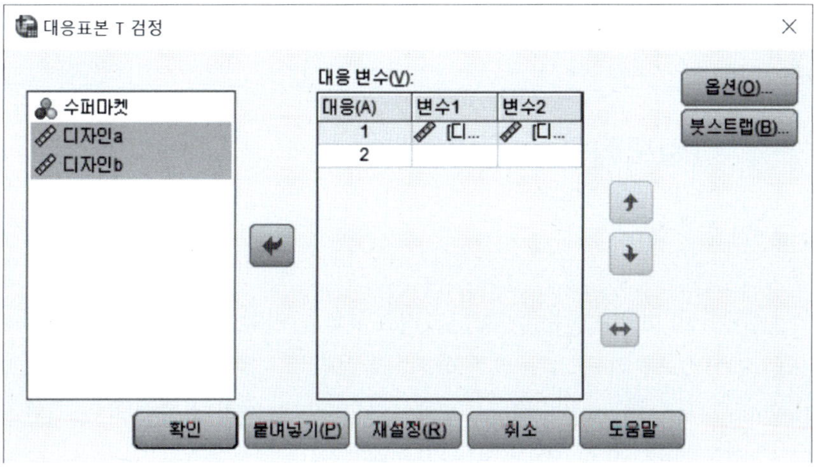

❺ [옵션(O)...]을 선택하여 [신뢰구간(C)]과 결측값 처리방법을 결정한다.

❻ [계속(C)]을 클릭하고 이어서 [확인]을 클릭하면, 〈표 7.6〉과 같은 결과가 산출된다.

표 7.6 대응표본 T 검정 결과

대응표본 통계량

		평균	N	표준화 편차	표준오차 평균
대응 1	디자인a	21.00	8	9.134	3.229
	디자인b	17.00	8	9.289	3.284

대응표본 상관계수

		N	상관관계	유의확률
대응 1	디자인a & 디자인b	8	.879	.004

대응표본 검정

		대응차					t	자유도	유의확률(양측)
		평균	표준화 편차	표준오차 평균	차이의 95% 신뢰구간				
					하한	상한			
대응 1	디자인a − 디자인b	4.000	4.536	1.604	.208	7.792	2.494	7	.041

〈표 7.6〉을 보면 디자인 A의 평균은 21, 그리고 디자인 B의 평균은 17로 나타났다. 그리고 양측검증에서 $t=2.494$, $p=.041$로 나타나 'H_0: $D_0=0$'은 $\alpha=.05$에서 기각된다. **따라서 패키지 디자인에 따라 비누의 판매실적은 다를 것이라는 연구가설은 지지되었다.**

7.4 단일모집단 비율검증(Z)

1. 개 요

단일모집단 비율검증을 위해서는 기본적으로 **이항분포**(binomial distribution)를 사용한다. 그러나 표본의 크기가 크면 **중심극한정리**에 따라 비율의 표본추출분포(sampling distribution of proportion)가 정규분포에 가까워진다. 따라서 표본의 크기가 큰 경우(대체로 $n \geq 30$) 일반적으로 Z-test를 사용한다.

단일모집단 비율검증시 표본의 크기가 크면 Z-test를 사용하며, 다음의 검증통계량이 사용된다.

$$Z = \frac{\hat{p} - p_0}{SE_{\hat{p}}} = \frac{\hat{p} - p_0}{\sqrt{\frac{p_0 q_0}{n}}}$$

여기서 $\hat{p}$ = 비율추정치로서 표본의 비율값

p_0 = 귀무가설로 설정된 모집단의 비율값

$q_0 = 1 - p_0$

$SE_{\hat{p}} = \hat{p}$의 표준오차

2. SPSS를 이용한 단일모집단 비율검증

예제 7.4 단일모집단 비율검증의 예(단측검증)

한 치약 제조회사는 전체가구 중 10% 정도가 자사의 브랜드 A를 사용하는 것으로 알고 있었다. 마케팅부서는 시장점유율을 높이기 위해 6개월간 집중적 프로모션 활동을 하였다. 프로모션 활동에 따라 점유율이 높아졌는지를 알기 위해 표본추출에 의한 조사를 실시하였다. 조사결과 전체조사대상 50가구 중 10가구가 브랜드 A를 구매하는 것으로 나타났다. 이러한 결과에 따라 시장점유율이 높아졌다고 할 수 있는가? $\alpha = .05$.

연구가설 프로모션 활동에 따라 시장점유율이 높아졌을 것이다.
(브랜드 A 치약 구매가구는 전체가구 수의 10%보다 많을 것이다.)

H_0: $p = .10$

H_0: $p > .10$

〈예제 7.4〉의 단일모집단 비율검증을 하는 과정은 다음과 같다.

❶ '(7)단일집단비율.sav' 파일을 연다.

❷ [그림 7.13]과 같이 다음의 절차를 따른다.

[분석(A)] → [비모수검정(N)] → [레거시 대화상자(L)[2]] → [이항(B)...] → 클릭

그림 7.13 단일집단 비율검증 절차

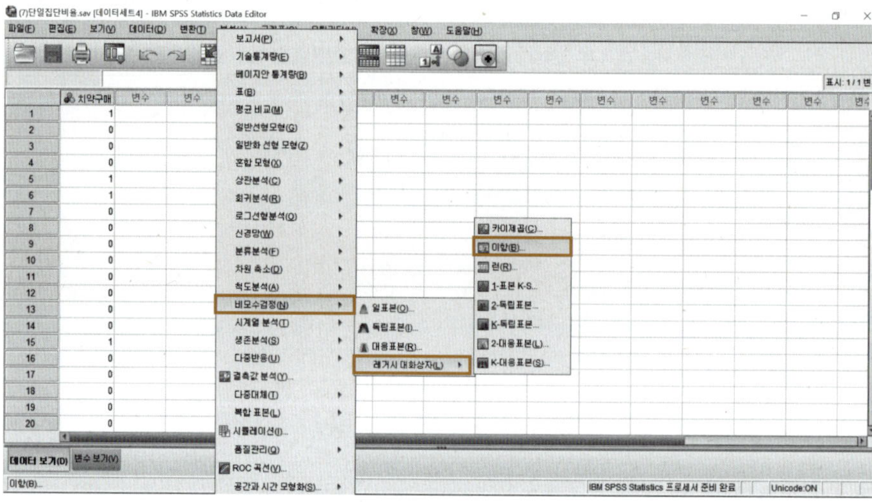

❸ [그림 7.13]과 같이 실행하면 [그림 7.14]의 이항검정 대화상자가 나타난다.

그림 7.14 이항검정 대화상자

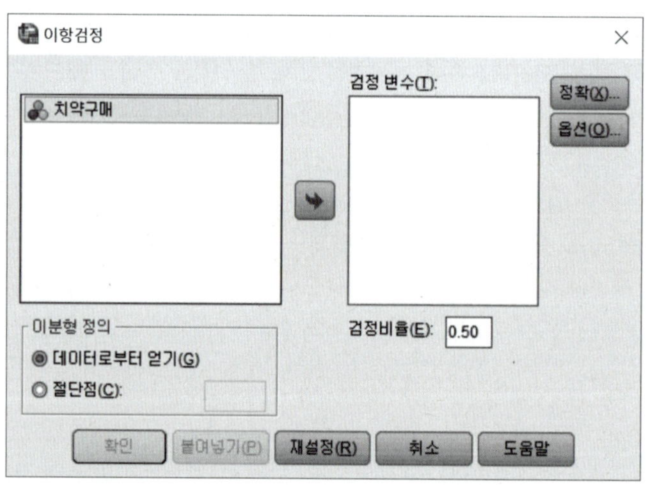

2) SPSS는 17 version부터 주요 메뉴의 인터페이스가 일부 변경되었다. 그러나 이전 version을 사용하던 사용자들이 이용하는 데 불편함을 없애기 위해 레거시 대화상자를 두어 과거의 인터페이스와 동일한 메뉴를 제공하고 있다.

❹ 여기서 [그림 7.15]와 같이 치약구매를 [검정 변수(T)]로 보내고, [검정비율(E)]에는 검증하고자 하는 비율(.10)을 입력한다.

> ☞ 이분형 정의는 [데이터로부터 얻기(G)]나 [절단점(C)]을 이용할 수 있다. [데이터로부터 얻기(G)]가 기본설정되어 있는데, 이 방법은 데이터 입력시 케이스 구분을 위해 사용한 값을 이용한다. [절단점(C)]을 이용할 경우 절단점에 입력한 값을 기준으로 케이스를 이분한다.

그림 7.15 검정변수 선정 및 검정비율 설정

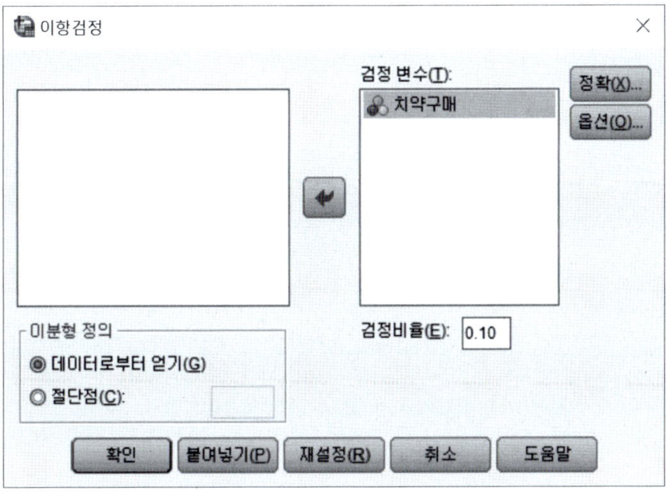

❺ [확인]을 클릭하면, 〈표 7.7〉과 같은 결과가 산출된다.

표 7.7 단일모집단 비율검증(이항검증) 결과

이항검정

		범주	N	관측비율	검정비율	정확 유의확률 (단측)
치약구매	집단 1	구매함	10	.2	.1	.025
	집단 2	구매안함	40	.8		
	전체		50	1.0		

〈표 7.7〉에 따르면 p-value=.025로 α =.05에서 유의적이다. 따라서 프로모션 활동에 따라 시장점유율이 높아졌다고 할 수 있다.

7.5 두 모집단 비율차이 검증(Z)

1. 개 요

두 모집단의 비율차이 검증을 위해서는 기본적으로 이항분포(binomial distribution)를 사용한다. 그러나 단일모집단 비율검증의 경우와 마찬가지로 표본의 크기가 크면(대체로 $n_1 \geq 30$, $n_2 \geq 30$) 중심극한정리에 따라 비율차이의 표본추출분포는 정규분포에 가까워진다. 따라서, 표본의 크기가 큰 경우 일반적으로 Z-test를 사용한다.

두 모집단 비율차이 검증시 표본의 크기가 크면 Z-test를 사용하며, 다음의 검증통계량이 사용된다.

$$Z = \frac{(\hat{p}_1 - \hat{p}_2) - (p_1 - p_2)}{\sqrt{\dfrac{\hat{p}\hat{q}}{n_1} + \dfrac{\hat{p}\hat{q}}{n_2}}}$$

여기서, $\hat{p}_1$ = 비율추정치로서 표본 1의 비율값

$\hat{p}_2$ = 비율추정치로서 표본 2의 비율값

p_1 = 모집단 1의 비율값

p_2 = 모집단 2의 비율값

$\hat{p} = \dfrac{x_1 + x_2}{n_1 + n_2}$ (x_1과 x_2는 각 표본에서 특정속성을 갖는 구성원의 수)

$\hat{q} = 1 - \hat{p}$

$\sqrt{\dfrac{\hat{p}\hat{q}}{n_1} + \dfrac{\hat{p}\hat{q}}{n_2}} = (\hat{p}_1 - \hat{p}_2)$의 표준오차

2. SPSS를 이용한 두 모집단 비율차이 검증

예제 7.5 두 모집단 비율차이 검증(단측검증)

승용차 광고에 매력적인 여성모델을 사용하면 남성모델을 사용하는 것보다 그 광고는 남성소비자들에게 보다 어필(appeal)할까? 이를 조사하기 위하여 두 가지의 인쇄광고물을 제작하였는데 광고모델 이외에는 모두 동일하게 하였다. 한 광고에는 매력적인 여성을 모델로 등장시키고 다른 광고에는 남성을 모델로 등장시켰다. 남성소비자 100명을 무작위로 50

명씩 두 그룹으로 나누어 A그룹에는 매력적인 여성모델의 광고를, 그리고 B그룹에는 남성모델의 광고를 노출시켰다. 광고노출 후 그 승용차 광고에 관심을 갖는다고 응답한 피실험자들의 수는 A그룹에서 37명, B그룹에서 23명이었다. 이 결과에 따라 매력적인 여성모델 광고가 남성모델 광고보다 남성소비자들의 관심을 더 끌 수 있다고 할 수 있는가? $\alpha = .01$.

연구가설 매력적인 여성모델 광고가 남성모델 광고보다 남성소비자들의 관심을 더 끌 수 있을 것이다.

H_0: $p_1 = p_2$

H_1: $p_1 > p_2$

〈예제 7.5〉는 이항검증에 의해 분석되는 문제이나 표본의 크기가 30보다 크므로 중심극한정리에 의해 정규분포를 가정한 분석이 가능하다. 이를 수리적으로 분석하는 과정은 다음과 같다.

$$Z_{\text{obs}} = \frac{(\hat{p}_1 - \hat{p}_2) - (p_1 - p_2)}{\sqrt{\frac{\hat{p}\hat{q}}{n_1} + \frac{\hat{p}\hat{q}}{n_2}}} = \frac{(.74 - .46) - 0}{\sqrt{\frac{(.6)(.4)}{50} + \frac{(.6)(.4)}{50}}} = 2.8577$$

$$\hat{p}_1 = \frac{37}{50} = .74$$

$$\hat{p}_2 = \frac{23}{50} = .46$$

$$\hat{p} = \frac{37 + 23}{100} = .6$$

$$Z_{\text{crit}} = Z_\alpha = Z_{.01} = 2.33$$

위 분석결과에 의하면 $\alpha = .01$에서 귀무가설은 기각된다. 따라서 광고에 매력적인 여성모델을 사용하면 그 광고는 남성소비자들의 관심을 보다 많이 끌 수 있다고 할 수 있다. 그런데, SPSS에는 두 모집단 비율차이 검증을 직접 할 수 있는 분석기능이 없으나, **독립성검증**(χ^2; 제 9 장에서 설명됨)에 의해 분석가능하다(데이터파일: (7)두집단비율.sav). 그 절차를 간략히 나타내면 다음과 같다:

분석 → 기술통계량 → 교차분석 → 광고집단을 행으로, 광고관심을 열로 보냄 → 통계량: 카이제곱 클릭 → 셀: 관측빈도, 기대빈도 클릭 → 확인.

위의 절차에 따라 독립성검증을 실시하면 〈표 7.8〉과 같은 결과가 도출된다.

표 7.8 독립성검증 결과

광고집단 * 광고관심 교차표

			광고관심		전체
			관심없다	관심있다	
광고집단	여성모델	빈도	13	37	50
		기대빈도	20.0	30.0	50.0
	남성모델	빈도	27	23	50
		기대빈도	20.0	30.0	50.0
전체		빈도	40	60	100
		기대빈도	40.0	60.0	100.0

카이제곱 검정

	값	자유도	근사 유의확률 (양측검정)	정확 유의확률 (양측검정)	정확 유의확률 (단측검정)
Pearson 카이제곱	8.167[a]	1	.004		
연속성 수정[b]	7.042	1	.008		
우도비	8.302	1	.004		
Fisher의 정확검정				.008	.004
선형 대 선형결합	8.085	1	.004		
유효 케이스 수	100				

a. 0 셀 (0.0%)은(는) 5보다 작은 기대빈도를 가지는 셀입니다. 최소 기대빈도는 20.00입니다.
b. 2×2 표에 대해서만 계산됨.

두 개의 이항비율의 동질성을 검증하는 문제는 **Z-test**와 χ^2 **test**를 이용하여 분석할 수 있다.[3] 대수계산에 의하면 Z^2는 2×2 교차분석표에 대한 χ^2값과 일치한다. 본 예의 경우에, $Z^2=(2.8577)^2=8.167=\chi^2$이다. 또한, $\alpha=.05$에서 $Z^2=(1.96)^2=3.8416$은 자유도가 1일 때 $\alpha=.05$에서의 χ^2값과 같다. 따라서 본 예의 경우에 $\chi^2=8.167$, $p=.004$이므로 $\alpha=.01$에서 귀무가설은 기각된다. 한편, 〈표 7.8〉은 양측검증 결과를 나타내주는데, 본 예제의 경우 단측검증으로 $p=.002(=.004/2)$이며 유의적이다. **따라서 매력적인 여성모델 광고가 남성모델 광고보다 남성소비자들의 관심을 더 끌 수 있다고 할 수 있다.**

3) Gouri K. Bhattacharyya and Richard A. Johnson, *Statistical Concepts and Methods*, 1977, John Wiley & Sons, pp. 440-441.

연 / 습 / 문 / 제

※ 다음은 인터넷 사용과 관련하여 30명의 소비자로부터 수집한 자료이다. 각 변수에 대한 값의 의미는 다음과 같다: 자료파일: (7)연습문제.

성별: 남=1, 여=2
사용시간: 일주일간 인터넷 사용시간
인터넷에 대한 태도, 기술에 대한 태도: 매우 호의적=7, 매우 비호의적=1
인터넷 쇼핑 경험: 경험 유=1, 경험 무=2

번호	성별	사용시간	인터넷에 대한 태도	기술에 대한 태도	인터넷 쇼핑 경험
1	1	14	7	6	1
2	2	2	3	3	2
3	2	3	4	3	1
4	2	3	7	5	1
5	1	13	7	7	1
6	2	6	5	4	1
7	2	2	4	5	2
8	2	6	5	4	2
9	2	6	6	4	1
10	1	15	7	6	1
11	2	3	4	3	2
12	2	4	6	4	2
13	1	9	6	5	2
14	1	8	3	2	2
15	1	5	5	4	1
16	2	3	4	3	2
17	1	9	5	3	1
18	1	4	5	4	1
19	1	14	6	6	1
20	2	6	6	4	2
21	1	9	4	2	2
22	1	5	5	4	2
23	2	2	4	2	2
24	1	15	6	6	1
25	2	6	5	3	1
26	1	13	6	6	1

27	2	4	5	5	1
28	2	2	3	2	2
29	1	4	5	3	1
30	1	3	7	5	1

1. 남녀 간에 인터넷 사용시간이 다른지를 검증하시오. $\alpha = .05$.

집단통계량

	성별	N	평균	표준화 편차	표준오차 평균
사용시간	남자	15	9.33	4.402	1.137
	여자	15	3.87	1.685	.435

독립표본 검정

		Levene의 등분산 검정		평균의 동일성에 대한 T 검정						
		F	유의확률	t	자유도	유의확률(양측)	평균차이	표준오차 차이	차이의 95% 신뢰구간 하한	차이의 95% 신뢰구간 상한
사용시간	등분산을 가정함	15.507	.000	4.492	28	.000	5.467	1.217	2.974	7.960
	등분산을 가정하지 않음			4.492	18.014	.000	5.467	1.217	2.910	8.024

집단통계량을 보면 남자의 평균(9.33)은 여자의 평균(3.87)보다 길다. 유의성 검증결과 $t = 4.492$, $p = .000$이므로 귀무가설(H_0: $\mu_{남자} = \mu_{여자}$)은 기각된다. **결론적으로, 남자의 인터넷 사용시간과 여자의 인터넷 사용시간은 다르다고 할 수 있다.**

☞ 원래 평균차이 검증을 위해서는 Levene의 등분산 검증 결과 두 집단의 등분산 가정이 충족되어야만 한다. 그러나 실제로는 자료가 등분산 가정을 충족시키지 못하는 경우가 있다. 이를 위해 SPSS에서는 등분산이 가정되는 경우와 등분산이 가정되지 않는 경우로 나누어 결과를 제시하고 있다. 본 연습문제의 경우 등분산 가정을 충족시키지 못하므로 ($F = 15.507$, $p = .000$), '등분산을 가정하지 않음'의 분석결과를 해석하면 된다.

2. 남녀 간에 인터넷 쇼핑경험 비율이 다른지를 검증하시오. 즉 남자들 중 인터넷 쇼핑 유경험자비율과 여자들 중 인터넷 쇼핑 유경험자 비율에 차이가 있는지를 검증하시오. $\alpha=.05$.

성별 * 쇼핑경험 교차표

			쇼핑경험		전체
			유	무	
성별	남자	빈도	11	4	15
		기대빈도	8.5	6.5	15.0
	여자	빈도	6	9	15
		기대빈도	8.5	6.5	15.0
전체		빈도	17	13	30
		기대빈도	17.0	13.0	30.0

카이제곱 검정

	값	자유도	근사 유의확률 (양측검정)	정확 유의확률 (양측검정)	정확 유의확률 (단측검정)
Pearson 카이제곱	3.394[a]	1	.065		
연속성 수정[b]	2.172	1	.141		
우도비	3.466	1	.063		
Fisher의 정확검정				.139	.070
선형 대 선형결합	3.281	1	.070		
유효 케이스 수	30				

a. 0 셀 (0.0%)은(는) 5보다 작은 기대빈도를 가지는 셀입니다. 최소 기대빈도는 6.50입니다.
b. 2×2 표에 대해서만 계산됨.

두 개의 이항비율의 동질성을 검증하는 문제는 Z-test와 χ^2 test를 이용하여 분석할 수 있다. 대수계산에 의하면 Z^2는 2×2 교차분석표에 대한 χ^2값과 일치한다. 본 예의 경우에, $Z^2=(1.8422)^2=3.394=\chi^2$이다. 또한, $\alpha=.05$에서 $Z^2=(1.96)^2=3.8416$은 자유도 1일 때 $\alpha=.05$에서의 χ^2값과 같다. 따라서 본 예의 경우에 $\chi^2=3.394$, $p=.065$이므로 $\alpha=.05$에서 귀무가설을 기각할 수 없다. **결론적으로, 남녀 간에 인터넷 쇼핑 유경험자 비율이 다르다고 할 수 없다.**

3. 인터넷에 대한 태도와 기술에 대한 태도 간에 차이가 있는지를 검증하시오. $\alpha=.05$.

대응표본 통계량

		평균	N	표준화 편차	표준오차 평균
대응 1	인터넷에 대한 태도	5.17	30	1.234	.225
	기술에 대한 태도	4.10	30	1.398	.255

대응표본 검정

		대응차					t	자유도	유의확률 (양측)
		평균	표준화 편차	표준오차 평균	차이의 95% 신뢰구간				
					하한	상한			
대응 1	인터넷에 대한 태도 - 기술에 대한 태도	1.067	.828	.151	.758	1.376	7.059	29	.000

통계량을 보면 인터넷에 대한 태도점수가 기술에 대한 태도점수보다 높다. 유의성 검증 결과 $t=7.059$, $p=.000$이므로 귀무가설(H_0: 인터넷에 대한 태도와 기술에 대한 태도 간에 차이가 없다)은 기각된다. **결론적으로, 인터넷에 대한 태도와 기술에 대한 태도 간에 차이가 있다고 할 수 있다.**

제 8 장
분산분석(ANOVA)

본 장에서는

- 일원분산분석 무작위 디자인과 무작위 블럭디자인에 대해 설명한다.
- 이원분산분석 팩토리얼 디자인에 대해 설명한다.
- 연습문제를 통해 학습내용을 복습한다.

8.1 일원분산분석(One-Way ANOVA) – 무작위 디자인

1. 일원분산분석의 개요

(1) 개 념

7.2에서 두 개의 독립모집단 평균차이 검증을 위하여 두 모집단이 정규분포를 이루며 분산이 같다는 가정하에 *t*-test를 사용할 수 있음을 설명하였다. **분산분석**(analysis of variance; ANOVA)은 두 개 이상의 집단들의 평균값을 비교하는 데 사용하는 통계 기법이며, 이때의 검증통계량은 *F*이다. 가장 간단한 분산분석은 처치변수가 한 개인 **일원분산분석**(one-way ANOVA)이다.

(2) 자 료

독립변수(혹은 처치변수)는 범주를 나타내는 명목척도로 측정되고, 종속변수는 간격척도 혹은 비율척도로 측정된다.

(3) 가 정

각 모집단은 정규분포를 이루며, 분산이 동일하다는 가정이 필요하다. 분산의 동질성 검증을 위해서 Levene's test가 사용된다.

2. SPSS를 이용한 일원분산분석

예제 8.1 일원분산분석의 예

A 잡지회사의 영업부에서는 영업사원 교육을 위한 네 가지 교육프로그램의 효과에 차이가 있는지를 조사하기 위하여 실험을 실시하였다. 이 실험에서는 28명의 신입사원들을 무작위로 네 집단으로 나누어 교육프로그램 A, B, C, D로써 교육을 실시하였다. 교육 도중 5명이 탈락하고, 교육을 마친 후 1주일간의 장기구독 판매실적은 〈표 8.1〉과 같다. 여기서 신입사원들을 무작위로 네 집단으로 나누었으므로, 각 집단에 속한 사원들의 교육받기 전의 판매능력은 동일한 것으로 가정된다. 이 자료로써 교육프로그램에 따라 판매실적이 다르다고 할 수 있는가? $\alpha = .05$.

표 8.1 교육프로그램별 판매실적[1)]

교육프로그램			
A	B	C	D
65	75	59	94
87	69	78	89
73	83	67	80
79	81	62	88
81	72	83	
69	79	76	
	90		

연구가설 네 가지 교육프로그램에 따른 판매실적이 모두 동일하지는 않다.
(즉, 적어도 어느 두 집단의 판매실적 간에는 차이가 있을 것이다.)

H_0: 네 가지 교육프로그램에 따른 판매실적은 동일하다($\mu_A = \mu_B = \mu_C = \mu_D$).

H_1: 네 가지 교육프로그램에 따른 판매실적이 모두 동일하지는 않다(즉, 적어도 어느 두 집단 간에는 차이가 있다).

〈예제 8.1〉의 일원배치 분산분석을 하는 과정은 다음과 같다.

❶ '(8)일원분산분석.sav' 파일을 불러온다.

1) 이 실험의 경우 전체 피실험자들을 네 개의 집단에 무작위로 할당하였다. 이 점에서 이러한 실험디자인을 무작위 디자인(randomized design)이라고 한다. 또한 집단에 따라 다른 피실험자들이 할당되었다. 이 점에서 집단간 디자인(between subjects design)에 해당한다.

❷ [그림 8.1]과 같이 다음의 절차를 따른다.

[분석(A)] → [평균 비교(M)] → [일원배치 분산분석(O)...] → 클릭

그림 8.1 일원배치 분산분석 절차

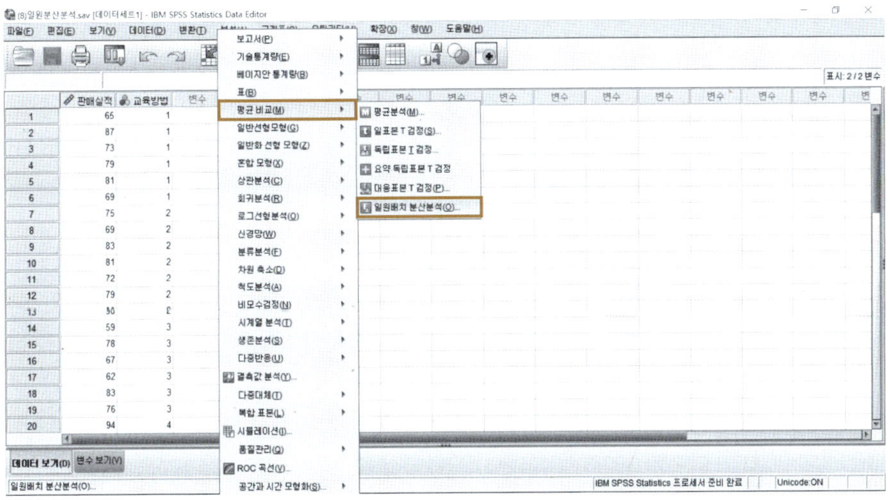

❸ [그림 8.1]과 같이 실행하면 [그림 8.2]의 일원배치 분산분석 대화상자가 나타난다.

그림 8.2 일원배치 분산분석 대화상자

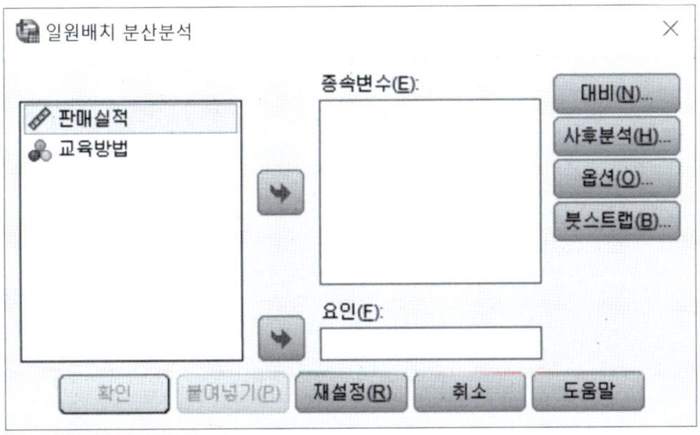

❹ 여기서 [그림 8.3]과 같이 판매실적을 [종속변수(E)]로 보내고, 교육방법을 [요인(F)]으로 보낸다.

그림 8.3 분석대상 변수선정

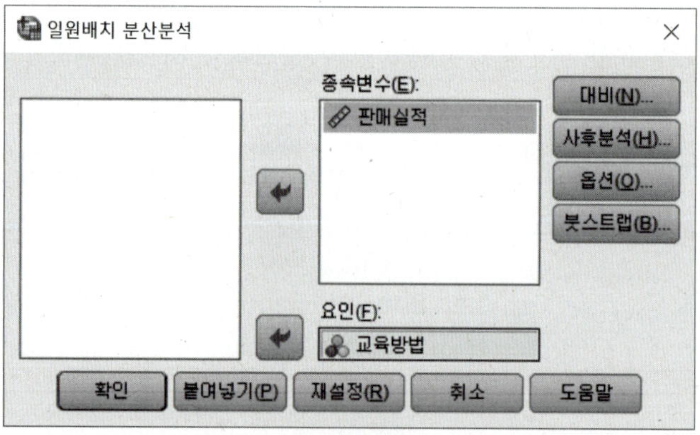

❺ [그림 8.3]에서 [사후분석(H)...]을 클릭하면 사후분석 – 다중비교 대화상자가 나타난다. 여기서 [그림 8.4]와 같이 [Bonferroni]와 [Scheffé]를 선택한다.

그림 8.4 사후분석–다중비교 대화상자와 분석방법 선정

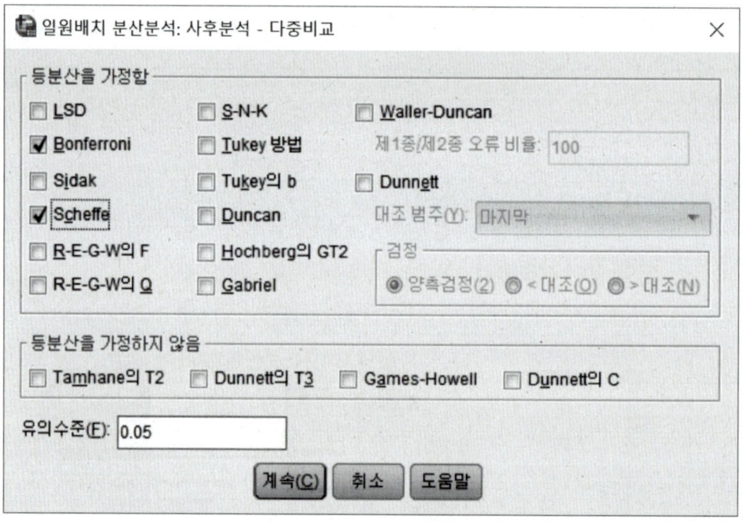

☞ 사후분석 – 다중비교

사후분석 – 다중비교를 위한 방법은 Tukey법, Scheffé법, Bonferroni법 등이 있다. **Tukey법**은 각 cell(집단)의 크기가 같을 때만 사용하며, **Scheffé법**과 **Bonferroni법**은 각 cell의 크기가 같거나 다르거나 상관없이 사용할 수 있다. 각 cell의 크기가 같은 경우 Tukey법을 사용하면 집단 간 차이를 가장 정밀하게 감지할 수 있다. 각 cell의

크기가 다른 경우 Scheffé법과 Bonferroni법 중 어느 것을 사용해도 괜찮으나, 두 가지를 모두 적용해보고서 차이를 보다 잘 감지할 수 있는 것을 택할 수 있다.[2] 여기서는 각 cell의 크기가 다르므로 Scheffé법과 Bonferroni법을 지정한다.

❻ [그림 8.4]에서 [계속(C)]을 클릭한다.

❼ [그림 8.3]에서 [옵션(O)...]을 클릭하면 옵션 대화상자가 나타난다. 옵션 대화상자에서는 통계량, [평균 도표(M)], 그리고 결측값 처리를 선택할 수 있다. 본 분석을 위해서는 [그림 8.5]와 같이 통계량에서 [기술통계(D)], [분산 동질성 검정(H)], 그리고 [평균 도표(M)]를 선택한다.

그림 8.5 옵션 대화상자

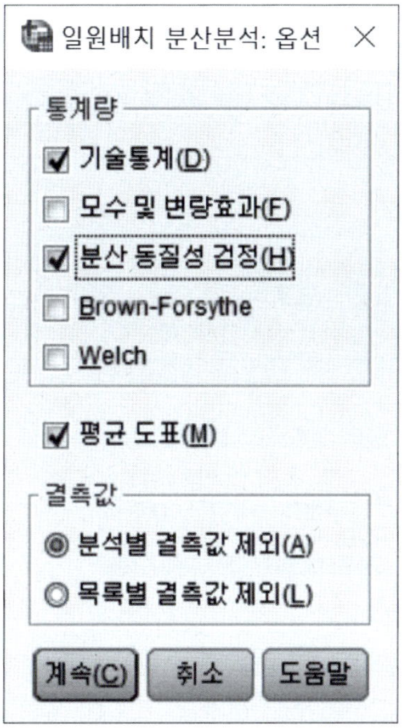

☞ 옵션 대화상자에서 선택한 내용은 다음과 같은 의미를 갖는다.

- **기술통계**: 케이스 수, 평균, 표준편차 등의 기술통계량을 볼 수 있다.
- **분산 동질성 검정**: 분산분석을 위해서는 모집단의 분산이 동일하다는 가정이 충족되어야 한다. 이를 알아보기 위하여 Levene 통계량을 이용한다.
- **평균 도표**: 각 집단별 종속변수 값의 평균을 시각적으로 볼 수 있다.

2) John Neter and William Wasserman, *Applied Linear Statistical Models*, Irwin, 1974, p. 482.

❽ [그림 8.5]에서 [계속(C)]을 클릭하고 [확인]을 클릭하면 결과를 얻을 수 있다(표 8.2부터).

표 8.2 기술통계량

판매실적

	N	평균	표준화 편차	표준화 오류	평균에 대한 95% 신뢰구간		최소값	최대값
					하한	상한		
program A	6	75.67	8.165	3.333	67.10	84.24	65	87
program B	7	78.43	7.115	2.689	71.85	85.01	69	90
program C	6	70.83	9.579	3.911	60.78	80.89	59	83
program D	4	87.75	5.795	2.898	78.53	96.97	80	94
전체	23	77.35	9.316	1.942	73.32	81.38	59	94

〈표 8.2〉에는 각 교육프로그램 집단별 케이스 수, 평균, 표준편차, 표준오차, 각 집단 평균에 대한 95% 신뢰구간, 각 집단별 최소값과 최대값이 나타나 있다. 이 표에서 유의해서 볼 부분은 각 집단의 평균치인데, 프로그램 D의 실적이 가장 높으며, 프로그램 C의 실적이 가장 낮다.

표 8.3 분산의 동일성에 대한 검증

판매실적

	Levene 통계량	자유도 1	자유도 2	유의확률
평균을 기준으로 합니다.	1.218	3	19	.330
중위수를 기준으로 합니다.	1.213	3	19	.332
자유도를 수정한 상태에서 중위수를 기준으로 합니다.	1.213	3	18.715	.333
절삭평균을 기준으로 합니다.	1.233	3	19	.325

분산분석은 각 모집단의 분산이 같다는 가정하에 실시된다. 〈표 8.3〉에는 Levene 통계량을 이용하여 분산의 동일성에 대해 검증한 결과가 나타나 있다. Levene 통계량(평균 기준)에 따른 $p = .330$으로서 $\alpha = .05$에서 'H_0: $\sigma_1^2 = \sigma_2^2 = \sigma_3^2 = \sigma_4^2$'를 기각하지 못한다. 따라서 등분산 가정에 문제가 없다.

표 8.4 분산분석 결과

판매실적

	제곱합	자유도	평균제곱	F	유의확률
집단-간	712.586	3	237.529	3.771	.028
집단-내	1196.631	19	62.981		
전체	1909.217	22			

〈표 8.4〉의 분산분석표에서 $F=3.771$, $p=.028$로서 'H_0: $\mu_1=\mu_2=\mu_3=\mu_4$'는 $\alpha=.05$에서 기각된다. 즉, 각 교육프로그램에 따른 판매실적은 적어도 어느 두 프로그램 간에는 차이가 있다고 할 수 있다.[3)]

표 8.5 사후검증 – 다중비교

종속변수: 판매실적

	(I) 교육방법	(J) 교육방법	평균차이(I–J)	표준화 오류	유의확률	95% 신뢰구간	
						하한	상한
Scheffé	program A	program B	−2.762	4.415	.941	−16.29	10.76
		program C	4.833	4.582	.775	−9.20	18.87
		program D	−12.083	5.123	.172	−27.77	3.61
	program B	program A	2.762	4.415	.941	−10.76	16.29
		program C	7.595	4.415	.420	−5.93	21.12
		program D	−9.321	4.974	.347	−24.56	5.91
	program C	program A	−4.833	4.582	.775	−18.87	9.20
		program B	−7.595	4.415	.420	−21.12	5.93
		program D	−16.917*	5.123	.032	−32.61	−1.23
	program D	program A	12.083	5.123	.172	−3.61	27.77
		program B	9.321	4.974	.347	−5.91	24.56
		program C	16.917*	5.123	.032	1.23	32.61
Bonferroni	program A	program B	−2.762	4.415	1.000	−15.76	10.24
		program C	4.833	4.582	1.000	−8.66	18.32
		program D	−12.083	5.123	.175	−27.16	3.00
	program B	program A	2.762	4.415	1.000	−10.24	15.76
		program C	7.595	4.415	.610	−5.40	20.59
		program D	−9.321	4.974	.458	−23.96	5.32
	program C	program A	−4.833	4.582	1.000	−18.32	8.66
		program B	−7.595	4.415	.610	−20.59	5.40
		program D	−16.917*	5.123	.022	−32.00	−1.84
	program D	program A	12.083	5.123	.175	−3.00	27.16
		program B	9.321	4.974	.458	−5.32	23.96
		program C	16.917*	5.123	.022	1.84	32.00

*. 평균차이는 0.05 수준에서 유의합니다.

3) SPSS는 일원분산분석의 경우 효과크기값인 η^2를 산출하지 않는다. 그러나 이는 다음과 같이 집단 간 제곱합을 전체 제곱합으로 나누어 계산할 수 있다. $\eta^2=\frac{712.586}{1,909.217}=.373$. 효과크기 η^2에 대해서는 뒤에 나오는 〈표 8.9〉의 해설 부분에서 설명한다.

〈표 8.5〉는 사후검증 결과를 나타낸다. 이 표에서는 $\alpha=.05$에서 두 집단 간에 차이가 있는 경우에 (*)가 표시되어 있다. 이 경우 해당 95% 신뢰구간은 0을 포함하지 않는다. 〈표 8.5〉에 따르면, 사후 집단 간 비교를 위한 Scheffé, Bonferroni 두 가지 방법 모두에서 프로그램 C와 프로그램 D 간의 차이가 $\alpha=.05$에서 유의적으로 나타났다. 즉, 프로그램 D는 프로그램 C보다 판매실적에 있어서 평균 16.917만큼 높은 결과를 가져왔으며, 그 차이는 $\alpha=.05$에서 유의적이다.

그림 8.6 평균 도표

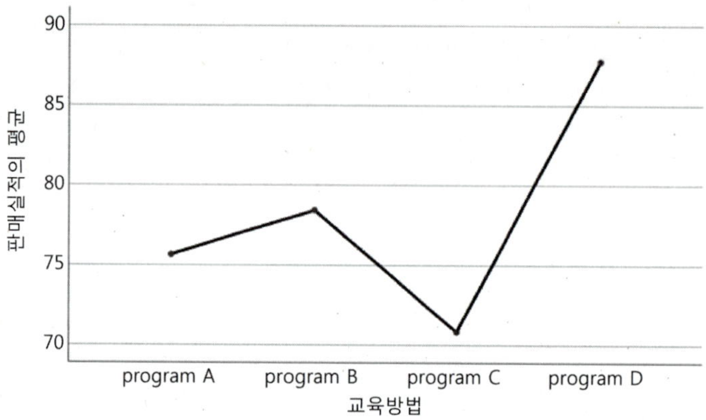

[그림 8.6]은 각 교육방법별 판매실적의 평균값을 도표로 나타낸 것이다. 이와 같이 평균 도표를 활용할 경우, 각 집단별 종속변수 값의 차이를 가시적으로 쉽게 이해할 수 있는 장점이 있다. 그러나 정확한 차이를 수치적으로 제시하지 못하므로 분석결과 해석의 보조적인 수단으로 활용하는 것이 바람직하다.[4)]

4) 지금까지 일원분산분석을 위해 '평균비교의 일원배치 분산분석'을 이용하는 방법을 설명하였다. 그 대신 8.2와 8.3에서 사용하는 '일반선형모형의 일변량 기능'을 이용할 수 있다. 이 경우 종속변수에 판매량, 모수요인에 교육방법을 넣고 분석하면 동일한 결과가 산출된다.

8.2 일원분산분석 - 무작위 블럭디자인

1. 무작위 블럭디자인에 의한 일원분산분석의 개요

(1) 개 념

앞에서 설명한 일원분산분석은 두 개 이상의 독립모집단들의 평균값(혹은 처치집단들의 평균값)을 비교하는 것으로 두 개의 독립모집단의 평균비교를 확장한 것임을 설명하였다. 이와 유사하게, **무작위 블럭디자인**에 의해 수집한 자료의 분산분석은 7.3의 paired-difference test를 확장한 것이다.

(2) 자 료

독립변수와 블럭변수는 명목척도로 나타내고, 종속변수는 간격척도 혹은 비율척도로 측정된다.

(3) 가 정

일원분산분석의 경우와 같다.

2. SPSS를 이용한 일원분산분석(무작위 블럭디자인)

예제 8.2 무작위 블럭디자인에 의한 분산분석의 예

〈예제 7.3〉을 확장하여 생각해 보자. 만약 마케팅관리자가 패키지 디자인으로 두 가지가 아닌 세 가지를 비교하고자 하는 경우, 선정된 수퍼마켓을 세 집단으로 나누어 각 집단의 수퍼마켓에 A, B, C 중 한 가지 패키지 디자인의 비누를 진열하여 매출을 비교한다면 수퍼마켓의 크기, 내점고객수, 그 지역의 소득, 경쟁상황 등 여러 가지 요인들이 매출에 영향을 줄 수 있다(외생변수). 그러므로 다음과 같이 실험디자인을 무작위 블럭디자인(randomized block design)으로 해야 한다. 이 실험에서는 네 개의 수퍼마켓을 선정하여 각 수퍼마켓에 세 가지 패키지 디자인의 비누를 모두 진열하였다. 그 결과 각 수퍼마켓에서 패키지 디자인별로 〈표 8.6〉과 같이 매출이 실현되었다. 이 경우 각 수퍼마켓의 조건이 세 가지 디자인의 비누판매에 공통적으로 영향을 미치며, 이와 같은 변수를 블럭(block) 변수라고 한다. 이러한 자료로부터 패키지 디자인에 따라 매출이 다르다고 할 수 있는가? $\alpha = .05$.

표 8.6 수퍼마켓별 각 패키지 디자인의 판매실적

		패키지 디자인		
		A	B	C
수퍼마켓	1	17	34	23
	2	15	26	21
	3	1	23	8
	4	6	22	16

연구 가설 세 가지 패키지 디자인에 따른 매출에는 차이가 있을 것이다.

H_0: 세 가지 패키지 디자인에 따른 매출은 모두 동일하다.

H_1: 세 가지 패키지 디자인에 따른 매출이 모두 동일하지는 않다.
(즉, 적어도 어느 두 가지 디자인 간에는 차이가 있다)

〈예제 8.2〉의 무작위 블럭디자인을 분석하는 과정은 다음과 같다.

❶ '(8)분산-무작위블럭.sav' 파일을 불러온다.
❷ [그림 8.7]과 같이 다음의 절차를 따른다.

[분석(A)] → [일반선형모형(G)] → [일변량(U)...] → 클릭

그림 8.7 무작위 블럭디자인 검증 절차

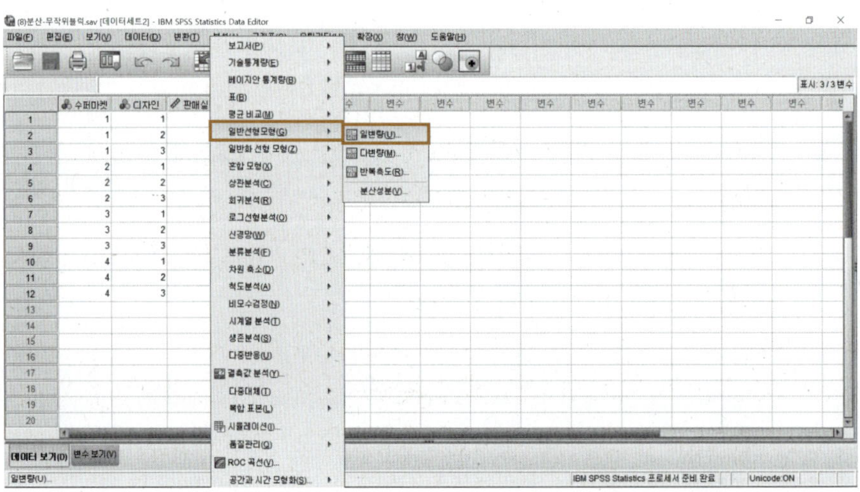

❸ [그림 8.7]과 같이 실행하면 [그림 8.8]의 일변량 분석 대화상자가 나타난다.

그림 8.8 일변량 분석 대화상자

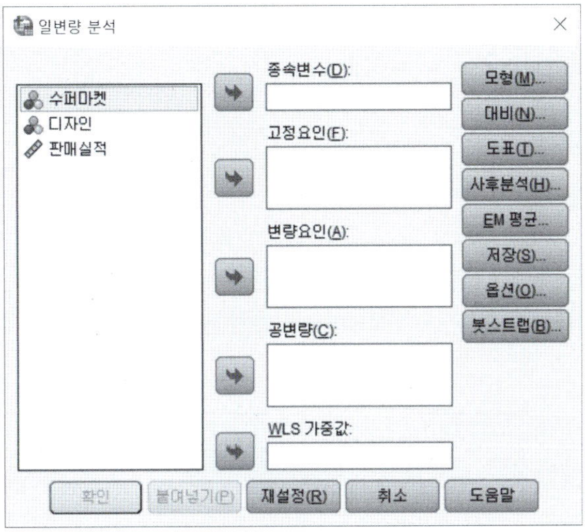

❹ 여기서 [그림 8.9]와 같이 판매실적을 [종속변수(D)]로, 수퍼마켓과 디자인을 [고정요인(F)]으로 보낸다.

그림 8.9 분석대상 변수선정

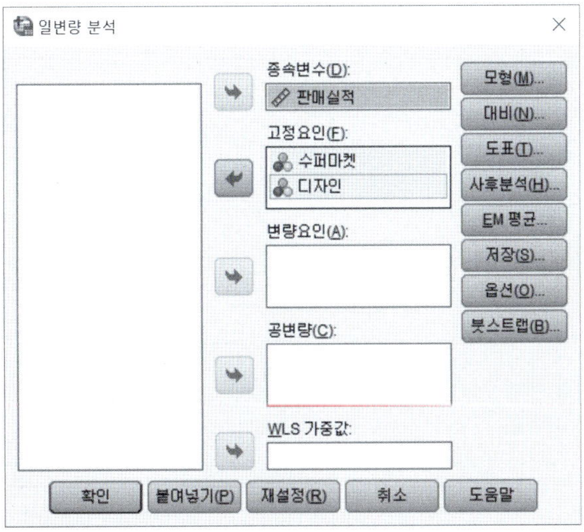

❺ [그림 8.9]에서 [모형(M)...]을 클릭하면 [그림 8.10]과 같이 모형 대화상자가 나타난다.

그림 8.10 모형 대화상자

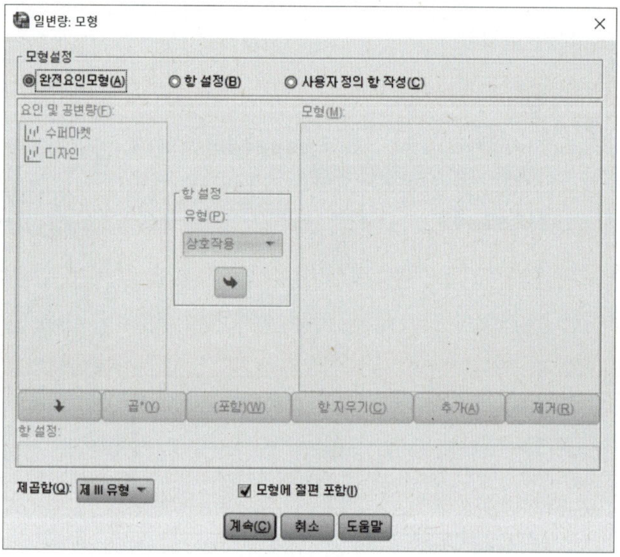

❻ 여기서 [그림 8.11]과 같이 모형설정에서 [항 설정(B)]을 선택하고, 수퍼마켓과 디자인을 [모형(M)]으로 이동시킨다. [유형(P)]의 콤보버튼에서는 주효과를 선택한다. [제곱합(Q)]의 콤보버튼에서는 제Ⅲ유형을, 그리고 [모형에 절편 포함(I)]을 유지한다.

그림 8.11 유형 및 제곱합의 설정

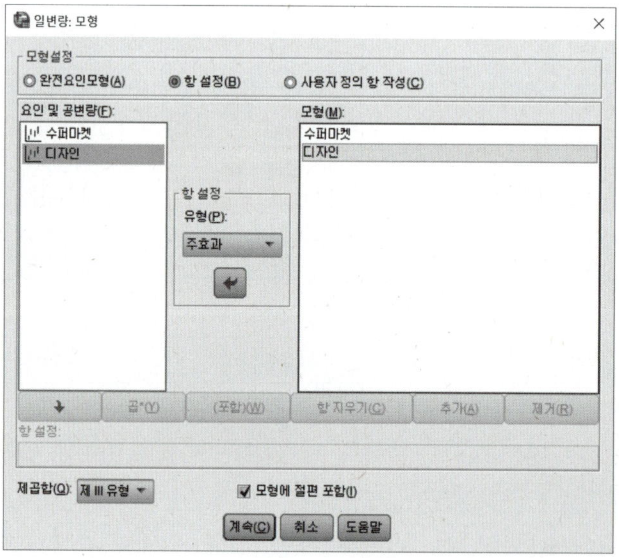

☞ 모형설정 및 제곱합의 의미는 다음과 같다.

- **완전요인모형**: 분석결과에는 주효과, 블럭변수효과, 상호작용효과 및 절편이 포함된다(**기본설정**).
- **항 설정**: 본 예의 경우 수퍼마켓을 블럭변수로 설정하고 매출액에 대한 디자인의 주효과를 보기 위한 실험이므로 [항 설정]을 선택하여 상호작용을 고려하지 않는 모형을 설정해준다. 이 경우 모형에 포함시키려는 변수들을 오른쪽 상자로 옮긴다. 또한, 유형 조건에서 주효과만 나타나도록 설정해준다. 추가적으로, 항 설정을 이용하여 독립변수(혹은 블럭변수) 간의 상호작용효과 혹은 한 독립변수의 주효과만을 확인할 수 있다. 만약 상호작용효과만을 산출하고자 한다면 디자인과 수퍼마켓을 동시에 선정하여 오른쪽 상자로 옮긴 후 상호작용효과를 선택하여 실행하면 되고, 디자인의 주효과만을 산출하고자 하면 디자인만 옮기고 주효과를 선택하여 실행하면 된다.
- **사용자 정의 항 작성**: 위의 '항 설정'이 독립변수(혹은 블럭변수) 간의 전체 상호작용효과 혹은 주효과만을 확인할 수 있는 데 비해, 사용자 정의 항 작성은 모형에 포함된 변수들 간의 일부 상호작용효과만을 확인할 수 있다. 예를 들어, 세 개의 독립변수 A, B, C가 있을 때, A*B의 상호작용은 관심이 있으나 A*C, B*C, 그리고 A*B*C의 상호작용은 관심이 없을 수 있다. 이때 항 설정에서 상호작용을 선택하면 분석결과에 A*B, A*C, B*C, 그리고 A*B*C의 상호작용을 모두 포함시킨다. 이에 비해 사용자 정의 항 작성을 이용하면 분석결과에 관심있는 A*B의 상호작용만을 포함시킬 수 있다.

[참고] 사용자 정의 항 작성을 활용한 모형설정

본 예에서는 [그림 8.11]과 같이 [항 설정(B)]을 이용하여 분석을 진행하였다. 그런데 [사용자 정의 항 작성(C)]을 이용해서도 동일한 결과를 얻을 수 있다. 절차는 다음과 같다.

(i) **사용자 정의 항 작성 선택**: 변수상자 하단의 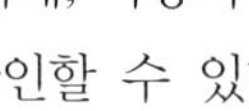, 곱, 포함, 항 지우기, 추가, 제거 등의 버튼이 활성화된다.
(ii) **디자인 변수 선택 후** 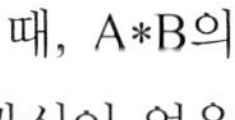 **클릭**
(iii) **'추가' 클릭**: 항 설정 상자에 디자인 변수가 추가된다.
(iv) **수퍼마켓 변수 선택 후** 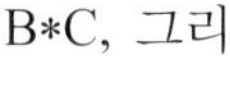 **클릭**
(v) **'추가' 클릭**: 항 설정 상자에 수퍼마켓 변수가 추가된다.

(i)~(v)의 절차를 따르면 독립변수(디자인)와 블럭변수(수퍼마켓)의 주효과만 을 얻을 수 있으며, [항 설정(B)]의 주효과 선택과 동일한 결과를 얻을 수 있다.

• **제곱합** – **제 I 유형**: 제곱합 계산방법을 설정하는 것으로서, 각 셀의 크기가 같은 경우에만 사용될 수 있다.
  – **제Ⅲ유형**: 결측 셀이 없는 모형의 경우 제 Ⅲ유형 제곱합 방법이 가장 일반적으로 사용된다. 각 셀의 크기가 같거나 다르거나 상관없이 사용될 수 있다(**기본설정**).
  – **제Ⅳ유형**: 결측 셀이 있는 경우 사용된다.

❼ [대비(N)...], [도표(T)...], [저장(S)...] 등의 조건은 기본설정대로 둔다.

❽ [그림 8.9]에서 [사후분석(H)...]을 클릭하면 [그림 8.12]의 관측평균의 사후분석 다중비교 대화상자가 나타난다.

그림 8.12 사후분석 다중비교 대화상자

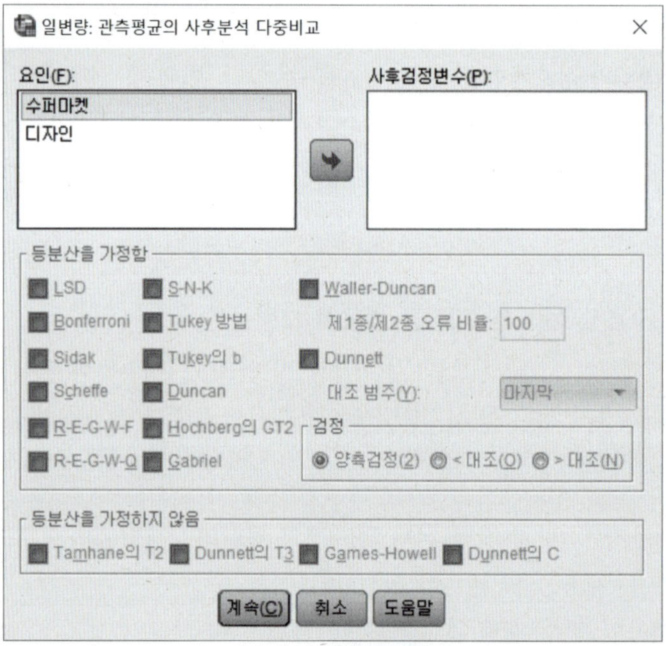

❾ 여기서 디자인을 [사후검정변수(P)]로 보내고, Tukey 방법을 설정한다. 본 분석에서 Tukey 방법을 설정한 이유는 집단의 크기가 같기 때문이다.

그림 8.13 사후검정변수 선택 및 사후분석 다중비교 방법의 선택

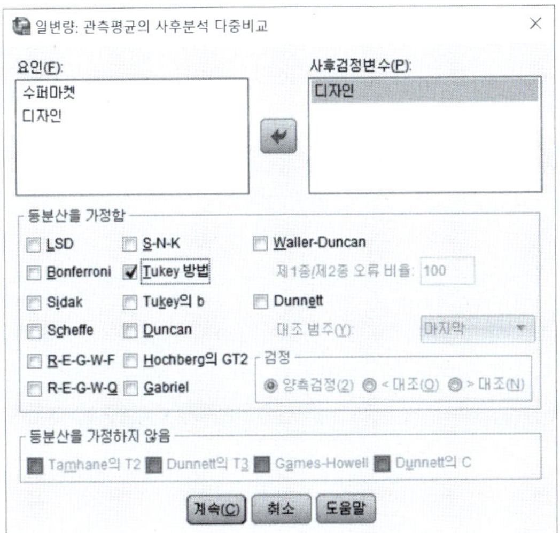

⑩ [그림 8.13]에서 [계속(C)]을 클릭한다.

⑪ [그림 8.9]에서 [옵션(O)...]을 클릭하면 옵션 대화상자가 나타난다. 여기서 [그림 8.14]와 같이 [기술통계량(D)]과 [효과크기 추정값(E)]을 클릭한다.

그림 8.14 옵션 대화상자

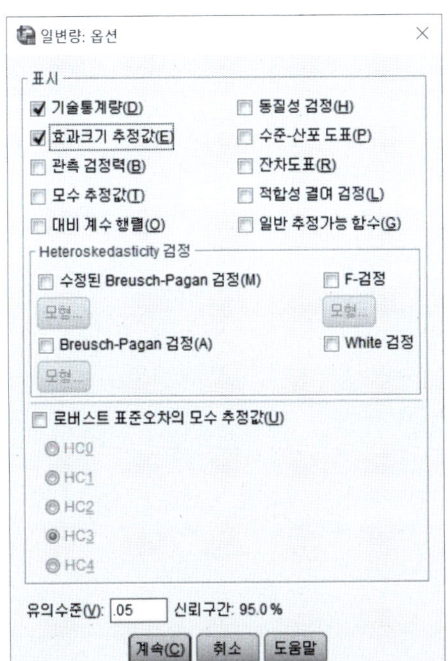

⑫ 여기서 [계속(C)]을 클릭하고 이어서 [확인]을 클릭하면 결과가 나타난다(표 8.7부터).

표 8.7 개체-간 요인

		값 레이블	N
수퍼마켓	1		3
	2		3
	3		3
	4		3
디자인	1	design A	4
	2	design B	4
	3	design C	4

〈표 8.7〉에는 각 수퍼마켓별, 그리고 디자인별 케이스의 수가 제시되어 있다.

표 8.8 기술통계량

종속변수: 판매실적

수퍼마켓	디자인	평균	표준편차	N
1	design A	17.00	.	1
	design B	34.00	.	1
	design C	23.00	.	1
	전체	24.67	8.622	3
2	design A	15.00	.	1
	design B	26.00	.	1
	design C	21.00	.	1
	전체	20.67	5.508	3
3	design A	1.00	.	1
	design B	23.00	.	1
	design C	8.00	.	1
	전체	10.67	11.240	3
4	design A	6.00	.	1
	design B	22.00	.	1
	design C	16.00	.	1
	전체	14.67	8.083	3
전체	design A	9.75	7.544	4
	design B	26.25	5.439	4
	design C	17.00	6.683	4
	전체	17.67	9.247	12

<표 8.8>에는 각 수퍼마켓별로 각 디자인에 따른 매출실적과 케이스의 수, 그리고 세 가지 디자인의 평균 매출실적 등이 제시되어 있다.

표 8.9 개체-간 효과검증

종속변수: 판매실적

소스	제 III 유형 제곱합	자유도	평균제곱	F	유의확률	부분 에타 제곱
수정된 모형	895.167[a]	5	179.033	23.609	.001	.952
절편	3745.333	1	3745.333	493.890	.000	.988
수퍼마켓	348.000	3	116.000	15.297	.003	.884
디자인	547.167	2	273.583	36.077	.000	.923
오차	45.500	6	7.583			
전체	4686.000	12				
수정된 합계	940.667	11				

a. R 제곱 = .952 (수정된 R 제곱 = .911)

<표 8.9>에는 디자인에 따라 판매실적이 달라지는지, 그리고 수퍼마켓에 따라 판매실적이 달라지는지에 대한 분석결과가 제시되어 있다. 그런데, 본 분석의 기본목적은 디자인에 따라 판매실적이 달라지는지를 검증하는 데 있다. 분석결과 $F=36.077$, p-value=.000으로 'H_0: $\mu_A=\mu_B=\mu_C$'는 $\alpha=.05$에서 기각된다. 따라서 패키지 디자인에 따른 매출이 모두 동일하지는 않다고 결론내릴 수 있다. 추가적으로, 수퍼마켓에 따른 판매실적 차이를 보면, $F=15.297$, $p=.003$으로 'H_0: $\mu_1=\mu_2=\mu_3=\mu_4$'는 $\alpha=.05$에서 기각된다. 즉, 네 개의 수퍼마켓의 판매실적에는 차이가 있다고 결론내릴 수 있다. 참고로 일반선형모형으로 분석하면 언제나 절편이 보고되는데 해석을 할 때 이는 무시하면 된다.

<표 8.9>의 마지막 칼럼은 '부분 에타제곱값'을 보여준다. **부분 에타제곱**(partial eta squared; η^2)은 **효과크기**(effect size)를 나타내는 값이다.[5] 분산분석에서 효과크기는 집단 간 평균차이를 나타내는 표준치(standardized measure)이다. 분산분석에서 효과크기를 판단하는 값인 부분 η^2의 값이 .01이면 효과크기가 작으며, .06이면 중간, 그리고 .14이면 큰 것으로 본다. 본 예제의 경우 부분 η^2는 각각 .884와 .923이므로 효과크기가 매우 크다고 할 수 있다. 이는 집단 간 평균차이가 매우 크다는 것을 의미한다. 분산분석에서 부분 η^2의 기본 공식과 본 예제의 경우 계산 값의 도출 과정은 다음과

5) 효과크기에 대해서는 6장에서 설명하였으며, 자세한 내용을 알고자 하면 다음의 서적을 참조할 수 있다: Jacob Cohen, *Statistical Power Analysis for the Behavioral Sciences,* 2nd ed., Lawrence Erlbaum, 1988. 또한 다음의 서적에 분산분석 경우의 효과크기가 소개되어 있다: Joseph F. Hair, Jr., William C. Black, Barry J. Babin, and Rolph E. Anderson, *Multivariate Data Analysis,* 7th ed., Pearson, 2010, p. 441, 465; 이학식 · 임지훈, *사회과학 논문작성을 위한 연구방법론*, 집현재, 2014, pp. 131-139.

같다.[6)]

$$\text{부분 } \eta^2 = \frac{SS_B(\text{집단간분산제곱합})}{SS_B + SS_e(\text{오차제곱합})}$$

$$\text{수퍼마켓의 부분 } \eta^2: \frac{348}{348+45.5} = .884$$

$$\text{디자인의 부분 } \eta^2: \frac{547.167}{547.167+45.5} = .923$$

끝으로, 〈표 8.9〉의 하단에 있는 *R*제곱은 처치변수와 블럭변수가 종속변수의 분산을 설명하는 정도를 나타낸다. 이 경우 수퍼마켓의 제곱합과 디자인의 제곱합을 더한 값(348.000+547.167)을 수정된 합계값(940.667)으로 나누면 그 값은 .952가 된다. 이는 곧 수정된 모형의 부분 에타제곱값에 해당하며, 회귀분석의 R^2에 비유될 수 있다.

표 8.10 사후검증 – 다중비교

종속변수: 판매실적
Tukey HSD

(I) 디자인	(J) 디자인	평균차이 (I-J)	표준오차	유의확률	95% 신뢰구간	
					하한	상한
design A	design B	-16.50*	1.947	.000	-22.47	-10.53
	design C	-7.25*	1.947	.023	-13.22	-1.28
design B	design A	16.50*	1.947	.000	10.53	22.47
	design C	9.25*	1.947	.008	3.28	15.22
design C	design A	7.25*	1.947	.023	1.28	13.22
	design B	-9.25*	1.947	.008	-15.22	-3.28

관측평균을 기준으로 합니다.
오차항은 평균제곱(오차)=7.583입니다.
*. 평균차이는 .05 수준에서 유의합니다.

〈표 8.10〉의 사후분석표는 어느 두 디자인 간에 판매실적이 다른지를 보여준다. 〈표 8.10〉에 따르면 $\mu_A \neq \mu_B$, $\mu_B \neq \mu_C$, $\mu_A \neq \mu_C$이며, 따라서 **디자인 A, B, C의 판매실적은 서로 다르다고 결론내릴 수 있다.**

6) η^2(eta squared)에는 완전(complete) η^2와 부분 η^2가 있다. 완전 η^2는 분모에 수정된 합계값을 이용한다. 예를 들어, 수퍼마켓의 완전 η^2를 계산하기 위해서는 분모에 940.667을 이용하며, 이에 따라 수퍼마켓의 완전 η^2는 .370이 된다. 한 변수의 완전 η^2는 다른 변수의 제곱값(분산)의 영향을 받는다. 예를 들어, 수퍼마켓의 완전 η^2는 디자인의 제곱값(547.167)의 영향을 받는다. 이러한 이유로 SPSS는 부분 η^2만을 산출한다.

8.3 이원분산분석(Two-Way ANOVA) - 팩토리얼 디자인

1. 이원분산분석의 개요

(1) 개 념

8.2에서 설명한 무작위 블럭디자인에 의한 분산분석은 한 처치변수의 수준(treatment level)에 따라 결과변수의 값이 달라지는가를 조사할 때, 외생변수로 작용할 수 있는 변수를 통제하기 위하여 블럭변수로 처리한 것이다. 그러므로 엄격히 말해 한 개의 처치변수의 효과를 조사하는 것이다. 그런데 마케팅조사에서 동시에 두 개 이상의 처치변수의 효과를 조사하는 경우가 흔히 있다. **팩토리얼 디자인**(factorial design)은 두 개 이상의 독립처치변수의 수준변화에 따른 결과변수값의 변화를 조사하기 위한 실험디자인으로, 이때 각 처치변수를 factor라고 부른다. 예를 들어, factor A의 처치수준은 a이고 factor B의 처치수준이 b이면, 이 실험디자인을 a×b factorial design이라 부르며, 처치변수가 두 개이므로 처치효과(treatment effect)를 조사하기 위하여 **이원분산분석**(two-way ANOVA)을 적용한다. 만약, 여기에 추가적으로 factor C가 있으며 처치수준이 c이면, a×b×c factorial design이 되며 삼원분산분석(three-way ANOVA)을 적용한다.

이하에서는 이원분산분석을 설명한다. 일원분산분석에서 연구자가 관심을 갖는 것은 주효과(main effect)인데, 이는 한 처치변수의 변화가 결과변수에 미치는 영향에 관한 것이다. 이에 비해 이원분산분석에서 연구자가 관심을 갖는 것은 두 처치변수의 상호작용효과이다. 여기서 **상호작용효과**(interaction effect)는 한 처치변수의 변화가 결과변수에 미치는 영향이 다른 처치변수의 수준에 따라 달라지는가 하는 것이다.

(2) 자 료

일원분산분석의 경우와 동일하다.

(3) 가 정

일원분산분석의 경우와 동일하다.

2. SPSS를 이용한 이원분산분석

예제 8.3 팩토리얼 디자인에 의한 이원분산분석의 예

저관여 신제품의 경우 소비자의 광고에 대한 태도는 브랜드태도에 상당한 영향을 미칠 수 있다. 신제품 광고로서 1, 2, 3 세 가지 광고대안을 개발하였으며, 피실험자들에게 노출시킨 후 광고태도를 측정하여 소비자들이 좋아하는 광고를 선택하고자 한다. 마케터는 이러한 광고대안들에 대한 태도가 남녀 간에 다를지도 모른다고 생각하고 남·녀 중 어느 집단이 어떤 광고를 더 좋아하는지 알기를 원했다. 남녀 각각 9명의 피실험자들을 다음과 같이 6개의 셀에 할당하고 각 피실험자에게 세 가지 광고 중 하나를 보여주었다(3×2 팩토리얼 디자인). 피실험자들은 광고태도를 0.0~5.0(간격 0.1)의 척도상에 표시하였다. 그 결과는 〈표 8.11〉과 같다.

표 8.11 남·녀 별 각 광고에 대한 태도점수

성 별	광 고		
	1	2	3
남	4.1	3.1	3.5
	3.9	2.8	3.2
	4.3	3.3	3.6
여	2.1	1.9	2.7
	2.1	2.2	2.3
	2.6	2.3	2.5

연구가설 광고대안들에 대한 태도는 성별에 따라 다를 것인가(α=.05)?
(광고대안과 성별 간에는 상호작용효과가 있는가(α=.05)?)

또한 이를 통계적 가설 설정의 표현으로 나타내면 다음과 같다.

H_0: 상호작용효과가 없다.

H_1: 상호작용효과가 있다.

위의 연구문제를 다음과 같이 모형으로 나타낼 수 있다.

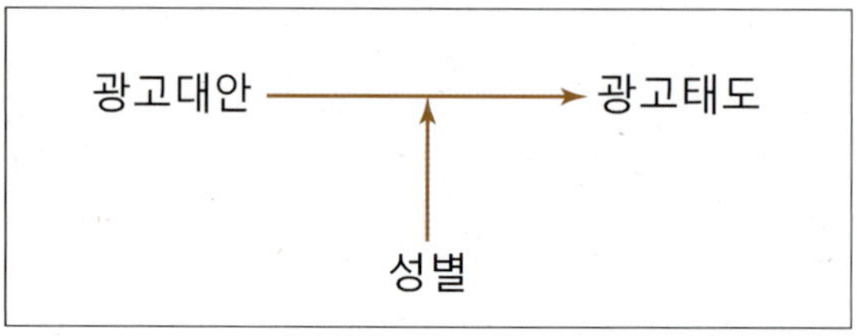

〈예제 8.3〉의 이원배치 분산분석을 하는 과정은 다음과 같다.

❶ '(8)이원분산분석.sav' 파일을 불러온다.

❷ [그림 8.15]와 같이 다음의 절차를 따른다.

[분석(A)] → [일반선형모형(G)] → [일변량(U)...] → 클릭

그림 8.15 이원배치 분산분석 절차

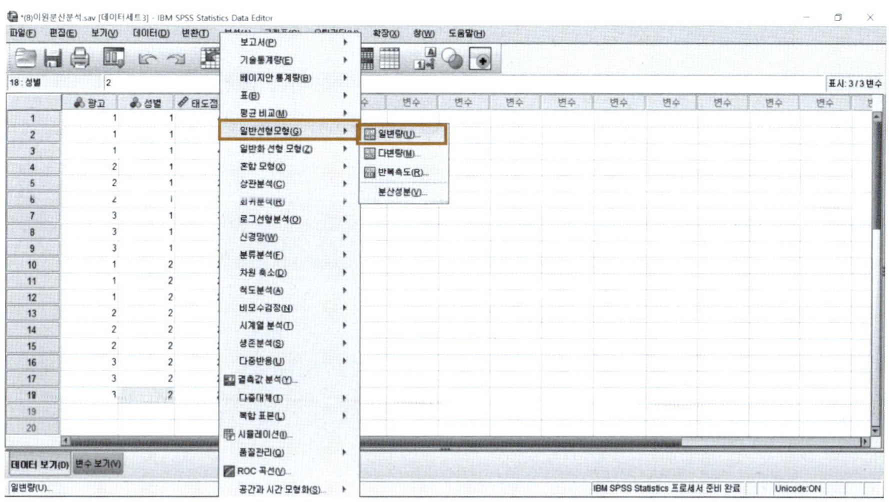

❸ [그림 8.15]와 같이 실행하면 [그림 8.16]의 일변량 분석 대화상자가 나타난다.

그림 8.16 일변량 분석 대화상자

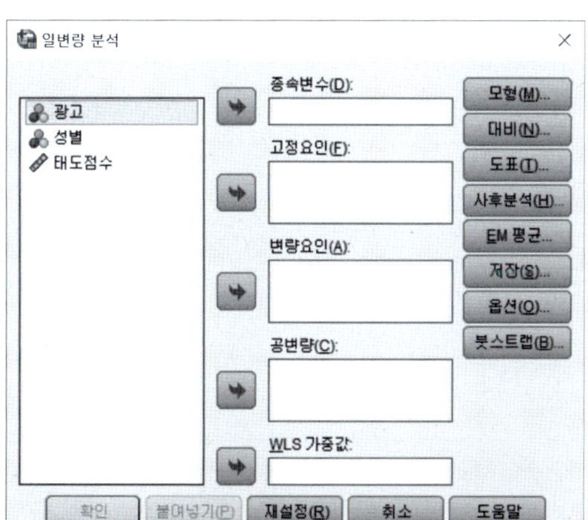

❹ 여기서 [그림 8.17]과 같이 태도점수를 [종속변수(D)]로 보내고, 광고와 성별을 [고정요인(F)]으로 보낸다.

그림 8.17 분석대상 변수선정

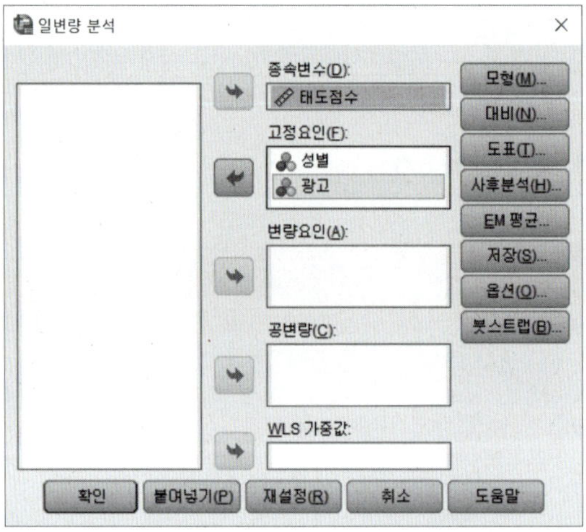

❺ [그림 8.17]에서 [모형(M)...]을 클릭하면 [그림 8.18]과 같은 모형 대화상자가 나타난다. 본 분석에서는 기본설정된 분석방법([완전요인모형(A)], [제 Ⅲ 유형], [모형에 절편 포함(I)])을 유지한다.

그림 8.18 모형 대화상자

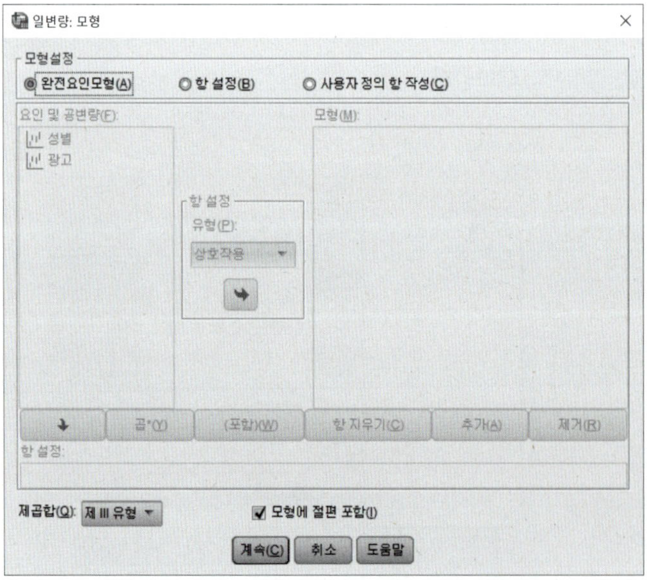

☞ 모형 설정의 의미는 다음과 같다.

- **완전요인모형**: 분석결과에는 두 처치변수의 주효과, 상호작용효과 및 절편이 포함된다(기본설정).
- **사용자 정의 항 작성**: [그림 8.11] 설명 참조. 사용자 정의 항 작성을 선택해서 광고, 성별, 광고*성별을 모형에 추가한 후 '모형에 절편 포함'을 유지해도 완전요인모형과 동일한 결과가 나타난다.

> [참고] 사용자 정의 항 작성을 활용한 모형설정
>
> [사용자 정의 항 작성]을 이용한 모형설정 절차는 다음과 같다.
>
> (i) **사용자 정의 항 작성 선택**: 변수상자 하단의 , 곱, 포함, 항 지우기, 추가, 제거 등의 버튼이 활성화된다.
> (ii) **광고변수 선택 후  클릭**
> (iii) **'추가' 클릭**: 항 설정 상자에 광고변수가 추가된다.
> (iv) **성별변수 선택 후  클릭**
> (v) **'추가' 클릭**: 항 설정 상자에 성별변수가 추가된다.
> (vi) **광고변수 선택 후  클릭 → '곱' 클릭 → 성별변수 선택 후  클릭**
> (vii) **'추가' 클릭**: 항 설정 상자에 광고*성별 변수가 추가된다.
>
> (i)~(vii)의 절차를 따르면 독립변수(디자인, 수퍼마켓)의 주효과와 상호작용효과를 얻을 수 있다.

❻ [그림 8.18]에서 [계속(C)]을 클릭한다.

❼ [그림 8.17]에서 [도표(T)...]를 클릭하면 프로파일 도표 대화상자가 나타난다. 이 대화상자의 [요인(F)]에서 광고를 [수평축 변수(H)]로 보내고, 성별을 [선구분 변수(S)]로 보낸 후, [추가(A)]를 클릭하여 [그림 8.19]와 같이 프로파일 도표 대화상자를 설정한다. 이처럼 도표를 그리는 경우 일반적으로 주변수(main variable)를 수평축 변수로 보내고, 조절변수(moderating variable)를 선구분 변수로 보낸다.

그림 8.19 프로파일 도표 대화상자

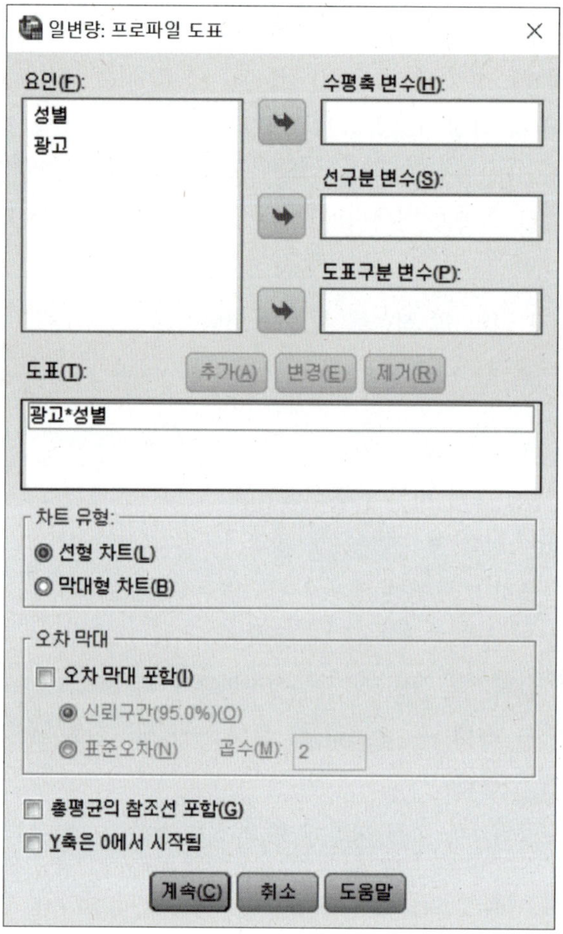

❽ [그림 8.17]에서 [사후분석(H)...]을 클릭하면 사후분석 다중비교 대화상자가 나타난다. [그림 8.20]과 같이 광고를 [사후검정변수(P)]로 보내고, [Bonferroni], [Tukey 방법], 그리고 [Scheffe]를 선택한다.

그림 8.20 사후분석 다중비교 대화상자

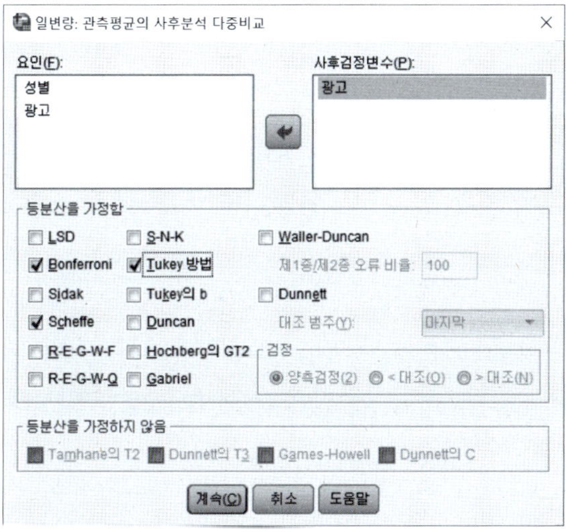

❾ 이어서 [계속(C)]을 클릭한다.

❿ [그림 8.17]에서 [옵션(O)...]을 클릭하고, 옵션 대화상자에서 [그림 8.21]과 같이 표시에서 [기술통계량(D)]과 [효과크기 추정값(E)]을 클릭한다.

그림 8.21 옵션 대화상자

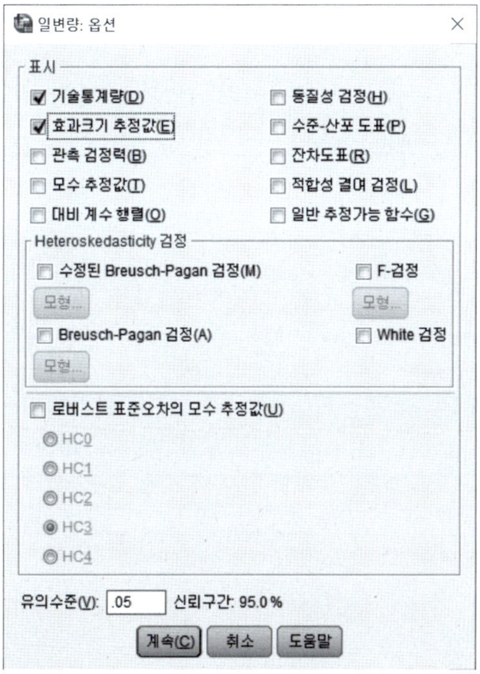

⓫ [그림 8.21]에서 [계속(C)]을 클릭하고 이어서 [확인]을 클릭하면 결과가 나타난다(표 8.12부터).

표 8.12 기술통계량

종속변수: 태도점수

성별	광고	평균	표준편차	N
남	1	4.100	.2000	3
	2	3.067	.2517	3
	3	3.433	.2082	3
	전체	3.533	.4924	9
여	1	2.267	.2887	3
	2	2.133	.2082	3
	3	2.500	.2000	3
	전체	2.300	.2598	9
전체	1	3.183	1.0284	6
	2	2.600	.5514	6
	3	2.967	.5428	6
	전체	2.917	.7406	18

〈표 8.12〉는 세 가지 광고와 성별에 따른 기술통계량을 나타낸다.

표 8.13 개체-간 효과검정(이원분산분석 결과표)

종속변수: 태도점수

소스	제 Ⅲ 유형 제곱합	자유도	평균제곱	F	유의확률	부분 에타 제곱
수정된 모형	8.698[a]	5	1.740	33.313	.000	.933
절편	153.125	1	153.125	2932.181	.000	.996
성별	6.845	1	6.845	131.074	.000	.916
광고	1.043	2	.522	9.989	.003	.625
성별 * 광고	.810	2	.405	7.755	.007	.564
오차	.627	12	.052			
전체	162.450	18				
수정된 합계	9.325	17				

a. R 제곱 = .933 (수정된 R 제곱 = .905).

그림 8.22 프로파일 도표

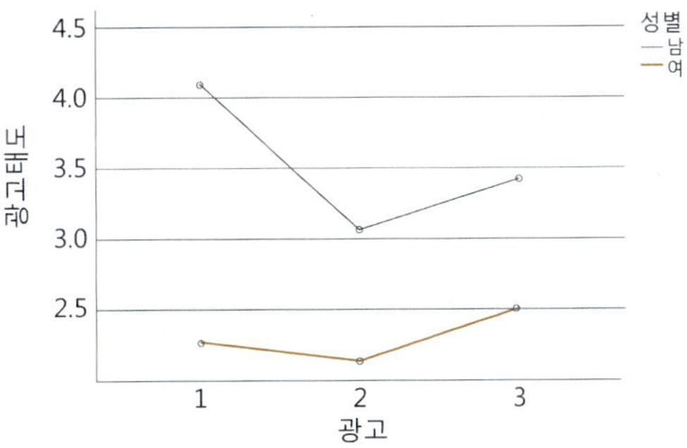

〈표 8.13〉에서 연구자의 초점은 상호작용항의 유의성인데, $F=7.755$, $p=.007$로 나타났다. 따라서 상호작용효과는 유의적이며, 광고대안들에 대한 태도는 성별에 따라 다르다고 할 수 있다. [그림 8.22]의 프로파일 도표는 상호작용효과의 패턴을 그림으로 보여준다. 이 그림과 〈표 8.12〉에 나타난 결과에 의하면 여자들의 광고태도는 대안에 따라 별 차이가 없지만(광고 1=2.267, 광고 2=2.133, 광고 3=2.500), 남자들은 광고 1을 가장 선호하고 광고 2를 가장 덜 선호하는 것으로 추정된다(광고 1=4.100, 광고 2=3.067, 광고 3=3.433).

그런데 남자와 여자, 각 집단에서 세 가지 광고에 대한 태도의 차이가 유의적인지를 보기 위해서는 각 집단별로 일원분산분석을 실시하면 된다. 〈표 8.14〉와 〈표 8.15〉는 각 집단의 일원분산분석 결과이다. 이 결과에 의하면 남자들의 광고태도는 광고에 따라 어느 정도 차이가 있다($F=16.841$, $p=.003$). 다중비교 결과를 보면 광고 1에 대한 태도는 광고 2에 대한 태도보다 호의적이며, 또한 광고 3에 대한 태도보다 호의적이다. 그러나 광고 2에 대한 태도와 광고 3에 대한 태도 간에는 유의적인 차이가 없다. 이에 비해 여자들의 광고태도는 광고에 따라 다르다고 할 수 없다($F=1.860$, $p=.235$).

표 8.14 남자집단의 일원분산분석결과

태도점수

	제곱합	자유도	평균제곱	F	유의확률
집단-간	1.647	2	.823	16.841	.003
집단-내	.293	6	.049		
전체	1.940	8			

다중비교
종속변수: 태도점수
Tukey HSD

(I) 광고	(J) 광고	평균차이(I-J)	표준화 오류	유의확률	95% 신뢰구간	
					하한	상한
1	2	1.0333*	.1805	.003	.479	1.587
	3	.6667*	.1805	.024	.113	1.221
2	1	-1.0333*	.1805	.003	-1.587	-.479
	3	-.3667	.1805	.186	-.921	.187
3	1	-.6667*	.1805	.024	-1.221	-.113
	2	.3667	.1805	.186	-.187	.921

*. 평균차이는 0.05 수준에서 유의합니다.

표 8.15 여자집단의 일원분산분석결과

태도점수

	제곱합	자유도	평균제곱	F	유의확률
집단-간	.207	2	.103	1.860	.235
집단-내	.333	6	.056		
전체	.540	8			

추가적으로, 〈표 8.13〉의 마지막 칼럼은 '부분 에타제곱값'을 보여준다. **부분 에타제곱(η^2)**은 **효과크기**(effect size)를 나타내는 값이다. 분산분석의 경우 효과크기에 대해서는 무작위 블럭디자인의 예제에서 설명하였다(표 8.9 해설 참조). 본 예제의 경우 상호작용효과의 부분 η^2는 .564로 매우 크다고 할 수 있다. 이 경우 η^2는 다음과 같이 계산된다.

$$\text{상호작용효과의 } \eta^2 = \frac{.810}{.810 + .627} = .564$$

끝으로, 〈표 8.13〉의 최하단에 있는 R 제곱은 두 개의 처치변수와 그 상호작용이 종속변수의 분산을 설명하는 정도를 나타낸다. 이 경우 두 개의 주효과에 관련된 제곱합과 상호작용효과에 관련된 제곱합을 더한 값(1.043+6.845+.810)을 수정합계값(9.325)으로 나누면 그 값은 .933이 된다. 이는 회귀분석의 R^2에 비유될 수 있다. 이는 곧 수정모형의 부분 에타제곱값이 된다.

표 8.16 사후검증 – 다중비교

종속변수: 태도점수

	(I) 광고	(J) 광고	평균차이(I–J)	표준오차	유의확률	95% 신뢰구간	
						하한	상한
Tukey HSD	1	2	.583*	.1319	.002	.231	.935
		3	.217	.1319	.267	–.135	.569
	2	1	–.583*	.1319	.002	–.935	–.231
		3	–.367*	.1319	.041	–.719	–.015
	3	1	–.217	.1319	.267	–.569	.135
		2	.367*	.1319	.041	.015	.719
Scheffe	1	2	.583*	.1319	.003	.216	.951
		3	.217	.1319	.296	–.151	.584
	2	1	–.583*	.1319	.003	–.951	–.216
		3	–.367	.1319	.051	–.734	.001
	3	1	–.217	.1319	.296	–.584	.151
		2	.367	.1319	.051	–.001	.734
Bonferroni	1	2	.583*	.1319	.003	.217	.950
		3	.217	.1319	.379	–.150	.583
	2	1	–.583*	.1319	.003	–.950	–.217
		3	–.367	.1319	.050	–.733	.000
	3	1	–.217	.1319	.379	–.583	.150
		2	.367	.1319	.050	.000	.733

관측평균을 기준으로 합니다.
오차항은 평균제곱(오차) = .052입니다.
*. 평균차이는 .05 수준에서 유의합니다.

〈표 8.16〉은 이원분산분석에 의해 도출된 사후검증결과를 보여준다(남녀 통합). 이 결과를 보면 Tukey법에 의한 경우, 광고1–광고2 간에, 그리고 광고2–광고3 간에 차이가 유의적으로 나타났다. 그러나 Scheffe법과 Bonferroni법의 경우 광고1–광고2 간에만 차이가 유의적으로 나타났다. 이처럼 Tukey법에 의한 경우 그 차이가 가장 유의적으로 나타난다. 이 결과는 각 cell의 크기가 같은 경우(본 예의 경우 6) Tukey법을 사용하면 집단 간 차이를 가장 성빌하게 감시할 수 있음을 보여준다.

연 / 습 / 문 / 제

BASIC SPSS

1. 세 개의 광고물 대안 A, B, C 중 가장 효과적인 한 광고물을 선택하고자 한다. 다음의 표는 각 광고물에 노출된 소비자들의 브랜드 태도 값을 나타낸다(1=가장 비호의적, 9=가장 호의적). 이 결과로부터 광고물 대안에 따라 그 효과가 다르다고 할 수 있는가? 만약 다르다면 어느 광고물이 가장 효과적인가? $\alpha=.05$. 자료파일: (8)연습문제(일원분산).

A	B	C	A	B	C
4	7	8	4	6	7
5	4	7	4	5	8
3	6	7	3	5	8
4	5	6	5	4	5
3	4	8	5	4	6

[분석결과 및 해석]

기술통계

상표태도

	N	평균	표준화 편차	표준화 오류	평균에 대한 95% 신뢰구간		최소값	최대값
					하한	상한		
1	10	4.00	.816	.258	3.42	4.58	3	5
2	10	5.00	1.054	.333	4.25	5.75	4	7
3	10	7.00	1.054	.333	6.25	7.75	5	8
전체	30	5.33	1.583	.289	4.74	5.92	3	8

ANOVA

상표태도

	제곱합	자유도	평균제곱	F	유의확률
집단-간	46.667	2	23.333	24.231	.000
집단-내	26.000	27	.963		
전체	72.667	29			

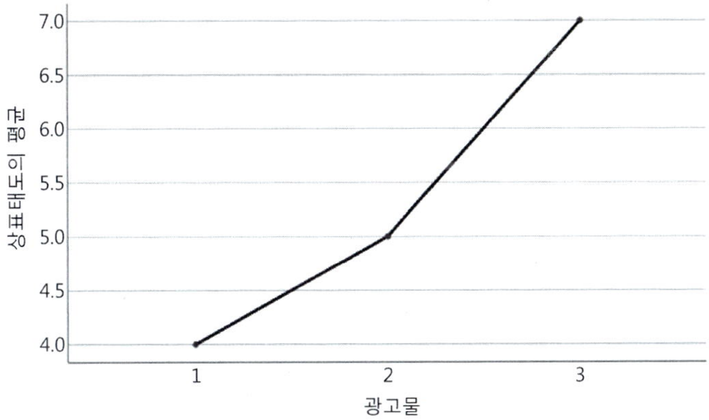

분산분석 결과 $F=24.231$ p-value는 $=.000$으로 귀무가설(H_0: $\mu_A=\mu_B=\mu_C=0$)은 $\alpha=.05$에서 기각된다. 따라서 광고물 대안 A, B, C의 효과가 모두 동일하지는 않다. 사후검증 다중비교 결과에 의하면 대안 C의 효과가 가장 크다.

2. 여행빈도가 해외여행에 대한 태도에 미치는 영향이 성별에 따라 다른지를 조사하기 위해 3(여행빈도)×2(성별) factorial design에 의해 자료를 수집한 결과 다음과 같이 나타났다. 각 숫자의 의미는 다음과 같다. 성별: 남=1, 여=2; 여행빈도: 적음=1, 중간=2, 많음=3; 해외여행 태도: 1=전혀 좋아하지 않음, 9=매우 좋아함. 주어진 자료를 이원분산분석하고 그 결과를 해석하시오. 자료파일: (8)연습문제(이원분산).

번호	성별	여행빈도	태도	번호	성별	여행빈도	태도
1	1	1	2	16	2	1	6
2	1	1	3	17	2	1	7
3	1	1	4	18	2	1	6
4	1	1	4	19	2	1	5
5	1	1	2	20	2	1	7
6	1	2	4	21	2	2	3
7	1	2	5	22	2	2	4
8	1	2	5	23	2	2	5
9	1	2	3	24	2	2	4
10	1	2	3	25	2	2	5
11	1	3	8	26	2	3	6
12	1	3	9	27	2	3	6
13	1	3	8	28	2	3	6
14	1	3	7	29	2	3	7
15	1	3	7	30	2	3	8

[분석결과 및 해석]

기술통계량

종속변수: 태도

성별	여행빈도	평균	표준편차	N
남자	적음	3.00	1.000	5
	중간	4.00	1.000	5
	많음	7.80	.837	5
	전체	4.93	2.314	15
여자	적음	6.20	.837	5
	중간	4.20	.837	5
	많음	6.60	.894	5
	전체	5.67	1.345	15
전체	적음	4.60	1.897	10
	중간	4.10	.876	10
	많음	7.20	1.033	10
	전체	5.30	1.896	30

개체-간 효과 검정

종속변수: 태도

소스	제 Ⅲ 유형 제곱합	자유도	평균제곱	F	유의확률	부분 에타 제곱
수정된 모형	84.700[a]	5	16.940	20.743	.000	.812
절편	842.700	1	842.700	1031.878	.000	.977
성별	4.033	1	4.033	4.939	.036	.171
여행빈도	55.400	2	27.700	33.918	.000	.739
성별 * 여행빈도	25.267	2	12.633	15.469	.000	.563
오차	19.600	24	.817			
전체	947.000	30				
수정된 합계	104.300	29				

a. R 제곱 =.812 (수정된 R 제곱 =.773).

다중비교
종속변수: 태도
Tukey HSD

(I) 여행빈도	(J) 여행빈도	평균차이(I-J)	표준오차	유의확률	95% 신뢰구간	
					하한	상한
적음	중간	.50	.404	.444	-.51	1.51
	많음	-2.60*	.404	.000	-3.61	-1.59
중간	적음	-.50	.404	.444	-1.51	.51
	많음	-3.10*	.404	.000	-4.11	-2.09
많음	적음	2.60*	.404	.000	1.59	3.61
	중간	3.10*	.404	.000	2.09	4.11

관측평균을 기준으로 합니다.
오차항은 평균제곱(오차)=.817입니다.
*. 평균차이는 .05 수준에서 유의합니다.

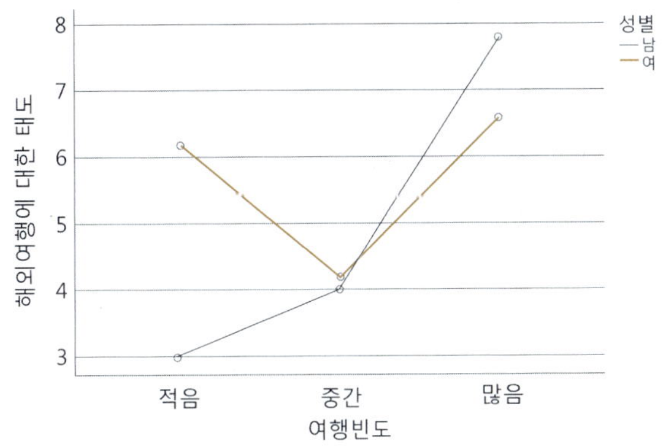

이원분산분석 결과 상호작용효과는 $\alpha=.05$에서 유의적으로 나타났다. 또한 도표에 의하면 남자의 선과 여자의 선의 모습이 매우 다르다. 이는 상호작용효과가 있음을 보여주는 것이다. **그러므로 여행빈도가 해외여행에 대한 태도에 미치는 영향은 성별에 따라 다르다.** 특히 여행빈도가 적은 경우 남자들의 해외여행선호도(3.0)보다 여자들의 해외여행선호도(6.2)가 매우 높으며 상호작용효과는 주로 이 부분에 기인하는 것으로 볼 수 있다. 끝으로, 상호작용효과의 효과크기(부분 η^2)는 큰 것으로 나타났다.

제4부

관계분석

BASIC SPSS

제 4 부에서는

변수 간 변화의 패턴을 의미하는 관계는 다양한 형태로 나타날 수 있다. 그런데 이러한 관계는 변수 간의 인과관계 형태일 수도 있고, 인과관계와는 무관한 변수 간 관계일 수도 있다.

제 4 부는 변수 간 관계를 다루는 분석방법들에 대해 설명한다. 본서의 범위 중 회귀분석은 변수 간 인과관계를 다루는 분석방법에 해당하며, 다른 분석방법들은 변수 간 변화의 패턴을 다루는 분석방법에 해당한다.

제 9 장
독립성검증과 적합도검증

본 장에서는

- 독립성검증에 대해 설명한다.
- 적합도검증에 대해 설명한다.
- 연습문제를 통해 학습내용을 복습한다.

9.1 독립성검증(χ^2) – 교차표 분석

1. 독립성검증의 개요

χ^2 독립성검증(chi-square independence test)은 명목척도로 측정된 두 변수의 관계가 서로 독립적인지 아닌지를 검증하는 방법이다. 자료는 빈도자료(frequency data)이다.

독립성검증을 위한 검증통계량은 다음과 같다.

$$\chi^2 = \sum_{i=1}^{n} \frac{[O_i - E_i]^2}{E_i} \quad [\text{d.f.} = (\text{행의 수} - 1) \times (\text{열의 수} - 1)]$$

여기서, O_i는 i번째 cell의 관측빈도(observed frequency)
E_i는 i번째 cell의 기대빈도(expected frequency)

예제 9.1 독립성검증

세탁기 담당 마케팅관리자는 가족규모에 따라 구매하는 세탁기의 크기가 다른지를 알기 위하여 주부들에게 다음과 같은 질문을 하였다.

(1) 귀하의 가족은 몇 명입니까?
1~2명 _____ 3~4명 _____ 5명 이상 _____

(2) 귀하 가정의 세탁기 크기는 다음 중 어디에 해당합니까?

소형 _____ 중형 _____ 대형 _____

위의 질문을 이용하여 300명의 응답자들로부터 수집한 자료로써 〈표 9.1〉과 같은 교차표(cross table)를 만들었다.

표 9.1 가족규모와 세탁기 크기에 대한 교차표

세탁기 크기	가족규모			
	1~2명	3~4명	5명 이상	합계
소 형	25	37	8	70
중 형	10	62	53	125
대 형	5	41	59	105
합 계	40	140	120	300

이 자료에 의해 가족규모에 따라 구매하는 세탁기의 크기가 다르다고 할 수 있는가? $\alpha = .05$.

마케팅관리자의 관심문제인 "가족규모에 따라 구매하는 세탁기의 크기가 다른가?"를 달리 표현하면 "가족규모와 구매하는 세탁기의 크기는 서로 독립적인가 아닌가?"로 표현할 수 있다. 즉, 가족규모와 세탁기의 크기가 독립적이지 않을 때 가족규모에 따라 세탁기의 크기는 다르게 나타난다. 따라서 연구가설과 귀무가설 및 대립가설은 다음과 같다.

연구가설 가족규모와 세탁기 크기는 독립적이지 않다.
(가족규모에 따라 세탁기 크기는 다르다.)

H_0: 가족규모와 세탁기 크기는 독립적이다.
(가족규모에 따라 세탁기 크기는 무관하다.)

H_1: 가족규모와 세탁기 크기는 독립적이지 않다.
(가족규모에 따라 세탁기 크기는 다르다.)

2. SPSS를 이용한 독립성검증

SPSS를 이용하여 독립성검증을 하는 방법으로는 (1) 응답을 코딩하여 분석하는 방법과 (2) 가중치를 이용하여 분석하는 방법이 있다.

(1) 응답을 코딩하여 분석하는 방법

❶ '(9)x2독립성.sav' 파일을 연다.

❷ [그림 9.1]과 같이 다음의 절차를 따른다.

[분석(A)] → [기술통계량(E)] → [교차분석(C)...] → 클릭

그림 9.1 독립성 검증절차

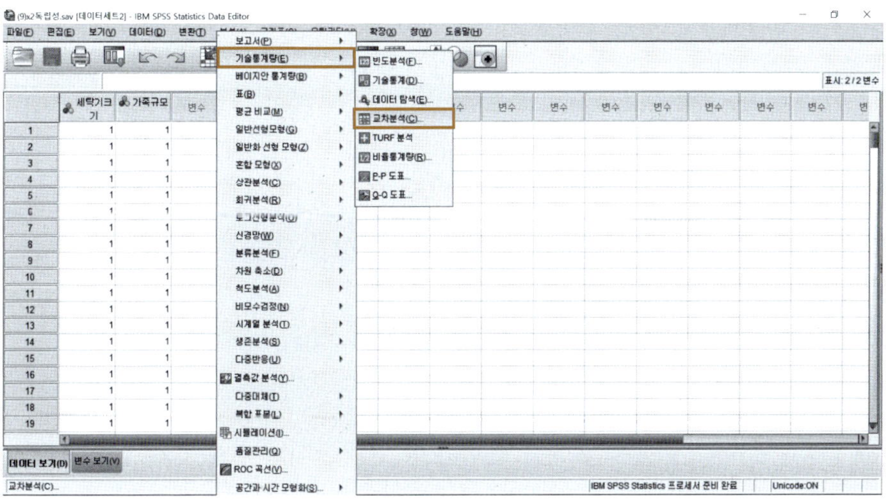

❸ [그림 9.1]과 같이 실행하면 [그림 9.2]의 교차분석 대화상자가 나타난다.

그림 9.2 교차분석 대화상자

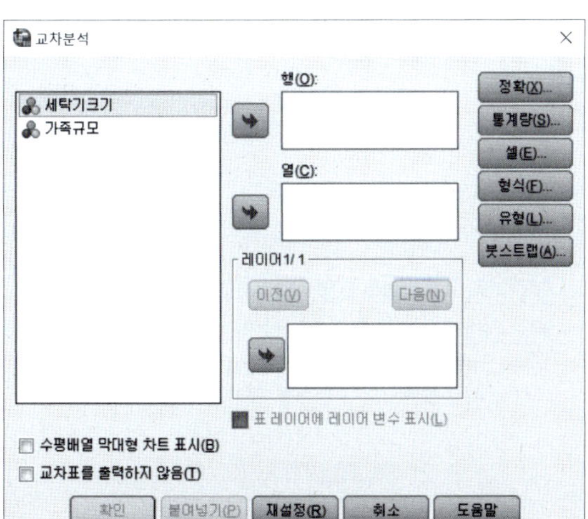

❹ 여기서 [그림 9.3]과 같이 분석할 변수를 [행(O)]과 [열(C)]로 각각 보낸다. 본 분석에서는 〈표 9.1〉과 동일하게 세탁기크기를 [행(O)]으로 가족규모를 [열(C)]로 보낸다.

그림 9.3 행(O)과 열(C)에서 분석할 변수의 선정

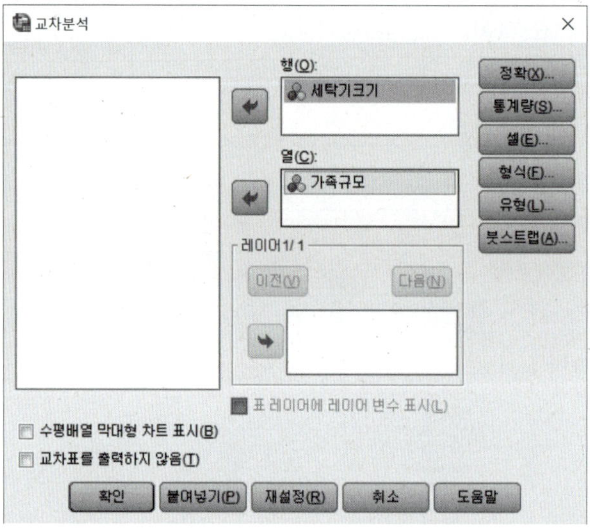

❺ [그림 9.3]에서 [정확(X)...]을 클릭하면 [그림 9.4]와 같은 정확검정 대화상자가 나타난다. 본 분석에서는 기본설정된 [점근적 검정(A)]으로 분석을 진행한다.

그림 9.4 정확검정 대화상자

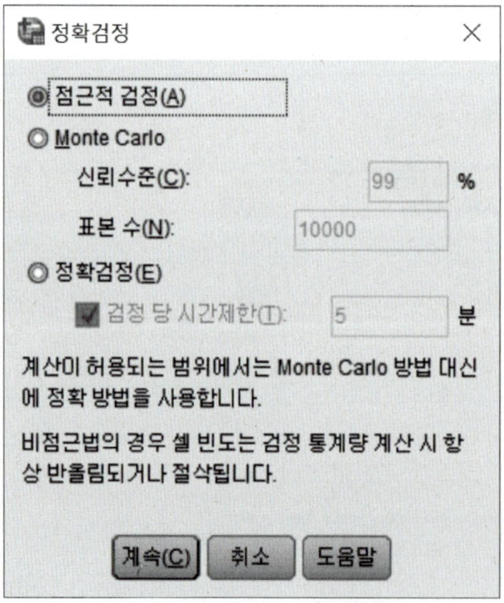

☞ 정확검정 대화상자에는 다음과 같은 선택사항이 있다.

- **점근적 검정**: 유의확률은 검증통계량의 점근적 분포를 토대로 계산되는데, 일반적으로 .05 미만의 값을 유의한 것으로 간주한다. 점근 유의확률은 데이터 파일이 크다(각 셀의 크기가 5보다 큼)는 가정을 기준으로 한다(**기본설정**).
- Monte Carlo: 정확한 유의확률의 비편향 추정값으로 점근적 방법에 필요한 가정 없이도 정확한 유의확률을 추정할 수 있다. 이 방법은 데이터 변수군이 너무 커서 정확한 유의확률을 계산할 수 없을 때 유용하게 사용되지만 이러한 데이터는 점근적 방법의 가정을 만족시키지 않는다.
- **정확검정**: 점근적 분포인 χ^2 분포를 사용하지 않고, 주어진 주변합으로 구할 수 있는 모든 표를 만들어 통계량을 구해서 주어진 표의 통계량보다 더 큰 값이 나올 확률을 정확하게 계산하는 방법이다. 데이터 파일이 작은 경우, 즉 각 셀의 빈도가 적은 경우에 사용하며 근사 유의확률과 정확한 유의확률을 산출한다. 데이터 파일이 작은 경우 두 유의확률은 다르며, 정확한 유의확률을 이용하면 된다.

❻ [그림 9.4]에서 [계속(C)]을 클릭한다.

❼ [그림 9.3]에서 [통계량(S)...] 버튼을 클릭하면 [그림 9.5]와 같은 통계량 대화상자가 나타난다. 여기서 [카이제곱(H)], [분할계수(O)], 그리고 [파이 및 크레이머의 V(P)]를 선택한다.

그림 9.5 통계량 대화상자

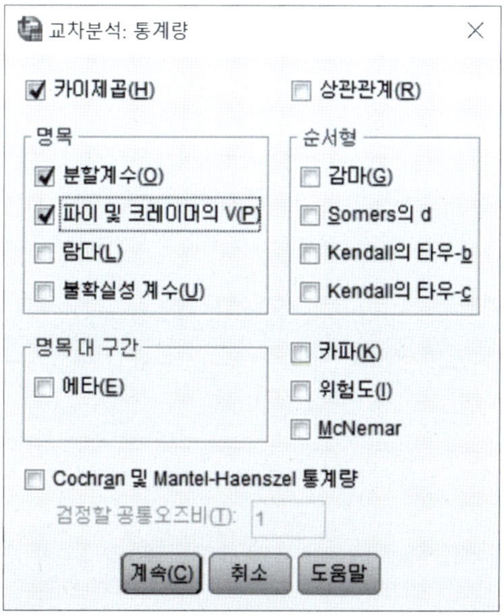

☞ 통계량 대화상자에서 선택한 내용은 다음과 같은 의미를 갖는다.

- **카이제곱**: Pearson 카이제곱, 우도비 카이제곱, 선형 대 선형결합 카이제곱 등이 표시된다.
- **분할계수**: 효과크기를 나타내는 한 가지 지표로서 두 변수의 관계의 크기를 나타낸다. 분할계수는 0 이상 1 미만이다. 분할계수가 클수록 두 변수의 관계는 크다고 할 수 있다.[1]
- **파이 및 크레이머의 V**: 효과크기를 나타내는 다른 지표이다. 파이는 교차표가 2×2 경우의 효과크기를 나타낸다. Cramer의 V(혹은 Cramer의 Phi)는 그 외의 교차표인 경우의 효과크기를 나타낸다.

❽ [그림 9.5]에서 [계속(C)]을 클릭한다.

❾ [그림 9.3]에서 [셀(E)...] 버튼을 클릭하면 [그림 9.6]과 같은 셀 표시 대화상자가 나타난다. 여기서 [관측빈도(O)]와 [기대빈도(E)]를 선택한다. 정수가 아닌 가중값의 처리는 기본설정된 [셀 수 반올림(N)]을 이용한다.

그림 9.6 셀 표시 대화상자

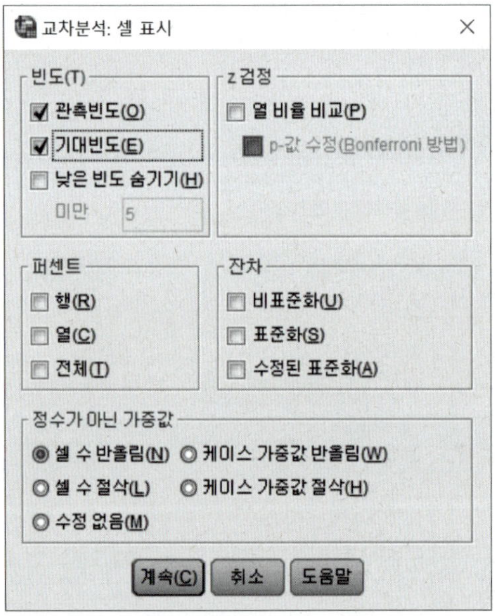

1) 효과크기에 대해 자세한 내용을 알고자 하면 다음의 서적을 참조할 수 있다: Jacob Cohen, *Statistical Power Analysis for the Behavioral Sciences,* 2nd ed., Lawrence Erlbaum, 1988; John J. Kim and Robert J. Grissom, *Effect Sizes for Research,* Lawrence Erlbaum, 2005; 이학식·임지훈, *사회과학 논문작성을 위한 연구방법론*, 집현재, 2014, pp. 131-139.

☞ 셀 표시 대화상자에서 선택한 내용은 다음과 같은 의미를 갖는다.

- **관측빈도**: 각 셀에 있는 케이스의 실제 수.
- **기대빈도**: 행 변수와 열 변수가 서로 독립적인 경우 각 셀에 기대되는 케이스 수.

⑩ [그림 9.6]에서 [계속(C)]을 클릭한다.

⑪ [그림 9.3]에서 [형식(F)...] 버튼을 클릭하고, [그림 9.7]과 같이 [오름차순(A)]을 이용하여 분석을 진행한다.

그림 9.7 표 형식 대화상자

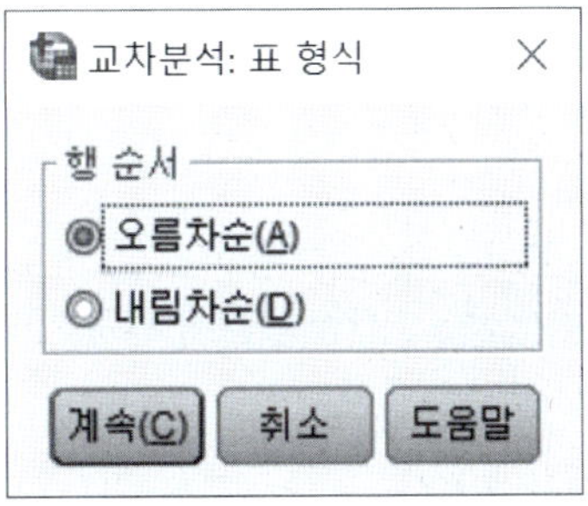

☞ 표 형식 대화상자에는 다음과 같은 선택사항이 있다.

- **오름차순**: 행 변수값들이 낮은 값에서 높은 값의 순으로 제시되도록 순서를 정해 준다(**기본설정**).
- **내림차순**: 행 변수값들이 높은 값에서 낮은 값의 순으로 제시되도록 순서를 정해 준다.

⑫ [그림 9.7]에서 [계속(C)]과 [확인]을 클릭하면 결과가 나타난다(표 9.2부터).

표 9.2 세탁기 크기와 가족규모 간 교차표

			가족규모			전체
			1–2명	3–4명	5명 이상	
세탁기크기	소형	빈도	25	37	8	70
		기대빈도	9.3	32.7	28.0	70.0
	중형	빈도	10	62	53	125
		기대빈도	16.7	58.3	50.0	125.0
	대형	빈도	5	41	59	105
		기대빈도	14.0	49.0	42.0	105.0
전체		빈도	40	140	120	300
		기대빈도	40.0	140.0	120.0	300.0

〈표 9.2〉에는 가족규모와 세탁기크기 교차셀들의 관측빈도와 기대빈도가 나타나 있다.

표 9.3 카이제곱 검증표

	값	자유도	근사 유의확률 (양측검정)
Pearson 카이제곱	58.208[a]	4	.000
우도비	57.149	4	.000
선형 대 선형결합	47.975	1	.000
유효 케이스 수	300		

a. 0 셀 (0.0%)은(는) 5보다 작은 기대빈도를 가지는 셀입니다. 최소 기대빈도는 9.33입니다.

〈표 9.3〉에 따르면 Pearson 카이제곱=58.208, $p=.000$으로 H_0(가족규모와 세탁기 크기는 독립적이다)는 $\alpha=.05$에서 기각된다. **따라서 가족규모에 따라 세탁기 크기는 다르다고 할 수 있다.** 참고로, 여기서 자유도는 (행의 수−1)×(열의 수−1)로서 2×2=4가 된다.

표 9.4 대칭적 측도

		값	근사 유의확률
명목척도 대 명목척도	파이	.440	.000
	Cramer의 V	.311	.000
	분할계수	.403	.000
유효 케이스 수		300	

〈표 9.4〉의 값들은 **효과크기**(effect size)를 나타내는 값들이다. 먼저 앞에서 설명한 바와 같이 파이는 2×2 교차표 경우의 효과크기를 나타내므로 본 예제와는 상관없다. 다음으로, **분할계수**(contingency coefficient)가 클수록 두 변수의 관계는 크다고 할 수 있다. 분할계수의 공식은 다음과 같다.

$$C=\sqrt{\frac{\chi^2_{\text{obs}}}{n+\chi^2_{\text{obs}}}}$$

위에서 $\chi^2_{\text{obs}}=58.208$을 얻었으므로

$$C=\sqrt{\frac{58.208}{300+58.208}}=.403$$

그런데 어떤 주어진 교차표에서 얻을 수 있는 분할계수의 최저값은 두 변수가 완

전혀 독립적인 경우이며, 이는 곧 각 cell의 관측빈도와 기대빈도가 모두 일치하는 경우이다. 이 경우 $\chi^2_{\text{obs}}=0$이므로 C=0이 된다. 한편 분할계수의 최고값은 다음의 공식으로 계산된다.

$$C_{\text{최고값}} = \sqrt{(q-1)/q}$$

여기서 q는 행의 수와 열의 수 중에서 작은 값을 가리킨다. 따라서 위의 자료의 경우 $\sqrt{(q-1)/q} = \sqrt{\frac{2}{3}} = .816$이 된다. 본 예제의 경우 분할계수는 .403으로 0과 .816 사이에서 어느 정도 가운데 값을 가지므로 두 변수의 관계는 중간정도(moderate)라고 할 수 있다.

또한 Cramer의 V는 .311로 나타났다. 그런데 Cohen은 Cramer의 V(혹은 Phi)에 의한 효과크기 평가기준을 교차표에서 크기가 작은 쪽을 기준으로 〈표 9.5〉와 같이 제시하였다. 예를 들어, 2×3 교차표의 경우 2, 4×5 교차표의 경우 4를 기준으로 보면 된다. 본 예제의 경우 Cramer의 V는 .311로 나타났는데 3×3의 교차표이므로 .21과 .35의 사이에 존재하며 어느 정도 크다고 해석할 수 있다. Cramer의 V의 공식은 다음과 같다.

$$V = \sqrt{\frac{\chi^2_{\text{obs}}}{n(a-1)}}$$

단, 여기서 a는 행의 수와 열의 수 중에서 작은 값.

표 9.5 Cramer의 V의 평가기준

교차표에서 작은 값의 크기	효과크기		
	작음	중간	큼
2	.10	.30	.50
3	.07	.21	.35
4	.06	.17	.29

(2) 가중치를 이용하여 분석하는 방법

가중치를 이용하여 〈예제 9.1〉의 독립성검증을 하는 과정은 다음과 같다.

❶ 〈표 9.1〉의 내용을 [그림 9.8]과 같이 Data Editor에 입력한다.

그림 9.8 Data Editor에 교차표를 입력한 모습

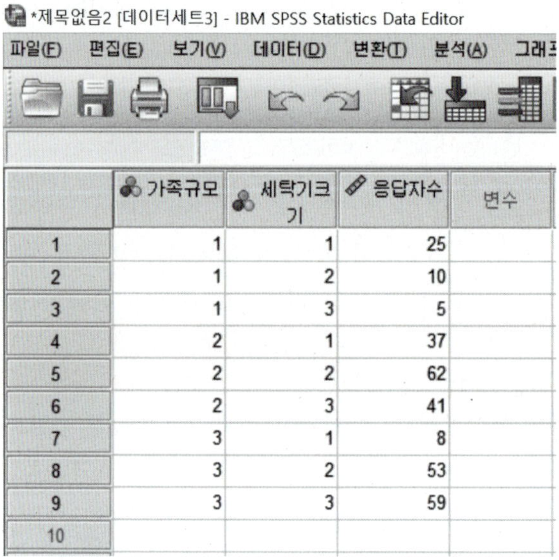

*제목없음2 [데이터세트3] - IBM SPSS Statistics Data Editor

파일(F) 편집(E) 보기(V) 데이터(D) 변환(T) 분석(A) 그래프

	가족규모	세탁기크기	응답자수	변수
1	1	1	25	
2	1	2	10	
3	1	3	5	
4	2	1	37	
5	2	2	62	
6	2	3	41	
7	3	1	8	
8	3	2	53	
9	3	3	59	
10				

❷ [그림 9.8]의 내용을 '(9)x2독립성-가중치.sav'로 저장한다.

❸ [그림 9.9]와 같이 다음의 절차를 따른다.

[데이터(D)] → [가중 케이스(W)...] → 클릭

그림 9.9 가중치 설정 절차

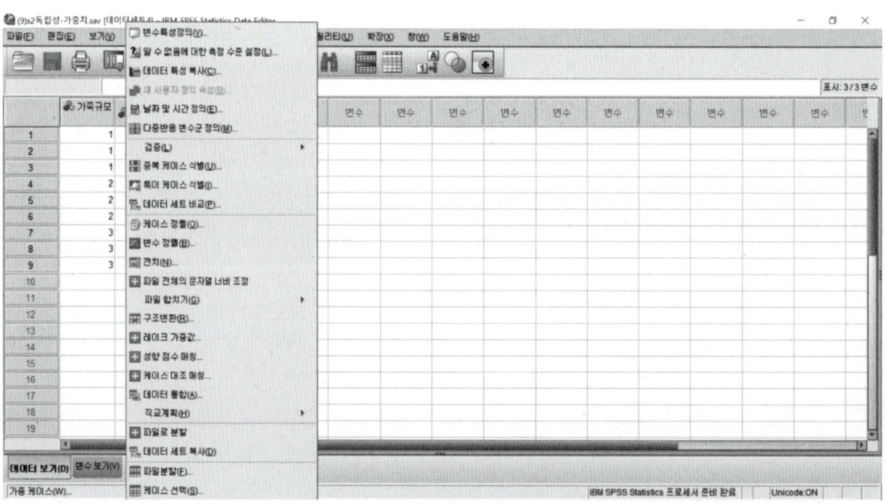

❹ 그러면 [그림 9.10]의 가중 케이스 대화상자가 나타난다.

그림 9.10 가중 케이스 대화상자

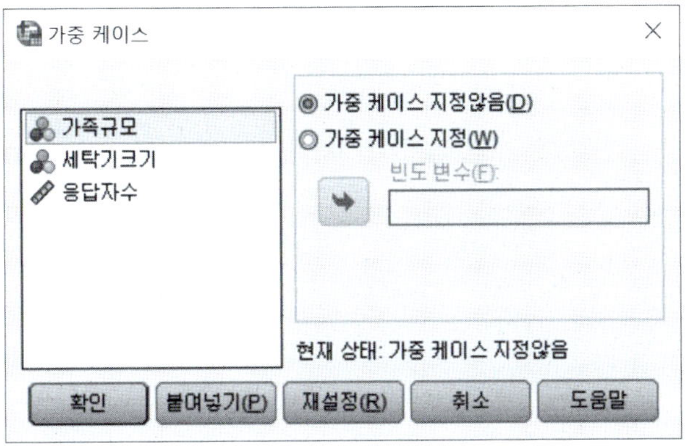

❺ 여기서 [가중 케이스 지정(W)]을 선택하고 [빈도 변수(F)]로 응답자수를 보내면 [그림 9.11]과 같이 된다.

그림 9.11 가중 케이스의 지정

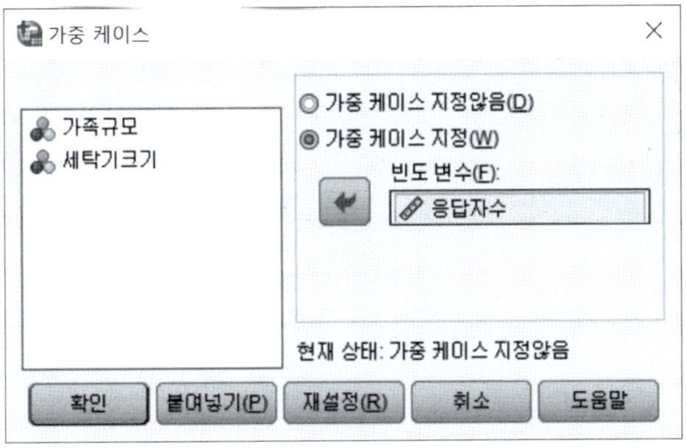

❻ [그림 9.11]에서 [확인]을 클릭한다.

❼ [그림 9.12]와 같이 다음의 절차를 따른다.

[분석(A)] → [기술통계량(E)] → [교차분석(C)...] → 클릭

그림 9.12 독립성 검증절차

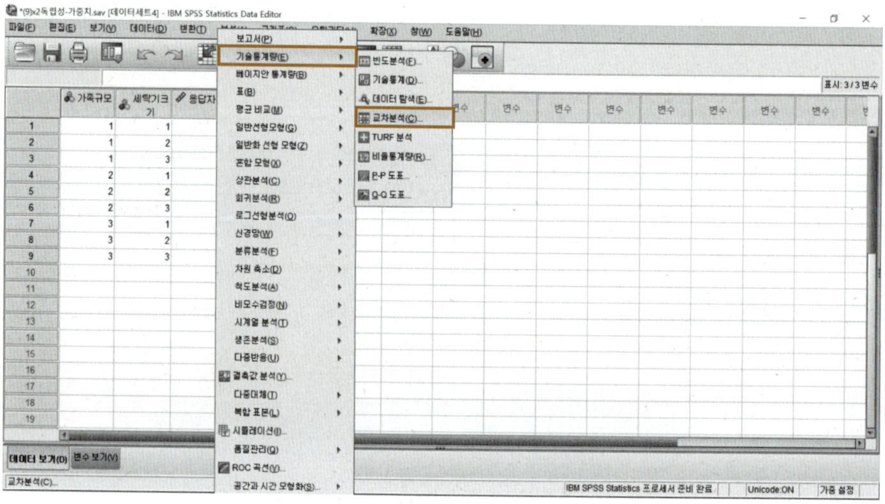

❽ 그러면 [그림 9.13]의 교차분석 대화상자가 나타난다.

그림 9.13 교차분석 대화상자

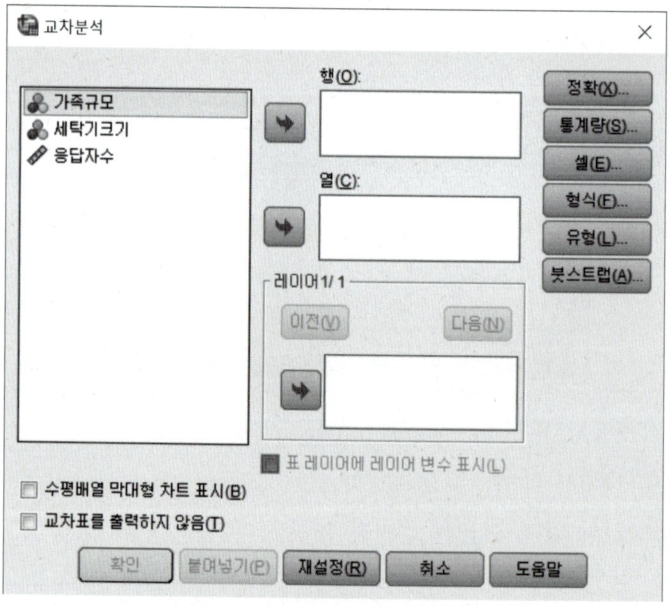

❾ 여기서 [그림 9.14]와 같이 세탁기크기를 [행(O)]으로, 가족규모를 [열(C)]로 보낸다.

그림 9.14 행(O)과 열(C)에서 분석할 변수의 선정

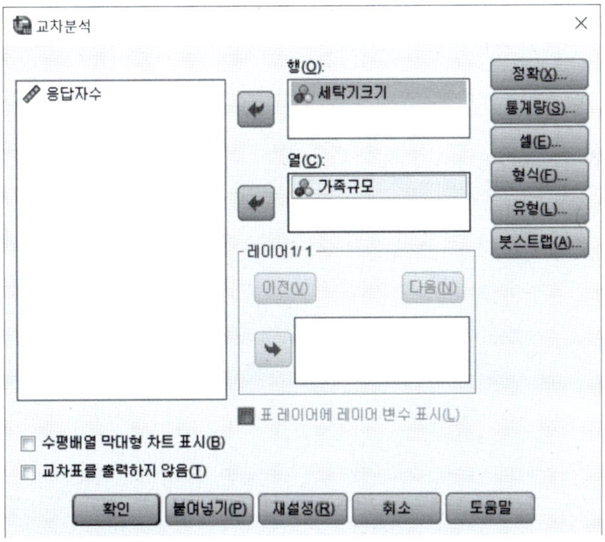

⑩ [그림 9.14]에서 [통계량(S)...] 버튼을 클릭하면 통계량 대화상자가 나타나는데, [그림 9.15]와 같이 [카이제곱(H)], [분할계수(O)], 그리고 [파이 및 크레이머의 V(P)]를 선택한다.

그림 9.15 통계량 대화상자

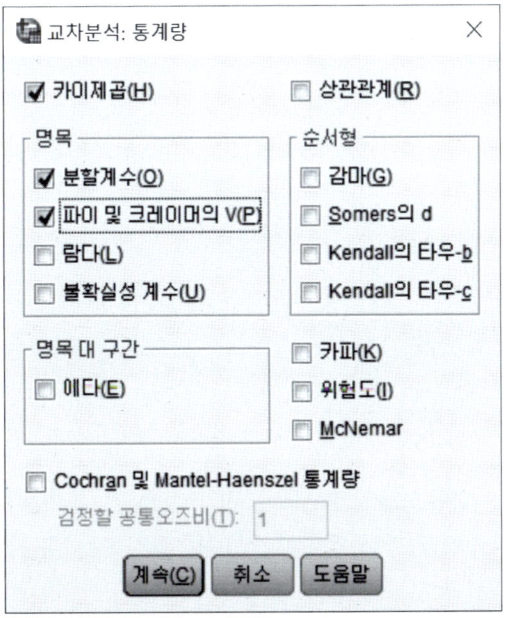

⑪ [그림 9.15]에서 [계속(C)]을 클릭한다.

⑫ [그림 9.14]에서 [셀(E)...] 버튼을 클릭하면 셀 표시 대화상자가 나타나는데, [그림 9.16]과 같이 [관측빈도(O)]와 [기대빈도(E)]를 선택한다. 정수가 아닌 가중값의 처리는 기본설정된 [셀 수 반올림(N)]을 이용한다.

그림 9.16 셀 표시 대화상자

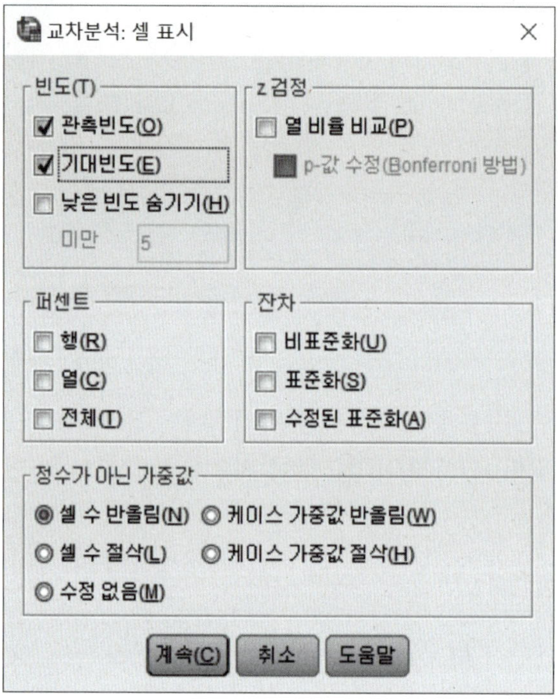

⑬ [그림 9.16]에서 [계속(C)]과 [확인]을 클릭하면 〈표 9.2〉~〈표 9.4〉와 동일한 결과가 나타난다.

9.2 적합도검증 (χ^2)

1. 적합도검증의 개요

χ^2 적합도검증(chi-square goodness of fit test)은 관측빈도가 어떤 조건에서 기대되는 빈도(frequency)에 얼마나 적합한가(fit)를 조사하는 데 사용하는 방법이다. 자료는 빈도자료이므로 명목척도로 측정한 것이다.

적합도검증을 위한 검증통계량은 다음과 같다.

$$\chi^2 = \sum_{i=1}^{n} \frac{[O_i - E_i]^2}{E_i} \quad [\text{d.f.} = \text{셀의 수} \ -1]$$

여기서 O_i는 i번째 cell의 관측빈도(observed frequency)

E_i는 i번째 cell의 기대빈도(expected frequency)

예제 9.2 χ^2 적합도 검증

한 자동차 제조회사의 신제품개발 담당자는 신제품 승용차의 색깔대안을 다섯 가지 고려하고 있으며 소비자들이 이 중 일부 색깔을 더 선호하는지 여부를 알고자 한다. 300명의 소비자들에게 색깔 대안 A, B, C, D, E의 승용차를 보여주고 가장 선호하는 것을 질문한 결과 〈표 9.6〉과 같이 나타났다.

표 9.6 특정색깔을 선호하는 소비자의 수

자동차 색깔					
A	B	C	D	E	합계
88	65	52	40	55	300

이러한 자료로부터 각 색깔을 선호하는 소비자들의 비율이 다르다고 할 수 있는가? $\alpha = .01$.[2)]

연구 가설 각 색깔을 선호하는 소비자들의 비율이 다르다.

H_0: 각 색깔을 선호하는 소비자들의 비율이 동일하다.

H_1: 각 색깔을 선호하는 소비자들의 비율이 다르다.

2) 가설검증에서 흔히 사용하는 α는 .05이다. 그러나 연구자가 1종 오류를 가급적 줄이고자 하면 이처럼 .01을 이용할 수 있다. 이는 본 예제의 경우 "각 색깔을 선호하는 비율이 다르다"라고 할 수 있는 매우 충분한 증거가 없는 한 각 색깔의 선호 비율이 동일한 것으로 보고자 하는 입장이다.

2. SPSS를 이용한 적합도검증

(1) 응답을 코딩하여 분석하는 방법

〈예제 9.2〉의 적합도검증을 하는 과정은 다음과 같다.

❶ '(9)x2적합도.sav' 파일을 불러온다.

❷ [그림 9.17]과 같이 다음의 절차를 따른다.

[분석(A)] → [비모수검정(N)] → [레거시 대화상자(L)] → [카이제곱(C)...] → 클릭

그림 9.17 적합도 검증 절차

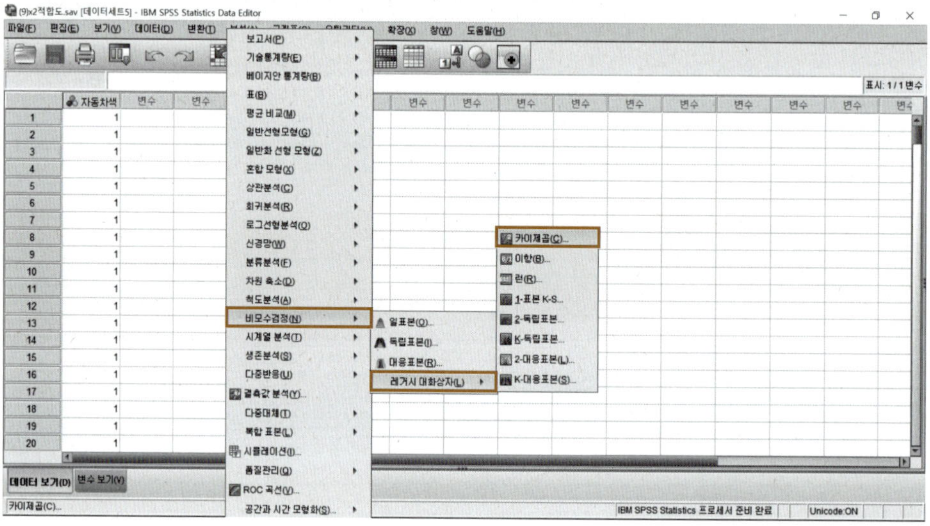

❸ 그러면 [그림 9.18]의 카이제곱 검정 대화상자가 나타난다.

그림 9.18 카이제곱 검정 대화상자

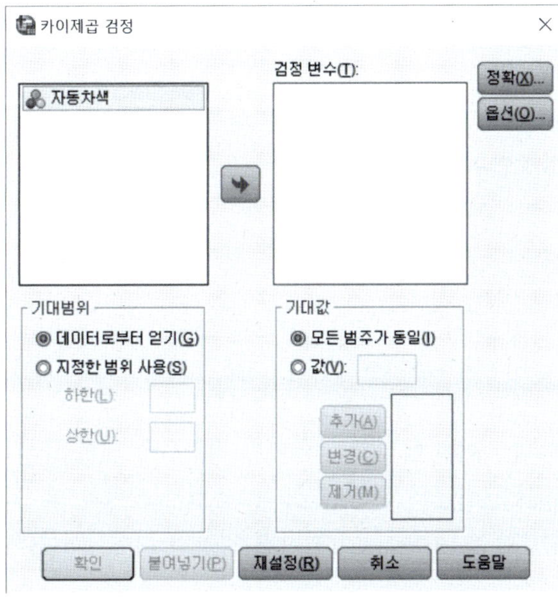

❹ 여기서 [그림 9.19]와 같이 자동차색을 [검정 변수(T)] 상자로 보낸다. 기대범위와 기대값은 기본설정을 이용하여 분석을 진행한다.

그림 9.19 분석대상 변수선정

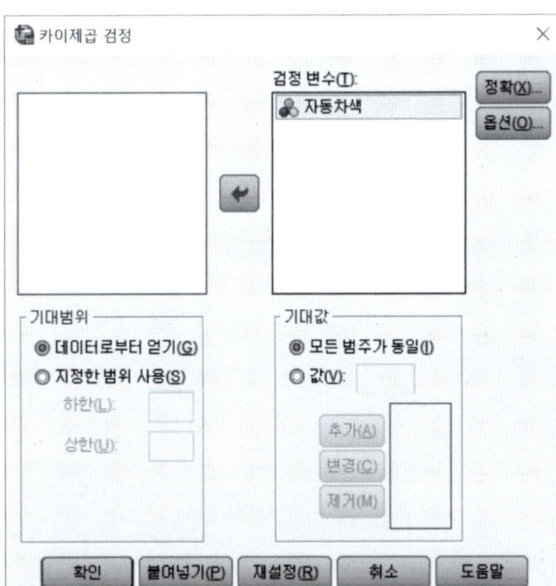

☞ 기대범위와 기대값의 의미는 다음과 같다.

[기대범위]

- **데이터로부터 얻기**: 나타난 각 개별값은 범주로 정의된다(**기본설정**).
- **지정한 범위 사용**: 특정한 범위 내의 검증변수값을 갖는 케이스들에 대해서만 분석하도록 검증변수값의 하한과 상한을 지정할 수 있다. 검증변수에 대해서 범위 밖의 값을 갖는 케이스는 분석에서 제외된다.

[기대값]

- **모든 범주가 동일**: 이는 귀무가설에 해당하는 것으로, 모든 범주들이 동일한 기대값을 가지는 것으로 가정된다(**기본설정**).

❺ [그림 9.19]에서 [정확(X)...]을 클릭하면 정확검정 대화상자가 나타난다. 본 분석에서는 기본설정된 [점근적 검정(A)]으로 분석을 진행한다.

❻ 이어서 [계속(C)]과 [확인]을 클릭하면 결과가 나타난다(표 9.7부터).

표 9.7 자동차 선호 색깔에 대한 빈도분석

	관측빈도	기대빈도	잔차
A	88	60.0	28.0
B	65	60.0	5.0
C	52	60.0	−8.0
D	40	60.0	−20.0
E	55	60.0	−5.0
전체	300		

〈표 9.7〉에는 다섯 가지 자동차 색깔에 대한 관측빈도와 기대빈도가 제시되어 있다.

표 9.8 검증 통계량

	자동차색
카이제곱	21.633[a]
자유도	4
근사 유의확률	.000

a. 0개의 셀 (0.0%)은(는) 5보다 작은 기대빈도를 가집니다.
기대빈도 셀 값 중 최소값은 60.0입니다.

〈표 9.8〉에 제시된 카이제곱=21.633, $p=.000$이므로 H_0(각 색깔을 선호하는 비율이 동일하다)은 주어진 $\alpha=.01$에서 기각된다. 따라서 각 색깔을 선호하는 소비자들의 비율이 다르다고 할 수 있다.

(2) 가중치를 이용하여 분석하는 방법

❶ 〈표 9.6〉의 내용을 [그림 9.20]과 같이 Data Editor에 입력한다.

그림 9.20 Data Editor에 응답값을 입력한 모습

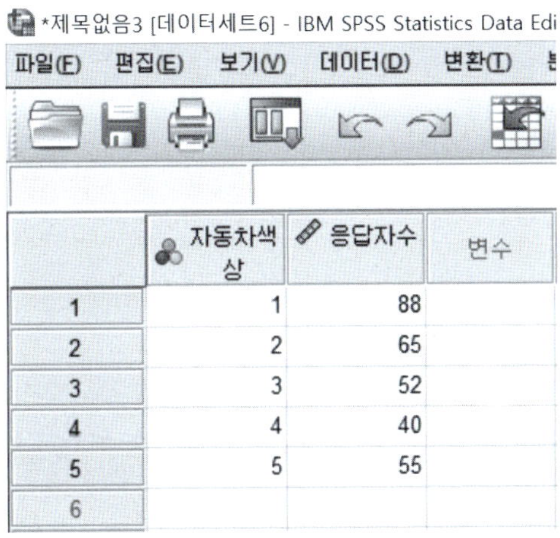

❷ [그림 9.20]의 내용을 “(9)x2적합도–가중치.sav”로 저장한다.

❸ [그림 9.21]과 같이 다음의 절차를 따른다.

[데이터(D)] → [가중 케이스(W)...] → 클릭

그림 9.21 가중치 설정 절차

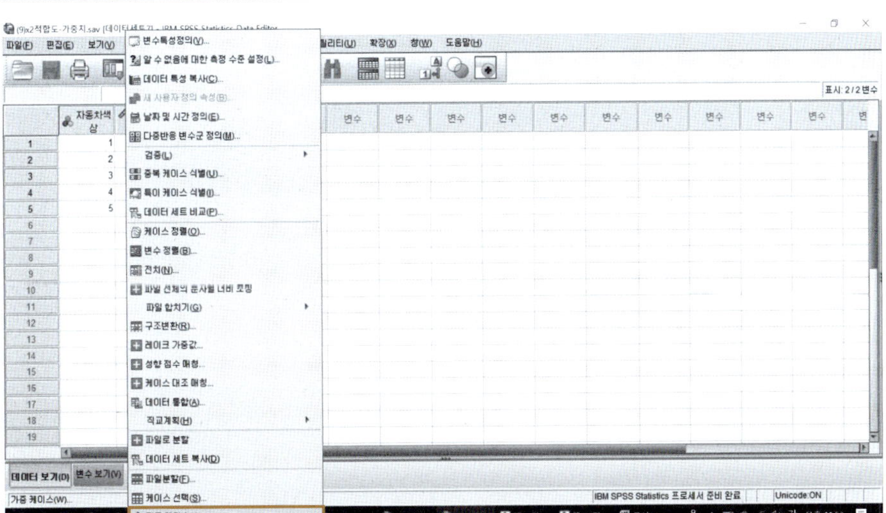

❹ 그러면 [그림 9.22]의 가중 케이스 대화상자가 나타난다.

그림 9.22 가중 케이스 대화상자

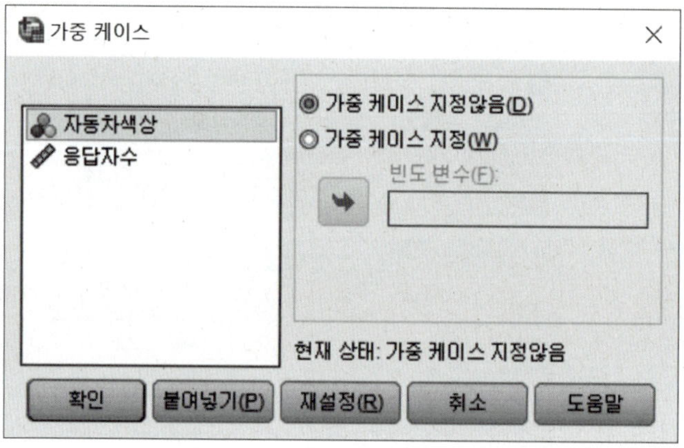

❺ 여기서 [가중 케이스 지정(W)]을 선택하고 [빈도 변수(F)]로 응답자수를 보내면 [그림 9.23]과 같이 된다.

그림 9.23 가중 케이스의 지정

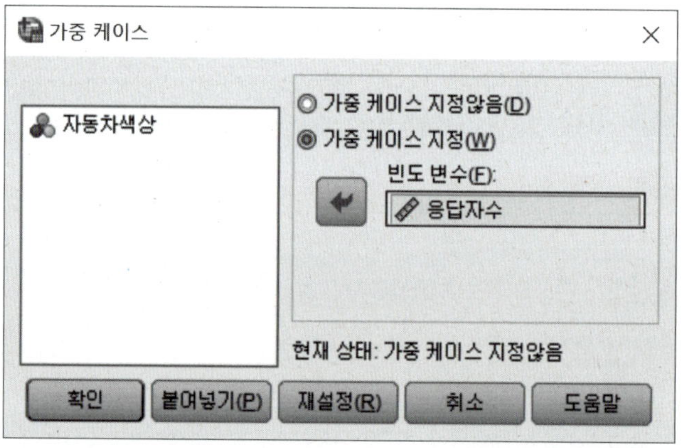

❻ [그림 9.23]에서 [확인]을 클릭한다.

❼ [그림 9.24]와 같이 다음의 절차를 따른다.

[분석(A)] → [비모수검정(N)] → [레거시 대화상자(L)] → [카이제곱(C)...] → 클릭

그림 9.24 적합도 검증 절차

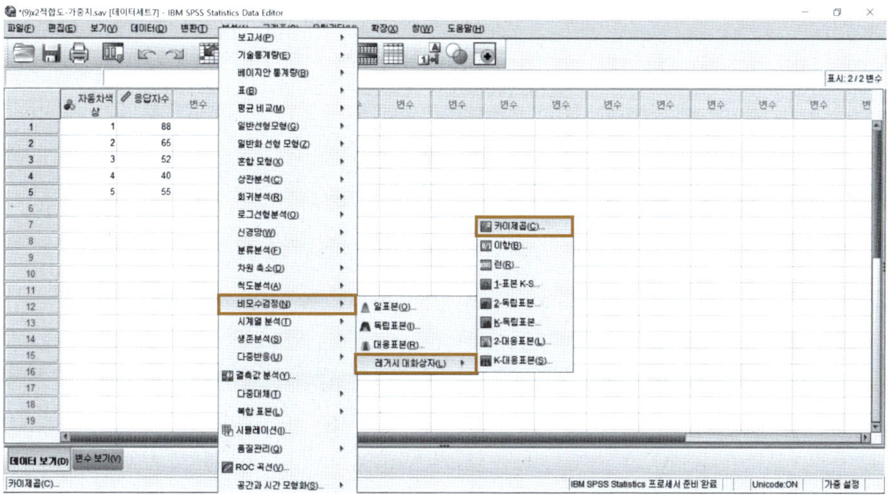

❽ 그러면 [그림 9.25]의 카이제곱 검정 대화상자가 나타난다.

그림 9.25 카이제곱 검정 대화상자

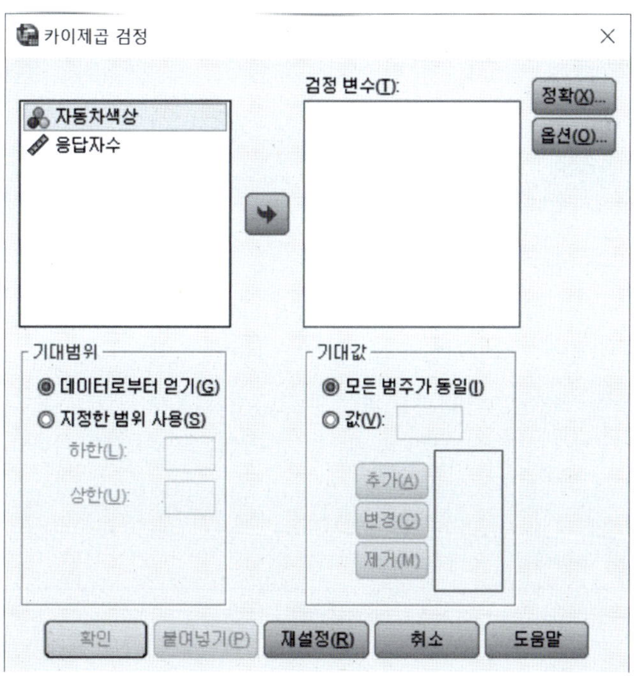

❾ 여기서 [그림 9.26]과 같이 자동차색상을 [검정 변수(T)] 상자로 보낸다.

그림 9.26 분석대상 변수선정

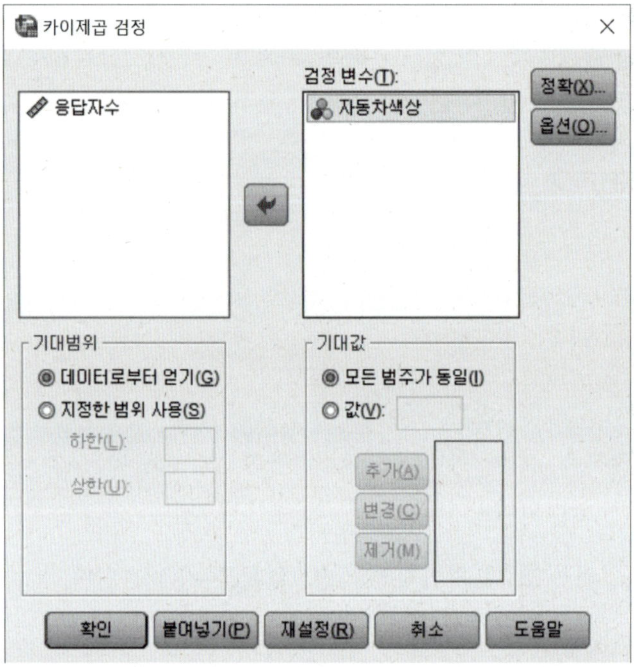

⑩ [그림 9.26]에서 [확인]을 클릭하면, 〈표 9.7〉~〈표 9.8〉과 동일한 결과가 나타난다.

예제 9.3 χ^2 적합도검증

예제 9.2는 다섯 가지 색깔 중 각 색깔을 선호하는 소비자들의 수는 대체로 비슷할 것인가에 관한 것이었다. 그러나 현실적으로 자동차의 여러 색깔 중 검정색과 회색이 비교적 인기가 높다. 이러한 현실을 반영하여 예제 9.2를 다음과 같이 변경한다. 즉, 일반적으로 색깔 A를 선호하는 소비자들의 비율이 B, C, D, E 각각의 색깔을 선호하는 소비자들의 비율보다 두 배 정도 되는 것으로 알려져 있다. 과연 그렇게 알려진 것이 맞는지를 조사하기 위하여 300명에게 가장 선호하는 색깔을 질문한 결과 〈표 9.9〉와 같이 나타났다. 이 자료로부터 기존의 믿음을 거부할 수 있는가? $\alpha = .05$.

표 9.9 특정색깔을 선호하는 소비자의 수

자동차 색깔					
A	B	C	D	E	합계
88	65	52	40	55	300

이 경우의 연구가설과 귀무가설 및 대립가설은 각각 다음과 같이 설정된다.

연구가설 색깔 A를 선호하는 소비자들의 비율이 B, C, D, E 각각의 색깔을 선호하는 소비자들의 비율의 두 배가 아니다.

H_0: 색깔 A를 선호하는 소비자들의 비율이 B, C, D, E 각각의 색깔을 선호하는 소비자들의 비율의 두 배이다.

H_1: 색깔 A를 선호하는 소비자들의 비율이 B, C, D, E 각각의 색깔을 선호하는 소비자들의 비율의 두 배가 아니다.

〈예제 9.3〉의 적합도검증을 하는 과정은 다음과 같다.

❶ "(9)x2적합도.sav" 파일을 불러온다.

❷ χ^2 적합도검증의 (1) 응답을 코딩하여 분석하는 방법의 절차 ②~④를 따른다. 그러면 [그림 9.27]과 같은 대화상자가 제시된다.

그림 9.27 분석대상 변수선정

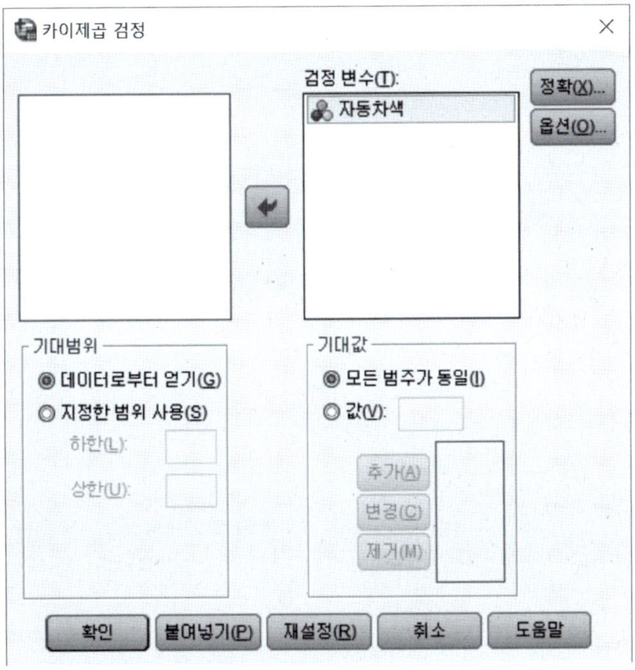

❸ [그림 9.27]의 기대값에서 [값(V)]에 100을 입력하고 [추가(A)]를 클릭하면 [그림 9.28]과 같이 된다.

그림 9.28 기대값이 입력된 모습

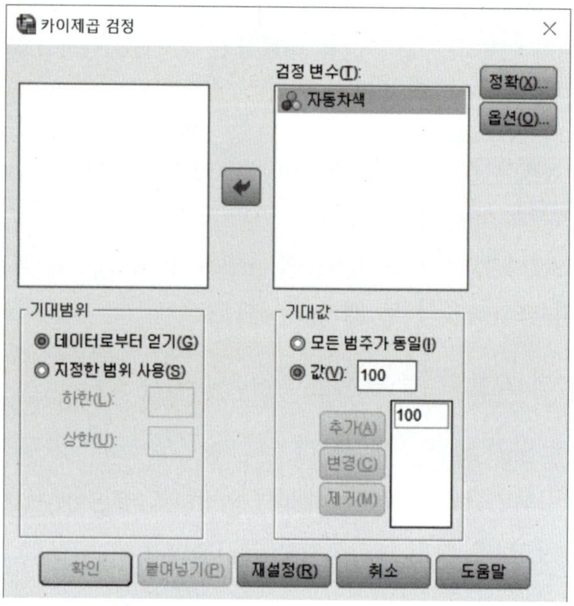

❹ ③과 동일한 방법으로 50, 50, 50, 50을 추가적으로 입력한 결과는 [그림 9.29]와 같다.

그림 9.29 모든 기대값을 입력한 모습

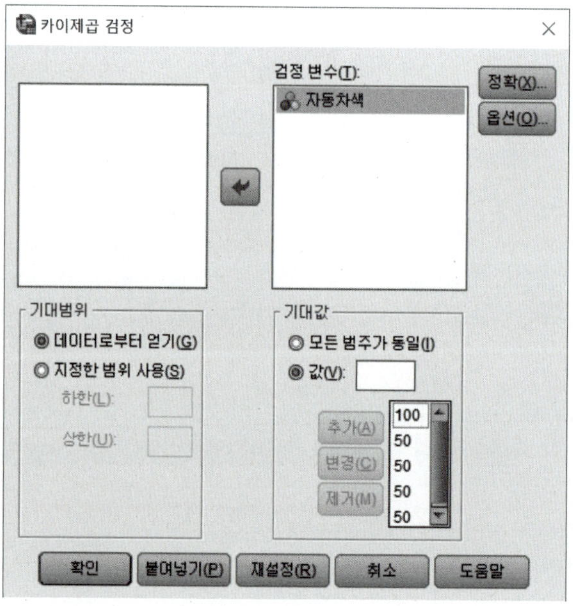

❺ [그림 9.29]에서 [확인]을 클릭하면, 〈표 9.10〉~〈표 9.11〉과 같은 결과가 나타난다.

표 9.10 자동차 선호 색깔에 대한 빈도분석

	관측빈도	기대빈도	잔차
A	88	100.0	−12.0
B	65	50.0	15.0
C	52	50.0	2.0
D	40	50.0	−10.0
E	55	50.0	5.0
전체	300		

〈표 9.10〉에는 다섯 가지 자동차 색깔에 대한 관측빈도와 기대빈도가 제시되어 있다.

표 9.11 검증 통계량

	자동차색
카이제곱	8.520[a]
자유도	4
근사 유의확률	.074

a. 0개의 셀 (0.0%)은(는) 5보다 작은 기대빈도를 가집니다. 기대빈도 셀 값 중 최소값은 50.0입니다.

〈표 9.11〉에 제시된 카이제곱=8.520, p=.074이므로 기존에 알려진 비율이 틀렸다고 할 수 없는 것으로 결론내릴 수 있다. 즉, 색깔 A를 선호하는 소비자들의 비율이 B, C, D, E 각각의 색깔을 선호하는 소비자들의 비율의 두 배라고 할 수 있다.

연 / 습 / 문 / 제

1. 다음은 116명의 남녀를 대상으로 그들이 한 달에 편의점을 몇 번 방문하는지를 조사한 것이다. 이 자료로부터 편의점 방문횟수가 성별에 따라 다르다고 할 수 있는가? 또한 contingency 계수를 계산하고 평가하시오. $\alpha = .05$. 자료파일: (9)연습문제(독립성).

방문 횟수	남	여	합계
1–5	14	26	40
6–14	16	34	50
15회 이상	15	11	26
합계	45	71	116

[분석결과 및 해석]

방문횟수 * 성별 교차표

			성별		전체
			남자	여자	
방문횟수	1–5회	빈도	14	26	40
		기대빈도	15.5	24.5	40.0
	6–14회	빈도	16	34	50
		기대빈도	19.4	30.6	50.0
	15회 이상	빈도	15	11	26
		기대빈도	10.1	15.9	26.0
전체		빈도	45	71	116
		기대빈도	45.0	71.0	116.0

카이제곱 검정

	값	자유도	근사 유의확률 (양측검정)
Pearson 카이제곱	5.125[a]	2	.077
우도비	5.024	2	.081
선형 대 선형결합	2.685	1	.101
유효 케이스 수	116		

a. 0 셀 (0.0%)은(는) 5보다 작은 기대빈도를 가지는 셀입니다. 최소 기대빈도는 10.09입니다.

대칭적 측도

		값	근사 유의확률
명목척도 대 명목척도	파이	.210	.077
	Cramer의 V	.210	.077
	분할계수	.206	.077
유효 케이스 수		116	

독립성검증 결과 비유의적으로 나타나(Pearson 카이제곱=5.125, p=.077) 귀무가설(H_0: 편의점 방문횟수와 성별은 독립적이다)을 기각할 수 없다. **즉, 편의점 방문횟수가 성별에 따라 다르다고 할 수 없다.** 분할계수=.206, 그리고 Cramer의 V=.210으로 효과크기는 작은 편이다.

2. 다음은 어느 자동차 서비스회사에 서비스를 신청한 자동차 대수를 요일별로 나타낸 것이다. 이 자료로부터 서비스를 신청한 자동차 대수는 요일에 따라 다르다고 할 수 있는가? α=.05.

지료피일: (9)연습문제(적합도).

월	화	수	목	금	토	합계
22	18	16	15	25	24	120

[분석결과 및 해석]

신청대수

	관측빈도	기대빈도	잔차
월	22	20.0	2.0
화	18	20.0	−2.0
수	16	20.0	−4.0
목	15	20.0	−5.0
금	25	20.0	5.0
토	24	20.0	4.0
전체	120		

검정 통계량

	신청대수
카이제곱	4.500[a]
자유도	5
근사 유의확률	.480

a. 0개의 셀 (0.0%)은(는) 5보다 작은 기대빈도를 가집니다. 기대빈도 셀 값 중 최소값은 20.0입니다.

적합도검증 결과 비유의적으로 나타나(카이제곱=4.500, p=.480) 귀무가설(H_0: 서비스를 신청한 자동차 대수는 요일에 따라 차이가 없다)은 기각되지 않는다. **즉, 서비스를 신청한 자동차 대수는 요일에 따라 다르다고 할 수 없다.**

제10장
상 관 분 석

본 장에서는

- Pearson 상관분석에 대해 설명한다.
- Spearman 서열상관분석에 대해 설명한다.
- 편상관분석에 대해 설명한다.
- 연습문제를 통해 학습내용을 복습한다.

10.1 Pearson 상관분석

1. 개 요

(1) 개 념

우리는 키가 큰 사람일수록 체중이 많고, 소득이 높은 사람일수록 지출이 많은 경향이 있다는 것을 상식적으로 알고 있다. 어떤 두 변수들 간의 관계(relationship)를 안다면 한 변수의 값에 대한 지식을 가질 때 다른 변수의 값을 추정할 수 있다. 예를 들어, 두 명의 소비자 중에서 한 명의 소비자가 소득이 더 높다면 그 소비자는 다른 소비자에 비해 보다 많은 지출을 할 것으로 추정할 수 있다. 두 변수의 관계로서 전형적인 유형을 그림으로 나타내면 [그림 10.1]과 같은 네 가지 형태로 나타낼 수 있다.

[그림 10.1 (a)]는 x가 커질수록 y가 커지는 경향이 있음을 보여준다. 따라서 두 변수 간에는 正(positive)의 **선형관계**(linear relationship)가 있다. [그림 10.1 (b)]의 경우, x가 커질수록 y가 작아지는 경향이 있다. 그러므로 두 변수들 간에는 負(negative)의 선형관계가 있다. 이에 비해 [그림 10.1 (c)]의 경우 한 변수 값의 변화로부터 다른 변수 값의 변화 방향을 예측할 수 없다. 이 경우 두 변수들 간에는 관계가 전혀 없거나 거의 없다고 할 수 있다. [그림 10.1 (d)]는 x의 증가에 따라 y는 증가하다가 어느 수준부터는 감소함을 나타낸다. 전체적으로 두 변수의 관계는 **곡선관계**(curvilinear relationship)를 갖는다. 곡선관계의 경우 나타날 수 있는 곡선의 형태는 매우 다양하다.

그림 10.1 두 변수의 관계

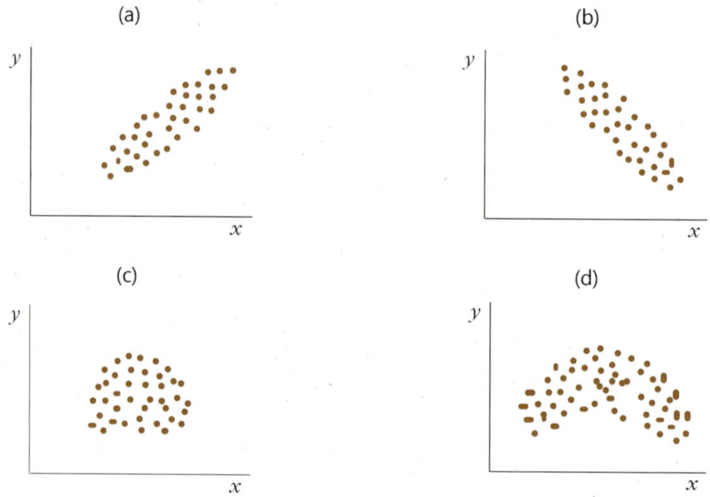

두 변수의 관계에서 일반적으로 선형관계에 초점을 두고 두 변수가 (1) 선형관계를 갖는지, (2) 선형관계를 갖는다면 어느 방향인지, (3) 그리고 그 관계는 얼마나 큰지를 분석한다. 두 변수가 서로 선형관계를 가질 때 선형상관관계가 있다고 하며, 줄여서 상관관계가 있다고 한다. 상관관계의 크기를 나타내는 값은 **상관계수**(correlation coefficient)이며 상관계수는 −1부터 +1 사이의 값을 갖는다. 두 변수의 상관관계가 正(+) 혹은 負(−)의 방향으로 클수록 상관계수는 +1 혹은 −1에 가깝게 나타난다. 두 변수 간에 상관관계가 전혀 없으면 상관계수는 0이다.

(2) 상관계수의 종류와 자료

상관계수에는 몇 가지가 있는데 보편적인 것은 **Pearson 상관계수**(Pearson product-moment correlation coefficient)이다. 보통, 상관계수라고 하면 Pearson 상관계수를 의미하므로 이하에서는 이를 상관계수로 부른다. 그 밖에 Spearman 서열상관, Kendall의 tau, Point-biserial r 및 Phi-coefficient가 있다. 본서에서는 SPSS를 이용하여 Pearson 상관분석과 Spearman 상관분석을 하는 절차를 다룬다. 각 상관분석을 위하여 다음의 척도로 측정된 자료가 필요하다.

종 류	척 도
Pearson 상관계수	간격/비율 – 간격/비율
Spearman 서열상관계수	서열 – 서열
Kendall의 tau	서열 –서열
Point-biserial r	간격/비율 – 명목(2분화 변수)
Phi-coefficient	명목(2분화 변수) – 명목(2분화 변수)

(3) 가 정

Pearson 상관분석을 위해서 변수들의 쌍은 이변량 정규분포(bivariate normal distribution)를 따른다는 가정이 필요하다.

2. SPSS를 이용한 상관분석

예제 10.1 상관분석의 예

광고비 지출과 매출액 간의 관계를 조사하기 위하여 최근 10개월의 자료를 수집한 결과 〈표 10.1〉과 같다. 이하에서는 두 변수 간의 상관관계를 계산하고 유의성을 검증하는 과정을 예시한다.

표 10.1 광고비와 매출액 자료 (단위: 억원)

월	광고비	매출액
1	1.2	101
2	.8	92
3	1.0	110
4	1.3	120
5	.7	90
6	.8	82
7	1.0	93
8	.6	75
9	.9	91
10	1.1	105

연구문제 광고비와 매출액 간에는 상관관계가 있는가?

연구가설 광고비와 매출액 간에는 상관관계가 있다.

H_0: 광고비와 매출액 간에는 상관관계가 없다(ρ[1]$= 0$).

H_1: 광고비와 매출액 간에는 상관관계가 있다($\rho \neq 0$).

〈예제 10.1〉의 상관분석을 하는 과정은 다음과 같다.

1) 여기서 ρ는 상관관계를 나타내는 모수(parameter)이며 rho라고 읽는다.

❶ '(10)상관관계.sav' 파일을 불러온다.

❷ [그림 10.2]와 같이 다음의 절차를 따른다.

[분석(A)] → [상관분석(C)] → [이변량 상관(B)...] → 클릭

그림 10.2 상관분석 절차

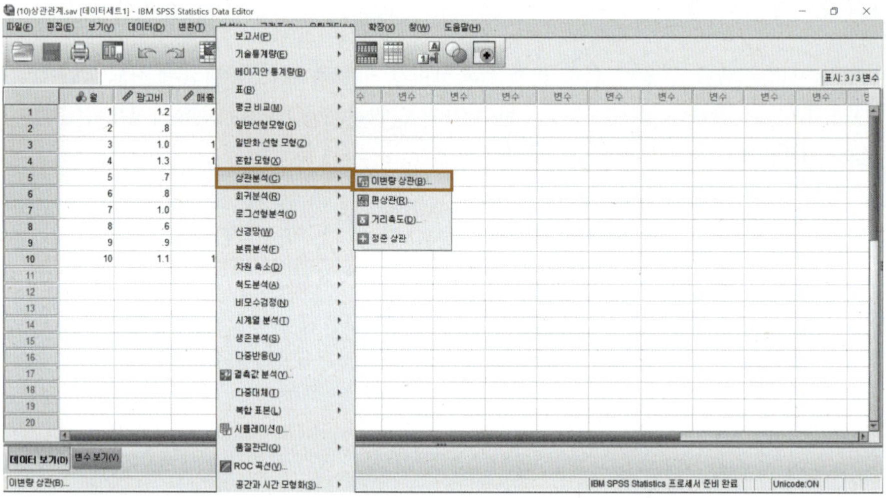

❸ 그러면 [그림 10.3]의 이변량 상관계수 대화상자가 나타난다.

그림 10.3 이변량 상관계수 대화상자

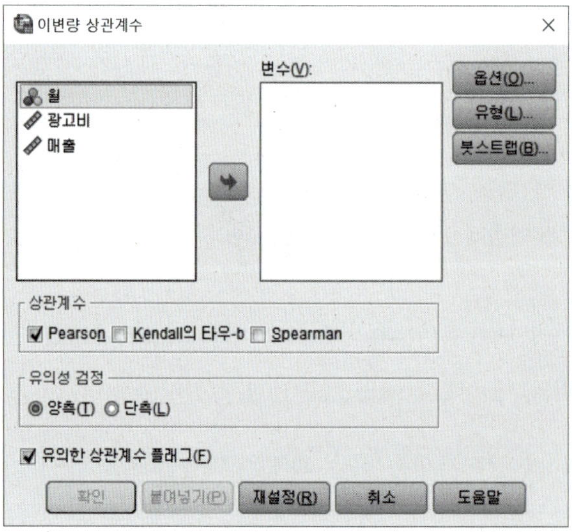

❹ 여기서 [그림 10.4]와 같이 광고비와 매출을 [변수(V)] 상자로 보낸다.

그림 10.4 분석대상 변수의 선정

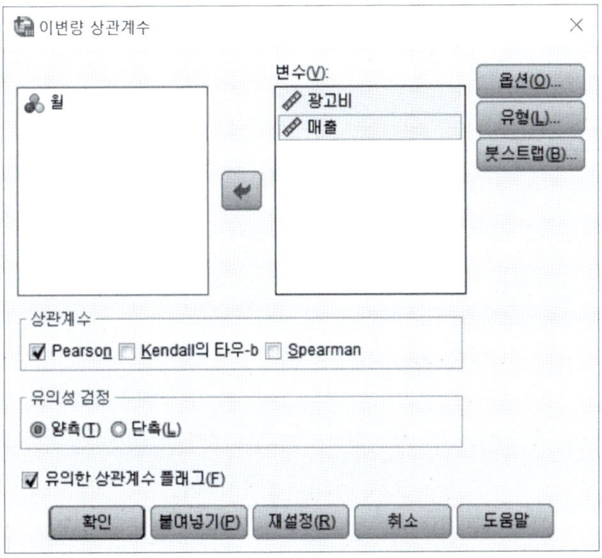

❺ [그림 10.4]와 같이 기본설정 그대로 상관계수는 [Pearson], 유의성 검정은 [양측(T)], [유의한 상관계수 플래그(F)]를 유지한다.

☞ 상관계수는 다음과 같은 의미를 갖는다.

- **Pearson**: 두 변수가 각각 간격척도 혹은 비율척도로 측정된 경우의 상관관계의 크기를 나타내는 값으로서, 변수들이 정규분포를 따른다는 가정하에 적용하는 상관계수이다. 상관계수 값의 범위는 -1부터 $+1$까지이다. 계수의 부호는 관계의 방향을 가리키고 절대값은 관계의 강도를 나타낸다(**기본설정**).

만약, 변수를 구성하는 데이터가 정규분포를 따르지 않거나 서열척도로 측정된 경우에는 다음 두 가지 계수를 이용한다.

- **Kendall의 타우－b**: Pearson 상관계수의 비모수 버전으로서 서열척도로 측정된 자료를 분석한다.
- **Spearman**: Pearson 상관계수의 비모수 버전으로서 서열척도로 측정된 자료를 분석한다.

☞ 유의성 검정은 다음과 같은 의미를 갖는다.

- **양측**: 양측검증으로 상관관계의 방향을 가설에서 지정하지 않은 경우(H_1: $\rho \neq 0$)의 검증이다(**기본설정**).
- **단측**: 단측검증으로 상관관계의 방향을 가설에서 지정한 경우(H_1: $\rho > 0$, 혹은 $\rho < 0$)의 검증이다.

❻ [그림 10.4]에서 [옵션(O)...]을 클릭하면 옵션 대화상자가 나타나는데, [그림 10.5]와 같이 통계량의 [평균과 표준편차(M)]를 선택한다.

그림 10.5 옵션 대화상자

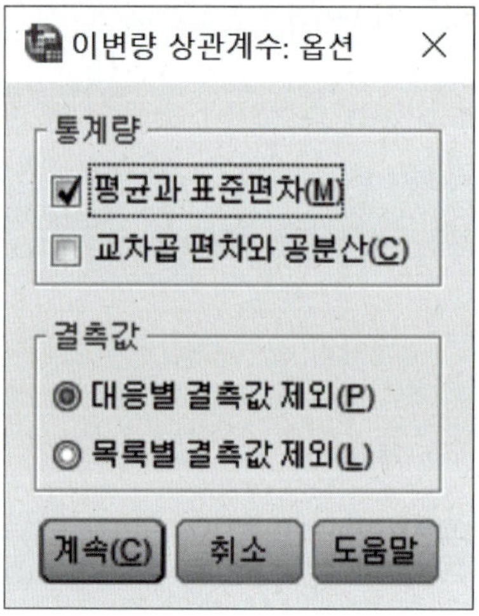

❼ [그림 10.5]에서 [계속(C)]과 이어서 [확인]을 클릭하면 결과가 나타난다(표 10.2부터).

표 10.2 기술통계량

	평균	표준화 편차	N
광고비	.940	.2221	10
매출	95.90	13.337	10

〈표 10.2〉에는 광고비와 매출의 평균 및 표준편차, 그리고 케이스들의 수가 나타나 있다.

표 10.3 상관계수

		광고비	매출
광고비	Pearson 상관	1	.875**
	유의확률 (양측)		.001
	N	10	10
매출	Pearson 상관	.875**	1
	유의확률 (양측)	.001	
	N	10	10

**. 상관관계가 0.01 수준에서 유의합니다(양측).

〈표 10.3〉에 따르면 광고비와 매출 간의 상관계수$(r)=.875$로, $p=.001$로 귀무가설은 기각되며, 연구가설은 지지된다. 결론적으로, 광고비와 매출액 간에는 상관관계(특히, 正의 상관관계)가 있다고 할 수 있다.

10.2 Spearman 서열상관분석

서열상관분석은 비모수 통계기법이지만 Pearson 상관분석과 함께 비교적 자주 이용되는 분석기법이므로 상관분석 내에서 별도의 절로 구성한다.

1. 개 요

(1) 개 념

변수나 construct를 서열척도로 측정한 자료의 경우 앞에서 설명한 Pearson 상관분석 대신 **Spearman 서열상관분석**을 실시한다.

(2) 자 료

두 변수 모두 서열척도로 측정된 자료가 필요하다. 둘 이상의 대상에 대한 서열이 같은 경우 가운데 서열을 부여한다. 예를 들어, 1, 2위를 부여한 다음 이후의 두 대상에 동등한 서열을 주고자 하면 3.5위를 부여한다.

(3) 가 정

변수의 정규분포 가정이 필요하지 않다.

2. SPSS를 이용한 서열상관분석

예제 10.2 서열상관분석의 예

두 명의 소비자가 청량음료 8개 브랜드의 선호도를 서열척도로 〈표 10.4〉와 같이 평가하였다(가장 선호=1). 두 사람의 선호도에 대한 서열상관계수를 계산하고 유의성을 검증하시오. $\alpha=.05$.

표 10.4 8개 브랜드에 대한 두 소비자의 선호순위

브랜드	소비자 A	소비자 B
1	7	1
2	4	5
3	2	3
4	6	4
5	1	8
6	3	7
7	8	2
8	5	6

연구문제 소비자 A와 소비자 B의 브랜드 선호도는 상관관계가 있는가?

연구가설 소비자 A와 소비자 B의 브랜드 선호도는 상관관계가 있다.

H_0: 소비자 A와 소비자 B의 브랜드 선호도는 상관관계가 없다.

H_1: 소비자 A와 소비자 B의 브랜드 선호도는 상관관계가 있다.

〈예제 10.2〉의 서열상관분석을 하는 과정은 다음과 같다.

❶ '(10)서열상관.sav' 파일을 불러온다.

❷ [그림 10.6]과 같이 다음의 절차를 따른다.

[분석(A)] → [상관분석(C)] → [이변량 상관(B)...] → 클릭

그림 10.6 서열상관 분석절차

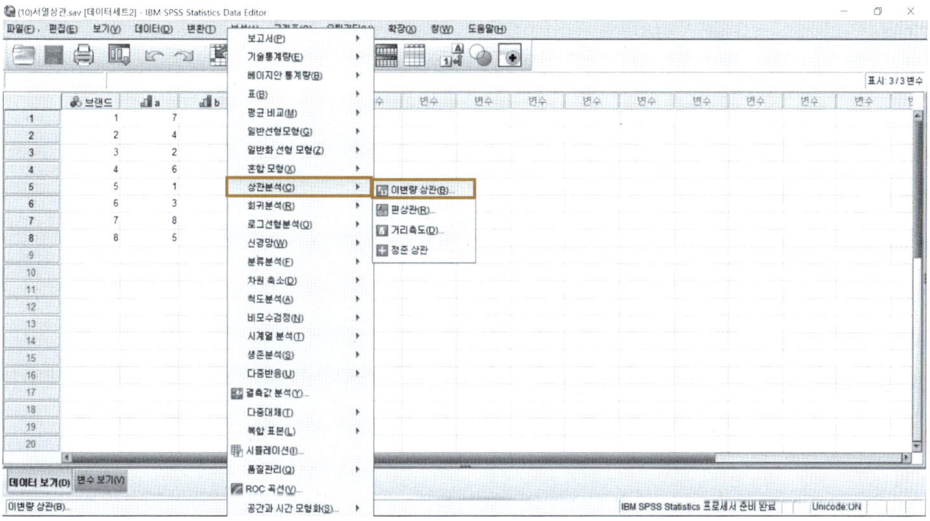

❸ 그러면 [그림 10.7]의 이변량 상관계수 대화상자가 나타난다.

그림 10.7 이변량 상관계수 대화상자

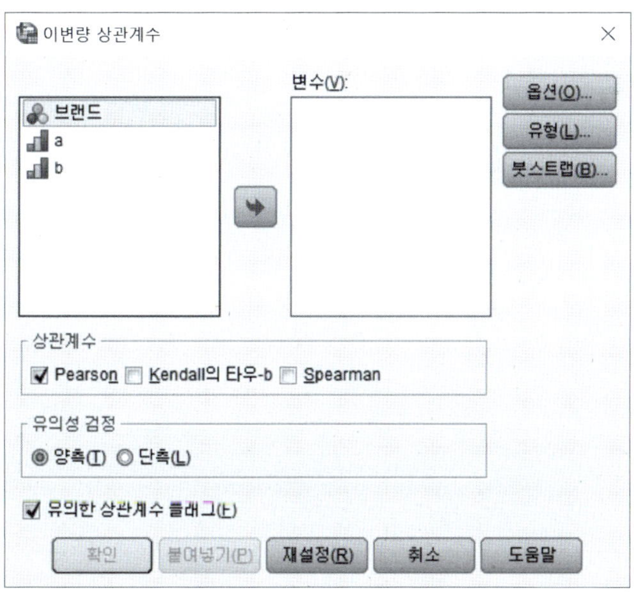

❹ 여기서 [그림 10.8]과 같이 a와 b를 [변수(V)] 상자로 보낸다.

그림 10.8 분석대상 변수선정

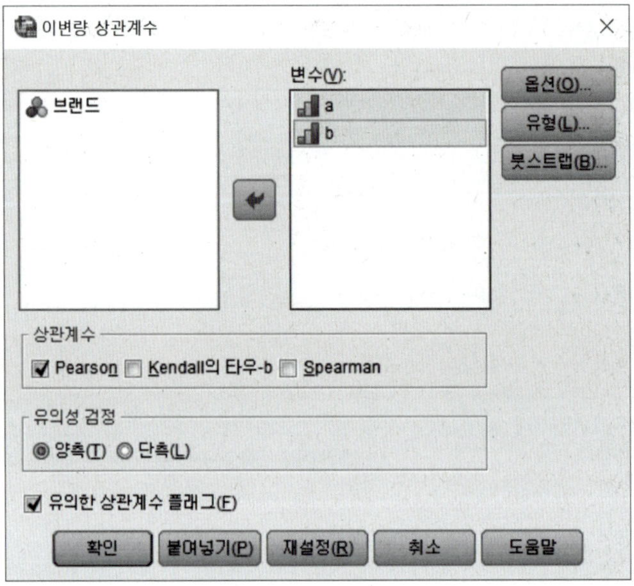

❺ [그림 10.8]에서 [그림 10.9]와 같이 상관계수에서 [Spearman]을 선택하고, 유의성 검정은 [양측(T)]을 유지한다.

그림 10.9 상관계수 선정

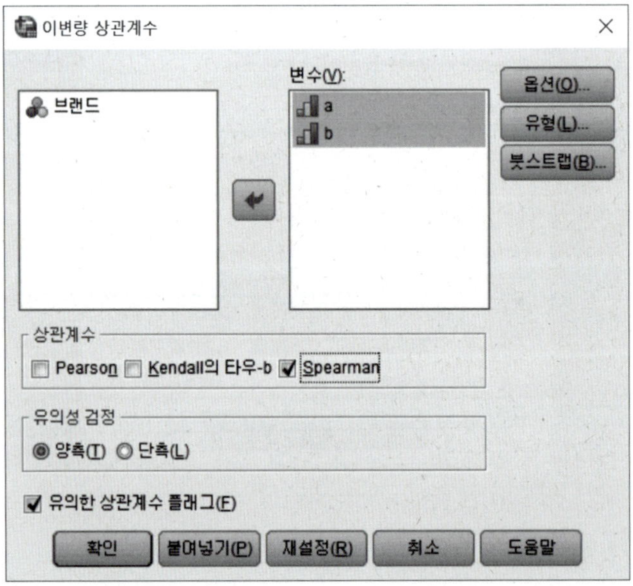

❻ 이어서 [확인]을 클릭하면 〈표 10.5〉와 같은 결과표를 얻을 수 있다.

표 10.5 서열상관 분석결과

			a	b
Spearman의 rho	a	상관계수	1.000	-.714*
		유의확률 (양측)	.	.047
		N	8	8
	b	상관계수	-.714*	1.000
		유의확률 (양측)	.047	.
		N	8	8

*. 상관관계가 0.05 수준에서 유의합니다(양측).

〈표 10.5〉에 따르면, 응답자 A와 B의 응답의 상관관계 = −.714, p = .047로서 α = .05에서 유의적인 負(−)의 상관관계를 갖는 것으로 나타났다. 이 결과에 따르면 H_0는 기각된다. **따라서 연구가설은 지지되며, 두 소비자의 브랜드 선호도는 상관관계(특히, 負의 상관관계)가 있다고 할 수 있다.**

☞ 다른 방식에 의한 검증

〈표 10.5〉에 따르면 Spearman 서열상관계수 = −.714이고, 이는 α = .05(양측)에서 유의적임을 나타낸다. 그런데, SPSS는 서열자료를 이용하여 Spearman 서열상관분석을 실시할 때, 주어진 자료가 마치 간격 혹은 비율척도로 측정한 자료인 것처럼 분석하고 유의성 정도를 나타낸다. 독자는 〈표 10.4〉의 자료를 이용하여 Pearson 상관분석을 하더라도(즉, [그림 10.9]에서 Pearson에 클릭함) 동일한 결과를 얻을 수 있다. 그런데 10.1에서 서술하였듯이 Pearson 상관분석을 위해서는 변수들의 쌍은 이변량 정규분포를 따른다는 가정이 필요하다. Spearman 서열상관분석을 하는 경우, 주어진 자료는 서열척도로 측정된 자료이므로 이 가정을 충족시키지 못한다. 따라서 부록의 통계표 〈표 5〉를 이용하여 다음과 같이 보다 보수적인 방식으로 검증을 하는 것이 바람직하다.

부록의 통계표 〈표 5〉는 단측검증의 경우 임계치(critical value)를 나타낸다. 본 예제의 경우 α = .05인데 양측검증이므로 α = .025($\alpha/2$ = .05/2)에서 .738이다. 관측치 r_s의 절대값은 .714로서 임계치 .738보다 작으므로 H_0는 기각되지 않는다. **따라서 두 소비자의 브랜드 선호도는 상관관계가 있다고 할 수 없다.** 이와 같은 검증결과에 의하면 SPSS에 의한 분석결과보다 덜 유의적인(less significant) 결과를 가져옴을 알 수 있다.

10.3 편상관분석

1. 개 요

(1) 개 념

지금까지 설명한 상관분석은 두 변수들 간의 상관관계를 살펴보는 것이었다. 그런데, 어떤 두 변수가 다른 제3의 변수와의 상관관계가 높으면 두 변수의 상관관계는 순수한 상관관계보다 높게 나타날 수 있다. 이때 순수한 상관관계를 알기 위해서는 제3의 변수를 통제해야 한다. **편상관**(partial correlation) 분석은 제3의 변수를 통제한 상태에서 관심을 갖는 두 변수의 상관관계를 분석하는 것이다. 예를 들어, 여름 휴가시즌의 평일날(토, 일요일 제외) 어느 해변가 낡은 콘도에 출몰한 개미의 수와 그날 콘도 앞을 지난 승용차의 수와의 상관관계를 조사했더니 상관관계가 높게 나타났다. 그러면, 그 개미가 그 차들을 타고 왔는가? 그렇지 않다. 여름날, 개미는 날씨가 더울수록 더욱 많이 나타나는 경향이 있다. 이 경우, 개미의 수와 승용차 수의 순수한 상관관계를 조사하려면 온도를 통제변수로 설정하고서 편상관계수를 계산해야 한다. 이 경우 편상관계수는 매우 낮을 것으로 기대된다.

(2) 자료와 가정

Pearson 상관분석의 경우와 동일하다.

2. SPSS를 이용한 편상관분석

예제 10.3 편상관분석의 예

편상관분석을 예시하기 위해서 〈예제 10.1〉에서 사용한 예를 확장하기로 한다. 광고비, 판촉비, 그리고 매출액에 대한 최근 10개월의 자료를 수집한 결과 〈표 10.6〉과 같다. 본 예에서는 판촉비의 영향력을 통제한 상태에서[2] 광고비와 매출액 간의 관계를 분석하기 위한 편상관분석을 실시하기로 한다.

2) 여기서 판촉비의 영향력을 통제한다는(control) 것은 그 영향력을 배제한다는 것을 의미한다(외생변수의 통제).

표 10.6 광고비와 판촉비, 그리고 매출액 자료 (단위: 억원)

월	광고비	판촉비	매출액
1	1.2	1.0	101
2	.8	.7	92
3	1.0	.8	110
4	1.3	.9	120
5	.7	.7	90
6	.8	.7	82
7	1.0	.8	93
8	.6	.5	75
9	.9	.6	91
10	1.1	.9	105

이 경우의 연구문제는 다음과 같이 설정될 수 있다.

연구문제 판촉비가 일정한 경우(통제된 경우) 광고비와 매출액 간에 상관관계가 있는가?

〈예제 10.3〉의 편상관분석을 하는 과정은 다음과 같다.

❶ '(10)편상관관계.sav' 파일을 불러온다.

❷ [그림 10.10]과 같이 다음의 절차를 따른다.

[분석(A)] → [상관분석(C)] → [편상관(R)...] → 클릭

그림 10.10 편상관분석 절차

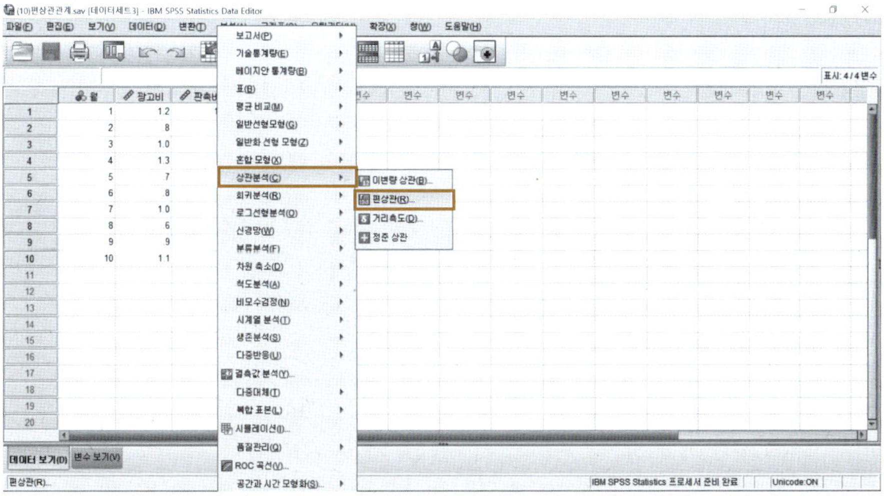

❸ 그러면 [그림 10.11]의 편상관계수 분석 대화상자가 나타난다.

그림 10.11 편상관계수 분석 대화상자

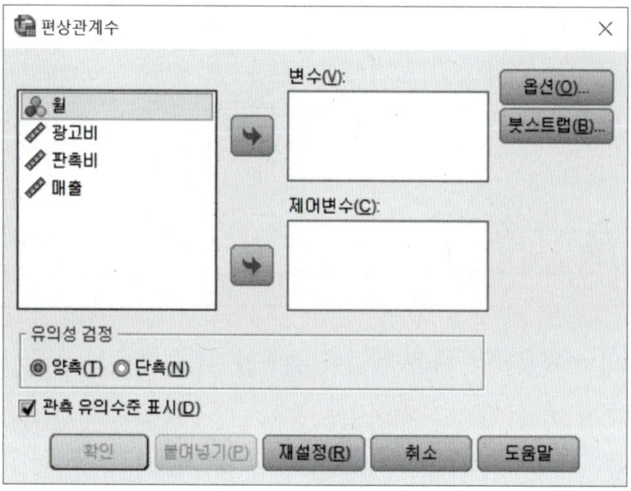

❹ 여기서 [그림 10.12]와 같이 광고비, 매출을 [변수(V)] 상자로 보내고, 판촉비를 [제어변수(C)]로 보낸다.[3)]

그림 10.12 분석변수의 선정

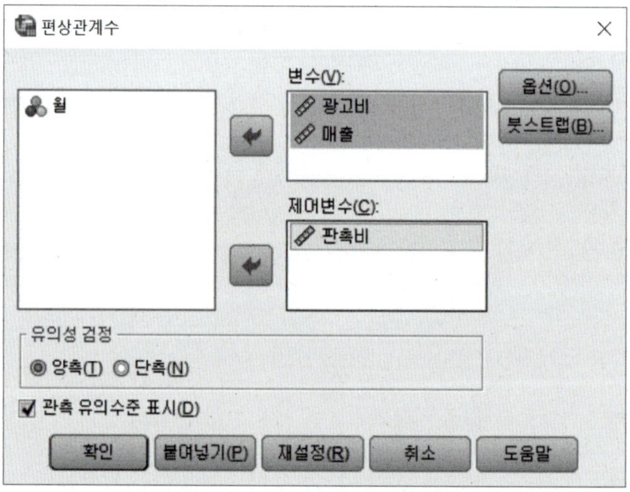

❺ [그림 10.12]에서 유의성 검정은 [양측(T)]을, [관측 유의수준 표시(D)]를 선택한다.

3) 여기서 제어변수로 표기된 것은 통제변수(control variable)를 가리킨다. control은 통계학과 조사방법론에서 흔히 '통제'로 번역한다.

☞ 관측 유의수준 표시의 의미는 다음과 같다.

- **관측 유의수준 표시**: 각 계수에 대해 확률과 자유도가 나타난다(**기본설정**). 유의수준 .05에서 계수가 유의적일 때는 별표가 하나 붙고, .01에서 계수가 유의적일 때는 별표가 두 개 붙는다.

❻ [그림 10.12]에서 [옵션(O)...]을 클릭하면 옵션 대화상자가 나타나는데, [그림 10.13]과 같이 [평균과 표준편차(M)], [0차 상관(Z)]을 선택한다.

그림 10.13 옵션 대화상자

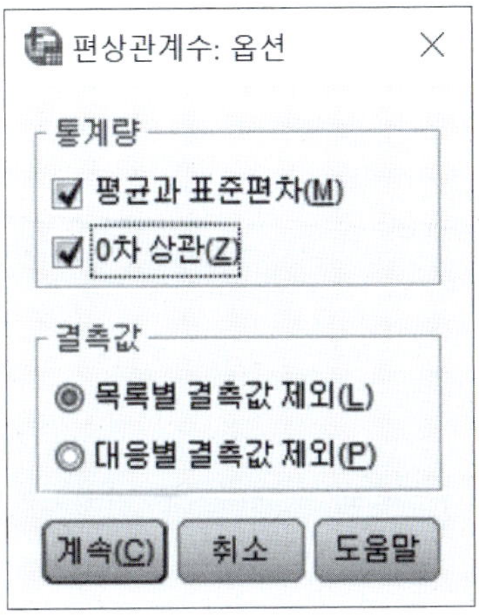

☞ 통계량 선택사항의 의미는 다음과 같다.

- **평균과 표준편차**: 각 변수에 대해 평균, 표준편차, 비결측 케이스 수 등을 나타낸다.
- **0차 상관**: 0차 상관은 통제변수가 없는 경우의 상관계수를 나타낸다.

❼ [그림 10.13]에서 [계속(C)]과 이어서 [확인]을 클릭하면 결과가 나타난다(표 10.7부터).

표 10.7 변수별 평균 및 표준편차

	평균	표준화 편차	N
광고비	.940	.2221	10
매출	95.900	13.3371	10
판촉비	.760	.1506	10

〈표 10.7〉에는 광고비, 매출, 판촉비, 세 변수들에 대한 평균과 표준편차 및 응답 케이스의 수가 제시되어 있다.

표 10.8 편상관계수('광고비–매출'; 판촉비를 통제변수로 설정함)

대조변수			광고비	매출	판촉비
–지정않음–[a]	광고비	상관관계	1.000	.875	.884
		유의확률(양측)	.	.001	.001
		자유도	0	8	8
	매출	상관관계	.875	1.000	.772
		유의확률(양측)	.001	.	.009
		자유도	8	0	8
	판촉비	상관관계	.884	.772	1.000
		유의확률(양측)	.001	.009	.
		자유도	8	8	0
판촉비	광고비	상관관계	1.000	.649	
		유의확률(양측)	.	.059	
		자유도	0	7	
	매출	상관관계	.649	1.000	
		유의확률(양측)	.059	.	
		자유도	7	0	

a. 셀에 0차 (Pearson) 상관이 있습니다.

〈표 10.8〉의 상단은 판촉비를 통제변수로 설정하지 않은 상태에서 단순상관관계를 보여주는데, 광고비와 매출은 둘 다 판촉비와 매우 유의적인 상관관계를 갖고 있음을 알 수 있다($p<.01$). '대조변수 –지정않음–'은 0차 편상관을 의미하는데 이는 통제변수가 없는 경우의 편상관계수이므로 바로 일반적인 상관계수를 나타낸다. 예를 들어, '광고비–매출'의 0차 편상관은 .875인데, 이는 〈표 10.3〉에 나타난 결과와 같다. 이때, 자유도(d.f.)는 $n-2$인데, 여기서 2는 각각의 상관계수가 두 변수에 관한 것이기 때문이다. 본 예의 경우 $n-2=10-2=8$로서 〈표 10.8〉에 나타난 바와 같다.

〈표 10.8〉의 하단은 판촉비를 통제변수로 설정한 상태에서 광고비와 매출 간의 상관관계를 보여준다. 광고비와 매출 간의 편상관계수의 값은 통제변수가 없는 경우에 비하여 낮으며, $\alpha=.05$에서 비유의적으로 나타났다(편상관계수=.649, $p=.059$).[4] **이 결과를 볼 때 판촉비가 일정한 경우 광고비와 매출 간에는 유의적인 상관관계가 있다고 할 수 없다($\alpha=.05$).** 그러므로 〈표 10.1〉에서 매출이 100억이 넘은 1, 3, 4, 10월의 경우 높은 매출의 원인 중 상당 부분은 높은 판촉비 때문으로 볼 수 있다. 〈표 10.8〉의 하단은 통제변수가 한 개인 경우의 편상관관계값을 보여주는데, 이와 같이 통제변수의 수가 한 개인 편상관관계를 **1차 편상관관계**(first-order partial correlation)라고 한

4) 편상관계수는 .649로 크다고 할 수 있으나 비유의적으로 나타났다. 그 이유는 표본의 크기가 작기 때문이다.

다. 통제변수의 수가 두 개, 혹은 세 개이면 각각 **2차 편상관관계**(second-order partial correlation), **3차 편상관관계**(third-order partial correlation)라고 한다. 또한, 편상관분석에서 자유도(d.f.)는 '$n-2-$통제변수의 수'이다. 따라서 이 표에서 자유도는 7(=10−2−1)로 나타나 있다.

위에서는 판촉비를 통제변수로 하여 '광고비−매출' 간의 편상관분석을 하였다. 이하에서는 광고비를 통제변수로 하여 '판촉비−매출' 간의 편상관분석을 실시한다. 분석절차는 판촉비를 통제변수로 한 과정과 같으며, [그림 10.12]에서 [변수(V)]에는 판촉비와 매출, 그리고 [제어변수(C)]에는 광고비를 입력하면 된다. 분석결과는 〈표 10.9〉와 같다. 이는 광고비를 통제변수로 설정한 상태에서 판촉비와 매출액 간의 상관관계를 보여준다. 판촉비와 매출액 간의 편상관계수의 값(−.006, $p=.989$)은 통제변수가 없는 경우에 비하여(see, 〈표 10.9〉의 상단; .772, $p=.009$) 비유의적으로 나타났다.

이로부터 다음과 같은 해석이 가능하다. 즉, 〈표 10.9〉의 상단을 보면 '판촉비−매출' 간의 상관관계는 .772($p=.009$)로 비교적 높은 正(+)의 상관관계가 있는 것으로 나타났다. 따라서 판촉비가 높은 달은 매출도 높은 것으로 추정된다. 그런데, 〈표 10.9〉에 나타난 결과를 보면 판촉비가 높은 달에 매출이 높게 나타난 실제 이유는 그 달에 역시 광고비지출도 높기 때문인 것을 알 수 있다. 요컨대, 판촉비와 매출 간의 순수한 상관관계는 거의 없는 것으로 추정된다.

표 10.9 편상관계수('판촉비−매출'; 광고비를 통제변수로 설정함)

대조변수			판촉비	매출	광고비
-지정않음-[a]	판촉비	상관관계	1.000	.772	.884
		유의확률(양측)	.	.009	.001
		자유도	0	8	8
	매출	상관관계	.772	1.000	.875
		유의확률(양측)	.009	.	.001
		자유도	8	0	8
	광고비	상관관계	.884	.875	1.000
		유의확률(양측)	.001	.001	.
		자유도	8	8	0
광고비	판촉비	상관관계	1.000	−.006	
		유의확률(양측)	.	.989	
		자유도	0	7	
	매출	상관관계	−.006	1.000	
		유의확률(양측)	.989	.	
		자유도	7	0	

a. 셀에 0차 (Pearson) 상관이 있습니다.

연 / 습 / 문 / 제

1. 한 소비자 단체에서 커피소비량과 신경과민정도 간의 관계를 조사하기 위하여 13명의 사람들의 하루 커피소비량과 신경과민 점수를 측정하였다. 측정결과는 다음 표와 같다. 이러한 자료로써 커피소비량과 신경과민정도 간에는 관계가 있다고 할 수 있는가? $\alpha = .05$.

자료파일: (10)연습문제(상관관계).

하루 커피소비량	1	1	1	2	2	3	3	4	4	5	5	6	6
신경과민 점수	1	1	2	2	3	4	5	5	6	8	9	9	10

[분석결과 및 해석]

상관관계

		커피소비	신경과민
커피소비	Pearson 상관	1	.978**
	유의확률 (양측)		.000
	N	13	13
신경과민	Pearson 상관	.978**	1
	유의확률 (양측)	.000	
	N	13	13

**. 상관관계가 0.01 수준에서 유의합니다(양측).

하루 커피소비량과 신경과민정도 간에는 유의적인 正(+)의 상관관계가 있다($r = .978$, p-value=.000). **따라서 커피소비량이 많을수록 신경과민정도가 높아진다고 볼 수 있다.**

2. 어느 미인선발대회에서 최종 본선에 오른 9명의 참가자들을 대상으로 두 명의 심사자에게 순위를 매겨보도록 요구한 결과 다음 표와 같았다. 이 자료에 의거하여 두 명의 심사자들의 심사결과 간에 상관관계가 있다고 볼 수 있는가? $\alpha = .05$.

자료파일: (10)연습문제(서열상관).

참가자	심사자 A	심사자 B
1	4	3
2	1	2
3	9	8
4	8	6
5	3	5
6	5	4
7	6	7
8	2	1
9	7	9

[분석결과 및 해석]

상관관계

			심사자 A	심사자 B
Spearman의 rho	심사자 A	상관계수	1.000	.850**
		유의확률 (양측)	.	.004
		N	9	9
	심사자 B	상관계수	.850**	1.000
		유의확률 (양측)	.004	.
		N	9	9

**. 상관관계가 0.01 수준에서 유의합니다(양측).

심사자 A와 B의 심사결과는 유의적인 正(+)의 상관관계를 갖고 있다(r_s=.850, p=.004). 한편 부록의 통계표 〈표 5〉의 임계치를 적용하는 경우, 상관계수 .850은 임계치 .683(n=9, α=.05, 양측검증)보다 크므로 역시 유의적이다. 결론적으로 두 심사자들의 심사결과 간에는 상관관계가 있다고 할 수 있다.

제11장
회 귀 분 석

본 장에서는

- 단순회귀분석에 대해 설명한다.
- 다중회귀분석에 대해 설명한다.
- 연습문제를 통해 학습내용을 복습한다.

11.1 단순회귀분석

1. 개 요

(1) 개 념

상관분석은 두 변수 간의 선형관계를 조사하는 데 비해, **회귀분석**(regression analysis)은 한 변수를 **종속변수**(dependent variable)로, 그리고 다른 변수(들)를 **독립변수**(들)로 설정하여 이들 간의 관계를 분석하는 것이다. 독립변수(independent variable)가 한 개인 경우를 **단순회귀분석**(simple regression analysis), 그리고 두 개 이상인 경우를 **다중회귀분석**(multiple regression analysis)이라고 한다. 회귀분석에서는 독립변수를 예측변수(predictor variable), 그리고 종속변수를 기준변수(criterion variable)라고 하기도 한다.

두 변수 간의 관계에서 독립변수와 종속변수의 설정은 논리적 타당성을 토대로 해야 한다. 논리적 근거가 없이 어떤 임의의 두 변수 중 하나를 독립변수, 다른 하나를 종속변수로 설정하여 회귀분석 결과 독립변수가 통계적으로 유의적으로 나타나더라도, 두 변수 간에 독립－종속관계가 있다고 추정할 수는 없는 것이다. 예를 들어, 가구소득과 지출 간의 관계에서 "가구소득은 지출에 영향을 미친다"라는 가설은 논리적 타당성을 갖는다. 그러나 "가장의 키는 지출에 영향을 미친다"라는 가설은 논리적 타당성을 갖지 않으며, 이에 관한 자료를 회귀분석하는 것은 의미가 없다.

단순회귀분석의 기본적인 과업은 다음과 같이 표현되는 단순회귀식에서 $\hat{\beta}_0$과 $\hat{\beta}_1$을 구하는 것이다.

$$\hat{Y} = \hat{\beta}_0 + \hat{\beta}_1 X$$

(2) 자 료

종속변수는 간격척도 혹은 비율척도로 측정된 계량적 자료(quantitative data)이어야 한다. 독립변수는 흔히 간격척도 혹은 비율척도로 측정되지만 경우에 따라 명목척도로 측정된 자료가 사용될 수 있다. 이 경우 독립변수를 더미변수(dummy variable)라고 한다.

(3) 가 정

단순회귀분석과 뒤에서 다루는 다중회귀분석의 가정은 다음과 같다.

① 독립변수와 종속변수 간의 선형적 관계

이는 독립변수(들)와 종속변수 간의 선형적 관계에 대한 가정이다. **선형적 관계**(linear relationship)는 독립변수값의 변화에 따른 종속변수값의 변화가 일정함을 의미한다. 즉, $Y = \beta_0 + \beta_1 X$의 회귀식은 X의 범위에 걸쳐 기울기가 β_1으로 일정하다는(constant) 것을 나타낸다. 구체적으로, X가 1 증가하면 Y는 β_1 증가, 그리고 X가 2 증가하면 Y는 $2\beta_1$ 증가한다. 제10장에서 다룬 Pearson 상관분석은 두 변수 간의 선형관계에 토대를 두는데, 단순회귀분석과 다중회귀분석도 독립변수와 종속변수 간의 선형관계를 가정할 수 있어야 한다.

② 오차의 정규성

오차(error)란 종속변수의 관측치와 예측치 간의 차이를 가리킨다. X의 어떤 값에 대해 여러 개의 Y가 존재하면 역시 여러 개의 오차가 발생한다. 이 경우 그 오차들은 평균 0의 정규분포를 이룬다고 가정할 수 있어야 한다.

③ 오차의 등분산

등분산(constant variance; homoscedasticity) 가정은 여러 개의 오차가 존재하는 경우 그 오차들의 분산은 X의 모든 값에 걸쳐서 일정하다고 가정할 수 있어야 한다는 것이다.

④ 오차의 독립성

예측의 오차들은 서로 독립적이라는 가정이 필요하다. 즉, $\hat{y}$의 변화에 따라 오차항이 어떤 패턴(pattern)을 가져서는 안 된다. 예를 들어, $\hat{y}$이 커짐에 따라 오차값이 커지면 이는 가정에 위배된다.

2. SPSS를 이용한 단순회귀분석

예제 11.1 단순회귀분석의 예

제10장에서 예로 든 〈예제 10.1〉을 이용하여 광고비를 독립변수로, 매출액을 종속변수로 하는 단순회귀분석을 실행해보기로 한다.

연구문제 광고비 지출은 매출에 영향을 미치는가?

연구가설 광고비 지출은 매출에 영향을 미칠 것이다.

H_0: 광고비 지출은 매출에 영향을 미치지 않는다($\beta_1 = 0$).
H_1: 광고비 지출은 매출에 영향을 미친다($\beta_1 \neq 0$).

〈예제 11.1〉의 단순회귀분석을 하는 과정은 다음과 같다.

❶ '(10)상관관계.sav' 파일을 불러온다.
❷ [그림 11.1]과 같이 다음의 절차를 따른다.

[분석(A)] → [회귀분석(R)] → [선형(L)...] → 클릭

그림 11.1 단순회귀분석 절차

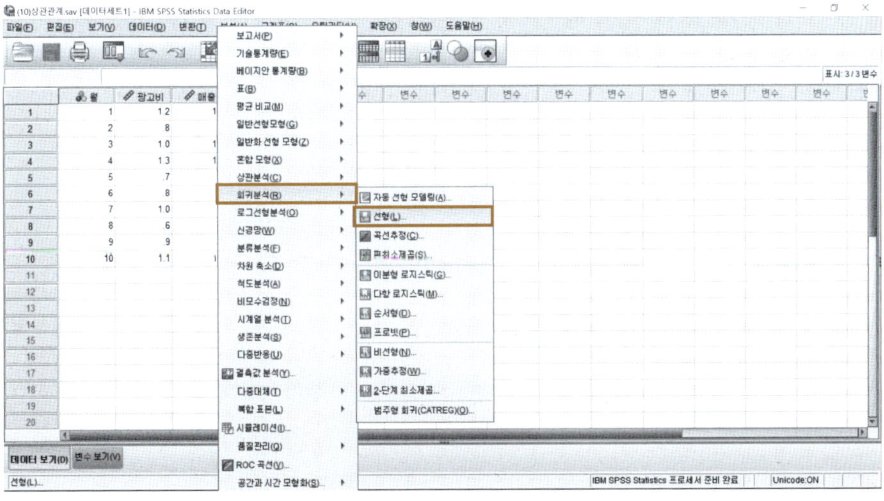

❸ 그러면 [그림 11.2]의 선형 회귀 대화상자가 나타난다.

그림 11.2 선형 회귀 대화상자

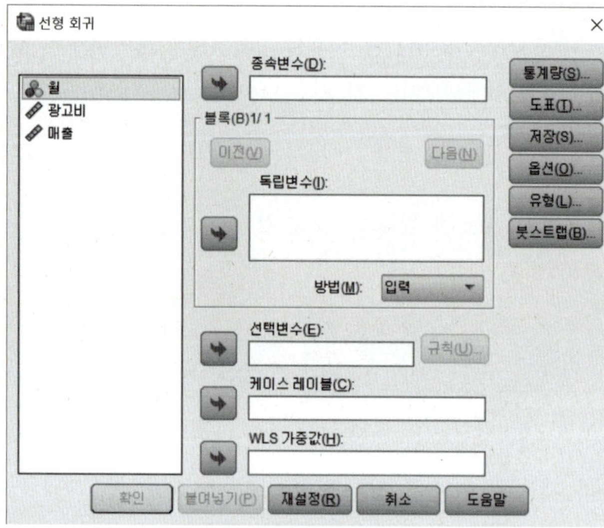

❹ 여기서 [그림 11.3]과 같이 매출을 [종속변수(D)]로, 광고비를 [독립변수(I)]로 보낸다. 그리고 [방법(M)]은 기본설정된 '입력'을 유지한다.

그림 11.3 분석대상 변수선정

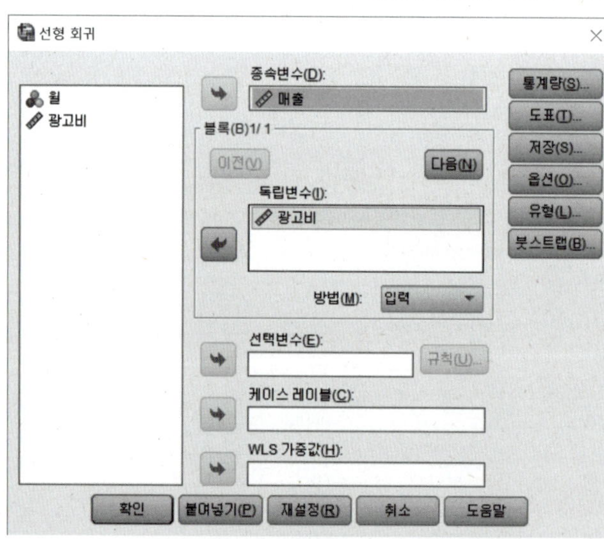

☞ [그림 11.3]에서 [방법]의 의미는 다음과 같다.

- **입력**: 모든 독립변수들이 동시에 투입되는 동시입력방식을 의미한다(**기본설정**).
- 그 밖에 단계선택, 제거, 후진 및 전진 방식이 있는데, 단순회귀분석에서는 입력 방식만이 적용되므로 이 방식들에 대해서는 11.2 다중회귀분석에서 설명한다.

❺ [그림 11.3]에서 [통계량(S)...]을 클릭하면 통계량 대화상자가 나타나는데, [그림 11.4]와 같이 기본설정된 회귀계수의 [추정값(E)]과 [모형 적합(M)]을 유지한다.

그림 11.4 통계량 대화상자

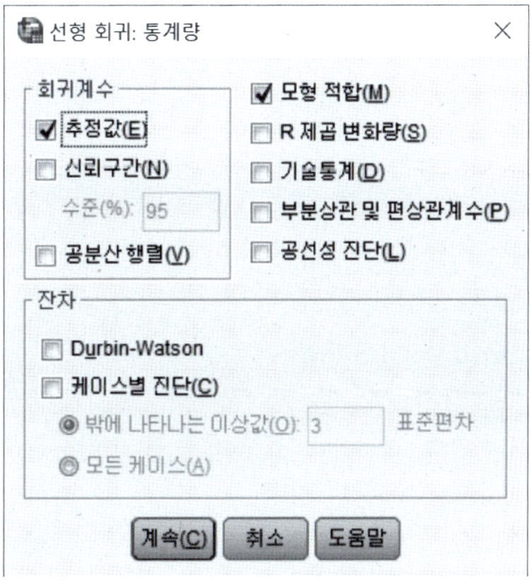

☞ 통계량 대화상자의 선택사항들은 다음과 같은 의미를 갖는다.

[회귀계수]

- **추정값**: 회귀계수 추정치를 표시한다. 즉, 회귀계수, 베타, 표준오차, t-value, 그리고 유의확률 등을 표시한다(**기본설정**).
- **신뢰구간**: 회귀계수에 대한 95% 신뢰구간을 표시한다.
- **공분산 행렬**: 공분산 및 상관행렬을 표시한다. 대각선에는 분산이 표시되고 대각선의 위와 아래에는 공분산이 표시된다.

- **모형적합**: 다중 R, R^2, 수정된 R^2, 표준오차 등을 표시한다. 또한, 분산분석표에는 자유도, 제곱합, 평균제곱, F값 등이 표시된다(**기본설정**).
- **R 제곱 변화량**: 단순회귀분석에서는 의미가 없으며 다중회귀분석의 단계선택방식

에서 설명한다.

- **기술통계**: 각 변수의 평균과 표준편차, 그리고 모든 입력변수들 간의 상관관계를 나타낸다.
- **부분상관 및 편상관계수**: 각 독립변수와 종속변수 간의 부분상관계수(part correlation)와 편상관계수(partial correlation)를 나타낸다. 이 값들은 단순회귀분석에서는 의미가 없으며 다중회귀분석에서 설명한다.
- **공선성 진단**: 단순회귀분석에서는 의미가 없으며 다중회귀분석에서 설명한다.

❻ [그림 11.4]의 [계속(C)]을 클릭한다.

❼ [그림 11.3]에서 [도표(T)...]를 클릭하면 도표 대화상자가 나타난다. 여기서 [그림 11.5]와 같이 '*ZRESID'을 선택하여 산점도 1/1의 Y로, '*ZPRED'를 선택하여 산점도 1/1의 X로 보낸다. 표준화 잔차도표에서는 [정규확률도표(R)]를 선택한다.

그림 11.5 도표 대화상자

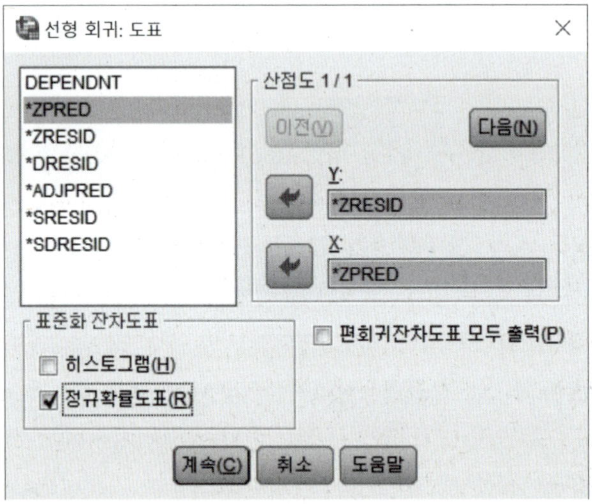

☞ 도표 대화상자의 선택사항들은 다음의 의미를 갖는다.

- DEPENDNT: 종속변수를 의미한다.
- *ZPRED: 표준화된(평균=0, 분산=1) 예측값을 의미한다.
- *ZRESID: 표준화된(평균=0, 분산=1) 잔차를 의미한다.[1]
- *DRESID: 삭제된 잔차를 의미한다.
- *ADJPRED: 조정된 예측값을 의미한다.

1) 잔차(residual)는 오차의 다른 표현이다.

- *SRESID: 스튜던트화된 잔차를 의미한다.
- *SDRESID: 스튜던트화된 삭제된 잔차를 의미한다.

[표준화 잔차도표]

- **히스토그램**: 표준화된 잔차의 히스토그램이 정규분포곡선과 함께 제시된다.
- **정규확률도표**: 표준화된 잔차의 정규확률 그래프가 제시된다.

- **편회귀잔차도표 모두 출력**: 두 개 이상의 독립변수가 회귀식에 포함될 때 사용할 수 있는 조건으로, 다른 독립변수와는 분리된 한 독립변수 잔차와 종속변수 잔차와의 관계를 산점도로 제시한다.

❽ [그림 11.5]에서 [계속(C)]을 클릭한다.

❾ [그림 11.3]에서 [옵션(O)...]을 클릭하면 옵션 대화상자가 나타나는데, [그림 11.6]과 같이 선택법 기준, 방정식에 상수항 포함(I), 결측값 처리방법을 기본설정으로 유지한다.

그림 11.6 옵션 대화상자

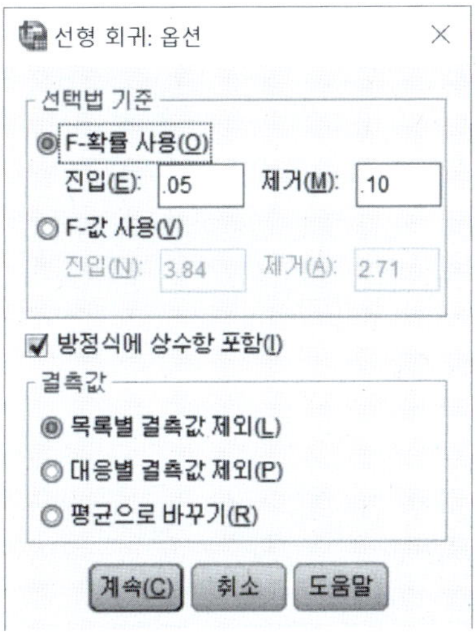

☞ 선택법 기준은 다중회귀분석의 단계선택을 사용할 때 어떤 변수가 회귀식에 들어갈 것인가를 결정하는 데 사용되는 기준 및 값과 관련된 것이다. 이는 다중회귀분석에서 설명한다.

❿ [그림 11.6]에서 [계속(C)]과 [확인]을 클릭하면 결과가 나타난다(표 11.1부터).

표 11.1 입력/제거된 변수[a]

모형	입력된 변수	제거된 변수	방법
1	광고비[b]	.	입력

a. 종속변수: 매출.
b. 요청된 모든 변수가 입력되었습니다.

〈표 11.1〉에는 종속변수가 매출, 독립변수는 광고비이고 방법은 동시입력방식(enter)을 사용했음이 나타나 있다.

표 11.2 모형요약[b]

모형	R	R 제곱	수정된 R 제곱	추정값의 표준오차
1	.875[a]	.766	.737	6.837

a. 예측자: (상수), 광고비.
b. 종속변수: 매출.

R^2(R squared로 읽음)는 **결정계수**(coefficient of determination)라고 불리는데, 종속변수의 분산의 몇 %가 독립변수에 의해 설명되는가를 나타내며 0과 1 사이의 값을 갖는다. 결정계수는 또한 회귀식이 자료에 적합한 정도를 나타내는 것으로, 그 값이 클수록 회귀식이 자료를 잘 나타낸다고 할 수 있다. 〈표 11.2〉에 따르면, R^2는 .766으로서 종속변수 분산의 76.6%가 독립변수에 의해 설명됨을 알 수 있다. 이 수치는 광고비와 매출액의 상관계수 제곱과 같은 값이다. 즉, 제10장에서 광고비와 매출액 간의 상관계수 r=.875인데 이 값을 제곱하면 .766이 된다. 단순회귀분석의 R값은 R 제곱의 제곱근 값이며, 상관계수값을 나타낸다.

표 11.3 분산분석[a]

모형		제곱합	자유도	평균제곱	F	유의확률
1	회귀	1226.927	1	1226.927	26.246	.001[b]
	잔차	373.973	8	46.747		
	전체	1600.900	9			

a. 종속변수: 매출.
b. 예측자: (상수), 광고비.

〈표 11.3〉은 분산분석표이다. 이 표에 나타난 것처럼 제곱합에는 세 가지가 있다. 전체의 제곱합(Total SS)은 종속변수를 평균값으로 추정하는 경우의 전체분산을 나타낸다. 회귀모형의 제곱합(SSR)은 종속변수를 회귀식으로 추정하는 경우에 설명되는 분산을 나타낸다. 잔차의 제곱합(SSE)은 종속변수를 회귀식으로 추정하는 경우 설명되지 않는 분산을 나타낸다. 이를 그림으로 나타내면 [그림 11.7]과 같다.

그림 11.7 제곱합

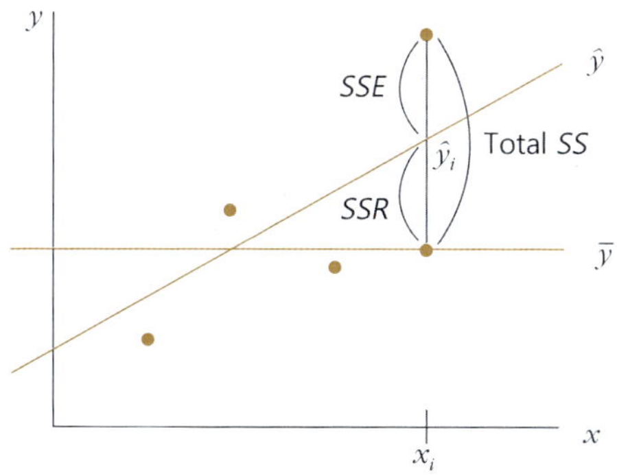

그런데, R^2는 종속변수의 전체분산 중 회귀식(혹은 독립변수)에 의해 설명되는 비율을 나타내므로 다음과 같다.

$$R^2 = \frac{\text{회귀모형의 제곱합}(SSR)}{\text{전체의 제곱합}(\text{Total } SS)} = \frac{1226.927}{1600.900} = .766$$

또한, 〈표 11.3〉에서 각각의 제곱합을 자유도로 나누면 평균제곱이 되며, 다음과 같이 회귀모형의 평균제곱을 잔차의 평균제곱으로 나누면 F값이 된다.

$$F = \frac{1226.927}{46.747} = 26.246$$

추가적으로, 각각의 자유도는 다음과 같다.

회귀모형의 자유도 = 독립변수의 수 = 1
잔차의 자유도 = 표본의 크기 − 독립변수의 수 − 1 = 10 − 1 − 1 = 8
전체의 자유도 = 표본의 크기 − 1 = 10 − 1 = 9

표 11.4 계수[a]

모형		비표준화 계수		표준화 계수	t	유의확률
		B	표준화 오류	베타		
1	(상수)	46.486	9.885		4.703	.002
	광고비	52.568	10.261	.875	5.123	.001

a. 종속변수: 매출.

분석결과 비표준화 계수(B)에 의해 다음과 같은 회귀식이 도출된다.

$$\hat{Y}_{(\text{매출})} = 46.486 + 52.568X_{(\text{광고비})}$$

〈표 11.4〉에서 광고비에 대한 회귀계수는 正(+)으로 나타났으며 매우 유의적이므로($t = 5.123$; $p = .001$) 귀무가설은 기각되고 연구가설은 지지된다. **따라서 광고비 지출은 매출에 영향을 미치며, 특히 회귀계수가 正(+)의 값을 가지므로 광고비의 증가에 따라 매출이 증가하는 경향이 있는 것으로 해석할 수 있다.** 또한, 이때의 t값은 비표준화 계수를 표준오차로 나눈 값이다. 예를 들어, 광고비의 경우 $t = 52.568 \div 10.261 = 5.123$이 된다.

☞ 회귀식을 이용한 종속변수값의 추정

위와 같은 과정을 거쳐 회귀식의 계수가 유의적이면, x값이 주어진 경우 y값을 추정할 수 있다. 그러나 계수가 유의적이지 않으면 x는 y에 영향을 미친다고 할 수 없으므로 x값으로부터 y값을 추정해서는 안 된다. 위의 회귀식의 계수는 유의적으로 나타났으므로, 다음 달에 1억 원의 광고비 지출을 하는 경우 예상 매출액은 다음과 같이 계산된다.

$$\begin{aligned} \hat{Y} &= 46.49 + 52.57X \\ &= 46.49 + 52.57 \times 1 \\ &= 99.06 \end{aligned}$$

따라서 이 경우 99.06억 원의 매출이 예상된다.

여기서 유의할 점은 발견한 회귀식에 의하여 y값을 추정할 때, 원래 사용한 x의 범위 내에서만 가능하다는 것이다. 왜냐하면 원래 그 범위를 넘어서 다른 값들이 있었다면 회귀식이 다르게 나타날 가능성이 크기 때문이다. 〈예제 11.1〉의 자료의 경우 x값의 범위가 .6~1.3이므로 이러한 범위를 넘은 x값에 대해서는 위의 회귀식을 사용하여 y값을 추정해서는 안 된다.

[그림 11.8]은 표준화 잔차의 정규확률도표이다. 이는 분석자료의 누적분포를 정규분포의 누적분포와 비교하는 방법이다. 이 표에서 정규분포는 대각선의 형태로 그려지고 분석자료는 그 대각선 주위에 점들로 나타난다. 점들의 분포가 대각선에 가까울수록 정규성 가정을 보다 충족시킨다. [그림 11.8]의 경우 모든 값들이 대각선 주위에 분포하고 있으므로 오차의 정규성 가정을 대체로 충족시킨다.

그림 11.8 표준화 잔차의 정규확률도표

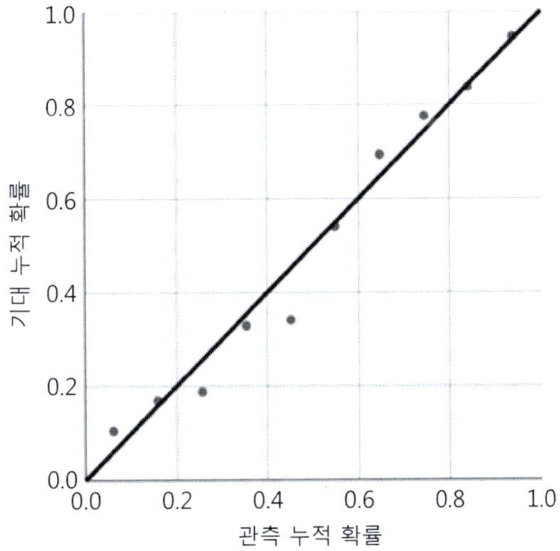

그림 11.9 잔차의 산점도

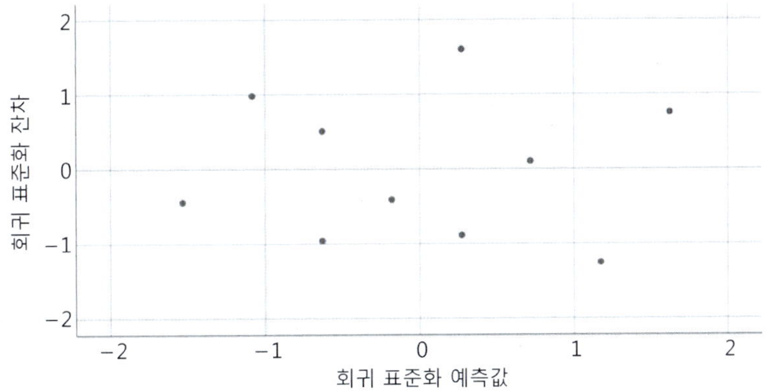

[그림 11.9]는 표준화 예측값과 표준화 잔차 간의 산점도이다. 이 잔차도표에는 잔차가 '0'을 중심으로 대체로 무작위로 분포되어 있으며 특정 패턴이 나타나지 않고 있다. 이처럼 오차가 무작위로 분포되면 오차의 독립성 가정과 등분산 가정을 충족시키는 것으로 본다.

11.2 다중회귀분석

1. 개 요

(1) 다중회귀분석의 개념과 추정방식

〈예제 11.1〉에서는 독립변수가 하나인 단순회귀분석을 설명하였다. 그런데 현실적으로 종속변수에 영향을 미치는 독립변수를 두 개 이상 고려해야 되는 경우가 빈번하다. **다중회귀분석**(multiple regression analysis)은 하나의 종속변수와 두 개 이상의 독립변수들의 관계를 분석하는 기법으로 단순회귀분석을 확장한 것이다.

다중회귀식을 추정하는 방식에는 여러 가지가 있는데 대표적인 것이 동시입력방식과 단계선택방식이다. 현실적으로 이 두 가지 방식 외에는 거의 사용되지 않으므로 본서에서는 이 두 가지만을 예로써 설명한다. **동시입력방식**(enter)은 연구자가 고려하는 모든 독립변수들을 한꺼번에 포함하여 분석하는 방법이다. 이 방식을 이용하면 다른 독립변수들이 통제된 상태에서 특정 독립변수의 영향력을 알 수 있으며, 또한 연구자가 고려하는 모든 독립변수들이 동시에 종속변수를 설명하는 정도를 알 수 있다. 이에 비해 **단계선택방식**(stepwise)은 다른 변수들이 회귀식에 존재할 때 종속변수에 영향력이 있는 변수들만을 회귀식에 포함시키는 방식이다.

다중회귀분석의 기본적인 과업은 다음과 같이 표현되는 다중회귀식에서 $\hat{\beta}_0$과 $\hat{\beta}_i$을 구하는 것이다.

$$\hat{Y}=\hat{\beta}_0+\hat{\beta}_1X_1+\hat{\beta}_2X_2+\cdot\cdot\cdot+\hat{\beta}_kX_k$$

(2) 자료와 가정

앞에서 다룬 단순회귀분석의 자료 및 가정과 동일하다.

2. SPSS를 이용한 다중회귀분석(동시입력방식)

예제 11.2 다중회귀분석의 예

한 방송국에서는 65세 이상 시청자들을 위한 TV 프로그램을 개발하기로 하였다. 이를 위한 기초정보를 획득하기 위해 25명의 시청자들을 대상으로 설문조사를 하여 다음의 네 가지 변수에 관한 자료를 수집한 결과 〈표 11.5〉와 같이 나타났다.

y=1일 평균 TV 시청시간

x_1=배우자와 동거여부(만약 배우자와 동거 중이면 $x_1=1$, 그렇지 않으면 $x_1=0$)

x_2 = 연령

x_3 = 교육기간(연수)

표 11.5 TV 시청과 관련하여 65세 이상 시청자로부터 수집한 자료

개인	시청시간	동거여부	연령	교육기간
1	.5	1	73	14
2	.5	1	66	16
3	.7	0	65	15
4	.8	0	65	16
5	.8	1	68	9
6	.9	1	69	10
7	1.1	1	82	12
8	1.6	1	83	12
9	1.6	1	81	12
10	2.0	0	72	10
11	2.5	1	69	8
12	2.8	0	71	16
13	2.8	0	71	12
14	3.0	0	80	9
15	3.0	0	73	6
16	3.0	0	75	6
17	3.2	0	76	10
18	3.2	0	78	6
19	3.3	1	79	6
20	3.3	0	79	4
21	3.4	1	78	6
22	3.5	0	76	9
23	3.6	0	65	12
24	3.7	0	72	12
25	3.7	0	80	6

☞ 더미변수의 입력

회귀분석의 입력자료는 대개의 경우 간격척도 혹은 비율척도로 측정된 것이다. 그러나 경우에 따라 명목척도로 측정한 변수를 회귀분석의 독립변수로 하여 분석할 필요가 있다. 이 경우 이러한 변수를 **더미변수**(dummy variable)라고 부르는데 더미변수의 수와 입력하는 방식은 다음과 같다.

더미변수의 수=범주의 수-1

만약 범주의 수가 두 개인 경우(남/여, yes/no) 더미변수의 수는 한 개이며, 한 범주를 1 다른 범주를 0으로 입력한다. 만약 범주의 수가 세 개인 경우(세단형 승용차, 해치백, 왜건형) 더미변수의 수는 두 개이며 다음과 같이 입력된다.

범 주	더미변수 1	더미변수 2
세단형	0	0
해치백	1	0
왜건형	0	1

연구 문제

동거여부, 연령, 그리고/혹은 교육기간은 TV시청시간에 영향을 미치는가?
(1) 세 독립변수는 결합적으로 종속변수의 분산을 설명하는 데 유용한가?
(2) 각 독립변수는 다른 두 독립변수가 회귀식에 포함된 경우 종속변수의 분산을 설명하는 데 유용한가?

〈예제 11.2〉를 동시입력방식에 의해 회귀분석하는 과정은 다음과 같다.

❶ '(11)다중회귀분석.sav' 파일을 불러온다.

❷ [그림 11.10]과 같이 다음의 절차를 따른다.

[분석(A)] → [회귀분석(R)] → [선형(L)...] → 클릭

그림 11.10 다중회귀분석(동시입력방식) 절차

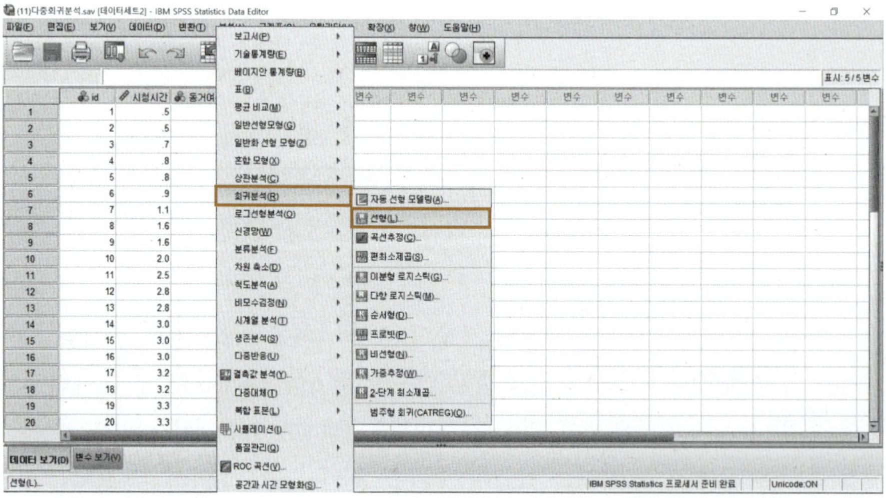

❸ 그러면 [그림 11.11]의 선형 회귀 대화상자가 나타난다.

그림 11.11 선형 회귀 대화상자

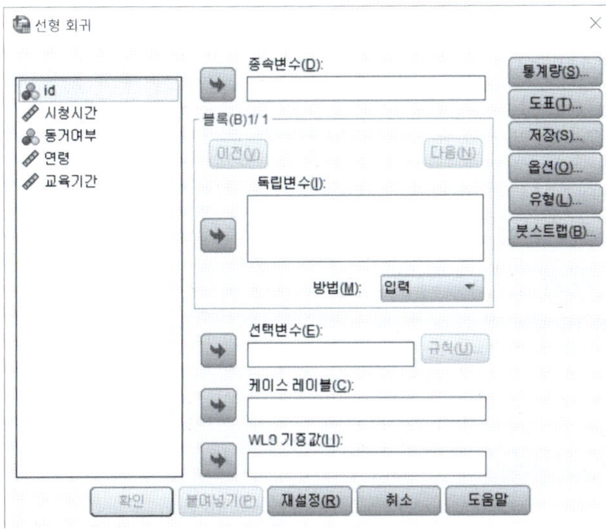

❹ 여기서 [그림 11.12]와 같이 시청시간을 [종속변수(D)]로 보내고, 동거여부, 연령, 교육기간을 [독립변수(I)]로 보낸다.

그림 11.12 분석대상 변수선정

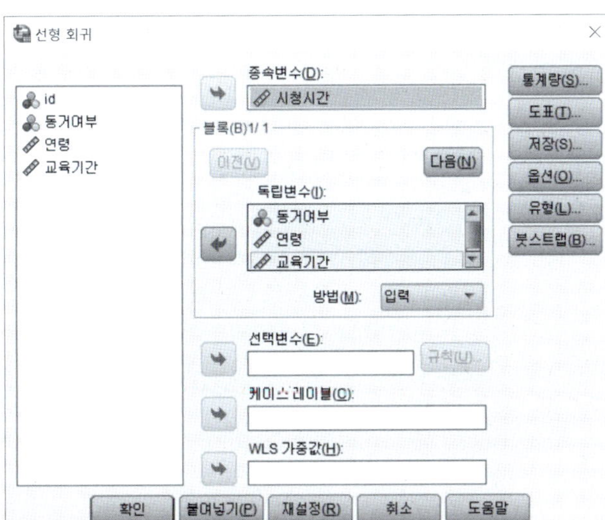

❺ [그림 11.12]에서 [방법(M)]으로는 기본설정된 '입력'을 유지한다.

☞ [방법(M)]의 의미는 다음과 같다.

- **입력**: 모든 독립변수들이 동시에 투입된다(**기본설정**).
- **단계선택**: 이 방식은 여러 개의 독립변수들 중에서 설명력이 어느 정도 높은 변수들로만 회귀모형을 구성하기 위한 것이다. 구체적으로, 첫 단계에서는 종속변수와 상관관계가 가장 높은 변수가 회귀식에 들어간다. 두 번째 단계부터는 전 단계에서 들어가지 않은 변수들 중 종속변수와 가장 높은 **편상관관계**(partial correlation)를 갖는 변수가 들어간다. 각 단계에서는 기존에 진입한 각 변수의 유의성 검증이 이루어지며, 비유의적인 변수는 제거된다. 단계선택방식에서는 진입조건으로 F값 혹은 p-value를 지정하는데, 진입조건을 충족시키는 변수가 더 이상 없는 단계에서 분석이 종료된다.
- **전진**: 이 방식은 단계선택과 마찬가지로 상관관계(혹은 편상관관계)가 높은 독립변수의 순서로 회귀식에 진입한다. 다만, 단계선택과는 달리 기존에 진입한 변수는 제거되지 않는다.
- **후진**: 이 방식의 경우 모든 독립변수들이 한꺼번에 들어가서 각 단계에서 종속변수에 대한 설명력이 낮은 순서로 제거된다. 제거기준은 F값 혹은 p-value로 지정되며, 이 기준에 달하는 변수가 더 이상 없으면 종료된다.

❻ [그림 11.12]에서 [통계량(S)...]을 클릭하면 통계량 대화상자가 나타나는데, [그림 11.13]과 같이 회귀계수에서 [추정값(E)]을 선택하고, [모형 적합(M)], [기술통계(D)], 그리고 [공선성 진단(L)]을 선택한다.

그림 11.13 통계량 대화상자

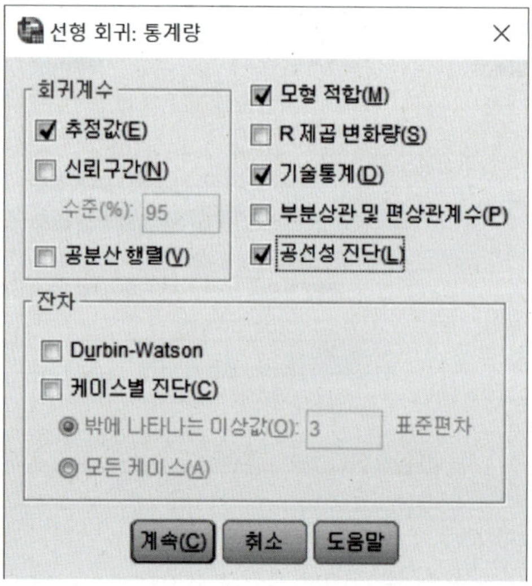

☞ 통계량 대화상자에는 여러 선택사항들이 있는데 다중회귀분석에만 적용되는 R 제곱 변화량(S)과 공선성 진단(L)의 의미는 다음과 같다.

- **R 제곱 변화량**: 변수를 추가하거나 삭제하는 데 따르는 R^2 변화정도를 의미한다. 이는 다중회귀분석에서 동시입력방식에는 적용되지 않으므로, 단계선택방식에서 자세히 설명한다.
- **공선성 진단**: 개별 변수에 대한 공차(tolerance)와 공선성 문제 진단을 위한 다양한 통계량을 표시한다. 이는 다중회귀분석을 실행할 때 지정하는 기능으로서 한 독립변수가 다른 독립변수(들)와 선형관계를 갖고 있을 때 발생하는 공선성의 문제를 검증하기 위한 것이다.

☞ 통계량 대화상자에 있는 잔차 선택사항의 의미는 다음과 같다.

- **Durbin-Watson**: 시계열자료(time series data)를 회귀분석한 경우 오차항(error term)의 값들이 서로 상관관계가 있는지를 조사하는 데 사용되는 값을 나타낸다. 종속변수를 설명하는 데 중요한 변수(들)가 포함되지 않은 경우에 오차항의 값들 간에 상관관계가 높게 나타날 수 있다. 분석결과 도출되는 Durbin-Watson 값이 Durbin-Watson 검증영역표의 어디에 해당하는지에 따라 상관관계 유무를 결론짓는다. 자세한 것은 고급통계학 책을 참고하면 된다. 시계열자료를 회귀분석하는 경우가 아니면 반드시 체크할 필요는 없다.
- **케이스별 진단**: 분석의 대상이 된 케이스들의 회귀식에 의한 예측값, 예측값과 실제값의 차이(잔차)값들을 나타낸다. 전체 케이스에 대하여 나타낼 수도 있고 이상값(outlier), 예를 들어, 예측값이 '실제값의 3×표준편차'를 벗어난 케이스에 대하여 나타낼 수 있다.

❼ [그림 11.13]에서 [계속(C)]을 클릭한다.

❽ [그림 11.12]에서 [옵션(O)...]을 클릭하면 옵션 대화상자가 나타나는데, [그림 11.14]와 같이 선택법 기준, 방정식에 상수항 포함(I), 결측값 처리방법을 기본설정으로 유지한다.

그림 11.14 옵션 대화상자

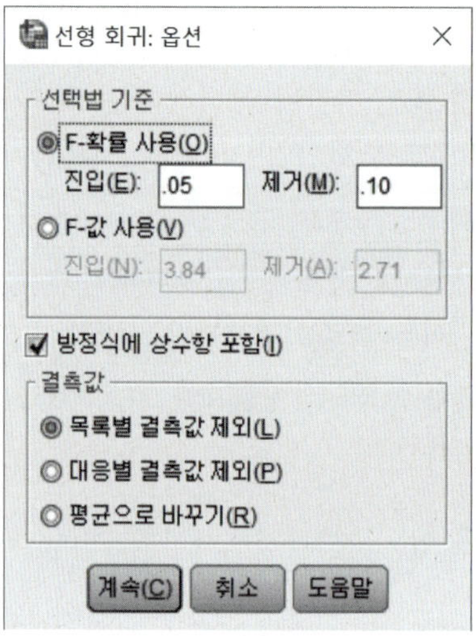

☞ 선택법 기준인 [F-확률 사용(O)]과 [F-값 사용(V)]은 다중회귀분석의 단계선택방식에서만 의미를 가지므로 이후의 단계선택방식에서 설명한다.

❾ [그림 11.14]의 [계속(C)]과 [확인]을 클릭하면, 결과가 나타난다(표 11.6부터).

표 11.6 기술통계량

	평균	표준화 편차	N
시청시간	2.340	1.1522	25
동거여부	.40	.500	25
연령	73.84	5.691	25
교육기간	10.16	3.602	25

〈표 11.6〉에는 변수들의 평균과 표준편차가 제시되어 있다.

〈표 11.7〉에는 각 변수들 간의 상관계수가 제시되어 있다. 각각의 독립변수는 종속변수와 모두 유의적인 상관관계가 있는 것으로 나타났다($p<.05$). 또한 연령과 교육기간 간에는 유의적인 負(−)의 상관관계가 있는 것으로 나타났다($r=-.501$; $p=.005$). 이 결과는 연령과 교육기간 간에 약간의 공선성이 존재할 가능성이 있음을 알 수 있게 해주는 부분이다. 공선성에 대해서는 뒤에서 설명한다.

표 11.7 상관계수

		시청시간	동거여부	연령	교육기간
Pearson 상관	시청시간	1.000	−.521	.358	−.612
	동거여부	−.521	1.000	.141	.079
	연령	.358	.141	1.000	−.501
	교육기간	−.612	.079	−.501	1.000
유의확률 (단측)	시청시간	.	.004	.039	.001
	동거여부	.004	.	.251	.354
	연령	.039	.251	.	.005
	교육기간	.001	.354	.005	.
N	시청시간	25	25	25	25
	동거여부	25	25	25	25
	연령	25	25	25	25
	교육기간	25	25	25	25

표 11.8 진입/제거된 변수[a]

모형	입력된 변수	제거된 변수	방법
1	교육기간, 동거여부, 연령[b]	.	입력

a. 종속변수: 시청시간.
b. 요청된 모든 변수가 입력되었습니다.

〈표 11.8〉은 종속변수는 시청시간이고, 회귀모형개발을 위한 독립변수 투입방법은 동시입력방식(enter)으로서 교육기간, 동거여부, 연령 등 세 개의 독립변수가 모두 투입되었음을 나타낸다.

표 11.9 모형 요약

모형	R	R 제곱	수정된 R 제곱	추정값의 표준오차
1	.791[a]	.626	.572	.7536

a. 예측자: (상수), 교육기간, 동거여부, 연령.

〈표 11.9〉에 따르면 교육기간, 동거여부, 연령의 세 개의 독립변수들이 투입된 결과 R^2는 .626으로서 종속변수(시청시간)를 62.6% 설명하고 있음을 알 수 있다. 또한, 자유도를 반영한 $\boldsymbol{R^2_{adj}}$(adjusted R^2로 읽음)는 .572로 나타났다. R^2는 다중회귀분석의 **결정계수**(coefficient of determination)로서 종속변수의 분산 중 독립변수들(혹은 회귀식)에 의해 설명되는 비율을 나타내며 0과 1 사이의 값을 가진다. 보다 구체적으로 R^2를 〈표 11.10〉과 관련지우면 $\frac{SSR}{\text{Total } SS}$인데, 이 공식에 〈표 11.11〉의 값들을 적용하면

$\frac{19.933}{31.860}$으로 .626이 된다.

그런데 R^2는 회귀식에 독립변수가 추가됨으로써 점차 커진다. 예를 들어, 독립변수가 X_1과 X_2인 경우의 회귀식의 R^2에 비하여 새로이 X_3가 추가된 회귀식의 R^2는 X_3가 무엇이든지 간에 반드시 더 크다. 일반적으로 R^2가 클수록 그 회귀식은 보다 높은 설명력을 가지나, R^2를 약간 증가시키기 위해 독립변수가 추가되는 것은 여러 측면에서 낭비이다. R^2_{adj}는 이러한 점을 고려한 것으로 R^2를 독립변수의 수와 표본의 크기로써 조정한 것이며, R^2보다 작다. 그런데 새로이 추가되는 어떤 변수의 추가적 설명력이 매우 작은 경우 R^2는 조금이라도 증가하나 R^2_{adj}는 오히려 감소한다. 그러므로 이 변수를 독립변수에 포함시키는 것은 부적절하다고 할 수 있다. R^2와 R^2_{adj}는 SPSS output에서 각각 'R 제곱'과 '수정된 R 제곱'으로 표현된다.[2)] 다중회귀분석의 분산분석표는 〈표 11.10〉과 같으며, 분산분석표의 값들로부터 R^2와 R^2_{adj}를 구할 수 있다.

표 11.10 분산분석표

원천	제곱합(SS)	자유도	평균제곱(MS)	F_{obs}
회귀식	SSR	독립변수의 수	$MSR = SSR$/독립변수의 수	$\frac{MSR}{MSE}$
오차	SSE	n − 독립변수의 수 − 1	$MSE = SSE$/(n − 독립변수의 수 − 1)	
전체	Total SS	$n-1$		

$$\text{여기서, } R^2 = \frac{SSR}{\text{Total } SS} = \frac{SSR}{SSR+SSE} = \frac{19.933}{19.933+11.927} = .626$$

$$R^2_{adj} = 1-(1-R^2)\frac{n-1}{n-k-1} = 1-(1-.626)\frac{25-1}{25-3-1} = .572$$

표 11.11 분산분석결과표[a]

모형		제곱합	자유도	평균제곱	F	유의확률
1	회귀	19.933	3	6.644	11.698	.000[b]
	잔차	11.927	21	.568		
	전체	31.860	24			

a. 종속변수: 시청시간.

b. 예측자: (상수), 교육기간, 동거여부, 연령.

〈표 11.11〉에 따르면, 회귀식에 의해 설명되는 분산(SSR)은 19.933이며 설명되지 않는 분산(SSE)은 11.927이다. 이 값들을 각각의 자유도로 나눈 값이 평균제곱(MS)이다.

2) adjusted R^2를 SPSS 25 한글버전에서는 '수정된 R 제곱'으로 번역하고 있지만 수정은 잘못된 것을 고친다는 의미이므로 '조정된 R 제곱'으로 번역하는 것이 적절하다.

두 평균제곱값들의 비율(MSR/MSE)은 F-value로서 11.698이고, F-value에 대한 p-value(유의확률)는 .000이다. 따라서 '회귀식의 설명력(R^2)이 0'이라는 귀무가설(H_0: $\beta_1 = \beta_2 = \cdot\cdot\cdot = \beta_k = 0$)을 기각하게 되므로 회귀식이 종속변수를 설명하는 데 유용하다고 할 수 있다(연구문제 1 관련 결과 해설).

표 11.12 계수[a]

계수[a]

모형		비표준화 계수		표준화 계수	t	유의확률	공선성 통계량	
		B	표준화 오류	베타			공차	VIF
1	(상수)	1.495	2.637		.567	.577		
	동거여부	-1.176	.316	-.510	-3.726	.001	.951	1.052
	연령	.039	.032	.191	1.214	.238	.717	1.395
	교육기간	-.152	.050	-.476	-3.039	.006	.727	1.376

a. 종속변수: 시청시간.

본 분석결과 다중회귀식은 비표준화계수(B)들에 의해 다음과 같이 표현된다.

$$\hat{Y} = 1.495 - 1.176X_{1(\text{동거여부})} + .039X_{2(\text{연령})} - .152X_{3(\text{교육기간})}$$

따라서 새로운 조사대상자의 동거여부, 연령, 교육기간에 대한 자료가 있으면, 위의 식을 이용하여 TV시청시간을 예측할 수 있다.

☞ 각 독립변수 계수의 유의성 검증

각 독립변수 계수의 유의성 검증결과는 다음과 같다(연구문제 2 관련 결과 해설).

(1) 동거여부의 계수는 다른 두 변수(연령, 교육기간)가 회귀식에 포함되어 있는 경우 유의적이다($t = -3.726$, $p = .001$). 여기서 계수의 부호가 負(−)로 나타났는데, 이를 해석하기 위해서는 입력자료를 확인해야 한다. 동거여부 값을 입력할 때 동거=1, 비동거=0으로 입력했는데, 위의 회귀식의 X_1에 '1'을 입력하면 '0'을 입력하는 데 비하여 1.176만큼 작아진다. 따라서 배우자와 동거하는 사람의 경우, 그렇지 않은 사람에 비하여 TV시청시간이 보다 적다고 해석할 수 있다(다른 변수값이 동일하다면 1.176시간만큼 적다). 참고로 여기서 t는 비표준화계수(B)를 표준오차로 나눈 값이다($-1.176 \div .316 = -3.726$).

(2) 연령의 계수는 다른 두 변수가 회귀식에 포함되어 있는 경우 비유의적이다($t = 1.214$, $p = .238$).

(3) 교육기간의 계수는 다른 두 변수가 회귀식에 포함되어 있는 경우 유의적이다($t = -3.039$, $p = .006$). 또한, 부호가 負(−)로 나타났으므로 교육기간이 길수록 TV시청시간이 적다고 할 수 있다(다른 변수값이 동일하다면 교육기간이 1년 길수록 .152시간만큼 적다).

☞ 독립변수 영향력의 상대적 크기

독립변수 계수의 유의성에 더하여 또 한 가지 점검할 수 있는 것은 각 독립변수 영향력의 상대적 크기에 관한 것이다. 이때 비표준화계수($\hat{\beta}_i$)를 비교하면 안 된다. 왜냐하면 독립변수들의 단위가 다르며, 비표준화계수는 단위를 반영하고 있기 때문이다. 예를 들어, 독립변수를 금액으로 측정하고 원 단위로 입력한 경우 계수가 35로 나타났다고 하자. 이때 만약 입력단위를 1,000원 단위로 한다면 계수가 .035로 나타나게 된다. 이러한 이유로 **표준화계수**(standardized beta coefficient)를 비교해야 한다. 표준화계수는 입력자료를 표준화시켜(평균=0, 표준편차=1) 분석한 것이며, 따라서 〈표 11.12〉에 나타난 표준화계수(베타)의 절대값을 비교하면 세 개의 독립변수가 회귀식에 동시에 포함된 경우 TV 시청시간에 가장 영향력이 큰 변수는 동거여부이며, 그 다음은 교육기간, 그리고 연령의 순이다. 참고로 이처럼 자료를 표준화시켜 분석하면 절편(상수)은 언제나 0으로 나타난다.

☞ 공선성 통계량

공선성(collinearity)은 두 개의 독립변수들 간의 관계를 의미하는데, 예를 들어 두 개의 독립변수들 간의 상관계수가 1이면 완전한 공선성(complete collinearity)을 보인다고 하고, 상관계수가 0이면 전혀 공선성이 없음(complete lack of collinearity)을 의미한다. 특히, 세 개 이상 변수들 간의 관계를 **다중공선성**(multicollinearity)이라 한다.[3] 한 독립변수가 종속변수에 대한 설명력이 높더라도 공선성이 높으면 설명력이 낮은 것처럼 나타난다. 공선성을 알아보기 위한 간단한 방법은 독립변수들 간의 상관관계를 조사하는 것이다. 독립변수들 간의 높은 상관관계는 공선성을 판단하는 지표이다. 〈표 11.7〉을 보면 독립변수들 간의 상관계수의 절대값은 모두 .501 이하로 공선성이 크게 문제될 것 같지 않다. 그러나 공선성을 보다 엄격하게 점검하려면 공차와 VIF를 본다. 이 두 가지 지표들은 한 독립변수가 다른 모든 독립변수들에 의해서 설명되는 정도를 알려준다(상관계수의 제곱값은 한 독립변수가 다른 한 독립변수에 의해 설명되는 정도만을 알려준다).

---

3) Joseph F. Hair, Jr., Rolph E. Anderson, Ronald L. Tatham, and William C. Black, *Multivariate Data Analysis*, 5th ed., Prentice-Hall, 1998, p. 143.

먼저, **공차**(tolerance)는 공선성을 점검하기 위해 흔히 사용되는 지표이다. 변수 i의 공차(TOL_i)는 $(1-R_i^2)$로 표시되는데, 여기서 R_i^2는 독립변수 i의 분산 중 다른 독립변수들에 의해서 설명되는 정도를 의미한다. 즉, 독립변수 i를 종속변수로 설정하고 다른 독립변수들을 이용하여 회귀분석한 경우의 R^2에 해당한다. 따라서 공차는 한 독립변수의 분산 중 다른 독립변수들에 의해서 설명되지 않는 부분을 의미한다. 공차 값이 작을수록 그 독립변수의 분산 중 다른 독립변수들에 의해 설명되는 부분이 크다는 의미이므로 공선성이 높다. 공차는 0~1의 값을 갖는다. **VIF**(variance inflation factor; 분산팽창요인)는 공차의 역수로 표시되며($VIF_i = 1/TOL_i$), VIF값이 클수록 독립변수들 간의 공선성이 높다.

공선성 판단을 위한 절대적인 기준은 없다. 그러므로 공선성 문제에 대해서는 연구자가 주관적으로 판단해야 하는데, 공차 .10 이하(VIF 10 이상)이면 심각하다고 할 수 있다. 〈표 11.12〉에 나타난 결과를 보면 공차값은 .10보다 훨씬 크며 VIF는 10보다 훨씬 작으므로 공선성의 문제는 심각하지 않다고 할 수 있다. 공선성이 낮은 회귀식을 산출하는 것이 중요하면 상관관계가 높은 독립변수들 중에서 일부 변수를 제거하고 회귀모형을 구성하거나, 독립변수 입력방식을 단계적 방식으로 설정하여 설명력이 높은 독립변수만을 회귀모형에 삽입시키는 방법을 이용할 수 있다.

3. SPSS를 이용한 다중회귀분석(단계선택방식)

앞에서는 동시입력방식에 의한 다중회귀분석을 실행하였다. 지금부터는 〈예제 11.2〉를 이용하여 단계선택방식에 의한 다중회귀분석을 실행해보기로 한다.

❶ '(11)다중회귀분석.sav' 파일을 불러온다.

❷ [그림 11.15]와 같이 다음의 절차를 따른다.

[분석(A)] → [회귀분석(R)] → [선형(L)...] → 클릭

그림 11.15 다중회귀분석(단계선택방식) 절차

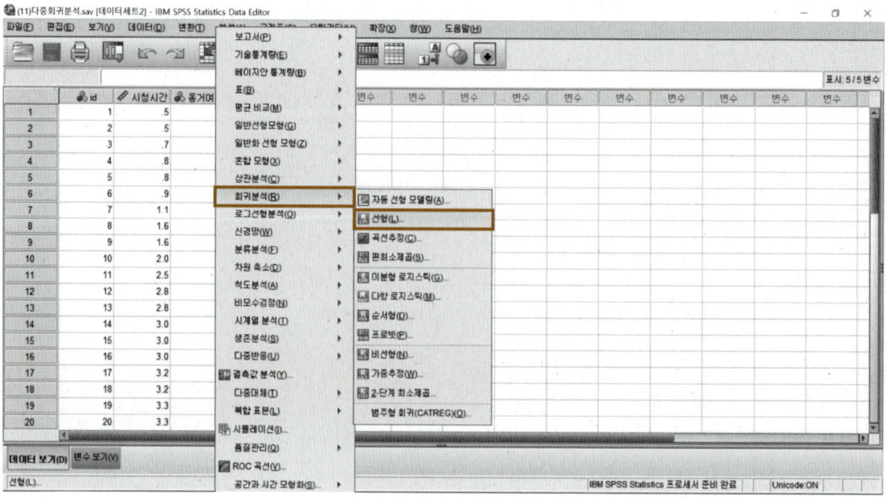

❸ 그러면 [그림 11.16]과 같은 선형 회귀 대화상자가 나타난다. 이는 앞의 동시입력방식에서 보았던 [그림 11.11]과 동일하다.

그림 11.16 선형 회귀 대화상자

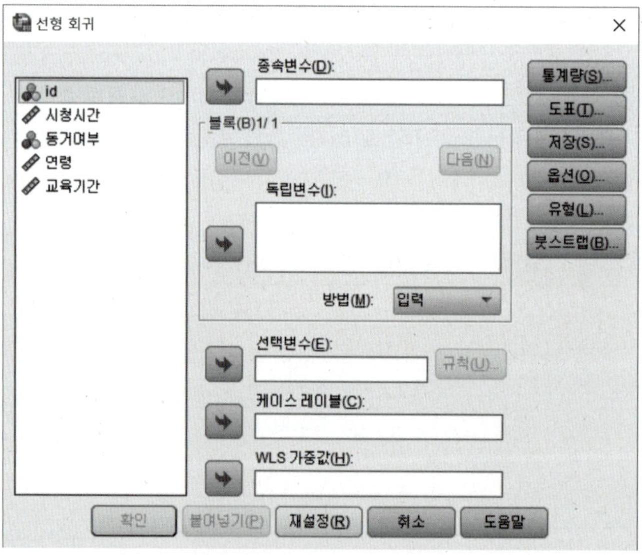

❹ 여기서 [그림 11.17]과 같이 시청시간을 [종속변수(D)]로, 동거여부, 연령, 교육기간을 [독립변수(I)]로 보낸다. 그리고 [방법(M)]에서 콤보 버튼을 조절하여 단계 선택을 지정한다.

그림 11.17 분석대상 변수선정 및 독립변수 투입방법선정

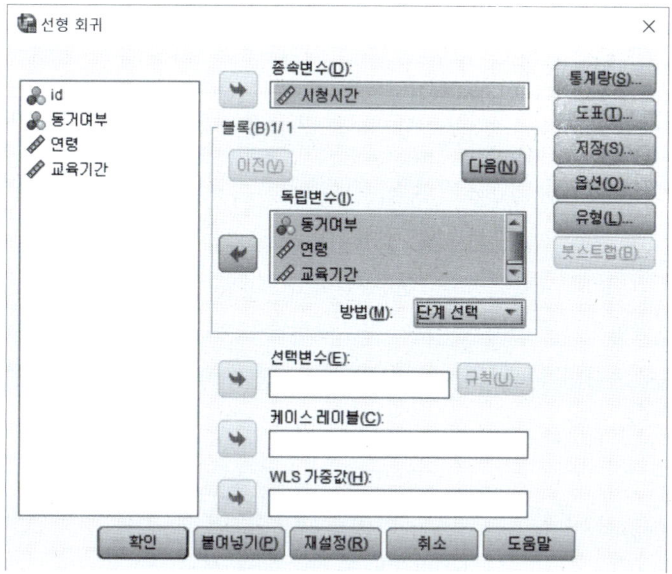

❺ [그림 11.17]에서 [통계량(S)...]을 클릭하여 [그림 11.18]과 같이 회귀계수의 [추정값(E)], [모형 적합(M)], [R 제곱 변화량(S)], [부분상관 및 편상관계수(P)], 그리고 [공선성 진단(L)]을 선택한다.

그림 11.18 통계량 대화상자

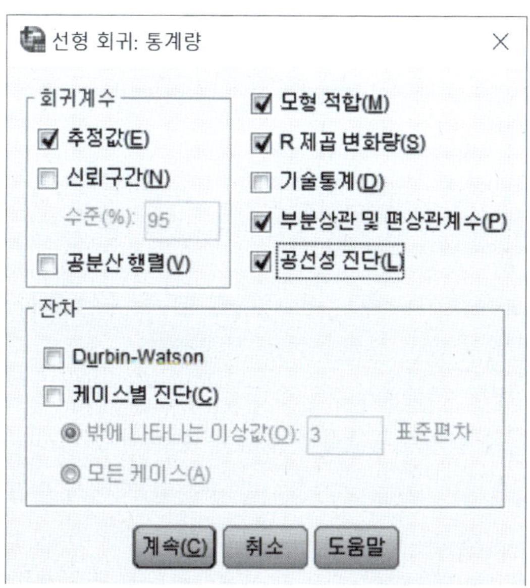

☞ 통계량 대화상자에서 [R 제곱 변화량(S)]의 의미는 다음과 같다.

- **R 제곱 변화량**: R^2의 변화량으로서 독립변수가 추가됨으로써 R^2가 얼마만큼 커지는지를 나타낸다. 한 변수와 관련된 R^2 변화량이 크다는 것은 그 변수가 종속변수에 대한 설명력이 높음을 의미한다. R^2 변화량은 다중회귀분석에서 단계선택방식에서만 의미를 갖는다.

❻ [그림 11.18]에서 [계속(C)]을 클릭한다.

❼ [그림 11.17]에서 [옵션(O)...]을 클릭하여 [그림 11.19]와 같이 변수진입 및 제거기준을 설정한다. 본 분석에서는 기본설정과 같이 선택법 기준으로 [F-확률 사용(O)]을 선택하고 [진입(E)]으로 .05를, [제거(A)]로 .10을 유지한다.

그림 11.19 옵션 대화상자

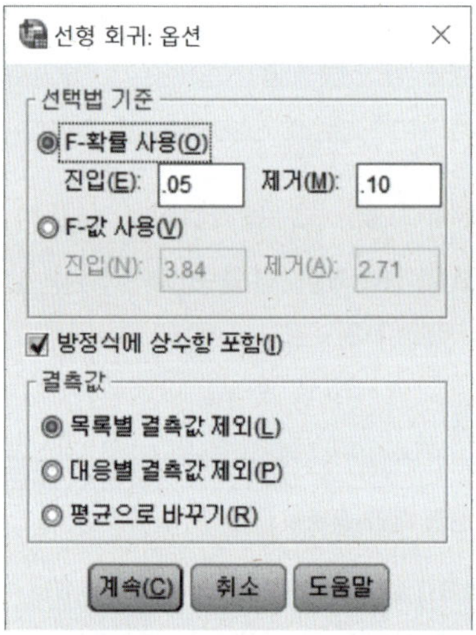

☞ 옵션 대화상자의 선택법 기준은 다음과 같은 의미를 갖는다.

- **F-확률 사용 \ 진입 .05 제거 .10 (기본설정)**: 단계선택의 경우 적용되는 것으로서 회귀식에 포함되지 않은 독립변수들 중 포함되는 경우 p-value가 .05보다 작은 변수는 포함되며(즉, 편상관계수가 유의적), 기존에 포함된 독립변수라도 새로운 독립변수의 진입에 따라 p-value가 .10보다 커지면 회귀식에서 다시 제거됨을 의미한다. 보다 설명력이 높은 변수들로만 구성된 회귀식을 도출하기를 원할수록 두 값을 보다 낮게 설정하면 된다(예: 진입 .01; 제거 .05)
- ***F*-값 사용**: 이 경우 3.84와 2.71이 활성화되는데, 이는 자유도 1, ∞에서 각각 α

$=.05$와 $\alpha=.10$의 경우의 F-값이다. 결국, [F－확률 사용(O)]의 경우에서 .05와 .10과 같다.

❽ [그림 11.19]에서 [계속(C)]과 [확인]을 클릭하면 결과가 나타난다(표 11.13부터).

표 11.13 입력/제거된 변수[a]

모형	입력된 변수	제거된 변수	방법
1	교육기간	.	단계선택 (기준: 입력에 대한 F의 확률 <= .050, 제거에 대한 F의 확률 >= .100).
2	동거여부	.	단계선택 (기준: 입력에 대한 F의 확률 <= .050, 제거에 대한 F의 확률 >= .100).

a. 종속변수: 시청시간.

〈표 11.13〉에 따르면, 종속변수는 시청시간이고, 모형개발을 위한 독립변수 투입방식은 단계선택방식으로서, 1단계에서는 교육기간만이 독립변수로서 투입되었고, 2단계에서는 동거여부가 추가적인 독립변수로 투입되었음을 알 수 있다. 여기서 교육기간이 먼저 투입된 것은 〈표 11.7〉에 나타난 바와 같이 시청시간과의 상관관계가 세 개의 독립변수들 중 교육기간이 가장 높기 때문이다(－.612). 변수의 진입 및 제거기준은 각각 p-value .05와 .10임이 나타나 있다.

표 11.14 모형요약

모형	R	R 제곱	수정된 R 제곱	추정값의 표준오차	통계량 변화량				
					R 제곱 변화량	F 변화량	자유도 1	자유도 2	유의확률 F 변화량
1	.612[a]	.375	.347	.9308	.375	13.777	1	23	.001
2	.774[b]	.599	.563	.7617	.225	12.342	1	22	.002

a. 예측자: (상수), 교육기간.
b. 예측자: (상수), 교육기간, 동거여부.

〈표 11.14〉에 의하면, 1단계에서 교육기간만 투입되어 회귀분석한 결과 R^2가 .375로 나타났다. 이 경우 R은 .612인데, 이는 위에서 서술한 바와 같이 교육기간과 시청시간 간의 상관관계가 －.612이기 때문이다(다중회귀분석에 표기되는 R은 언제나 양수로 표시됨). 또한 모형 1은 회귀식에 독립변수가 처음으로 투입된 것이기 때문에 R 제곱이 곧 R 제곱 변화량이 된다. 다음으로 2단계에서 동거여부가 추가적으로 투입된 결과 R^2는 .599로서 .225만큼 증가하였으며 R^2 증가량은 유의적인 것으로 나타났다(F변화량$=12.342$, $p=.002$).

표 11.15 분산분석[a]

모형		제곱합	자유도	평균제곱	F	유의확률
1	회귀	11.935	1	11.935	13.777	.001[b]
	잔차	19.925	23	.866		
	전체	31.860	24			
2	회귀	19.096	2	9.548	16.456	.000[c]
	잔차	12.764	22	.580		
	전체	31.860	24			

a. 종속변수: 시청시간.
b. 예측자: (상수), 교육기간.
c. 예측자: (상수), 교육기간, 동거여부.

〈표 11.15〉는 각 단계별 회귀식의 유의성을 보여준다. 교육기간만을 투입한 회귀모형 1과 동거여부를 추가한 회귀모형 2는 모두 유의적인 것으로 나타났다. 회귀모형 1에 비하여 회귀모형 2가 보다 유의적이다(회귀모형 1: $F=13.777$, $p=.001$; 회귀모형 2: $F=16.456$, $p=.000$).

표 11.16 계수[a]

모형		비표준화 계수		표준화 계수	t	유의확률	상관계수			공선성 통계량	
		B	표준화 오류	베타			0차	편상관	부분상관	공차	VIF
1	(상수)	4.329	.567		7.631	.000					
	교육기간	−.196	.053	−.612	−3.712	.001	−.612	−.612	−.612	1.000	1.000
2	(상수)	4.646	.473		9.823	.000					
	교육기간	−.184	.043	−.575	−4.245	.000	−.612	−.671	−.573	.994	1.006
	동거여부	−1.096	.312	−.476	−3.513	.002	−.521	−.599	−.474	.994	1.006

a. 종속변수: 시청시간.

☞ 회귀식의 발견과 독립변수 계수의 유의성

〈표 11.16〉은 각 단계 모형별 계수값들을 보여준다. **단계선택방식에 의해 독립변수들을 입력한 결과 얻어진 회귀모형은 $\hat{Y}_{(시청시간)}=4.646-.184X_{1(교육기간)}-1.096X_{2(동거여부)}$이며, 각 계수값은 모두 유의적인 것으로 나타났다($p<.01$).** 여기서 모형 1의 경우 0차상관, 편상관, 부분상관 모두 −.612이다. 이는 〈표 11.7〉에 나타난 바와 같이 교육기간과 시청시간 간의 상관관계가 −.612이기 때문이며, 세 값이 동일한 것은 모형에 다른 변수가 포함되어 있지 않기 때문이다. 다음으로 모형 2의 0차상관은 그대로 −.612인

데, 편상관과 부분상관은 값이 변하였다. 이는 모형에 포함된 다른 변수인 동거여부에 기인한다. 세 가지 상관계수를 [그림 11.20]을 이용하여 설명한다.

☞ 상관관계계수

그림 11.20 상관계수 도해

(1) 0차 상관계수(zero–order correlation)

0차 상관계수는 두 변수 간의 상관계수, 즉 Pearson 상관계수 값이다. 본 예의 경우, 교육기간과 종속변수인 TV시청시간의 상관관계는 –.612, 그리고 동거여부와 TV시청시간의 상관관계는 –.521이다.

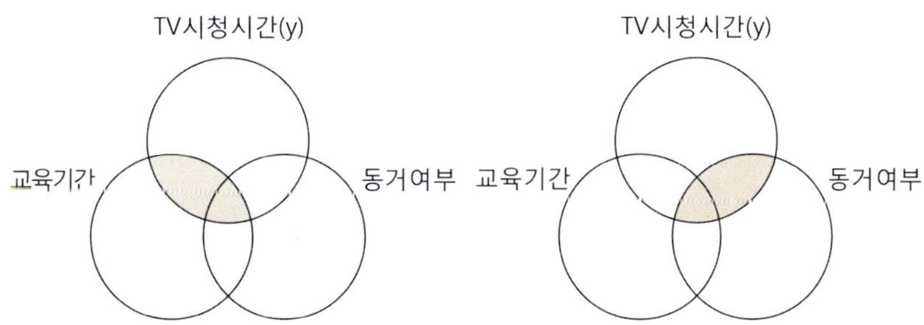

색깔로 표시된 부분은 각각 교육기간과 동거여부가 y를 설명하는 정도로서 〈표 11.16〉에 있는 0차 상관계수를 제곱하면 각각 다음과 같다.

$$(-.612)^2 = .3745$$
$$(-.521)^2 = .2714$$

즉, 교육기간은 y의 분산을 37.45% 설명하며, 동거여부는 y의 분산을 27.14% 설명한다.

(2) 회귀식의 설명력 (두 변수에 의해 설명되는 y의 분산)

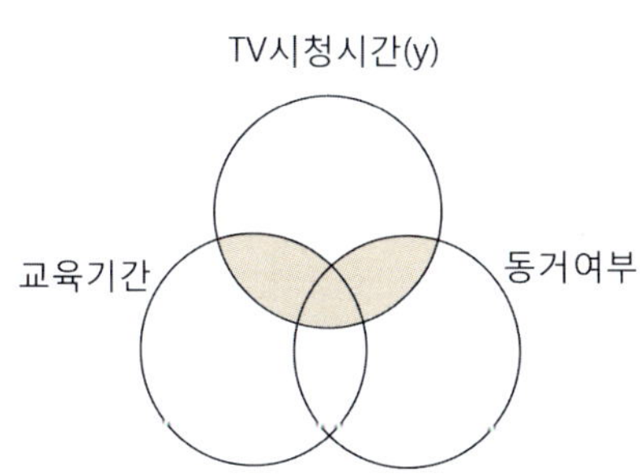

색깔로 표시된 부분은 교육기간과 동거여부가 결합하여 y를 설명하는 정도로서 〈표 11.14〉에 있는 R 제곱값 .599이다.

(3) 교육기간에 의해 설명되지 않는 y의 분산

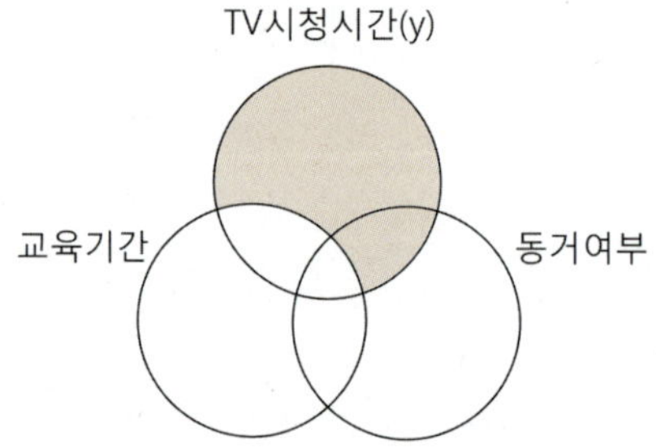

색깔로 표시된 부분은 교육기간에 의해 설명되지 않는 분산으로서 1－.3745＝.6255이다.

(4) **편상관계수**(partial correlation): 동거여부가 진입함으로써 설명하는 부분

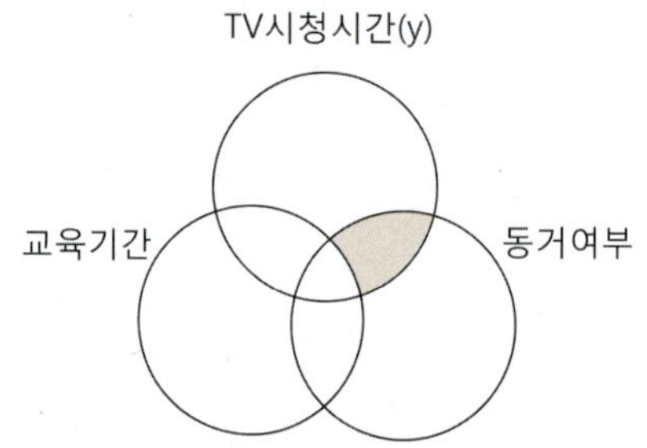

편상관계수는 다른 독립변수의 효과를 제거한 후(혹은 통제된 상태에서) 한 독립변수와 종속변수의 상관관계이다. 여기서는 교육기간이 통제된 상태에서 동거여부와 TV시청시간의 상관계수는 －.599이다. 색깔로 표시된 부분은 교육기간에 의해 설명되지 않는 분산 중 동거여부가 설명하는 부분을 나타낸다. 이 부분이 동거여부의 편상관계수와 관련된다. 동거여부의 편상관계수를 제곱하면 $(-.599)^2$=.3588이 된다. 즉, 교육기간에 의해 설명되지 않는 y의 분산 중 35.88%는 동거여부에 의해 설명된다.

(5) 부분상관계수(part correlation)

부분상관계수는 y의 전체 분산 중 특정 변수의 순수한 설명력을 제곱근한 값이다. (3)의 색깔로 표시된 부분은 y의 전체 분산 중 .6255이며 이 중 동거여부가 설명하는 부분은 (4)의 색깔로 표시된 부분인 35.88%이다. 따라서 .6255×.3588=.2244이며, 이는 y의 전체 분산 중 22.44%가 동거여부에 의해 설명됨을 의미한다. 이 값을 제곱근한 값 $\pm\sqrt{.2244}=\pm.4737$이 동거여부의 부분상관계수가 된다. 〈표 11.16〉의 동거여부의 부분상관계수는 －.474로서 이는 .4737을 반올림한 값인데 'TV시청시간과 동거여부'의 관계가 負(－)임을 나타낸다.

☞ 다중공선성

〈표 11.16〉에서 두 변수의 공차는 모두 .994로 나타났다. 이는 두 독립변수들 중 한 개를 종속변수로, 그리고 다른 한 개를 독립변수로 하여 회귀분석을 실시하는 경우 R^2는 .006(＝1－.994)임을 보여준다. 공차는 1에 가까우므로 공선성은 매우 낮다고 할 수 있다.

표 11.17 제외된 변수[a]

모형		베타 입력	t	유의확률	편상관계수	공선성 통계량		
						공차	VIF	최소공차
1	동거여부	-.476[b]	-3.513	.002	-.599	.994	1.006	.994
	연령	.069[b]	.355	.726	.075	.749	1.335	.749
2	연령	.191[c]	1.214	.238	.256	.717	1.395	.717

a. 종속변수: 시청시간.
b. 모형내의 예측자: (상수), 교육기간.
c. 모형내의 예측자: (상수), 교육기간, 동거여부.

〈표 11.17〉에는 각 단계별 모형에서 제외된 변수들에 대한 통계량이 제시되어 있다. 단계선택방식이 동시입력방식과 다른 점 중의 하나는 바로 이렇게 분석에서 제외된 변수들에 대한 통계량이 제시된다는 것이다. 먼저, 교육기간만을 투입한 회귀모형 1에서 제이된 변수인 동거여부와 연령에 대한 통계량이 제시되어 있다. 여기서 베타 입력, t 및 유의확률은 그 변수가 회귀모형에 추가적으로 투입되는 경우에 해당하는 표준화계수 베타, t 및 유의확률을 의미한다(독자는 이 값들을 〈표 11.16〉의 모형 2의 값들과 비교하면 일치함을 알 수 있다).

끝으로, 회귀모형 1에서 동거여부가 추가적으로 투입되는 경우에 그 계수값이 유의적이므로($p=.002$) 이를 추가적으로 투입하여 회귀모형 2를 구성하게 된다. 이 경우, 연령에 대한 통계량은 비유의적이므로($p=.726$) 추가 투입이 되지 않으며, 만약 유의적이었다면 동거여부와 연령 중에서 편상관계수가 큰 변수가 우선적으로 투입된다. 한편, 동거여부가 추가적으로 투입된 회귀모형 2에서 제외된 변수인 연령에 대한 통계량이 비유의적이므로($p=.238$) 더 이상 단계적 투입이 진행되지 않고 교육기간과 동거여부만을 가지고 최종 회귀모형이 구성된다(see 표 11.16).

☞ 동시입력방식과 단계선택방식에 의한 분석결과의 비교

동시입력방식에 의한 회귀분석결과 세 개의 독립변수로 구성된 회귀식을 발견하였으며, R^2는 .626이었다(〈표 11.9〉와 〈표 11.12〉 참조). 단계선택방식에 의한 회귀분석결과, 종속변수에 대한 설명력이 낮은 '연령'이 제외된 두 개의 독립변수로 구성된 회귀식을 발견하였으며 R^2는 .599이었다(〈표 11.14〉와 〈표 11.16〉 참조). 단계선택방식에 의한 분석의 경우 독립변수가 한 개 적으므로 R^2값이 더 작다.

연 / 습 / 문 / 제

1. 어느 회사에서 사원들을 평가하는 데 있어서 발표능력이 영향을 미치는지를 알아보기로 하였다. 이를 위하여 입사 3년차 사원들 중에서 무작위로 15명을 선정하여 사례분석 과업을 부과하고 이들의 발표능력을 측정한 후 이를 최근의 직무성적과 비교해보았다. 구체적인 자료는 다음 표와 같다. 이러한 자료로써 발표능력이 직무성적에 영향을 미치는지를 분석하시오.

자료파일: (11)연습문제(단순회귀).

사원	직무성적	발표능력	사원	직무성적	발표능력
1	87	9.2	9	88	8.5
2	93	9.4	10	96	9.6
3	91	9.5	11	86	8.4
4	85	8.7	12	89	8.7
5	86	8.8	13	94	9.6
6	97	9.6	14	91	9.2
7	90	9.2	15	95	9.7
8	93	9.5			

[분석결과 및 해석]

모형 요약

모형	R	R 제곱	수정된 R 제곱	추정값의 표준오차
1	.862[a]	.744	.724	2.030

a. 예측자: (상수), 발표능력.

ANOVA[a]

모형		제곱합	자유도	평균제곱	F	유의확률
1	회귀	155.381	1	155.381	37.719	.000[b]
	잔차	53.553	13	4.119		
	전체	208.933	14			

a. 종속변수: 직무성적.

b. 예측자: (상수), 발표능력.

계수[a]

모형		비표준화 계수		표준화 계수	t	유의확률
		B	표준화 오류	베타		
1	(상수)	21.519	11.282		1.907	.079
	발표능력	7.545	1.229	.862	6.142	.000

a. 종속변수: 직무성적.

직무성적에 대한 발표능력의 회귀계수는 정(+)으로 나타났으며, 매우 유의적이므로 (t =6.142, p =.000) 발표능력이 좋을수록 직무성적이 높아지는 경향이 있는 것으로 볼 수 있다.

2. 문제 1번에서 예를 든 회사에서 사원들의 발표능력뿐만 아니라 분석능력과 응용력도 직무성적에 영향을 미치는지를 알아보기 위하여 무작위로 선정된 15명을 대상으로 분석능력과 응용력을 추가적으로 조사하였다. 구체적인 자료는 다음 표와 같다. 이러한 자료로써 사원들의 발표능력, 분석능력 및 응용력이 사원들의 직무성적에 영향을 미치는지를 (1) 동시입력방식과 (2) 단계선택방식으로 분석하시오(진입기준 .05, 제거기준 .10).

자료파일: (11)연습문제(다중회귀).

사원	직무성적	발표능력	분석능력	응용력
1	87	9.2	8.4	8.7
2	93	9.4	9.3	9.4
3	91	9.5	9.2	9.6
4	85	8.7	7.9	8.9
5	86	8.8	8.1	8.6
6	97	9.6	9.8	9.3
7	90	9.2	9.0	9.0
8	93	9.5	9.4	9.2
9	88	8.5	8.6	8.9
10	96	9.6	9.7	9.5
11	86	8.4	8.3	8.8
12	89	8.7	8.7	9.0
13	94	9.6	9.2	9.1
14	91	9.2	9.0	9.5
15	95	9.7	9.3	9.1

[분석결과 및 해석]

(1) 동시입력방식에 의한 다중회귀분석

모형 요약

모형	R	R 제곱	수정된 R 제곱	추정값의 표준오차
1	.977[a]	.955	.942	.929

a. 예측자: (상수), 응용력, 발표능력, 분석능력.

ANOVA[a]

모형		제곱합	자유도	평균제곱	F	유의확률
1	회귀	199.431	3	66.477	76.956	.000[b]
	잔차	9.502	11	.864		
	전체	208.933	14			

a. 종속변수: 직무성적.
b. 예측자: (상수), 응용력, 발표능력, 분석능력.

계수[a]

모형		비표준화 계수		표준화 계수	t	유의확률	공선성 통계량	
		B	표준화 오류	베타			공차	VIF
1	(상수)	34.454	8.755		3.935	.002		
	분석능력	6.099	.952	.904	6.405	.000	.208	4.818
	발표능력	1.601	1.011	.183	1.583	.142	.310	3.230
	응용력	−1.411	1.293	−.112	−1.091	.299	.395	2.535

a. 종속변수: 직무성적.

분석능력은 다른 두 변수들(발표능력, 응용력)이 회귀식에 포함된 경우 직무성적에 유의적인 正(+)의 영향을 미치고, 발표능력과 응용력은 각각 다른 두 변수들이 회귀식에 포함된 경우 직무성적에 유의적인 영향을 미치지 못하는 것으로 나타났다. 문제 1번의 단순회귀분석에서 발표능력이 좋을수록 직무성적이 높아지는 것으로 나타난 것에 비하여, 분석능력과 응용력이 독립변수로 추가된 다중회귀분석 결과 발표능력이 직무성적에 유의적인 영향을 미치지 않는 것으로 나타났다. 이는 영향력이 강한 분석능력이라는 변수가 추가됨에 따른 결과인 것으로 해석할 수 있다.

(2) 단계선택방식에 의한 다중회귀분석

입력/제거된 변수[a]

모형	입력된 변수	제거된 변수	방법
1	분석능력	.	단계선택 (기준: 입력에 대한 F의 확률 <= .050, 제거에 대한 F의 확률 >= .100).

a. 종속변수: 직무성적.

모형 요약

모형	R	R 제곱	수정된 R 제곱	추정값의 표준오차
1	.969[a]	.939	.934	.990

a. 예측자: (상수), 분석능력.

ANOVA[a]

모형		제곱합	자유도	평균제곱	F	유의확률
1	회귀	196.194	1	196.194	200.210	.000[b]
	잔차	12.739	13	.980		
	전체	208.933	14			

a. 종속변수: 직무성적.
b. 예측자: (상수), 분석능력.

계수[a]

모형		비표준화 계수		표준화 계수	t	유의확률	공선성 통계량	
		B	표준화 오류	베타			공차	VIF
1	(상수)	32.368	4.133		7.832	.000		
	분석능력	6.538	.462	.969	14.150	.000	1.000	1.000

a. 종속변수: 직무성적.

제외된 변수[a]

모형		베타 입력	t	유의확률	편상관계수	공선성 통계량		
						공차	VIF	최소공차
1	발표능력	.185[b]	1.587	.139	.416	.310	3.230	.310
	응용력	−.114[b]	−1.050	.314	−.290	.395	2.534	.395

a. 종속변수: 직무성적
b. 모형내의 예측자: (상수), 분석능력

단계선택방식에 의해 회귀분석을 실시한 결과, 분석능력만이 독립변수로서 회귀식에 투입되었다(변수진입기준: .05, 변수제거기준: .10). 분석능력이 회귀식에 투입될 때 발표능력과 응용력은 종속변수에 대한 추가적인 설명력이 낮아 회귀식에 포함되지 못하였다. 구체적으로, 제외된 변수의 표를 보면 발표능력의 유의확률은 .139, 그리고 응용력의 유의확률은 .314로 나타나 있다.

제12장 신뢰성분석과 요인분석

본 장에서는

- 신뢰성분석에 대해 설명한다.
- 요인분석에 대해 설명한다.
- 요인점수를 이용한 회귀분석에 대해 설명한다.
- 연습문제를 통해 학습내용을 복습한다.

12.1 신뢰성분석의 개요

척도의 신뢰성(reliability)은 한 대상을 유사한 측정도구로 여러 번 측정하거나 한 가지 측성노구로 반복 측징했을 때 일관성 있는 결과(consistent results)를 산출하는 정도에 관련된다. 즉, 일관성 있는 결과가 산출될수록 그 척도(혹은 측정치)의 신뢰성은 높다. 척도의 신뢰성을 평가하는 방법에는 **내적일관성**(internal consistency), **반복측정 신뢰성**(test-retest reliability), **대안항목 신뢰성**(alternative-form reliability) 등이 있는데, 이 중 가장 많이 사용되는 방법은 내적일관성에 의한 방법이다. 내적일관성은 한 construct를 다항목(multi-item)으로 측정했을 때 항목들이 일관성 혹은 동질성을 갖는가에 관한 것이다. 내적일관성은 항목들 간의 상관관계로써 평가되는데, 항목들 간의 상관관계가 높을수록 내적일관성이 높다. 일반적으로 가장 많이 쓰이는 내적일관성에 의한 척도의 신뢰성 평가방법은 **Cronbach's coefficient alpha**(줄여서 **Cronbach's α 계수**)를 이용하는 것이다. 그 공식은 다음과 같다.

$$\alpha = \left(\frac{k}{k-1}\right)\left(1 - \frac{\sum_{i=1}^{k}\sigma_i^2}{\sigma_t^2}\right) \quad \text{혹은} \quad \frac{k\bar{r}}{1+\bar{r}(k-1)}$$

여기서, k = 항목들의 수

σ_i^2 = 항목 i의 분산값

σ_t^2 = 항목의 전체 분산값

$\bar{r}$ = 항목들 간 평균상관계수

Cronbach's α 계수는 0에서 1 사이의 값을 가지며, 높을수록 바람직하나 반드시 몇 점 이상이어야 한다는 기준은 없다. 기존의 이 분야 meta-analysis에서는 평균이 0.77 정도로 나타났다.[1] 그러므로 0.8 이상이면 바람직하고, 0.7 이상이면 수용할 만하다고 할 수 있다. 연구자의 판단에 따라 Cronbach's α 계수의 크기를 저해하는 항목들을 제거함으로써 계수값을 크게 할 수 있다. 이러한 항목들은 그 항목과 다른 항목들 간의 상관관계(item-to-total correlation)가 낮은 항목들이다.

12.2 SPSS를 이용한 신뢰성분석

예제 12.1 신뢰성 분석의 예

다음은 다항목으로 측정한 자료의 Cronbach's α 계수를 계산하고 내적일관성을 저해하는 항목들을 단계적으로 제거함으로써 내적일관성을 향상시키는 예이다. 본 예에서 측정하는 construct는 인지욕구(need for cognition; nfc)인데, 이는 '개인들이 사고를 하려 하고 이를 즐기는 성향'으로 정의된다. 본 예에서는 응답자들의 인지욕구를 다음의 7개 항목으로 측정하였으며, '전혀 그렇지 않다(0) ~ 매우 그렇다(6)'의 7점 Likert척도에 답하도록 하였다. 모두 148명의 응답자들로부터 자료를 수집하였으며 입력자료는 〈표 12.1〉과 같다.

1. 나는 문제를 풀고 해답을 구하는 일을 무척 즐겨한다.
2. 나는 (다소 중요하지만 단순한 사고를 요하는 일보다) 중요하고 지적(知的)이며 어려운 일들을 훨씬 좋아한다.
3. 나는 상당한 정신적 노력을 쏟아야만 달성될 수 있는 목표를 설정하는 경향이 있다.
4. 나는 일반적으로 주어진 과제에서, 최소한으로 요구되는 정도보다 훨씬 많은 사고를 하려고 한다.
5. 나는 (단순한 사고를 요하는 일보다) 나의 사고력을 시험해 볼 수 있는 일을 하는 것을 상당히 좋아한다.
6. 나는 오랜 시간 동안 깊이 심사숙고하는 것을 별로 좋아하지 않는 편이다.
7. 나는 깊은 사고력을 필요로 하는 일에 대한 책임을 맡는 것을 좋아하지 않는다.

---

1) 이학식 · 김영, "연구디자인이 Cronbach's α 계수에 미치는 영향," *마케팅연구*, 12(1), 1997, pp. 209-221; Gilbert A. Churchill, Jr. and Paul Peter, "Research Design Effects on the Reliability of Rating Scales: A Meta Analysis," *Journal of Marketing Research*, 10, November 1984, pp. 360-375; Robert A. Peterson, "A Meta-analysis of Cronbach's Coefficient Alpha," *Journal of Consumer Research*, 21, September 1994, pp. 381-391.

표 12.1 예제 12.1의 입력자료

ID	nfc1	nfc2	nfc3	nfc4	nfc5	nfc6*	nfc7*
1	6	6	6	6	6	6	6
2	4	2	3	3	2	3	4
3	3	6	4	1	5	2	5
4	4	3	3	3	5	1	2
5	0	1	1	1	1	6	4
.	.	.	.	.	.	.	.
.	.	.	.	.	.	.	.
.	.	.	.	.	.	.	.
.	.	.	.	.	.	.	.
.	.	.	.	.	.	.	.
.	.	.	.	.	.	.	.
148	0	2	0	4	1	2	3

* nfc6과 nfc7은 reverse scale로 측정되어 recode된 값임.

〈예제 12.1〉의 신뢰성분석을 하는 과정은 다음과 같다.

❶ '(12)Cronbach's Alpha.sav' 파일을 불러온다.

❷ [그림 12.1]과 같이 다음의 절차를 따른다.

[분석(A)] → [척도분석(A)] → [신뢰도 분석(R)...] → 클릭

그림 12.1 신뢰성분석 절차

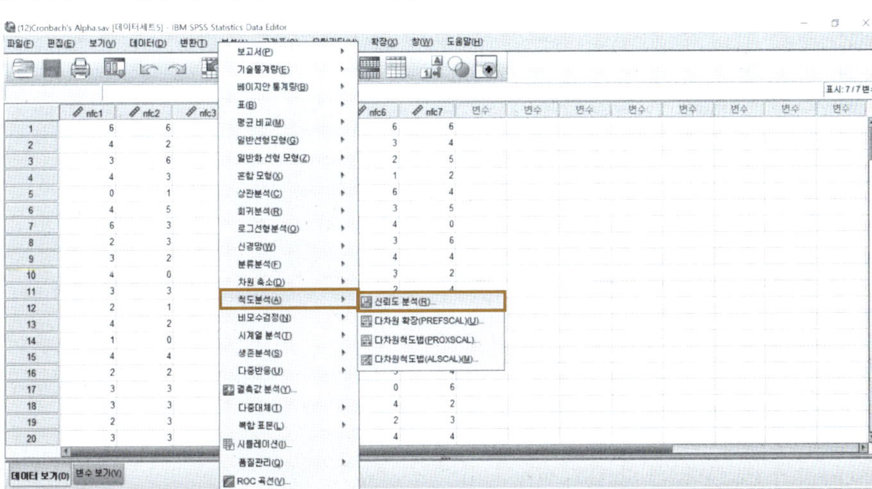

❸ 그러면 [그림 12.2]의 신뢰도 분석 대화상자가 나타난다.

그림 12.2 신뢰도 분석 대화상자

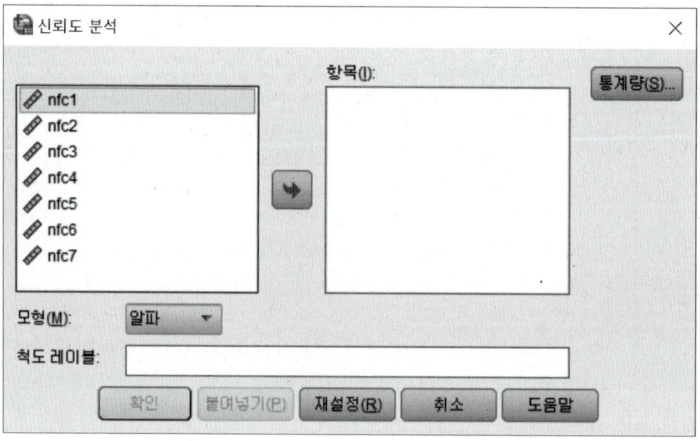

❹ 여기서 [그림 12.3]과 같이 분석하고자 하는 변수들(nfc1~nfc7)을 [항목(I)] 상자로 보낸다.

그림 12.3 분석대상 변수선정

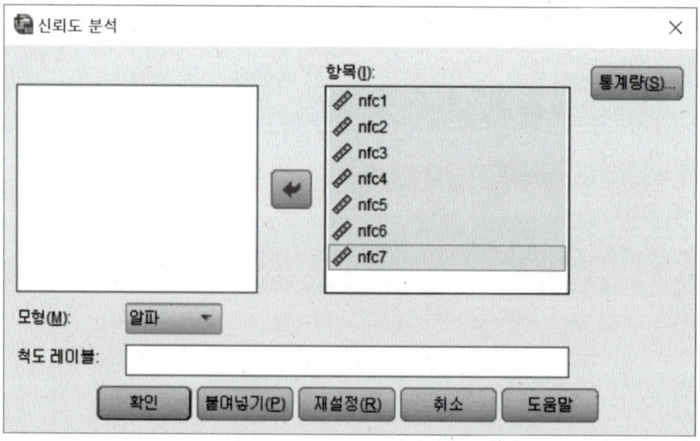

☞ 신뢰성분석을 위해서는 반드시 두 개 이상의 변수를 선정해야만 한다.

❺ [그림 12.3]에서 [모형(M)]은 기본설정된 알파를 유지하고, [척도 레이블]은 공란으로 둔다.

❻ 이어서 [통계량(S)...]을 클릭하고, [그림 12.4]와 같이 [항목제거시 척도(A)]를 선택한다.

그림 12.4 통계량 대화상자

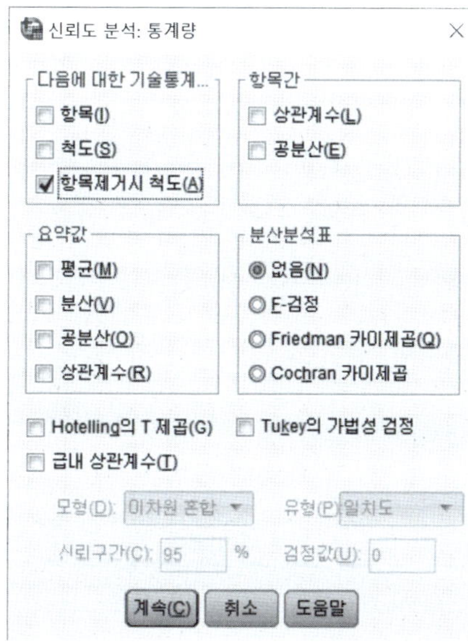

☞ 통계량 대화상자에서 기본설정을 유지한 상태로 분석을 한 경우에는 결과에 케이스의 수, 항목(item)의 수, 그리고 신뢰성계수만이 나타난다. 본 분석에서 선택한 [항목제거시 척도(A)]는 해당 항목을 제거하였을 경우 나머지 항목들로 구성되는 Cronbach's α 값을 제시해준다.

❼ [그림 12.4]에서 [계속(C)]과 [확인]을 클릭하면 〈표 12.2〉와 같은 결과가 나타난다.

표 12.2 신뢰성분석 결과(Ⅰ)

신뢰도 통계량

Cronbach의 알파	항목 수
.712	7

항목 총계 통계량

	항목이 삭제된 경우 척도 평균	항목이 삭제된 경우 척도 분산	수정된 항목-전체 상관계수	항목이 삭제된 경우 Cronbach 알파
nfc1	19.93	29.383	.622	.626
nfc2	20.05	29.678	.549	.644
nfc3	19.72	29.317	.630	.625
nfc4	19.73	31.355	.516	.656
nfc5	19.69	30.365	.591	.637
nfc6	19.73	37.722	.091	.760
nfc7	19.59	38.773	.056	.762

〈표 12.2〉의 첫 번째 표에는 현 상태에서의 Cronbach's α 값이 제시되어 있다. 그리고 두 번째 표에는 각 항목들을 제거하는 경우에 나타날 Cronbach's α 값이 우측 칼럼에 제시되어 있다(항목이 삭제된 경우 Cronbach 알파). 〈표 12.2〉는 현재 분석에 이용된 7개 항목들을 모두 이용했을 경우의 α계수는 .712인데, nfc7과 nfc6을 각각 제거했을 때 나머지 항목들의 전체 α계수가 각각 .762, .760으로 개선될 것임을 나타낸다. 이 중 α계수가 가장 크게 개선되는 항목 nfc7을 우선적으로 제거한 후, 나머지 항목들만 이용하여 다시 신뢰성분석 절차를 거친다.

nfc7을 제거하고 분석한 결과는 〈표 12.3〉과 같다.

표 12.3 신뢰성분석 결과(Ⅱ)

신뢰도 통계량

Cronbach의 알파	항목 수
.762	6

항목 총계 통계량

	항목이 삭제된 경우 척도 평균	항목이 삭제된 경우 척도 분산	수정된 항목-전체 상관계수	항목이 삭제된 경우 Cronbach 알파
nfc1	16.45	26.236	.651	.687
nfc2	16.57	26.261	.593	.702
nfc3	16.24	26.090	.665	.683
nfc4	16.25	27.699	.574	.709
nfc5	16.21	27.160	.621	.697
nfc6	16.25	35.808	.022	.844

〈표 12.3〉은 nfc7을 제외한 6개 항목의 전체 α계수는 .762이고, 여기서 다시 nfc6을 제거하는 경우 α계수가 .844로 개선될 것임을 보여준다. 따라서 nfc6을 제거하고 다시 신뢰성분석 절차를 거친다.

추가로 nfc6을 제거하고 분석한 결과는 〈표 12.4〉와 같다.

표 12.4 신뢰성분석 결과(Ⅲ)

신뢰도 통계량

Cronbach의 알파	항목 수
.844	5

항목 총계 통계량

	항목이 삭제된 경우 척도 평균	항목이 삭제된 경우 척도 분산	수정된 항목 – 전체 상관계수	항목이 삭제된 경우 Cronbach 알파
nfc1	13.11	23.566	.667	.808
nfc2	13.22	23.467	.616	.823
nfc3	12.90	23.248	.696	.800
nfc4	12.91	24.984	.587	.829
nfc5	12.86	23.778	.693	.802

nfc6을 추가적으로 제거하고 남은 5개 항목들의 α 계수는 .844이고, 더 이상의 항목제거를 통해 α 계수가 개선되지 않음을 알 수 있다.

12.3 요인분석의 개요

1. 개 념

요인분석(factor analysis)의 목적은 두 가지이다.[2] 한 가지는 분석 대상이 되는 변수들의 기저를 이루는 구조(underlying structure)를 정의하기 위한 것이며, 이러한 목적에 이용되는 것이 **공통요인분석**(common factor analysis)이다. 다른 한 가지는 다수의 변수들을 소수의 요인으로 축약하기 위한 것이며, 이를 위하여 **주성분분석**(principal component analysis)을 실시할 수 있다. 두 가지 중 실무적으로 그리고 학술적 연구에서 주성분분석이 많이 사용된다. 따라서 본서에서는 주성분분석에 초점을 맞추어 설명한다. 요인분석에는 독립변수와 종속변수가 없으며, 변수들 간의 상관관계가 요인분석의 토대가 된다. 요인분석은 분석결과로부터 모집단의 특성을 추정하지 않는다. 따라서 추계통계기법이 아닌 기술통계기법이라고 할 수 있으며, 모수와 통계량, 가설검증 등의 개념은 요인분석에 적용되지 않는다.[3]

2) **요인분석**에는 탐색적 요인분석과 확인적 요인분석이 있다. **탐색적 요인분석**(exploratory factor analysis)은 다수의 변수들에 대한 자료를 소수의 요인에 대한 자료로 변환시키는 과정에서 사전에 어떤 변수들끼리 그룹핑되어야 한다는 전제를 두지 않는다. 이에 비해 **확인적 요인분석**(confirmatory factor analysis)은 몇 개의 constructs를 측정하기 위해 construct별로 다수의 항목들을 개발한 경우, 그 항목들을 이용하여 측정한 자료들을 요인분석하여 동일한 construct를 측정하기 위한 항목들끼리 그룹핑되는지를 확인(confirm)하는 것이다. 확인적 요인분석을 하기 위하여 흔히 구조방정식 모형분석(structural equation modeling)을 이용한다. 이 두 가지 중 요인분석이라고 하면 흔히 탐색적 요인분석을 가리키며, 본 장에서도 설명하는 것은 탐색적 요인분석이다.

3) 요인분석의 종류에는 R 요인분석과 Q 요인분석이 있다. R 요인분석은 변수들을 그룹핑하는 것으로 본 장에서 설명하는 것이다. 이에 비해 Q 요인분석은 대상들을 그룹핑하는 방법이지만 거의 사용되지 않는다. 대상들을 그룹핑하는 데는 군집분석이 흔히 사용된다.

2. 자 료

요인분석을 하기 위해서는 변수가 간격척도 혹은 비율척도에 의해 측정되어야 한다. 또한 표본의 크기(관측치의 수)는 100개 이상이 바람직하며 최소한 50개는 되어야 한다. 변수의 수를 고려하면 변수의 수보다 관측치의 수가 10배 이상이 바람직하며 최소한 5배는 되어야 한다. 요인분석을 하기 위해서는 먼저 원자료로부터 상관행렬이 만들어지며, 이 상관행렬이 요인분석을 위한 입력자료(input data)가 된다. 그런데 요인분석은 기본적으로 상관관계가 높은 변수들끼리 그룹핑하는 것이므로 변수들 간의 상관관계가 전반적으로 매우 낮다면(대체로 ±.3 이하), 그 자료는 요인분석에 부적합하다고 할 수 있다.

3. 요인추출방법

요인분석을 할 때는 다수의 변수들로부터 추출할 요인의 수를 결정해야 한다. 기본적으로 요인의 수는 최대한, 변수의 수만큼 추출할 수 있다. 그러나 요인의 수가 변수의 수와 같거나 너무 많으면 요인분석의 의미가 없다. 반대로 요인의 수를 너무 적게 하면 변수들의 분산에 대한 요인들의 설명력이 너무 낮다. 즉, 요인분석 결과가 실제를 제대로 나타내지 못한다. 추출할 요인의 수를 결정하는 방법에는 다음의 몇 가지가 있다.

(1) Eigenvalues

eigenvalue는 한 요인의 설명력을 나타내는데, 한 요인에 대한 '요인적재값의 제곱의 합'을 가리킨다. 그러므로 eigenvalue가 크다는 것은 그 요인이 변수들의 분산을 잘 설명한다는 것을 의미한다. eigenvalue를 기준으로 할 때는 보통 eigenvalue 1 이상을 갖는 요인의 수만큼 추출한다. 원칙적으로 변수의 수가 20개를 넘는 경우 이 방법이 적절하나, 변수의 수가 그보다 적은 경우에도 이 방법이 많이 이용된다.

(2) 요인의 수를 사전에 결정한다.

이 방법은 요인분석에서 추출될 요인의 수를 미리 결정하여 지정하는 방법이다. 이 방법은 연구자가 몇 개의 요인이 적절하다는 것을 사전에 알거나, 다른 연구자가 수행한 연구를 반복하면서 그 연구에서 추출된 요인의 개수만큼 요인을 추출하고자 할 때 사용된다.

(3) 전체 요인들의 설명력 기준

이는 요인들의 설명력의 합이 어느 정도는 되어야 한다는 것을 사전에 정하고, 그 수준의 설명력을 가져오는 요인들을 추출하는 것이다. 절대적인 기준은 없으나 사회과학에서는 60% 내외로 결정하는 경향이 있다.

(4) 스크리 도표

컴퓨터 프로그램을 이용하여 **스크리 도표**(scree table)를 그릴 수 있다. 스크리 도표는 각 요인의 eigenvalue를 그림으로 보여주는데 첫 번째 요인부터 마지막 요인으로 갈수록 eigenvalue는 점점 작아진다. 스크리 도표는 [그림 12.5]와 같이 각 요인의 설명력이 처음 몇 개 요인까지는 큰 폭으로 감소하다가 어느 위치부터는 감소폭이 매우 체감하는 경향을 보여줄 수 있다. 이때 감소폭이 체감하기 직전까지의 요인의 수를 기준으로 요인을 추출할 수 있다. 이 스크리 도표는 요인이 3개에서 4개로 증가하면서부터는 eigenvalue의 감소폭이 상당히 체감함을 보여준다. 이때 체감하기 직전까지의 요인의 수는 3이므로 3개의 요인을 추출한다. 이 방법의 한계점은 모든 스크리 도표가 [그림 12.5]와는 달리 각도가 반드시 어느 지점에서 급격히 꺾이지는 않는다는 데 있다.

그림 12.5 스크리 도표

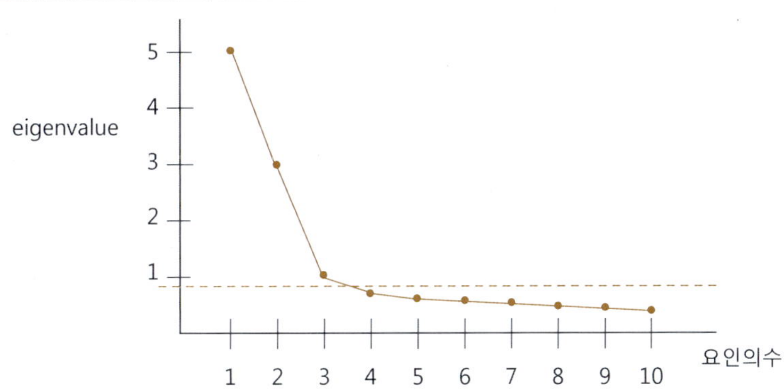

(5) 종 합

요인의 수를 미리 결정하는 방법 외의 다른 세 가지 방법은 자료분석 결과에 따라 요인의 수를 결정하는 방법이다. 이 세 가지 방법에 의해 요인의 수를 결정할 때, 방법에 따라 얼마든지 다른 결과가 나올 수 있다. 조사자 혹은 분석자는 자신의 판단에 따라 방법을 결정하는데, eigenvalue를 이용하는 경우가 가장 많으며 기준은 보통 eigenvalue 1이 된다. 그리고 요인의 수를 미리 결정하는 방법을 다음으로 많이 이용한다.

4. 요인의 회전

통계패키지에 의해 요인분석을 하면 **비회전 요인행렬**(unrotated component matrix)이 구해진다. 요인의 수를 결정하는 방법이 사전에 지정되면 이에 맞도록 요인의 수가 도출된다. 그런데 이때 도출되는 요인은 원래변수들의 선형결합(linear combination of original variables)이다. 요인행렬에 있는 **요인적재값**(factor loading)은 각 변수와 해당 요인 간의 상관계수이다. 그런데 요인행렬은 기초자료를 축소시켜 보여주기는 하지만, 이로부터 어떤 변수들이 어떤 요인에 높게 관계되는지 명확하게 알기 어렵다. 그렇기 때문에 추출된 요인을 회전하게 되며, 회전에 의하여 **요인구조**(factor structure)를 명확히 알 수 있다. 다시 말하면 요인을 회전함으로써 어떤 변수가 어떤 요인에 높게 관계되는지 알 수 있다.

요인을 회전하는 방법에는 [그림 12.6]에 나타난 바와 같이 직각요인회전과 사각(斜角)요인회전의 두 가지가 있다. 먼저 **직각요인회전**(orthogonal factor rotation)은 직각을 유지하면서(즉, 요인들 간에 독립성을 유지하면서) 요인구조가 가장 뚜렷할 때까지 요인을 회전시키는 방법이다. **사각요인회전**(oblique factor rotation)은 직각을 유지하지 않은 채 요인구조가 가장 뚜렷할 때까지 요인을 회전시키는 것이다. [그림 12.7]과 [그림 12.8]은 각각 직각회전과 사각회전을 그림으로 보여준다.

그림 12.6 요인회전방법

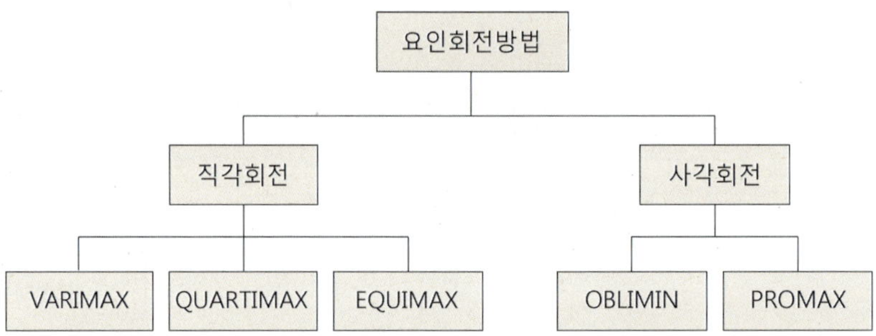

[그림 12.7]의 경우 다섯 개의 변수들이 있는데, 요인회전 이전에는 어느 변수가 어느 요인에 높게 관계되는지 뚜렷하지 않다. 그러나 요인을 직각회전함으로써 변수 1, 2는 요인 Ⅱ에, 그리고 변수 3, 4, 5는 요인 Ⅰ에 높게 관계됨을 알 수 있다. 〈표 12.5〉는 이를 보충적으로 보여준다.

예를 들어, 변수 1의 경우 회전이전 요인적재값이 요인 Ⅰ에 .50, 그리고 요인 Ⅱ에 .80이다. 상대적으로 요인 Ⅱ에 높게 적재되었으나 그다지 뚜렷하지 않다. 이제 회전이후 요인적재값은 요인 Ⅰ에 .03, 그리고 요인 Ⅱ에 .94로서 요인 Ⅱ에 뚜렷이 적재됨을 알 수 있다. 같은 방식으로 회전이후 변수 2는 요인 Ⅱ에, 그리고 변수 3, 4, 5는 요인 Ⅰ에 높게 적재됨을 명확하게 알 수 있다.

그림 12.7 직각요인회전

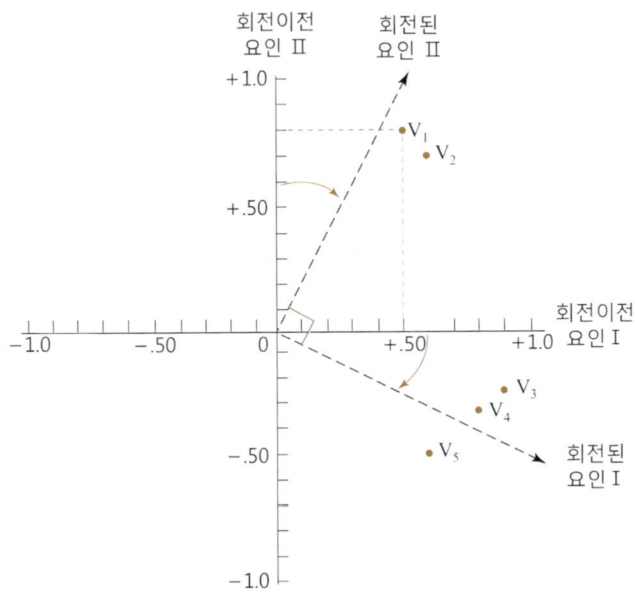

표 12.5 회전이전 요인적재값과 회전된 요인적재값

변 수	회전이전 요인적재값		회전된 요인적재값	
	I	II	I	II
1	.50	.80	.03	.94
2	.60	.70	.16	.90
3	.90	−.25	.95	.24
4	.80	−.30	.84	.15
5	.60	−.50	.76	−.13

요인을 회전할 때 직각을 유지한다는 것은 곧 요인들 간에 상관관계가 '0'(요인들이 서로 독립적)임을 가정하는 것이다. 사각회전은 직각을 유지하지 않고 요인구조가 가장 뚜렷할 때까지 각각의 요인을 회전하는데, 요인들 간에 '0'의 상관관계를 가정하지 않으므로 보다 실제적(realistic)이다. [그림 12.8]에서 볼 수 있듯이 사각회전은 직각회전에 비하여 변수들이 회전된 요인에 보다 가깝게 군집하는 결과를 가져다준다. 뿐만 아니라 사각회전결과는 요인들이 서로 간에 얼마나 관계가 있는지에 대한 정보를 제공한다. 즉, 각도가 직각보다 작을수록 正(+)의 상관관계, 그리고 직각보다 클수록 負(−)의 상관관계가 있음을 보여준다. 그런데 이론적으로 사각회전방식이 우수한 면이 있으나 사각회전 수행절차가 그다지 잘 개발되어 있지 않고, 또한 논쟁의 여지가 있어 직각회전방식이 보다 자주 사용된다. 이하에서는 직각회전방식을 중심으로 설명한다.

그림 12.8 사각요인회전

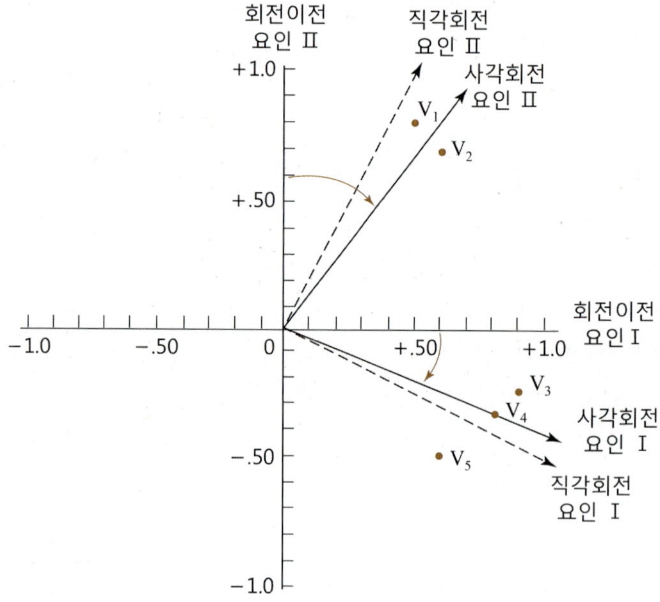

직각회전방식에는 세 가지가 있다: VARIMAX, QUARTIMAX, EQUIMAX. 먼저 **VARIMAX** 방식은 요인행렬의 열(column)의 분산의 합계를 최대화함으로써(maximize the sum of variances) 열을 단순화하는 방식이다. 여기서 열의 분산의 합계를 최대화하는 것은 적재값을 가급적 +1, −1, 혹은 0에 가깝게 하도록 함으로써 가능하다. 앞에서 본 〈표 12.5〉에서 회전 이후 각 요인의 적재값은 회전 이전에 비하여 0 혹은 1에 보다 가까워지는 것으로 나타났다. 이에 비해 **QUARTIMAX** 방식은 행(row)을 중심으로 하는데 한 변수가 한 요인에는 가급적 높게, 그리고 다른 요인들에는 가급적 낮게 적재되도록 함으로써 행을 단순화하는 방식이다. 끝으로, **EQUIMAX** 방식은 두 가지를 절충한 방식이다. 세 가지 방식 중 요인구조를 단순화(혹은 명확화)하고 해석이 가장 용이한 방식은 VARIMAX 방식이며, 따라서 VARIMAX 방식이 가장 많이 쓰인다.

12.4 SPSS를 이용한 요인분석

예제 12.2 요인분석의 예

다음 설문지를 이용하여 80명의 응답자로부터 수집한 자료를 SPSS에 의해 VARIMAX 회전방식의 요인분석을 해보기로 한다.[4] 요인추출은 eigenvalue 1을 기준으로 한다.

다음은 cable TV 쇼핑을 이용하여 구매하는 데 대한 질문입니다. 1번은 구매의도항목이며, 2~10번은 cable TV 쇼핑에 대한 평가항목입니다. 해당란에 ✔표 해주십시오(전혀 동의하지 않는다(1) ~ 전적으로 동의한다(5)).

1. 나는 앞으로 cable TV 쇼핑을 이용하여 구매를 하겠다.
2. 일반적으로 cable TV 쇼핑에서 판매하는 제품은 품질이 높다.
3. cable TV 쇼핑에서 판매하는 제품은 대부분 유명상표 제품이다.
4. cable TV 쇼핑에서 판매하는 제품은 대체로 값어치가 있다.
5. cable TV 쇼핑에서 구매하면 분실염려가 없다.
6. cable TV 쇼핑에서 구매하면 배달되는 제품은 광고에서 제시된 제품과 동일하다.
7. cable TV 쇼핑에서 구매한 제품은 광고에서 제시된 방법으로 쉽게 환불할 수 있다.
8. cable TV 쇼핑을 이용하면 시간을 절약할 수 있다.
9. cable TV 쇼핑을 통한 구매는 매우 간편하다.
10. cable TV 쇼핑을 통하여 구매한 제품은 내가 원하는 장소에 배달된다.

표 12.6 예제 12.2의 요인분석 입력자료

id	x1	x2	x3	x4	x5	x6	x7	x8	x9	x10
1	3	1	1	1	4	4	3	4	5	4
2	4	1	1	1	4	5	5	5	5	5
3	3	5	1	1	5	5	2	3	4	5
4	5	1	2	2	4	2	3	1	2	3
5	3	1	1	1	4	4	5	4	2	3
.	.	.	.	.	.	.	.	.	.	.
.	.	.	.	.	.	.	.	.	.	.
.	.	.	.	.	.	.	.	.	.	.
.	.	.	.	.	.	.	.	.	.	.
.	.	.	.	.	.	.	.	.	.	.
80	3	2	1	4	3	3	3	5	5	5

4) 이 설문과 응답자료는 다음의 책에 있는 것을 일부 발췌하여 수정·편집한 것이다: Gilbert A. Churchill, Jr., *Marketing Research: Methodological Foundations*, 6th edition, Dryden, 1995, pp. 785-793.

연구 문제

(1) 2~10번의 아홉 개 변수들은 몇 개의 의미 있는 요인으로 축약될 수 있는가?
(2) 각 변수는 어느 요인과 관련성이 높은가?
(3) 각 요인명은 어떻게 부여할 수 있는가?

〈예제 12.2〉의 요인분석을 하는 과정은 다음과 같다.

❶ '(12)요인분석.sav' 파일을 불러온다.

❷ [그림 12.9]와 같이 다음의 절차를 따른다.

[분석(A)] → [차원 축소(D)] → [요인분석(F)...] → 클릭

그림 12.9 요인분석 절차

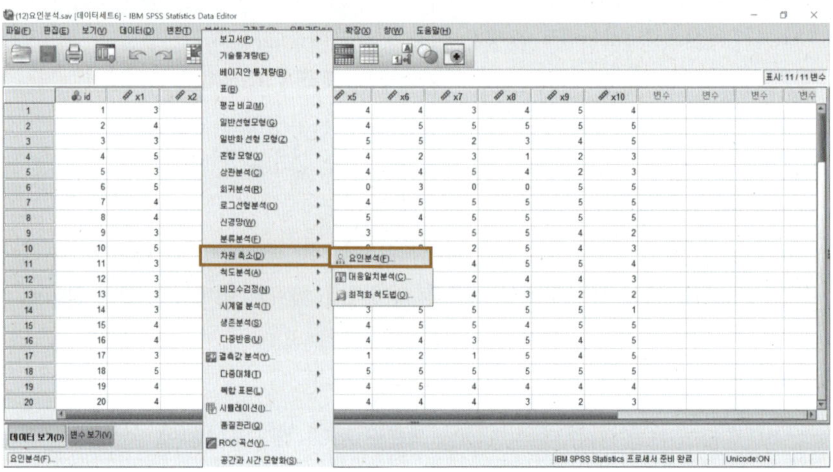

❸ 그러면 [그림 12.10]의 요인분석 대화상자가 나타난다.

그림 12.10 요인분석 대화상자

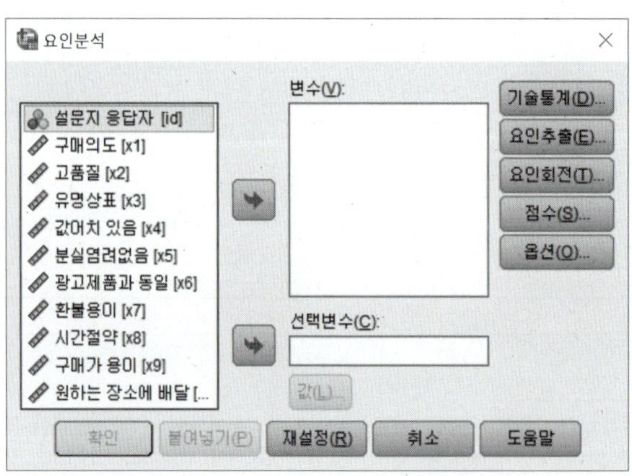

❹ 여기서 [그림 12.11]과 같이 분석할 변수들(x2~x10)을 선택하고 [변수(V)]로 보낸다.

그림 12.11 분석대상 변수선정

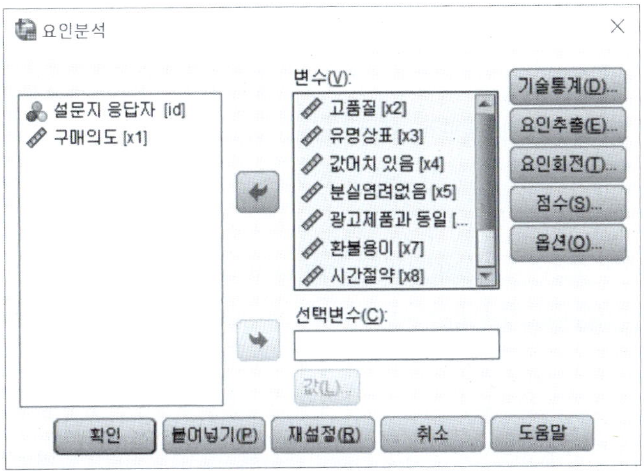

❺ [그림 12.11]에서 [기술통계(D)...]를 클릭하고 [그림 12.12]와 같이 통계량의 [초기해법(I)]을 선택하고, 상관행렬의 [계수(C)], [유의수준(S)], [KMO와 Bartlett의 구형성 검정], 그리고 [역-이미지(A)]를 선택한다.

그림 12.12 기술통계 대화상자

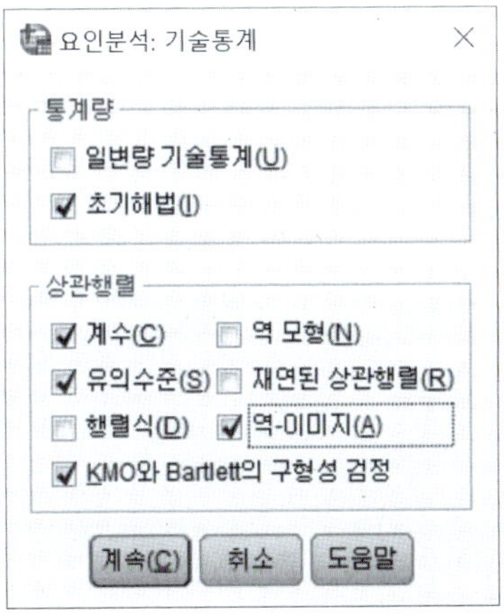

☞ 기술통계 대화상자에서 선택한 내용은 다음과 같은 의미를 갖는다.

[통계량]

- **초기해법**: 초기 공통성, 고유값, 설명된 분산의 퍼센트 등을 나타낸다(**기본설정**).

[상관행렬]

- **계수**: 요인분석시 지정된 변수에 대한 상관행렬을 나타낸다.
- **유의수준**: 상관행렬에서 계수의 단측 유의수준을 나타낸다.
- **Bartlett의 구형성 검정**: 상관행렬 상의 모든 상관관계 값들의 전반적 유의성을 나타낸다. 이 값이 유의적이면 자료가 요인분석을 실시하는 데 적절하다고 할 수 있다.
- **KMO**: Kaiser-Meyer-Olkin Measure of Sampling Adequacy(MSA) 역시 전체 상관행렬이 요인분석에 적합한지를 나타내는 지표이다. 그 값이 .50보다 크면 자료가 요인분석에 적합하다고 할 수 있다.
- **역-이미지**: 각 변수의 MSA를 나타내는 행렬표를 도출한다. 각 변수의 MSA 값(대각선 상의 값)이 .50보다 크면 그 변수가 요인분석에 적합한 것으로 본다. .50보다 작으면 그 변수를 제거하고 요인분석을 다시 실시한다. 만약 .50보다 작은 것이 두 개 이상이면, 가장 작은 값을 갖는 변수를 제거한 다음 분석을 실시한다. 분석결과 기존의 작은 MSA 값을 가졌던 변수의 MSA 값이 .50보다 더 이상 작아지지 않으면 그대로 유지하고, .50보다 작으면 이 변수도 제거하고 다시 분석을 실시한다.

❻ [그림 12.12]에서 [계속(C)]을 클릭한다.

❼ [그림 12.11]에서 [요인추출(E)...]을 클릭하면 요인추출 대화상자가 나타나는데, [그림 12.13]과 같이 방법(M)은 [주성분]을, 분석은 [상관행렬(R)]을, 표시는 [회전하지 않은 요인해법(F)]과 [스크리 도표(S)]를, 추출은 [고유값 기준(E)]을 선택한다. 이때 [다음 값보다 큰 고유값(A)]은 기본설정된 1을, [수렴을 위한 최대 반복(X)]은 기본설정된 25를 유지한다.

그림 12.13 요인추출 대화상자

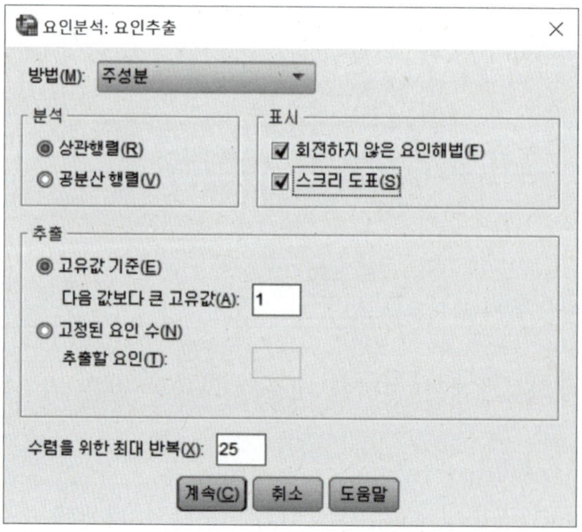

☞ 요인추출 대화상자의 선택사항들은 다음과 같은 의미를 갖는다.

[방법]

- **주성분**: 12.3 요인분석의 개요에서 기술한 것처럼 실무적으로 그리고 학술적 연구에서 많이 사용되는 방법(즉, 주성분분석)으로 변수들을 요인들의 선형결합으로 가정하는 방법이다(**기본설정**).

[분석]

- **상관행렬**: 변수들 간의 상관행렬을 나타낸다(**기본설정**).
- **공분산행렬**: 변수들 간의 공분산행렬을 나타낸다.

[표시]

- **회전하지 않은 요인해법**: 요인해법에 대한 회전하지 않은 요인적재값(요인 패턴 행렬), 공통성, 고유값 등을 표시한다(**기본설정**).
- **스크리 도표**: 내림차순의 고유치 그래프로서 각 요인과 관련된 분산 도표로 그대로 유지할 요인의 수를 결정하는 데 사용된다. 일반적으로 도표는 큰 요인들의 가파른 기울기와 나머지 요인들의 점진적 꼬리 부분(스크리) 간의 뚜렷한 구분을 보여준다.

[추출]

- **다음 값보다 큰 고유값 1**: 고유값(eigenvalue)이 1보다 큰 요인만 추출된다. 요인 추출용 분리점으로 다른 고유값을 사용하려면 그 값을 입력한다(**기본설정**).
- **추출할 요인**: 고유값과 관계없이 사용자가 지정한 요인의 수에 따라 요인을 추출한다.

- **수렴을 위한 최대 반복 25**: 요인 추출에 대해 25회의 최대반복계산을 수행한다(**기본설정**). 최대값을 다르게 지정하려면 양의 정수를 입력한다.

❽ 이어서 [계속(C)]을 클릭한다.

❾ [그림 12.11]에서 [요인회전(T)...]을 클릭하면 요인회전 대화상자가 나타난다. 여기서 [그림 12.14]와 같이 방법으로 [베리멕스(V)]를 선택한다. 표시는 [회전 해법(R)]과 [적재값 도표(L)]를 선택하고, [수렴에 대한 최대반복계산수(X)]로는 기본설정된 25를 유지한다.

그림 12.14 요인회전 대화상자

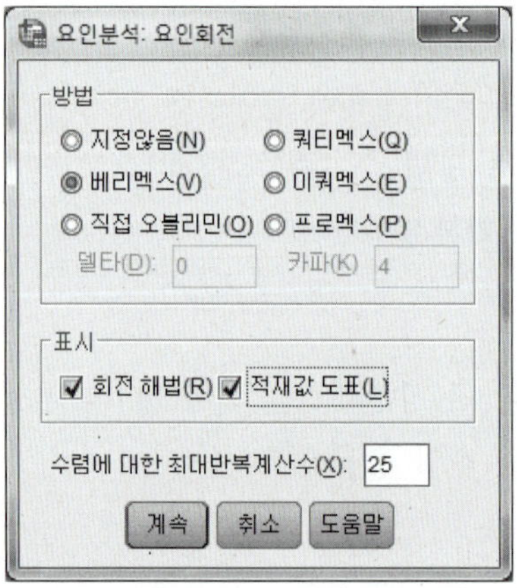

☞ 요인회전 대화상자에서 선택사항들은 다음과 같은 의미를 갖는다.

[방법]

- **지정 않음**: 추출된 요인들을 회전시키지 않는 것으로서 기본설정 상태이다.
- **베리멕스**: 요인행렬의 열(column)의 분산의 합계를 최대화함으로써(maximize the sum of variances) 열(요인)을 단순화하는 방식이다. 여기서 열의 분산의 합계를 최대화하는 것은 적재값을 가급적 +1, −1, 혹은 0에 가깝게 하도록 함으로써 가능하다. 일반적으로 가장 많이 사용하는 방법으로 본 예에서도 베리멕스를 지정해 준다.
- **쿼티멕스**: 행(row)을 중심으로 하는데, 한 변수가 한 요인에는 가급적 높게, 그리고 다른 요인들에는 가급적 낮게 적재되도록 함으로써 행(변수)을 단순화하는 방식이다.
- **이쿼멕스**: 베리멕스 방법과 쿼티멕스 방법을 절충한 회전 방법이다.
- **직접 오블리민**: SPSS에서 제공하는 사각요인회전 방식이다.

[표시] – 요인회전방법을 선택하면 활성화된다.

- **회전 해법**: 회전된 요인행렬을 나타내준다(**기본설정**).
- **적재값 도표**: 회전된 요인 상에서 각 변수의 위치를 도표로 나타내 준다.

⑩ [그림 12.14]에서 [계속]을 클릭한다.

⑪ [그림 12.11]에서 [점수(S)...]를 클릭하고, [그림 12.15]와 같이 [변수로 저장(S)]과 [요인점수 계수행렬 표시(D)]를 선택한다. 이때 변수로 저장 방법으로는 [회귀(R)]를 선택한다.

그림 12.15 요인점수 대화상자

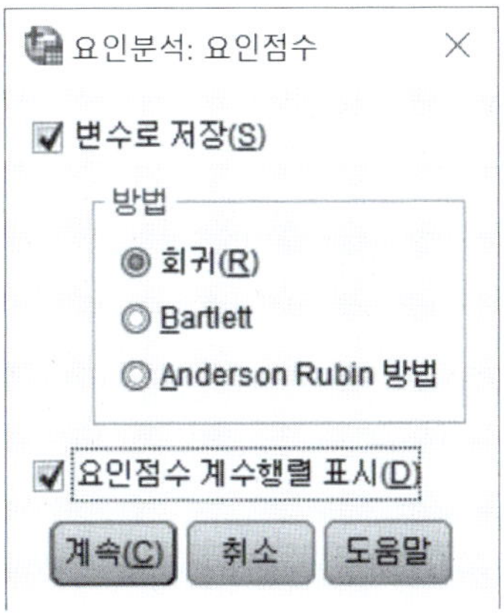

☞ 요인점수 대화상자의 선택사항들은 다음의 의미를 갖는다.

- **변수로 저장**: 요인점수를 변수로 저장한다. 각 요인에 해당하는 변수가 하나씩 생성된다. 독자들은 분석을 실시한 후 데이터파일에서 이를 확인할 수 있다. 방법으로는 일반적으로 '회귀(**기본설정**)'를 선택한다.
- **요인점수 계수행렬 표시**: 요인점수 계수행렬과 요인점수 공분산행렬이 표시된다.

⑫ [그림 12.15]의 [계속(C)]을 클릭한다.

⑬ [그림 12.11] [옵션(O)...]을 클릭하고, [그림 12.16]과 같이 결측값으로 [목록별 결측값 제외(L)]를, 계수표시형식으로 [크기순 정렬(S)]을 선택한다.

그림 12.16 옵션 대화상자

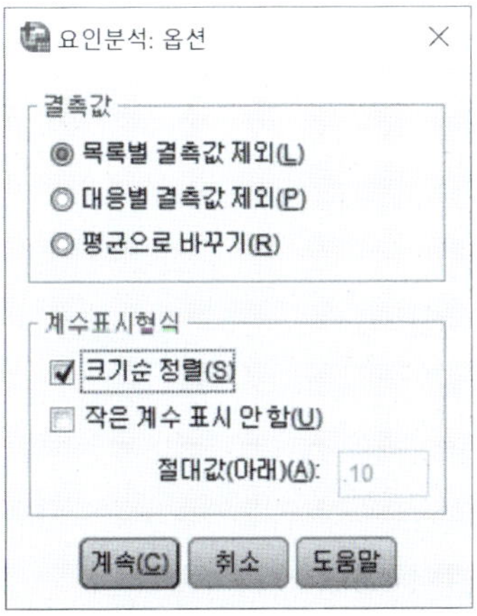

☞ 옵션 대화상자의 선택사항들은 다음과 같은 의미를 갖는다.

[결측값]

- **목록별 결측값 제외**: 결측값이 있는 케이스는 모든 분석에서 제외시킨다(**기본설정**).
- **대응별 결측값 제외**: 해당 검증과 관련된 변수에 대해 결측값이 있는 케이스를 분석에서 제외시킨다.
- **평균으로 바꾸기**: 결측값을 변수 평균으로 대체한다.

[계수표시형식]

- **크기순 정렬**: 요인적재값 행렬과 구조 행렬을 정렬하여 동일한 요인에 대해 높은 적재값을 가지는 변수부터 순차적으로 나타나게 한다.
- **작은 계수 표시 안 함 – 절대값(아래)**: 절대값이 지정한 값보다 작은 계수는 표시되지 않게 하는 조건으로서 0.10이 기본설정 값이다. 원하는 독자는 .4 혹은 .5를 입력하여 그 결과를 확인할 수 있다.

⓮ [그림 12.16]에서 [계속(C)]과 [확인]을 클릭하면 결과가 나타난다(표 12.7부터).

〈표 12.7〉은 요인분석에 이용된 변수들 간의 상관계수와 계수의 유의성을 보여준다. 요인분석은 상관관계가 높은 변수들끼리 그룹핑하는 것이므로, 기본적으로 변수들 간의 상관관계가 어느 정도 높아야 한다. 구체적으로 상관관계값들이 .3보다 큰 것이 여러 개 있어야 한다. 〈표 12.7〉에는 .3보다 큰 상관관계값이 다수 보이는데, 이는 대체로 본 예제의 자료가 요인분석의 대상이 될 수 있음을 의미한다. 예를 들어, 고품질, 값어치 있음, 유명상표의 세 변수들 간의 상관관계는 모두 .5 이상인데, 이는 이 변수들이 동일한 요인에 적재될 가능성이 있음을 보여준다.

표 12.7 상관행렬

상관행렬		고품질	유명 상표	값어치 있음	분실 염려 없음	광고 제품과 동일	환불 용이	시간 절약	구매가 용이	원하는 장소에 배달
상관관계	고품질	1.000	.671	.535	.154	.228	-.094	-.011	.106	.312
	유명상표	.671	1.000	.761	.100	.187	.034	.125	.263	.312
	값어치 있음	.535	.761	1.000	.020	.084	.027	.184	.146	.224
	분실염려없음	.154	.100	.020	1.000	.531	.579	.189	.143	.108
	광고제품과 동일	.228	.187	.084	.531	1.000	.573	.148	.196	.019
	환불용이	-.094	.034	.027	.579	.573	1.000	.214	.095	-.084
	시간절약	-.011	.125	.184	.189	.148	.214	1.000	.490	.240
	구매가 용이	.106	.263	.146	.143	.196	.095	.490	1.000	.612
	원하는 징소에 배달	.312	.312	.224	.108	.019	-.084	.240	.612	1.000
유의확률 (단측)	고품질		.000	.000	.086	.021	.203	.461	.174	.002
	유명상표	.000		.000	.189	.048	.382	.135	.009	.002
	값어치 있음	.000	.000		.429	.229	.405	.051	.098	.023
	분실염려없음	.086	.189	.429		.000	.000	.046	.102	.169
	광고제품과 동일	.021	.048	.229	.000		.000	.096	.041	.435
	환불용이	.203	.382	.405	.000	.000		.028	.202	.228
	시간절약	.461	.135	.051	.046	.096	.028		.000	.016
	구매가 용이	.174	.009	.098	.102	.041	.202	.000		.000
	원하는 장소에 배달	.002	.002	.023	.169	.435	.228	.016	.000	

표 12.8 KMO와 Bartlett의 검정

표본 적절성의 Kaiser-Meyer-Olkin 측도.		.630
Bartlett의 구형성 검정	근사 카이제곱	279.866
	자유도	36
	유의확률	.000

〈표 12.8〉은 KMO와 Bartlett의 검정 결과를 나타낸다. 이는 〈표 12.7〉의 상관행렬의 보조표로서 상관행렬 상의 모든 상관관계값들의 전반적 유의성을 나타내는 것이다. 여기서 Bartlett의 구형성 검정의 유의확률이 .000으로 나타나 전반적으로 변수들 간의 상관관계는 유의적이며, 따라서 본 예제의 자료는 요인분석을 실시하기 위한 적절한 자료라고 할 수 있다. 그런데 이 검정은 표본의 크기가 클수록 유의적으로 나타난다.

그러므로 실제로 변수들 간의 상관관계가 그리 높지 않더라도 표본의 크기가 매우 크면 유의적으로 나타날 수 있다. 또한 Kaiser-Meyer-Olkin 측도 역시 전체 상관행렬이 요인분석에 적합한지를 나타내는 지표이다. 여기서 그 값은 .630으로 나타나 기준치 .50보다 높게 나타났으므로 자료가 요인분석에 적합하다고 할 수 있다.

표 12.9 역-이미지 행렬

		고품질	유명 상표	값어치 있음	분실 염려 없음	광고 제품과 동일	환불 용이	시간 절약	구매가 용이	원하는 장소에 배달
역-이미지 공분산	고품질	.433	−.157	−.042	−.087	−.133	.144	.038	.085	−.108
	유명상표	−.157	.298	−.215	.008	−.006	−.024	.047	−.081	.008
	값어치 있음	−.042	−.215	.387	.053	.038	−.042	−.112	.060	−.016
	분실염려없음	−.087	.008	.053	.558	−.121	−.224	−.058	.031	−.075
	광고제품과 동일	−.133	−.006	.038	−.121	.527	−.215	.027	−.100	.092
	환불용이	.144	−.024	−.042	−.224	−.215	.476	−.055	.016	.041
	시간절약	.038	.047	−.112	−.058	.027	−.055	.687	−.235	.037
	구매가 용이	.085	−.081	.060	.031	−.100	.016	−.235	.448	−.284
	원하는 장소에 배달	−.108	.008	−.016	−.075	.092	.041	.037	−.284	.526
역-이미지 상관계수	고품질	.647[a]	−.438	−.103	−.178	−.278	.318	.069	.194	−.227
	유명상표	−.438	.657[a]	−.632	.020	−.015	−.065	.104	−.222	.019
	값어치 있음	−.103	−.632	.658[a]	.114	.084	−.098	−.218	.143	−.035
	분실염려없음	−.178	.020	.114	.695[a]	−.223	−.436	−.094	.062	−.138
	광고제품과 동일	−.278	−.015	.084	−.223	.660[a]	−.428	.045	−.207	.175
	환불용이	.318	−.065	−.098	−.436	−.428	.593[a]	−.097	.035	.083
	시간절약	.069	.104	−.218	−.094	.045	−.097	.628[a]	−.424	.062
	구매가 용이	.194	−.222	.143	.062	−.207	.035	−.424	.536[a]	−.586
	원하는 장소에 배달	−.227	.019	−.035	−.138	.175	.083	.062	−.586	.604[a]

a. 표본화 적합성 측도(MSA).

〈표 12.9〉는 역-이미지 행렬로서 대각선상의 값들은 각 변수의 MSA(measure of sampling adequacy)를 나타낸다. 본 자료의 경우 모든 MSA 값들이 기준치인 .50보다 높아 모든 변수가 요인분석을 실시하는 데 적합하다고 할 수 있다. 만약 .50보다 낮은 MSA 값을 가진 변수(들)가 있으면 제거를 적극적으로 고려할 수 있다.

표 12.10 공통성(communality)

	초기	추출
고품질	1.000	.736
유명상표	1.000	.847
값어치 있음	1.000	.718
분실염려없음	1.000	.678
광고제품과 동일	1.000	.702
환불용이	1.000	.761
시간절약	1.000	.544
구매가 용이	1.000	.814
원하는 장소에 배달	1.000	.662

추출 방법: 주성분 분석.

한 변수의 communality는 그 변수가 다른 변수들과 공유하는(share) 분산의 양인데, 요인분석 결과에서는 한 변수의 분산이 추출된 요인들에 의해 설명되는 정도를 가리키며 0과 1 사이의 값을 갖는다. 〈표 12.10〉에서 초기 공통성은 요인 추출이전의 공통성으로 언제나 1이다. 추출 공통성은 각 변수가 추출된 요인들에 의해 얼마나 설명되는지를 나타낸다. 예를 들어, 〈표 12.5〉의 회전이후 변수 1의 communality는 $(.03)^2+(.94)^2=.8845$가 된다. communality 값은 어느 정도 커야 된다. 그 값이 작으면 이는 추출된 요인들이 그 변수의 분산을 잘 설명하지 못하는 것이기 때문이다. 보통 .50보다 큰 것이 바람직한데, 그보다 작은 경우 취할 수 있는 방법에는 두 가지가 있다. 한 가지는 그 변수를 무시하고 나머지 변수들을 중심으로 해석을 하는 것이며, 또 다른 한 가지는 그 변수를 제거하고 요인분석을 다시 실시하는 것이다. 연구자는 어느 방법이든 취할 수 있으나, 두 번째 방법은 그 변수를 제거하더라도 연구목적에 별로 위배되지 않는 경우에 택해야 한다.

〈표 12.10〉에 의하면, 추출된 요인들에 의해서 고품질이라는 변수는 73.6%가 설명됨을 알 수 있다. 9개 변수의 communality는 모두 .5보다 크므로 분석을 진행하는 데 문제가 없다.

〈표 12.11〉은 세 부분으로 구성되어 있다. 좌측부분은 9개 변수로부터 추출될 수 있는 최대 요인의 수인 9개 요인이 추출된 경우의 각 요인의 고유값(eigenvalue)과 설명력을 보여준다. 추출할 요인의 수를 지정하기 위하여 eigenvalue 1을 이용하였는데, 요인 4의 eigenvalue는 .826이므로 세 개의 요인이 추출되었다. 가운데 부분은 추출된 요인의 회전 이전 eigenvalues와 설명력을 나타낸다. 우측부분은 회전 이후 eigenvalues와 설명력을 나타내며 가장 중요한 부분이다. eigenvalue는 그 요인이 설명하는 분산의 양을 나타내는 것으로 값이 높을수록 중요한 요인이며, 추출되는 요인들은 eigenvalue

표 12.11 설명된 총분산

성분	초기 고유값			추출 제곱합 적재량			회전 제곱합 적재량		
	전체	% 분산	누적 %	전체	% 분산	누적 %	전체	% 분산	누적 %
1	2.930	32.561	32.561	2.930	32.561	32.561	2.385	26.502	26.502
2	2.038	22.639	55.200	2.038	22.639	55.200	2.162	24.022	50.524
3	1.493	16.585	71.784	1.493	16.585	71.784	1.913	21.260	71.784
4	.826	9.182	80.966						
5	.500	5.556	86.523						
6	.481	5.340	91.863						
7	.298	3.309	95.172						
8	.254	2.826	97.999						
9	.180	2.001	100.000						

추출 방법: 주성분 분석.

가 높은 순서로 추출된다. 즉, eigenvalue는 그 요인에 속한 요인적재값의 제곱의 합계이며, 설명력(% 분산)은 그 요인이 전체분산 중 몇 %를 설명하는가를 나타낸다. 예를 들어, 회전이후 요인 1의 eigenvalue와 % 분산은 다음과 같이 계산된다. 괄호 안의 값은 〈표 12.13〉에 나타난 값이다.

$$(.902)^2+(.855)^2+(.840)^2+(-.087)^2+(.169)^2+(.059)^2+(.093)^2+(.293)^2+(-.035)^2 = 2.385$$

$$\% \text{ 분산} = 2.385/9 = 26.502\%$$

끝으로, 누적 %는 추출된 요인들이 전체분산의 몇 %를 설명하는가를 나타낸다. 〈표 12.11〉은 세 개의 요인들이 전체분산의 71.784%를 설명함을 보여준다. 따라서 이 값은 이 표에서 가장 중요한 값이다.

[그림 12.17]은 스크리 도표를 보여준다. 스크리 도표를 이용하는 경우 요인의 수가 네 개에서 다섯 개로 증가함에 따라 고유값의 감소폭이 체감되므로 네 개의 요인을 추출하도록 지정할 수 있다. 한편, 이 스크리 도표로부터 본 요인분석을 위해 설정한 '고유값 1' 기준을 만족시키는 요인이 세 개임을 알 수 있다.

그림 12.17 스크리 도표

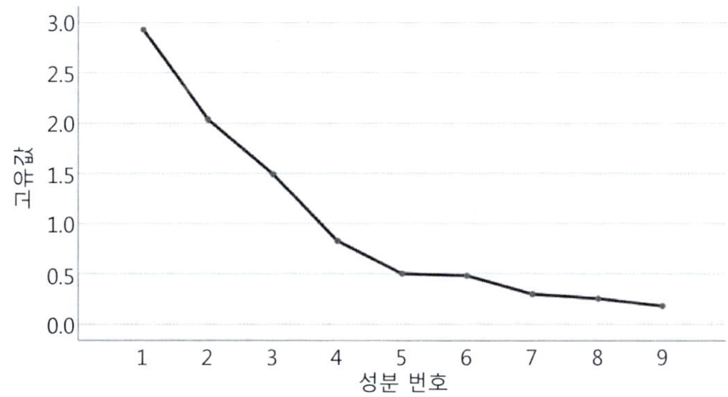

표 12.12 회전 전 요인행렬[a]

	성분		
	1	2	3
유명상표	.773	-.403	-.296
값어치 있음	.672	-.424	-.295
고품질	657	-.389	-.391
원하는 장소에 배달	.568	-.246	.528
환불용이	.333	.787	-.174
분실염려없음	.459	.665	-.158
광고제품과 동일	.507	.614	-.262
구매가 용이	.589	.032	.683
시간절약	.451	.210	.544

추출 방법: 주성분 분석.
a. 추출된 3 성분.

〈표 12.12〉와 〈표 12.13〉은 각각 '회전 전 요인행렬'과 '회전된 요인행렬'을 나타낸다.[5] 〈표 12.12〉에서 각 변수의 **공통성**(communality)은 요인 1, 2, 3에 대한 적재량의 제곱합에 의해 구할 수 있다. 예를 들어, 유명상표의 공통성은 요인 1~3에 대한 적재량(.773, −.403, −.296)의 제곱합인 .847이다(표 12.10 참조). 〈표 12.13〉은 베리멕스 방식으로 4회 반복회전하여 얻어진 결과로서 〈표 12.12〉에 비하여 요인구조가 매우 뚜렷하게 나타나고 있다. 이때 각 요인에 높게 적재된 변수들을 중심으로 요인의 명칭

5) SPSS 출력결과는 초기 요인행렬을 '성분행렬,' 그리고 회전된 요인행렬을 '회전된 성분행렬'로 표기한다. 여기서 성분이라는 말로 나타나는 것은 요인추출방법으로 주성분(principal components)을 택했기 때문이다(see 그림 12.13). 이 경우 성분(component)은 넓은 의미에서 요인에 해당하므로 일반적 관례에 따라 본서에서는 요인(factor)이라는 표기를 사용한다.

표 12.13 회전된 요인행렬[a]

	성분		
	1	2	3
유명상표	.902	.074	.168
고품질	.855	.062	.025
값어치 있음	.840	.012	.114
환불용이	-.087	.867	.036
광고제품과 동일	.169	.819	.055
분실염려없음	.059	.813	.118
구매가 용이	.093	.090	.893
원하는 장소에 배달	.293	-.113	.750
시간절약	-.035	.222	.702

추출 방법: 주성분 분석.
회전 방법: 카이저 정규화가 있는 베리멕스.
a. 4 반복계산에서 요인회전이 수렴되었습니다.

을 부여해준다. 요인의 명칭을 부여하기 위해서는 각 요인에 높게 적재된 해당변수들과 부호를 면밀히 검토해야 한다. 같은 요인에 높게 적재된 변수들은 모두 그 요인과의 상관관계가 높으므로 당연히 그 변수들 간의 상관관계도 높은 것으로 기대된다. 그러므로 연구자는 해당변수들의 공통적인 특성으로부터 주관적으로 요인의 명칭을 정한다.

그런데 경우에 따라 같은 요인에 적재된 변수들 간에 공통적 특성이 존재하지 않을 수 있다. 이 경우 연구자는 요인의 명칭을 '**불확정 요인**(undefined factor)'으로 할 수 있다. 혹은 일부 변수들의 특성이 다른 변수들과 공통적 성격을 갖지 못한다면 그 변수들을 제거하고 다시 분석할 수 있다. 예를 들어 A, B, C, D 네 개의 변수가 같은 요인에 높게 적재되어 있으나 이 중 A, B, C는 개념적으로 유사하나 D는 매우 다르다면 D를 제거한 후 다시 요인분석할 수 있다. 추가적으로, 한 변수가 두 개의 요인에 높게 적재되어 나타날 수 있는데, 이를 **교차적재**(cross-loading)라고 한다. 이는 그 변수가 다른 여러 변수들과의 상관관계가 높은 데 기인한다. 이 경우 연구자는 이를 무시할 수도 있고, 그 변수를 제거한 후 다시 분석할 수도 있다. 혹은 요인의 수를 한 개 감소시켜 지정한 후 다시 분석을 해볼 수도 있다.

본 예에서는 요인 1에는 유명상표, 고품질, 값어치 있음이, 요인 2에는 환불용이, 광고제품과 동일, 분실염려 없음이, 요인 3에는 구매가 용이, 원하는 장소에 배달, 시간절약이 높게 적재되는 것으로 나타났다. 따라서 요인 1은 품질, 요인 2는 신뢰성, 요인 3은 편의성으로 명명할 수 있다.

표 12.14 요인 변환행렬

성분	1	2	3
1	.721	.433	.541
2	−.517	.856	.003
3	−.462	−.282	.841

추출 방법: 주성분 분석.
회전 방법: 카이저 정규화가 있는 베리멕스.

〈표 12.14〉는 요인회전시 사용한 변환행렬값을 의미한다. 예를 들어, 〈표 12.12〉의 유명상표의 값들과 〈표 12.14〉의 요인 1 값들을 곱하면 다음과 같이 〈표 12.13〉의 유명상표의 요인 1의 요인적재값이 된다.

$$(.773)\times(.721)+(-.403)\times(-.517)+(-.296)\times(-.462)=.902$$

그림 12.18 회전 공간의 요인 도표

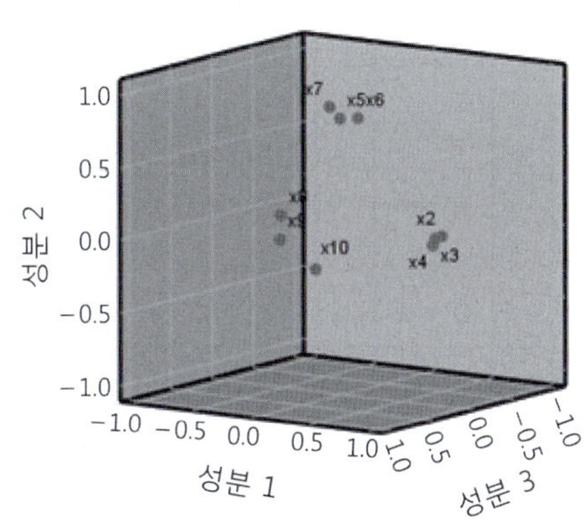

[그림 12.18]은 회전 공간의 요인 도표로 회전된 요인 상에 각 변수의 위치를 입체적으로 보여준다. 그러나 회전된 요인의 수가 세 개일 경우 해석이 쉽지 않으며, 네 개 이상일 경우에는 해석이 불가능하다.

〈표 12.15〉는 요인점수 계수행렬을 나타낸다. 요인점수는 각 응답자별로 다수 변수들에 대한 응답을 소수의 요인으로 축약한 것이다. 여기서는 원래 9개 변수를 3개의 요인으로 축약하였으므로 개인별로 3개의 요인점수를 계산할 수 있다. 요인점수는 다음과 같이 계산된다.

$$\text{개인별 요인점수}=\sum_{i=1}^{k}(\text{변수 } i\text{의 요인계수}\times\text{변수 } i\text{의 원자료의 표준화값})$$

표 12.15 요인점수 계수행렬

	성분		
	1	2	3
고품질	.381	.008	−.100
유명상표	.384	.001	−.025
값어치 있음	.364	−.023	−.043
분실염려없음	−.007	.377	−.003
광고제품과 동일	.050	.382	−.053
환불용이	−.064	.413	−.035
시간절약	−.111	.052	.390
구매가 용이	−.075	−.029	.493
원하는 장소에 배달	.039	−.119	.402

추출 방법: 주성분 분석.
회전 방법: 카이저 정규화가 있는 베리멕스.
요인 점수.

예를 들어, 한 응답자의 요인 1의 점수는 다음과 같이 계산된다.

요인 1 점수=.381×(고품질에 대한 응답의 표준화값)+.384×(유명상표에 대한 응답의 표준화값)······+.039×(원하는 장소배달에 대한 응답의 표준화값).

표 12.16 요인점수 공분산행렬

성분	1	2	3
1	1.000	.000	.000
2	.000	1.000	.000
3	.000	.000	1.000

추출 방법: 주성분 분석.
회전 방법: 카이저 정규화가 있는 베리멕스.
요인 점수.

〈표 12.16〉은 요인점수 공분산행렬을 나타낸 것으로서 각 요인 간의 공분산이 0임을 알 수 있다. 본 분석은 베리멕스 방식의 직각회전을 한 것으로, 회전 후 요인들은 서로 독립적이므로 공분산이 0이 된다.

12.5 요인점수를 이용한 회귀분석

위의 요인분석 절차에 의하여 변수의 수를 축소시켜 의미 있는 세 개의 요인을 찾아냈고, [그림 12.15]에서는 요인분석결과 도출된 요인점수를 변수로 저장하도록 지정하였다. 이에 따라 요인분석의 데이터파일에 각 요인점수들이 추가로 새로운 변수를 생성하게 되어 데이터파일은 [그림 12.19]와 같은 화면으로 변한다.

그림 12.19 요인분석 결과 얻어진 요인점수 변수

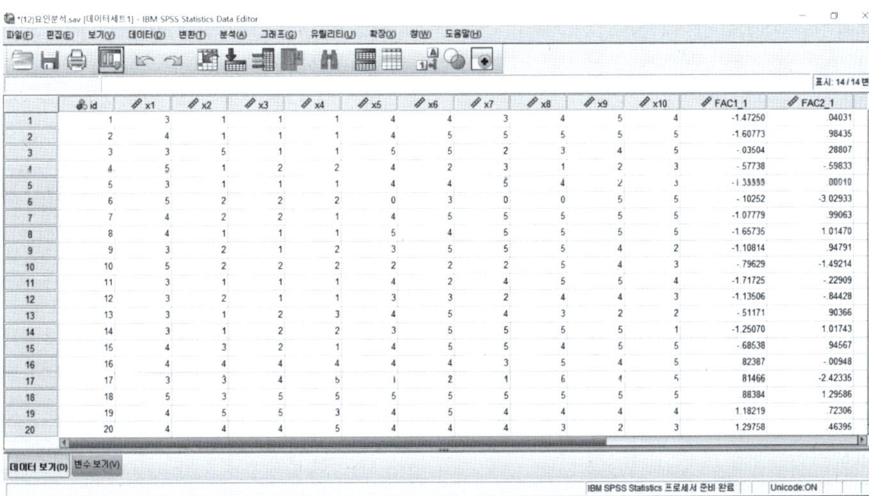

	id	x1	x2	x3	x4	x5	x6	x7	x8	x9	x10	FAC1_1	FAC2_1
1	1	3	1	1	1	4	4	3	4	5	4	-1.47250	.04031
2	2	4	1	1	1	4	5	5	5	5	5	-1.60773	.98435
3	3	3	5	1	1	5	5	2	3	4	5	-.03504	.28807
4	4	5	1	2	2	4	2	3	1	2	3	-.57738	-.59833
5	5	3	1	1	1	4	4	5	4	2	3	-1.33333	.00010
6	6	5	2	2	2	0	3	0	0	5	5	-.10252	-3.02933
7	7	4	2	2	1	4	5	5	5	5	5	-1.07779	.99063
8	8	4	1	1	1	5	4	5	5	5	5	-1.65735	1.01470
9	9	3	2	1	2	3	5	5	5	4	2	-1.10814	.94791
10	10	5	2	2	2	2	2	2	5	4	3	-.79629	-1.49214
11	11	3	1	1	1	4	2	4	5	5	4	-1.71725	-.22909
12	12	3	2	1	1	3	3	2	4	4	3	-1.13506	-.84428
13	13	3	1	2	3	4	5	4	3	2	2	-.51171	.90366
14	14	3	1	2	2	3	5	5	5	5	1	-1.25070	1.01743
15	15	4	3	2	1	4	5	5	4	5	5	-.68538	.94567
16	16	4	4	4	4	4	4	3	5	4	5	.82387	-.00948
17	17	3	3	4	5	1	2	1	6	4	5	.81466	-2.42335
18	18	5	3	5	5	5	5	5	5	5	5	.88384	1.29586
19	19	4	5	5	3	4	5	4	4	4	4	1.18219	.72306
20	20	4	4	4	5	4	4	4	3	2	3	1.29758	.46396

요인분석 결과 산출된 요인은 회귀분석 혹은 판별분석을 위한 독립변수로 사용될 수 있다. 본 예에서는 요인분석 결과 찾아낸 세 개의 요인(품질, 신뢰성, 편의성)이 구매의도에 미치는 영향력을 알아보기 위해서, 세 개의 요인을 독립변수로 설정하고, 구매의도를 종속변수로 설정하여 회귀분석을 실시하였다. 구매의도는 〈예제 12.2〉의 1번 항목으로 측정하였다. 그리고 요인들 간에 공선성이 있는지를 확인하기 위해 '통계량 → 공선성 진단'을 선택하였다. 회귀분석한 결과는 〈표 12.17〉과 같이 나타났다.

이 경우 연구문제는 다음과 같이 설정될 수 있다.

연구문제 도출된 세 개의 요인, 즉 품질, 신뢰성, 편의성은 구매의도에 영향을 미치는가?

표 12.17 요인점수를 이용한 회귀분석 결과

모형 요약

모형	R	R 제곱	수정된 R 제곱	추정값의 표준오차
1	.629[a]	.396	.372	.655

a. 예측자: (상수), 편의성, 신뢰성, 품질.

ANOVA[a]

모형		제곱합	자유도	평균제곱	F	유의확률
1	회귀	21.360	3	7.120	16.604	.000[b]
	잔차	32.590	76	.429		
	전체	53.950	79			

a. 종속변수: 구매의도.
b. 예측자: (상수), 편의성, 신뢰성, 품질.

계수[a]

모형		비표준화 계수		표준화 계수	t	유의확률	공선성 통계량	
		B	표준화 오류	베타			공차	VIF
1	(상수)	3.475	.073		47.464	.000		
	품질	.361	.074	.437	4.904	.000	1.000	1.000
	신뢰성	.272	.074	.329	3.692	.000	1.000	1.000
	편의성	.257	.074	.311	3.483	.001	1.000	1.000

a. 종속변수: 구매의도.

〈표 12.17〉로부터 회귀식 $\hat{Y} = 3.475 + .361X_1 + .272X_2 + .257X_3$를 발견할 수 있다($X_1$ = 품질, X_2 = 신뢰성, X_3 = 편의성). **회귀식은 유용하며($R^2 = .396$, $F = 16.604$, $p = .000$), 세 개의 독립변수 모두 구매의도에 正(+)의 방향으로 영향을 미친다고 해석할 수 있다. 또한 표준화계수를 보면 세 개의 독립변수들이 회귀식에 동시에 포함된 경우 품질의 영향력이 가장 크며, 다음으로 신뢰성, 그리고 편의성의 순으로 구매의도에 영향을 미치는 것으로 볼 수 있다.** 세 개 요인들의 공선성 통계량(공차 = 1, VIF = 1)은 공선성이 전혀 없음을 보여준다. 이는 본 예제의 경우 직각회전(VARIMAX) 방식으로 요인들을 회전하여 요인들 간의 상관관계를 '0'으로 했기 때문이다.

위의 회귀분석은 아홉 개 변수 대신 세 개의 요인을 독립변수로 하여 회귀분석을 실시한 것인데, 추가적으로 이 경우 아홉 개 변수를 독립변수로 하여 회귀분석을 실시하면 R^2는 .501이며, 다수의 변수가 비유의적으로 나타난다. 〈표 12.17〉에 나타난 R^2는 .396인데 이는 9개의 변수 대신 3개의 요인을 독립변수로 하여 분석함으로써 정보가 상실되었기 때문이다. 또한 9개 변수를 이용한 회귀분석의 경우 다수의 변수들이 비유의적인 것은 변수들 간의 다중공선성이 높기 때문이다.

참고로, 본 예제의 경우 9개 변수로부터 도출된 3개 요인의 요인점수를 9개 변수의 대리변수(surrogate variable)로 사용하였다. 그런데 이러한 요인점수 외에도 각 요인의 대리변수로서 각 요인에 가장 높게 적재된 변수를 취하거나 혹은 각 요인에 높게 적재된 변수들의 평균값을 이용하여 회귀분석을 실시할 수도 있다.[6)]

6) Joseph F. Hair, Jr., William C. Black, Barry J. Babin, and Rolph E. Anderson, *Multivariate Data Analysis*, 7th ed., Pearson, 2010, pp. 141-144.

연 / 습 / 문 / 제

BASIC SPSS

한 패스트푸드 점에서 40명의 고객들을 대상으로 일곱 개의 7점 척도 항목을 이용하여 의견조사를 하였다. 조사항목과 수집된 자료는 다음과 같다. 이 자료를 이용하여 VARIMAX 회전방식의 요인분석을 실시하고 그 결과를 해석하시오(eigenvalue = 1 기준). 자료파일: (12)연습문제.

항목	①	②	③	④	⑤	⑥	⑦
1. 음식맛	매우 나쁘다			보통이다			매우 좋다
2. 음식온도	매우 부적합			보통이다			매우 적합
3. 신선도	전혀 신선하지 않음			보통이다			매우 신선함
4. 매장 청결상태	매우 불결함			보통이다			매우 청결함
5. 매장 편의시설	매우 불편함			보통이다			매우 편리함
6. 종업원 숙련도	매우 미숙함			보통이다			매우 숙련됨
7. 종업원 친절도	매우 불친절			보통이다			매우 친절

id	x1	x2	x3	x4	x5	x6	x7	id	x1	x2	x3	x4	x5	x6	x7
1	5	5	5	5	4	5	5	21	5	6	5	3	5	5	5
2	6	7	7	6	6	5	5	22	5	4	3	5	6	6	6
3	3	5	3	6	6	6	6	23	4	4	5	4	4	4	4
4	4	6	6	5	6	5	5	24	2	4	3	5	5	5	5
5	6	4	5	5	5	5	4	25	4	5	6	4	2	6	6
6	3	4	3	3	4	4	3	26	4	3	3	3	3	6	5
7	6	5	5	5	5	3	5	27	7	6	6	7	7	6	6
8	6	6	6	4	4	6	5	28	1	2	3	1	1	6	7
9	3	3	3	4	2	5	4	29	6	5	5	6	6	6	6
10	6	6	7	7	6	7	6	30	5	4	5	6	5	5	5
11	4	5	5	5	6	6	6	31	6	7	7	4	2	5	5
12	6	7	6	6	4	6	6	32	4	2	2	5	4	3	3
13	5	5	6	4	4	3	4	33	6	6	5	6	6	5	5
14	5	5	5	5	4	4	5	34	4	4	4	3	3	6	6
15	5	5	4	4	4	5	5	35	5	6	6	4	3	5	6
16	6	7	7	5	6	7	7	36	6	7	6	4	4	3	3
17	5	6	7	6	5	7	7	37	6	5	5	4	4	5	4
18	5	5	6	6	6	7	6	38	6	7	6	6	6	7	6
19	5	5	5	6	5	7	5	39	5	2	4	2	2	6	6
20	5	6	6	6	6	7	6	40	4	4	4	4	4	4	4

[분석결과 및 해석]

회전된 성분행렬[a]

	성분		
	1	2	3
신선도	.924	.091	.225
음식온도	.866	.279	.118
음식맛	.807	.317	-.077
편의시설	.199	.927	.104
청결상태	.320	.876	.133
친절도	.113	.036	.943
숙련도	.068	.176	.924

추출 방법: 주성분 분석.
회전 방법: 카이저 정규화가 있는 베리멕스.
a. 4 반복계산에서 요인회전이 수렴되었습니다.

요인분석 결과 세 개의 요인이 추출되었다. 요인 1에는 신선도, 음식온도, 음식맛, 요인 2에는 매장 편의시설, 매장 청결상태, 그리고 요인 3에는 종업원 친절도와 종업원 숙련도가 적재되었다. 각 요인에 적재된 항목들을 볼 때, 요인 1은 음식품질 요인, 요인 2는 매장환경 요인, 그리고 요인 3은 종업원 요인으로 명명할 수 있다.

부록

통 계 표

1. 표준정규분포표
2. t-분포표
3. χ^2-분포표
4. F-분포표
5. Spearman 서열상관계수표

BASIC SPSS

표 1 표준정규분포표

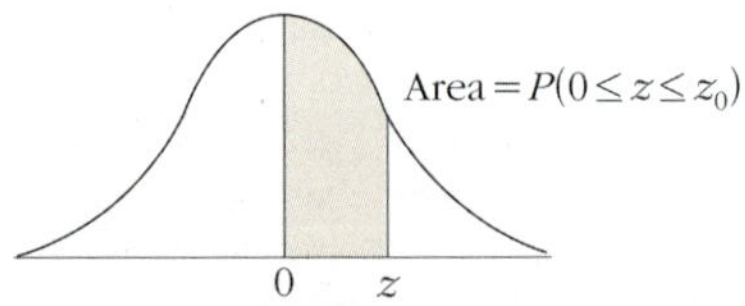

z_0	.00	.01	.02	.03	.04	.05	.06	.07	.08	.09
0.0	.0000	.0040	.0080	.1200	.0160	.0199	.0239	.0279	.0319	.0359
0.1	.0398	.0438	.0478	.0517	.0557	.0596	.0636	.0675	.0714	.0753
0.2	.0793	.0832	.0871	.0910	.0948	.0987	.1026	.1064	.1103	.1141
0.3	.1179	.1217	.1255	.1293	.1331	.1368	.1406	.1443	.1480	.1517
0.4	.1554	.1591	.1628	.1664	.1700	.1736	.1772	.1808	.1844	.1879
0.5	.1915	.1950	.1985	.2019	.2054	.2088	.2123	.2157	.2190	.2224
0.6	.2257	.2291	.2324	.2357	.2389	.2422	.2454	.2486	.2517	.2549
0.7	.2580	.2611	.2642	.2673	.2704	.2734	.2764	.2794	.2823	.2852
0.8	.2881	.2910	.2939	.2967	.2995	.3023	.3051	.3078	.3106	.3133
0.9	.3159	.3186	.3212	.3238	.3264	.3289	.3315	.3340	.3365	.3389
1.0	.3413	.3438	.3461	.3485	.3508	.3531	.3554	.3577	.3599	.3621
1.1	.3643	.3665	.3686	.3708	.3729	.3749	.3770	.3790	.3810	.3830
1.2	.3849	.3869	.3888	.3907	.3925	.3944	.3962	.3980	.3997	.4015
1.3	.4032	.4049	.4066	.4082	.4099	.4115	.4131	.4147	.4162	.4177
1.4	.4192	.4207	.4222	.4236	.4251	.4265	.4279	.4292	.4306	.4319
1.5	.4332	.4345	.4357	.4370	.4382	.4394	.4406	.4418	.4429	.4441
1.6	.4452	.4463	.4474	.4484	.4495	.4505	.4515	.4525	.4535	.4545
1.7	.4554	.4564	.4573	.4582	.4591	.4599	.4608	.4616	.4625	.4633
1.8	.4641	.4649	.4656	.4664	.4671	.4678	.4686	.4693	.4699	.4706
1.9	.4713	.4719	.4726	.4732	.4738	.4744	.4750	.4756	.4761	.4767
2.0	.4772	.4778	.4783	.4788	.4793	.4798	.4803	.4808	.4812	.4817
2.1	.4821	.4826	.4830	.4834	.4838	.4842	.4846	.4850	.4854	.4857
2.2	.4861	.4864	.4868	.4871	.4875	.4878	.4881	.4884	.4887	.4890
2.3	.4893	.4896	.4898	.4901	.4904	.4906	.4909	.4911	.4913	.4916
2.4	.4918	.4920	.4922	.4925	.4927	.4929	.4931	.4932	.4934	.4936
2.5	.4938	.4940	.4941	.4943	.4945	.4946	.4948	.4949	.4951	.4952
2.6	.4953	.4955	.4956	.4957	.4959	.4960	.4961	.4962	.4963	.4964
2.7	.4965	.4966	.4967	.4968	.4969	.4970	.4971	.4972	.4973	.4974
2.8	.4974	.4975	.4976	.4977	.4977	.4978	.4979	.4979	.4980	.4981
2.9	.4981	.4982	.4982	.4983	.4984	.4984	.4985	.4985	.4986	.4986
3.0	.4987	.4987	.4987	.4988	.4988	.4989	.4989	.4989	.4990	.4990

표 2 t-분포표

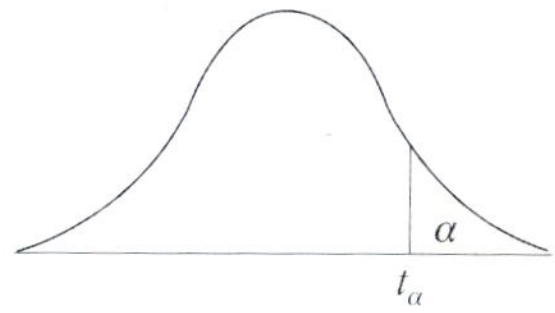

d.f.	$t_{.100}$	$t_{.050}$	$t_{.025}$	$t_{.010}$	$t_{.005}$	d.f.
1	3.078	6.314	12.706	31.821	63.657	1
2	1.886	2.920	4.303	6.965	9.925	2
3	1.638	2.353	3.182	4.541	5.841	3
4	1.533	2.132	2.776	3.747	4.604	4
5	1.476	2.015	2.571	3.365	4.032	5
6	1.440	1.943	2.447	3.143	3.707	6
7	1.415	1.895	2.365	2.998	3.499	7
8	1.397	1.860	2.306	2.896	3.355	8
9	1.383	1.833	2.262	2.821	3.250	9
10	1.372	1.812	2.228	2.764	3.169	10
11	1.363	1.796	2.201	2.718	3.106	11
12	1.356	1.782	2.179	2.681	3.055	12
13	1.350	1.771	2.160	2.650	3.012	13
14	1.345	1.761	2.145	2.624	2.977	14
15	1.341	1.753	2.131	2.602	2.947	15
16	1.337	1.746	2.120	2.583	2.921	16
17	1.333	1.740	2.110	2.567	2.898	17
18	1.330	1.734	2.101	2.552	2.878	18
19	1.328	1.729	2.093	2.539	2.861	19
20	1.325	1.725	2.086	2.528	2.845	20
21	1.323	1.721	2.080	2.518	2.831	21
22	1.321	1.717	2.074	2.508	2.819	22
23	1.319	1.714	2.069	2.500	2.807	23
24	1.318	1.711	2.064	2.492	2.797	24
25	1.316	1.708	2.060	2.485	2.787	25
26	1.315	1.706	2.056	2.479	2.779	26
27	1.314	1.703	2.052	2.473	2.771	27
28	1.313	1.701	2.048	2.467	2.763	28
29	1.311	1.699	2.045	2.462	2.756	29
30	1.310	1.697	2.042	2.457	2.750	30
40	1.303	1.684	2.021	2.423	2.704	40
60	1.296	1.671	2.000	2.390	2.660	60
inf.	1.282	1.645	1.960	2.326	2.576	inf.

표 3 χ^2-분포표

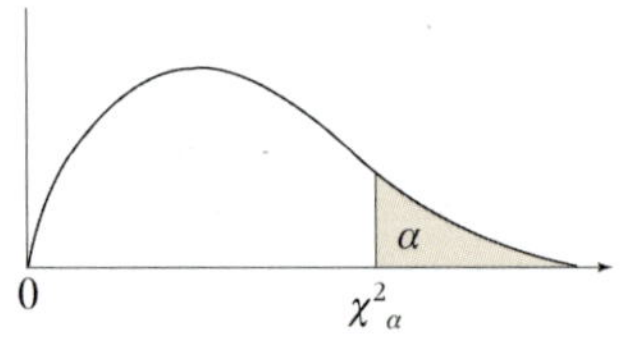

d.f.	$\chi^2_{0.995}$	$\chi^2_{0.990}$	$\chi^2_{0.975}$	$\chi^2_{0.950}$	$\chi^2_{0.900}$
1	0.0000393	0.0001571	0.0009821	0.0039321	0.0157908
2	0.0100251	0.0201007	0.0506356	0.102587	0.210720
3	0.0717212	0.114832	0.215795	0.351846	0.584375
4	0.206990	0.297110	0.484419	0.710721	1.063623
5	0.411740	0.554300	0.831211	1.145476	1.61031
6	0.675727	0.872085	1.237347	1.63539	2.20413
7	0.989265	1.239043	1.68987	2.16735	2.83311
8	1.344419	1.646482	2.17973	2.73264	3.48954
9	1.734926	2.087912	2.70039	3.32511	4.16816
10	2.15585	2.55821	3.24697	3.94030	4.86518
11	2.60321	3.05347	3.81575	4.57481	5.57779
12	3.07382	3.57056	4.40379	5.22603	6.30380
13	3.56503	4.10691	5.00874	5.89186	7.04150
14	4.07468	4.66043	5.62872	6.57063	7.78953
15	4.60094	5.22935	6.26214	7.26094	8.54675
16	5.14224	5.81221	6.90766	7.96164	9.31223
17	5.69724	6.40776	7.56418	8.67176	10.0852
18	6.26481	7.01491	8.23075	9.39046	10.8649
19	6.84398	7.63273	8.90655	10.1170	11.6509
20	7.43386	8.26040	9.59083	10.8508	12.4426
21	8.03366	8.89720	10.28293	11.5913	13.2396
22	8.64272	9.54249	10.9823	12.3380	14.0415
23	9.26042	10.19567	11.6885	13.0905	14.8479
24	9.88623	10.8564	12.4011	13.8484	15.6587
25	10.5179	11.5240	13.1197	14.6114	16.4734
26	11.1603	12.1981	13.8439	15.3791	17.2919
27	11.8076	12.8786	14.5733	16.1513	18.1138
28	12.4613	13.5648	15.3079	16.9279	18.9392
29	13.1211	14.2565	16.0471	17.7083	19.7677
30	13.7867	14.9535	16.7908	18.4926	20.5992
40	20.7065	22.1643	24.4331	26.5093	29.0505
50	27.9907	29.7067	32.3574	34.7642	37.6886
60	35.5346	37.4848	40.4817	43.1879	46.4589
70	43.2752	45.4418	48.7576	51.7393	55.3290
80	51.1720	53.5400	57.1532	60.3915	64.2778
90	59.1963	61.7541	65.6466	69.1260	73.2912
100	67.3276	70.0648	74.2219	77.9295	82.3581

d.f.	$\chi^2_{0.995}$	$\chi^2_{0.990}$	$\chi^2_{0.975}$	$\chi^2_{0.950}$	$\chi^2_{0.900}$
1	2.70554	3.84146	5.02389	6.63490	7.87944
2	4.60517	5.99147	7.37776	9.21034	10.5966
3	6.25139	7.81473	9.34840	11.3449	12.8381
4	7.77944	9.48773	11.1433	13.2767	14.8602
5	9.23635	11.0705	12.8325	15.0863	16.7496
6	10.6446	12.5916	14.4494	16.8119	18.5476
7	12.0170	14.0671	16.0128	18.4753	20.2777
8	13.3616	15.5073	17.5346	20.0902	21.9550
9	14.6837	16.9190	19.0228	21.6660	23.5893
10	15.9871	18.3070	20.4831	23.2093	25.1882
11	17.2750	19.6751	21.9200	24.7250	26.7569
12	18.5494	21.0261	23.3367	26.2170	28.2995
13	19.8119	22.3621	24.7356	27.6883	29.8194
14	21.0642	23.6848	26.1190	29.1413	31.3193
15	22.3072	24.9958	27.4884	30.5779	32.8013
16	23.5418	26.2962	28.8454	31.9999	34.2672
17	24.7690	27.5871	30.1910	33.4087	35.7185
18	25.9894	28.8693	31.5264	34.8053	37.1564
19	27.2036	30.1435	32.8523	36.1908	38.5822
20	28.4120	31.4104	34.1696	37.5662	39.9968
21	29.6151	32.6705	35.4789	38.9321	41.4010
22	30.8133	33.9244	36.7807	40.2894	42.7956
23	32.0069	35.1725	38.0757	41.6384	44.1813
24	33.1963	36.4151	39.3641	42.9798	45.5585
25	34.3816	37.6525	40.6465	44.3141	46.9278
26	35.5631	38.8852	41.9232	45.6417	48.2899
27	36.7412	40.1133	43.1944	46.9630	49.6449
28	37.9159	41.3372	44.4607	48.2782	50.9933
29	39.0875	42.5569	45.7222	49.5879	52.3356
30	40.2560	43.7729	46.9792	50.8922	53.6720
40	51.8050	55.7585	59.3417	63.6907	66.7659
50	63.1671	67.5048	71.4202	76.1539	79.4900
60	74.3970	79.0819	83.2976	88.3794	91.9517
70	85.5271	90.5312	95.0231	100.425	104.215
80	96.5782	101.879	106.629	112.329	116.321
90	107.565	113.145	118.136	124.116	128.299
100	118.498	124.342	129.561	135.807	140.169

표 4 F-분포표

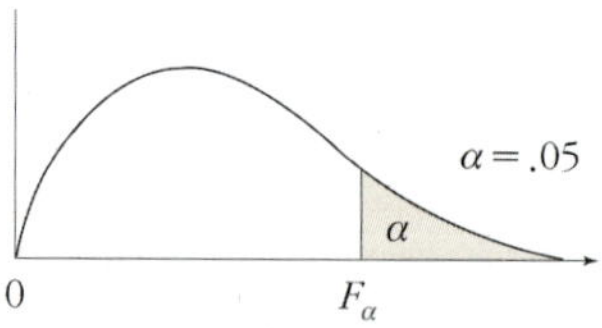

	ν_2(d.f.)								
ν_2(d.f.)	1	2	3	4	5	6	7	8	9
1	161.4	199.5	215.7	224.6	230.2	234.0	236.8	238.9	240.5
2	18.51	19.00	19.16	19.25	19.30	19.33	19.35	19.37	19.38
3	10.13	9.55	9.28	9.12	9.01	8.94	8.89	8.85	8.81
4	7.71	6.94	6.59	6.39	6.26	6.16	6.09	6.04	6.00
5	6.61	5.79	5.41	5.19	5.05	4.95	4.88	4.82	4.77
6	5.99	5.14	4.76	4.53	4.39	4.28	4.21	4.15	4.10
7	5.59	4.74	4.35	4.12	3.97	3.87	3.79	3.73	3.68
8	5.32	4.46	4.07	3.84	3.69	3.58	3.50	3.44	3.39
9	5.12	4.26	3.86	3.63	3.48	3.37	3.29	3.23	3.18
10	4.96	4.10	3.71	3.48	3.33	3.22	3.14	3.07	3.02
11	4.84	3.98	3.59	3.36	3.20	3.09	3.01	2.95	2.90
12	4.75	3.89	3.49	3.26	3.11	3.00	2.91	2.85	2.80
13	4.67	3.81	3.41	3.18	3.03	2.92	2.83	2.77	2.71
14	4.60	3.74	3.34	3.11	2.96	2.85	2.76	2.70	2.65
15	4.54	3.68	3.29	3.06	2.90	2.79	2.71	2.64	2.59
16	4.49	3.63	3.24	3.01	2.85	2.74	2.66	2.59	2.54
17	4.45	3.59	3.20	2.96	2.81	2.70	2.61	2.55	2.49
18	4.41	3.55	3.16	2.93	2.77	2.66	2.58	2.51	2.46
19	4.38	3.52	3.13	2.90	2.74	2.63	2.54	2.48	2.42
20	4.35	3.49	3.10	2.87	2.71	2.60	2.51	2.45	2.39
21	4.32	3.47	3.07	2.84	2.68	2.57	2.49	2.42	2.37
22	4.30	3.44	3.05	2.82	2.66	2.55	2.46	2.40	2.34
23	4.28	3.42	3.03	2.80	2.64	2.53	2.44	2.37	2.32
24	4.26	3.40	3.01	2.78	2.62	2.51	2.42	2.36	2.30
25	4.24	3.39	2.99	2.76	2.60	2.49	2.40	2.34	2.28
26	4.23	3.37	2.98	2.74	2.59	2.47	2.39	2.32	2.27
27	4.21	3.35	2.96	2.73	2.57	2.46	2.37	2.31	2.25
28	4.20	3.34	2.95	2.71	2.56	2.45	2.36	2.29	2.24
29	4.18	3.33	2.93	2.70	2.55	2.43	2.35	2.28	2.22
30	4.17	3.32	2.92	2.69	2.53	2.42	2.33	2.27	2.21
40	4.08	3.23	2.84	2.61	2.45	2.34	2.25	2.18	2.12
60	4.00	3.15	2.76	2.53	2.37	2.25	2.17	2.10	2.04
120	3.92	3.07	2.68	2.45	2.29	2.17	2.09	2.02	1.96
∞	3.84	3.00	2.60	2.37	2.21	2.10	2.01	1.94	1.88

ν_2(d.f.)										
10	12	15	20	24	30	40	60	120	∞	ν_2(d.f.)
241.9	243.9	245.9	248.0	249.1	250.1	251.1	252.2	253.3	254.3	1
19.40	19.41	19.43	19.45	19.45	19.46	19.47	19.48	19.49	19.50	2
8.79	8.74	8.70	8.66	8.64	8.62	8.59	8.57	8.55	8.53	3
5.96	5.91	5.86	5.80	5.77	5.75	5.72	5.69	5.66	5.63	4
4.74	4.68	4.62	4.56	4.53	4.50	4.46	4.43	4.40	4.36	5
4.06	4.00	3.94	3.87	3.84	3.81	3.77	3.74	3.70	3.67	6
3.64	3.57	3.51	3.44	3.41	3.38	3.34	3.30	3.27	3.23	7
3.35	3.28	3.22	3.15	3.12	3.08	3.04	3.01	2.97	2.93	8
3.14	3.07	3.01	2.94	2.90	2.86	2.83	2.79	2.75	2.71	9
2.98	2.91	2.85	2.77	2.74	2.70	2.66	2.62	2.58	2.54	10
2.85	2.79	2.72	2.65	2.61	2.57	2.53	2.49	2.45	2.40	11
2.75	2.69	2.62	2.54	2.51	2.47	2.43	2.38	2.34	2.30	12
2.67	2.60	2.53	2.46	2.42	2.38	2.34	2.30	2.25	2.21	13
2.60	2.53	2.46	2.39	2.35	2.31	2.27	2.22	2.18	2.13	14
2.54	2.48	2.40	2.33	2.29	2.25	2.20	2.16	2.11	2.07	15
2.49	2.42	2.35	2.28	2.24	2.19	2.15	2.11	2.06	2.01	16
2.45	2.38	2.31	2.23	2.19	2.15	2.10	2.06	2.01	1.96	17
2.41	2.34	2.27	2.19	2.15	2.11	2.06	2.02	1.97	1.92	18
2.38	2.31	2.23	2.16	2.11	2.07	2.03	1.98	1.93	1.88	19
2.35	2.28	2.20	2.12	2.08	2.04	1.99	1.95	1.90	1.84	20
2.32	2.25	2.18	2.10	2.05	2.01	1.96	1.92	1.87	1.81	21
2.30	2.23	2.15	2.07	2.03	1.98	1.94	1.89	1.84	1.78	22
2.27	2.20	2.13	2.05	2.01	1.96	1.91	1.86	1.81	1.76	23
2.25	2.18	2.11	2.03	1.98	1.94	1.89	1.84	1.79	1.73	24
2.24	2.16	2.09	2.01	1.96	1.92	1.87	1.82	1.77	1.71	25
2.22	2.15	2.07	1.99	1.95	1.90	1.85	1.80	1.75	1.69	26
2.20	2.13	2.06	1.97	1.93	1.88	1.84	1.79	1.73	1.67	27
2.19	2.12	2.04	1.96	1.91	1.87	1.82	1.77	1.71	1.65	28
2.18	2.10	2.03	1.94	1.90	1.85	1.81	1.75	1.70	1.64	29
2.16	2.09	2.01	1.93	1.89	1.84	1.79	1.74	1.68	1.62	30
2.08	2.00	1.92	1.84	1.79	1.74	1.69	1.64	1.58	1.51	40
1.99	1.92	1.84	1.75	1.70	1.65	1.59	1.53	1.47	1.39	60
1.91	1.83	1.75	1.66	1.61	1.55	1.50	1.43	1.35	1.25	120
1.83	1.75	1.67	1.57	1.52	1.46	1.39	1.32	1.22	1.00	∞

표 4 F-분포표 (계속)

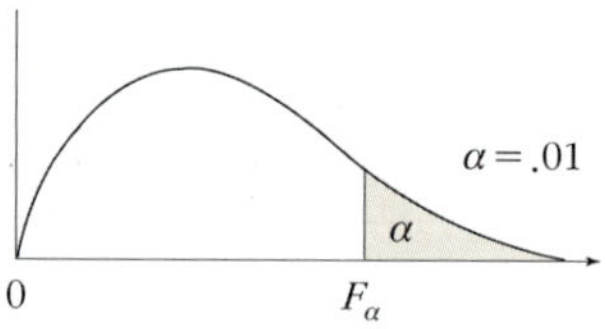

	ν_2(d.f.)								
ν_2(d.f.)	1	2	3	4	5	6	7	8	9
1	4052	4999.5	5403	5625	5764	5859	5928	5982	6022
2	98.50	99.00	99.17	99.25	99.30	99.33	99.36	99.37	99.39
3	34.12	30.82	29.46	28.71	28.24	27.91	27.67	27.49	27.35
4	21.20	18.00	16.69	15.98	15.52	15.21	14.98	14.80	14.66
5	16.26	13.27	12.06	11.39	10.97	10.67	10.46	10.29	10.16
6	13.75	10.92	9.78	9.15	8.75	8.47	8.26	8.10	7.98
7	12.25	9.55	8.45	7.85	7.46	7.19	6.99	6.84	6.72
8	11.26	8.65	7.59	7.01	6.63	6.37	6.18	6.03	5.91
9	10.56	8.02	6.99	6.42	6.06	5.80	5.61	5.47	5.35
10	10.04	7.56	6.55	5.99	5.64	5.39	5.20	5.06	4.94
11	9.65	7.21	6.22	5.67	5.32	5.07	4.89	4.74	4.63
12	9.33	6.93	5.95	5.41	5.06	4.82	4.64	4.50	4.39
13	9.07	6.70	5.74	5.21	4.86	4.62	4.44	4.30	4.19
14	8.86	6.51	5.56	5.04	4.69	4.46	4.28	4.14	4.03
15	8.68	6.36	5.42	4.89	4.56	4.32	4.14	4.00	3.89
16	8.53	6.23	5.29	4.77	4.44	4.20	4.03	3.89	3.78
17	8.40	6.11	5.18	4.67	4.34	4.10	3.93	3.79	3.68
18	8.29	6.01	5.09	4.58	4.25	4.01	3.84	3.71	3.60
19	8.18	5.93	5.01	4.50	4.17	3.94	3.77	3.63	3.52
20	8.10	5.85	4.94	4.43	4.10	3.87	3.70	3.56	3.46
21	8.02	5.78	4.87	4.37	4.04	3.81	3.64	3.51	3.40
22	7.95	5.72	4.82	4.31	3.99	3.76	3.59	3.45	3.35
23	7.88	5.66	4.76	4.26	3.94	3.71	3.54	3.41	3.30
24	7.82	5.61	4.72	4.22	3.90	3.67	3.50	3.36	3.26
25	7.77	5.57	4.68	4.18	3.85	3.63	3.46	3.32	3.22
26	7.72	5.53	4.64	4.14	3.82	3.59	3.42	3.29	3.18
27	7.68	5.49	4.60	4.11	3.78	3.56	3.39	3.26	3.15
28	7.64	5.45	4.57	4.07	3.75	3.53	3.36	3.23	3.12
29	7.60	5.42	4.54	4.04	3.73	3.50	3.33	3.20	3.09
30	7.56	5.39	4.51	4.02	3.70	3.47	3.30	3.17	3.07
40	7.31	5.18	4.31	3.83	3.51	3.29	3.12	2.99	2.89
60	7.08	4.98	4.13	3.65	3.34	3.12	2.95	2.82	2.72
120	6.85	4.79	3.95	3.48	3.17	2.96	2.79	2.66	2.56
∞	6.63	4.61	3.78	3.32	3.02	2.80	2.64	2.51	2.41

ν_2(d.f.)										
10	12	15	20	24	30	40	60	120	∞	ν_2(d.f.)
6056	6106	6157	6209	6235	6261	6287	6313	6339	6366	1
99.40	99.42	99.43	99.45	99.46	99.47	99.47	99.48	99.49	99.50	2
27.23	27.05	26.87	26.69	26.60	26.50	26.41	26.32	26.22	26.13	3
14.55	14.37	14.20	14.02	13.93	13.84	13.75	13.65	13.56	13.46	4
10.05	9.89	9.72	9.55	9.47	9.38	9.29	9.20	9.11	9.02	5
7.87	7.72	7.56	7.40	7.31	7.23	7.14	7.06	6.97	6.88	6
6.62	6.47	6.31	6.16	6.07	5.99	5.91	5.82	5.74	5.65	7
5.81	5.67	5.52	5.36	5.28	5.20	5.12	5.03	4.95	4.86	8
5.26	5.11	4.96	4.81	4.73	4.65	4.57	4.48	4.40	4.31	9
4.85	4.71	4.56	4.41	4.33	4.25	4.17	4.08	4.00	3.91	10
4.54	4.40	4.25	4.10	4.02	3.94	3.86	3.78	3.69	3.60	11
4.30	4.16	4.01	3.86	3.78	3.70	3.62	3.54	3.45	3.36	12
4.10	3.96	3.82	3.66	3.59	3.51	3.43	3.34	3.25	3.17	13
3.94	3.80	3.66	3.51	3.43	3.35	3.27	3.18	3.09	3.00	14
3.80	3.67	3.52	3.37	3.29	3.21	3.13	3.05	2.96	2.87	15
3.69	3.55	3.41	3.26	3.18	3.10	3.02	2.93	2.84	2.75	16
3.59	3.46	3.31	3.16	3.08	3.00	2.92	2.83	2.75	2.65	17
3.51	3.37	3.23	3.08	3.00	2.92	2.84	2.75	2.66	2.57	18
3.43	3.30	3.15	3.00	2.92	2.84	2.76	2.67	2.58	2.49	19
3.37	3.23	3.09	2.94	2.86	2.78	2.69	2.61	2.52	2.42	20
3.31	3.17	3.03	2.88	2.80	2.72	2.64	2.55	2.46	2.36	21
3.26	3.12	2.98	2.83	2.75	2.67	2.58	2.50	2.40	2.31	22
3.21	3.07	2.93	2.78	2.70	2.62	2.54	2.45	2.35	2.26	23
3.17	3.03	2.89	2.74	2.66	2.58	2.49	2.40	2.31	2.21	24
3.13	2.99	2.85	2.70	2.62	2.54	2.45	2.36	2.27	2.17	25
3.09	2.96	2.81	2.66	2.58	2.50	2.42	2.33	2.23	2.13	26
3.06	2.93	2.78	2.63	2.55	2.47	2.38	2.29	2.20	2.10	27
3.03	2.90	2.75	2.60	2.52	2.44	2.35	2.26	2.17	2.06	28
3.00	2.87	2.73	2.57	2.49	2.41	2.33	2.23	2.14	2.03	29
2.98	2.84	2.70	2.55	2.47	2.39	2.30	2.21	2.11	2.01	30
2.80	2.66	2.52	2.37	2.29	2.20	2.11	2.02	1.92	1.80	40
2.63	2.50	2.35	2.20	2.12	2.03	1.94	1.84	1.73	1.60	60
2.47	2.34	2.19	2.03	1.95	1.86	1.76	1.66	1.53	1.38	120
2.32	2.18	2.04	1.88	1.79	1.70	1.59	1.47	1.32	1.00	∞

표 5 Spearman 서열상관계수표

(단측검증)

n	$\alpha=.05$	$\alpha=.025$	$\alpha=.01$	$\alpha=.005$
5	0.900	–	–	–
6	0.829	0.886	0.943	–
7	0.714	0.786	0.893	–
8	0.643	0.738	0.833	0.881
9	0.600	0.683	0.783	0.833
10	0.564	0.648	0.745	0.794
11	0.523	0.623	0.736	0.818
12	0.497	0.591	0.703	0.780
13	0.475	0.566	0.673	0.745
14	0.457	0.545	0.646	0.716
15	0.441	0.525	0.623	0.689
16	0.425	0.507	0.601	0.666
17	0.412	0.490	0.582	0.645
18	0.399	0.476	0.564	0.625
19	0.388	0.462	0.549	0.608
20	0.377	0.450	0.534	0.591
21	0.368	0.438	0.521	0.576
22	0.359	0.428	0.508	0.562
23	0.351	0.418	0.496	0.549
24	0.343	0.409	0.485	0.537
25	0.336	0.400	0.475	0.526
26	0.329	0.392	0.465	0.515
27	0.323	0.385	0.456	0.505
28	0.317	0.377	0.448	0.496
29	0.311	0.370	0.440	0.487
30	0.305	0.364	0.432	0.478

| 국문 색인 |

| 영문 색인 |

저자 소개

李 學 混

(전) 홍익대학교 경영대학 마케팅 교수
Michigan State University, Ph.D.(마케팅)
한국마케팅학회 마케팅연구 편집위원장 역임

[논 문]

수직적 브랜드확장 평가에 대한 확장방향과 권력거리신념의 상호작용효과, *마케팅연구*, 32(1), 2017. 2.
가격-품질 관계에 대한 심리적 거리와 제품지식의 조절적 영향, *마케팅연구*, 29(1), 2014. 2.
광고노출시 태도 및 태도자신감 형성과정에서 사고자신감의 역할, *경영학연구*, 40(6), 2011. 12.
사회연결망이 구전과 고객 추천가치에 미치는 영향, *소비자학연구*, 22(4), 2011. 12.
공평성 지각이 소비자 감정과 만족에 미치는 영향: 성별의 조절적 역할, *마케팅연구*, 24(2), 2009. 6.
소비자의 사회심리적 성, 그리고 소비자-브랜드 성 일치성과 브랜드 태도의 관계, *소비자학연구*, 20(1), 2009. 3.

[저 서]

SPSS New UI 매뉴얼, 집현재, 2019.
마케팅, 5판, 집현재, 2019.
마케팅조사, 4판, 집현재, 2017.
구조방정식 모형분석과 AMOS 24, 집현재, 2017.
소비자행동, 6판, 집현재, 2015.
사회과학 논문작성을 위한 연구방법론－SPSS 활용방법, 집현재, 2014.
사회과학연구를 위한 회귀분석, 집현재, 2012.

[학술상]

한국마케팅학회, 마케팅연구 최우수논문상 수상, 2010.
한국경영학회, 경영학연구 최우수논문상 수상, 2005.
한국조사연구학회, 최우수논문상(한국갤럽상) 수상, 2003.
한국소비자학회, 소비자학연구 최우수논문상 수상, 1999.

林 志 勳

CLM&S 이사
NICE R&C 컨설팅실 수석실장
백석문화대학교 경상학부 교수
홍익대학교 경영학과 학부, 석·박사 통합과정 졸업, 경영학 박사

[논 문]

"Determinant and Consequence of Online News Authorship Verification: Blind News Consumption Creates Press Credibility," *International Journal of Communication*, 13, 2019.
영업사원에 대한 통제유형, 반응, 그리고 직무만족 간의 구조적 관계: 역할명확성과 자기효감의 매개효과, *마케팅과학연구*, 17(4), 2007. 12.
브랜드 명품성 측정도구의 개발, *광고연구*, 73, 2006.
고객만족도측정: NCSI와 KCSI의 평가와 새로운 지수개발 방안, *마케팅연구*, 20(3), 2005.
기대-불일치 패러다임에서 예상의 영향력에 관한 연구: 브랜드 경험유무와 측정시점 시간간의 조정적 역할, *광고연구*, 68, 2005.
신문기사에서 유발된 감정이 광고효과에 미치는 영향: 부정적 감정성향과 감정주지의 조절효과, *마케팅연구*, 20(2), 2005. 6.
브랜드 카리스마, 형성요인, 그리고 효과: 상징적/기능적 관여도의 조정적 작용, *마케팅연구*, 19(3), 2004. 9.

[저 서]

SPSS New UI 매뉴얼, 집현재, 2019.
마케팅, 5판, 집현재, 2019.
구조방정식 모형분석과 AMOS 24, 집현재, 2017.
사회과학 논문작성을 위한 연구방법론－SPSS 활용방법, 집현재, 2014.

[학술상]

SPSS 우수파트너상 수상, 2008.
한국마케팅학회 최우수박사논문상 수상, 2004.
한국조사연구학회 최우수논문상(한국갤럽상) 수상, 2003.

SPSS 25를 이용한

BASIC SPSS 매뉴얼

2019년 8월 6일 초판 인쇄
2019년 8월 14일 초판 발행

저 자 이학식·임지훈

발행인 위호준
발행처 도서출판 **집현재**

04091 서울특별시 마포구 토정로 222
한국출판콘텐츠센터 417호
전화 (02)332-4922 Fax (02)3142-4922
홈페이지: www.jhjbook.co.kr
e-mail: jyp4922@naver.com

출판등록 2010년 10월 25일
등록번호 제105-91-57581호

정가 26,000원 ISBN 978-89-97304-97-4

이 도서의 국립중앙도서관 출판예정도서목록(CIP)은 서지정보유통지원시스템 홈페이지(http://seoji.nl.go.kr)와 국가자료종합목록 구축시스템(http://kolis-net.nl.go.kr)에서 이용하실 수 있습니다.
(CIP제어번호: CIP2019029766)